高职高专会展策划与管理专业"十二五"规划教材

HUIZHAN GAILUN

会展概论

刘晓广 巩 隽 主编
郝 静 罗 灵 副主编

·北京·

本书将需要掌握的基本理论和具备的能力按模块进行修订。具体分为会展基础知识篇、会展管理与服务篇、会展运营篇、会展知识拓展篇四大模块。每个项目的课题中增加知识链接或者小案例等栏目，丰富项目内容，拓展学生思维，提高学习兴趣，每个项目最后的项目思考与讨论增加案例讨论和实训题，提出问题，培养学生积极思考和实践操作的能力。

本书适合于高职高专会展策划与管理专业、旅游管理专业师生学习使用，也可供会展从业人员参考阅读。

图书在版编目（CIP）数据

会展概论/刘晓广，巩隽主编. —2版. —北京：化学工业出版社，2014.11（2023.9重印）

高职高专会展策划与管理专业"十二五"规划教材

ISBN 978-7-122-21922-0

Ⅰ.①会… Ⅱ.①刘…②巩… Ⅲ.①展览会-高等职业教育-教材 Ⅳ.①G245

中国版本图书馆CIP数据核字（2014）第225588号

责任编辑：李彦玲　　　　　　　　　　文字编辑：李　曦
责任校对：王素芹　　　　　　　　　　装帧设计：史利平

出版发行：化学工业出版社（北京市东城区青年湖南街13号　邮政编码100011）
印　　装：天津盛通数码科技有限公司
787mm×1092mm　1/16　印张15　字数392千字　2023年9月北京第2版第5次印刷

购书咨询：010-64518888　　　　　　　售后服务：010-64518899
网　　址：http://www.cip.com.cn
凡购买本书，如有缺损质量问题，本社销售中心负责调换。

定　　价：39.00元　　　　　　　　　　　　　　　　　版权所有　违者必究

前言
Preface

会展业是现代服务业的重要组成部分,影响面广、关联度高、发展潜力大,其发展程度体现一个国家文化、经济和社会的综合发展水平。目前,会展业已成为经济发展新的增长点。

随着会展业市场化程度的提高,会展业已从规模化发展逐步转向专业化、品牌化、国际化发展,并显示出强大的关联效应和经济带动作用,为促进国民经济发展发挥了积极作用。随着我国成为世贸组织成员,实力雄厚、管理先进、经验丰富的国际著名会展公司纷纷进入我国会展市场,加剧了我国会展业市场竞争。会展市场的快速变化和发展将对会展企业经营管理水平和会展专业人才的要求不断提高。

《会展概论》作为会展教育的核心基础课程,是了解会展业、掌握会展专业基本理论的入门教材。本书第1版出版后得到了很多院校会展专业教学第一线的专家学者和骨干教师的关注和认可。在教学过程和使用中,我们进一步了解学生在学习过程中的难点和需求,对《会展概论》课程也有了更深入的研究和总结,因此在第1版的基础上进行了修订。第2版体例全新编排,用模块形式编写,具体包括会展基础知识篇、会展管理与服务篇、会展运营篇、会展知识拓展篇四大模块,每个模块根据会展理论知识和会展实际工作技能要求由若干项目构成,融合了会展理论知识和会展实际工作技能。每一项目提出项目目标,明确需要了解、理解和掌握的主要内容;引入项目案例并加以点评,帮助理解会展理论;在内容编排上,合理设计会展原理和会展实务的比例搭配,既有一定的基础理论性又具备了会展理论的实践性和应用性,并加入一些实用的知识链接;项目最后提出问题,引导学生进行案例分析并提出了实践训练的要求,培养实战意识、提高操作能力。

本书由刘晓广、巩隽任主编,郝静、罗灵任副主编。具体分工是刘晓广编写模块一之项目一、项目二;巩隽编写模块二之项目一、项目二、项目三,模块三之项目一;罗灵编写模块一之项目三、项目四,模块二之项目四,模块三之项目二;郝静编写模块一之项目六、项目七,模块四;刘昊编写模块一之项目五。

本书在编写过程中参考了一些有关会展的学术著作和研究成果,对本书的编写起到了很大的启发和帮助作用,在此表示衷心的感谢并在参考文献中列出。

作为高职高专教材改革的探索,本书无论在体系结构和内容上都有可商榷和探讨的方面,加上笔者的水平局限,疏漏和失误可能存在,敬请业内专家学者、任课教师和读者以及会展专业学生赐教指正。

编者
2014 年 10 月

目 录
Contents

模块一　会展基础知识篇　　　1

项目一　会展导论 …………………………………………………………… 1
课题一　会展概述 …………………………………………………………… 1
　　一、会展的含义与构成 …………………………………………………… 1
　　二、会展的本质和特点 …………………………………………………… 2
　　三、会展的作用 …………………………………………………………… 3
课题二　会展的历史与发展 ………………………………………………… 5
　　一、世界会展的历史与现状 ……………………………………………… 5
　　二、我国会展的发展历史与现状 ………………………………………… 7
课题三　会展业 ……………………………………………………………… 11
　　一、会展业概述 …………………………………………………………… 11
　　二、会展业发展的条件 …………………………………………………… 11
课题四　会展业与旅游业的关系 …………………………………………… 13
　　一、会展业与旅游业关系概述 …………………………………………… 13
　　二、会展旅游 ……………………………………………………………… 14
项目思考与讨论 ……………………………………………………………… 15

项目二　会议业 …………………………………………………………… 17
课题一　会议业概述 ………………………………………………………… 17
　　一、会议的含义与特征 …………………………………………………… 17
　　二、会议的类型与构成 …………………………………………………… 19
　　三、会议举办机构与会议有关人员 ……………………………………… 22
课题二　会议的工作流程 …………………………………………………… 24
　　一、会议流程与会务工作 ………………………………………………… 24
　　二、会议策划 ……………………………………………………………… 24
　　三、会议准备 ……………………………………………………………… 28
　　四、会议实施 ……………………………………………………………… 29
　　五、会后总结评估 ………………………………………………………… 30
课题三　国际性会议 ………………………………………………………… 31
　　一、国际性会议概述 ……………………………………………………… 31
　　二、国际性会议的分类 …………………………………………………… 32
　　三、国际性会议的申办 …………………………………………………… 33
项目思考与讨论 ……………………………………………………………… 34

项目三　展览业 …………………………………………………………… 36

课题一 展览业概述	37
一、展览的概念、分类与作用	37
二、展览业的发展趋势	38

课题二 展览会的办展机构 ·················· 39
  一、展览会的主办机构 ·················· 39
  二、展览会的承办机构 ·················· 41
  三、展览会的其他办展机构 ·················· 41

课题三 展览会的主体构成 ·················· 41
  一、办展方 ·················· 41
  二、参展商 ·················· 43
  三、总体服务承包商 ·················· 44
  四、观众 ·················· 45

课题四 展览会的开发与经营 ·················· 45
  一、策划阶段 ·················· 45
  二、实施阶段 ·················· 46
  三、展后阶段 ·················· 51

项目思考与讨论 ·················· 51

项目四 奖励旅游 ·················· 53

课题一 奖励旅游概述 ·················· 54
  一、奖励旅游的含义、特点和类型 ·················· 54
  二、奖励旅游的实质与方式 ·················· 55
  三、奖励旅游的产生和发展 ·················· 56

课题二 奖励旅游的经营机构和市场构成与需求 ·················· 57
  一、奖励旅游的经营机构 ·················· 57
  二、奖励旅游市场的构成与需求 ·················· 58

课题三 奖励旅游的操作流程 ·················· 58
  一、前期策划 ·················· 58
  二、计划执行 ·················· 60
  三、后续工作 ·················· 60
  四、奖励旅游应注意的问题 ·················· 60

项目思考与讨论 ·················· 60

项目五 节事活动 ·················· 63

课题一 节事活动概述 ·················· 63
  一、节事活动的含义和类型 ·················· 63
  二、节事活动的特点与作用 ·················· 65
  三、节事活动的历史与发展 ·················· 66

课题二 节事活动的策划与管理 ·················· 67
  一、节事活动的策划 ·················· 67
  二、节事活动的管理 ·················· 69
  三、节事活动的承办 ·················· 70

课题三 我国节事活动发展中的问题与对策 ·················· 72

一、我国节事活动中存在的问题 ·· 72
　　二、我国节事活动发展的对策 ·· 74
项目思考与讨论 ··· 75

项目六　会展经济 ·· 77
课题一　会展经济概述 ·· 78
　　一、会展经济的概念和特征 ·· 78
　　二、会展经济效益 ··· 79
　　三、会展经济发展战略 ·· 80
课题二　会展市场 ·· 81
　　一、会展市场的含义与划分 ·· 81
　　二、会展市场的主体 ··· 83
　　三、会展市场的运作机制与潜力分析 ···································· 84
　　四、会展市场的调研 ··· 87
　　五、会展市场现状 ··· 88
项目思考与讨论 ··· 90

项目七　会展城市 ·· 92
课题一　会展产业与城市发展 ··· 92
　　一、会展产业与城市发展的关系 ·· 92
　　二、会展业对城市发展的推动作用 ······································· 94
课题二　会展城市的形成条件与营销策略 ····································· 95
　　一、会展城市的形成条件 ··· 96
　　二、会展城市的营销策略 ··· 96
课题三　我国会展城市的发展格局 ··· 98
　　一、我国会展产业带发展状况 ··· 98
　　二、上海、北京、广州三城市会展产业发展基本情况 ·············· 101
项目思考与讨论 ·· 104

模块二　会展管理与服务篇　106

项目一　会展企业 ·· 106
课题一　会展企业概述 ·· 106
　　一、会展企业的概念与特征 ·· 106
　　二、会展企业的分类与类型 ·· 108
　　三、会展企业在会展活动中的主要工作 ······························· 109
课题二　会展企业的组织建构 ··· 110
　　一、会展企业组织结构概述 ·· 110
　　二、会展企业组织设计的基本原则 ····································· 111
　　三、影响会展企业组织设计的因素 ····································· 112
　　四、会展企业职能部门的设计 ··· 115
　　五、会展企业组织结构模型选择 ·· 116
项目思考与讨论 ·· 119

项目二　会展管理 ·· 121

课题一　会展管理概述 ········· 121
  一、会展管理机构 ········· 121
  二、会展行业管理 ········· 122
  三、会展管理模式 ········· 123
  四、发达国家会展管理体制 ········· 124
课题二　会展微观管理 ········· 124
  一、会展现场管理 ········· 124
  二、会展场馆管理 ········· 125
  三、会展项目管理 ········· 126
  四、会展客户关系管理 ········· 128
  五、会展人力资源开发与管理 ········· 130
  六、会展物流管理 ········· 131
  七、会展信息管理 ········· 133
  八、会展危机管理 ········· 134
项目思考与讨论 ········· 136

项目三　会展服务 ········· 139
课题一　会展服务概述 ········· 140
  一、会展服务的概念与内容 ········· 140
  二、会展服务的种类 ········· 141
  三、会展服务的特征和原则 ········· 142
  四、会展服务的要求 ········· 144
课题二　会展服务人员培训与选择 ········· 146
  一、会展服务人员的培训 ········· 146
  二、会展服务人员的选择 ········· 148
课题三　会展服务流程与规范 ········· 150
  一、会展服务流程 ········· 150
  二、会展服务规范 ········· 150
项目思考与讨论 ········· 152

项目四　会展礼仪 ········· 154
课题一　会展礼仪概述 ········· 154
  一、会展礼仪的概念与特点 ········· 154
  二、会展礼仪的作用 ········· 156
  三、会展礼仪操作的基本原则和要求 ········· 156
课题二　会展工作人员的形象礼仪 ········· 157
  一、会展工作人员的仪容礼仪 ········· 157
  二、会展工作人员的仪表礼仪 ········· 158
  三、会展工作人员的仪态礼仪 ········· 158
课题三　会议礼仪 ········· 160
  一、会议礼仪策划 ········· 160
  二、会议现场礼仪 ········· 161
  三、会后服务礼仪 ········· 162

课题四　展会礼仪 …………………………………………………… 162
　　　　一、展会礼仪策划 ………………………………………………… 162
　　　　二、展会中的礼仪 ………………………………………………… 163
　　　　三、展会后的礼仪工作 …………………………………………… 165
　　项目思考与讨论 ………………………………………………………… 165

模块三　会展运营篇　　　　　　　　　　　　　　　　　　　　　167

项目一　会展策划 ………………………………………………………… 167
　　课题一　会展策划概述 ………………………………………………… 168
　　　　一、会展策划的基本原则 ………………………………………… 168
　　　　二、会展策划的内容 ……………………………………………… 169
　　　　三、会展策划的类别 ……………………………………………… 169
　　　　四、会展策划的基本程序与方法 ………………………………… 171
　　课题二　会展策划实务 ………………………………………………… 171
　　　　一、会展项目总体规划的制订 …………………………………… 171
　　　　二、会展主题策划 ………………………………………………… 173
　　　　三、展示设计和场馆布置 ………………………………………… 175
　　　　四、会展相关活动策划 …………………………………………… 177
　　项目思考与讨论 ………………………………………………………… 181

项目二　会展营销 ………………………………………………………… 183
　　课题一　会展营销概述 ………………………………………………… 184
　　　　一、市场营销与会展业 …………………………………………… 184
　　　　二、会展营销的特点 ……………………………………………… 185
　　　　三、会展营销体系的构成 ………………………………………… 185
　　课题二　会展营销管理策略 …………………………………………… 186
　　　　一、市场定位策略 ………………………………………………… 186
　　　　二、市场发展策略 ………………………………………………… 188
　　　　三、市场竞争策略 ………………………………………………… 189
　　　　四、营销组合策略 ………………………………………………… 189
　　课题三　会展营销手段 ………………………………………………… 189
　　　　一、直接邮寄 ……………………………………………………… 189
　　　　二、电话销售 ……………………………………………………… 190
　　　　三、广告 …………………………………………………………… 191
　　　　四、网络推广 ……………………………………………………… 191
　　　　五、新闻发布会 …………………………………………………… 192
　　　　六、展览会 ………………………………………………………… 192
　　项目思考与讨论 ………………………………………………………… 194

模块四　会展知识拓展篇　　　　　　　　　　　　　　　　　　　197

项目一　主要国际会展组织 ……………………………………………… 197

课题一 主要国际会议组织	198
一、国际会议协会	198
二、国际协会联盟	199
三、国际专业会议组织者协会	200
四、会议产业委员会	202
五、会议专业工作者国际联盟	202
课题二 主要国际展览组织	203
一、国际展览局	203
二、国际展览业协会	203
三、国际展览管理协会	204
项目思考与讨论	207

项目二 中外知名会展 …… 210

课题一 世界知名会展	211
一、世界博览会	211
二、奥林匹克运动会	212
三、世界五大车展	216
四、德国汉诺威国际信息及通信技术博览会	218
五、达沃斯论坛	219
课题二 我国知名会展	219
一、中国进出口商品交易会	219
二、大连国际服装博览会	220
三、中国国际高新技术成果交易会	221
四、博鳌亚洲论坛	224
项目思考与讨论	225

部分专业会展网站 …… 227

主要参考文献 …… 228

模块一

会展基础知识篇

项目一 会展导论

项目目标

1. 了解会展业的特点与发展趋势。
2. 理解会展的含义、本质和特点。
3. 明确会展业与旅游业的关系。
4. 掌握会展业发展的条件和会展旅游发展的条件。

项目关键词

会展　会展的历史与发展　会展业　会展旅游

项目导入

首届世界博览会

1851年英国在伦敦海德公园内，一改当时盛行的石头建筑风格，耗用了4500吨钢材和30万块玻璃，建成了一座长1700英尺、高100英尺的"水晶宫"。由当时英国的阿尔伯特王子亲自组织，维多利亚女王通过外交途径，邀请了10个国家、集中了1400多件各类艺术珍品和时尚产品向世人展示，具有代表性的展品有电报机和缝纫机。据记载，展示的商品摆在桌子上的长度加起来约有13千米长（约合现在4300多个标准展台，总面积约4万平方米）。在160天的展期中，共有来自世界各地的600多万人观赏。英国人自豪地把它取名为"伟大的博览会"。伦敦博览会被国际上公认为首届世界博览会。

【点评】：英国伦敦博览会作为具有现代意义的首届世界博览会，通过产品的展示，增强了英国人的自豪感，连通了世界，显示了当时英国的实力和成就。

课题一　会展概述

一、会展的含义与构成

1. 会展的含义

随着人类社会经济的发展，产生了会展这一词汇和概念，会展理论也应运而生。什么是会展？从字面上理解，会展是指会议和展览活动。然而，随着会展活动发展到一定的规模并形成产业，其内涵和外延已远远超出了其字面的意义。

会展有狭义和广义之分。由于会展是在会议和展览活动的基础上形成的。所以，一般认为会展是会议与展览的统称。这种狭义的概念，是传统意义上的理解。

随着会展的发展，现代会展涵盖的内容和范围有了新的扩大和发展。

在国际上，广义的会展称为MICE。M（Meeting）代表会议，主要指公司会议；I（Incentive Tour）是指奖励旅游；C（Conference）表示大型会议，主要指协会、团体组织的会议；E（Exhibition）指展览和节事活动（Event）。

本书所阐述的会展，是广义的会展。因此，会展是指在一定的地域空间范围内，由多人聚集在一起形成的定期或不定期举办的集体性物质、文化和信息交流的社会经济活动。

2. 会展的构成

现代会展由会议、展览、奖励旅游和节事活动四部分组成。

会议是会展的主要支撑和基础部分，作为会展最主要的形式之一，从会展的角度，我们讨论的会议主要是具有一定规模与影响力，并能产生一定社会效益和经济效益的会议。大型会议特别是国际性会议，在提升国家和城市形象、促进市政建设、创造经济效益等方面具有特殊重要的意义。

展览是会展的主要支撑和基础部分，对社会的发展和会展业的发展具有不可低估的意义和作用，是企业营销、品牌培育的重要手段。

奖励旅游是带有明确商务目的的旅游活动，具有会展活动的显著特征，是旅游与会展的综合体，是企业的一种新的管理手段和措施。

节事活动是群体性的休闲娱乐活动和公共庆典以及纪念性的活动，具有会展活动的显著特征。其涉及范围广，大众参与性强，是文化交流和城市形象展示的重要平台。

在会展的四个组成部分中，会议和展览是支撑和基础，是最重要的形式；奖励旅游和节事活动是会展的延伸和扩展。四种活动形式相互影响、相互促进、相互交融、密不可分，共同构成会展活动。

二、会展的本质和特点

1. 会展的本质

会展是以会议、展览、奖励旅游和节事活动的组织、服务为主要内容的群体聚合，通过举办各种会展活动和提供各类服务，促进商品、物质、人员、资金、信息的流动，产生巨大的社会效应和经济效应。因此，会展的本质是信息的传播与交流，是技术与成果、生产和产品的沟通与交流。

2. 会展的特点

（1）综合性　会展具有极强的综合性。会展活动范围十分广泛，其活动目的和性质涵盖了政治、经济、文化等所有社会领域。会展活动内容非常丰富多彩，呈现出诸多活动紧密结合的特性。会展涉及的行业、部门众多，所有社会范畴都与会展活动有联系。会展的综合性特点，要求举办会展活动必须动员所有与会展活动相关的力量，共同协作，密切配合，才能保证会展顺利、圆满和成功举办。

（2）集中性　会展是人流、物流、资金流和信息流的集中。集中是会展活动最突出、最直接的特点之一。会展将信息、人员、产品、技术和成果等在一定时间集中在特定的地域空间，提高了资源利用效率，节约了成本，增加了收入或提高效用，改善了举办地的城市基础设施，美化了城市环境，宣传并提升了举办地的形象和知名度，产生了社会效益和经济效应。方便、实惠、省时省力、事半功倍，增强了接触与交流，扩大了视野，形成了主办方、参展商以及观众多赢的大好局面。

(3) 互动性　互动性强是现代会展的一个明显特点。现代会展越来越强调互动性，而且互动越来越充分。会展组织者和参与者之间通过会展产生互动，建立长期联系，互相信任和支持，不断加强合作，获得双赢或多赢。正是互动性的发展，促进并推动了会展的发展。

(4) 导向性　会展具有较强的导向性，这是会展保持旺盛生命力的重要原因之一。它能够超前地、全面地、专业地通过会展活动展现世界上各个领域的最新发展成果和发展趋势，推广和展示各个专业领域的发展成果，引导着社会和各专业项目的最新发展。这种前瞻性经济，反映着经济发展的未来趋势。

(5) 竞争和高风险性　会展蕴藏无限商机，具有较高的社会经济效益。高利润率和趋利心理吸引国内外人士、企业涉足会展业，瓜分会展市场。随着现代会展业的发展，竞争日趋激烈。

会展活动能否成功，影响因素诸多。包括政治的、经济的、军事的、文化的、法律的、自然灾害以及突发性事件。在会展的申办过程中，很多国家或城市投入了大量的人力、物力、财力，但成功者只有一个。申办失败的风险损失和举办不成功的会展国家或城市也要承担相应风险损失。

(6) 特色和时尚性　会展既展示传统文化、特色文化，又引领当代时尚。每一个会展举办国家和举办城市，都具有自己的特色和传统。特色的经济、特色的产业、特色的传统等，显示了会展的特点。

多元的世界丰富多彩，发展的世界日新月异。在不同时期经常出现特有的政治、经济、文化、生活潮流风尚，会展可以满足人们求新、求异的心理需求，具有展示时尚、引领潮流的特点。

(7) 创新性　会展的创新性是会展不断发展的关键所在。创新性使会展活动成为反映现代社会现实和未来生活的窗口，是展示最新技术、产品和成果的平台以及各行各业最新发展动态的镜子，也是人类认识历史、把握现实、展望未来的重要渠道，更是寻找和开辟新市场的重要途径。所以，"新"是现代会展的灵魂和生命，创新性是会展保持勃勃生机的根本。

(8) 发展持续性　会展自产生以来，保持了旺盛的生命力。特别是第二次世界大战以后，会展呈现出强劲的发展势头。人类社会的发展与进步一直推动着会展活动的不断持续发展，并且必将继续推动会展活动的持续发展。这是因为会展活动在发展过程中对经济波动有较强的抵御能力，其本身的波动性较小。而且，随着人类社会的发展和进步，会展活动已成为必不可少的社会经济内容。

(9) 区域差异性　会展活动的产生和发展是建立在经济发展基础之上的。地理和经济区域，是制约会展活动的重要因素。因此，在地理和经济区域分布上的不平衡，会展发展的区域差异很大，是会展活动的一个显著特点。从国际会展的历史、现实和发展来看，会展的发展需要雄厚的经济实力和物质基础做支撑。国际会展活动在区域上集中在经济发达的国家，国内会展活动集中在经济发达的城市。

(10) 影响广泛性　会展活动涉及政治、经济、社会、文化、环境等各个领域，影响十分广泛。会展不仅具有强烈的辐射能力和信息传播、交流功能，而且具有很高的社会效益和经济效益。其"以人为本"的文化精神、标准化的运作模式、实地会展与网上虚拟会展的结合以及会展艺术性和科学性，都给人们留下了难忘的记忆和印象。

三、会展的作用

1. 会展的经济作用

(1) 促进内外贸易和经贸合作　会展作为联系买卖双方的桥梁和纽带，不仅促进国内贸易，并且对国际贸易的发展发挥了重要的推动作用。会展活动将各国、各地区的客商聚于一堂,加强了沟通和了解、交流与合作,促进了经贸合作与对外贸易,并大大降低了贸易成本。会展展示和推广的新技术、新产品和新工艺,有利于促进经济贸易及合作。

(2) 增加就业机会　会展活动涉及的行业和领域广泛,可增加会展举办地的各种就业机会。据测算,每增加1000平方米的展览面积,就可创造近百个就业机会,每增加20位会议代表,就可创造1个就业机会。特别是会展活动对为其服务的相关产业强有力的带动,形成合理分工的社会化经营和服务体系,可提供不计其数的就业岗位和机会。随着会展的进一步发展,其就业岗位和机会将越来越多。会展的发展,是增加就业的一条有效的渠道。

(3) 调整优化经济结构　会展是国民经济结构中一个新兴的有机组成部分,会展的发展对经济结构的调整发挥着重要作用。主要体现在,有利于产业结构的优化和产品的升级换代;对为会展服务的相关产业结构产生重要影响;可形成新的生产能力和培育新的产业群,加快产业结构的调整。会展经济已经成为新的经济增长点。

(4) 促进经济发展　会展以高赢利、高收入、低投入、低污染、高效益为特点,使得世界各国竞相角逐会展活动的举办权。会展使商品流通加快,整合营销、降低营销成本,刺激需求,调节供给。会展可为会展举办地产生直接的经济效益。会展代表的消费水平高,会展旅游者的团队规模大,产生的直接经济效益可观。会展涉及领域广泛,刺激并拉动相关产业的发展,间接经济效益巨大。推动会展举办地的经济发展,完善并推动会展举办地的基础设施、环境等超常规、大跨度的发展。

(5) 促进经济一体化　全球经济一体化、市场化、区域集团化是世界经济的发展趋势。会展活动促进经济一体化作用主要表现在,有利于加速经济一体化的无形资本的流动,为跨区域、跨行业、跨国界的交流提供了机会;有利于加深不同国家、地区、组织之间的分工与合作,密切彼此的经济关系,形成真正的要素流动市场;有利于加强政府间的协作,以支持和推动经济一体化的进程。

(6) 反映经济发展趋势　经济发展状况决定会展的兴衰,并在会展中反映出来;会展的发展,也影响和刺激经济的发展趋势。会展是一个信息的聚合体,会展活动的过程,就是信息汇集、加工、处理、输出的过程。这样的信息输出往往带有明显的行业发展趋向指示。通过对会展活动的分析,分析和把握经济发展的趋势。

2. 会展的社会文化作用

(1) 提升会展举办地形象和知名度　会展是展现会展举办地形象和提高知名度的重要手段。会展活动的成功举办,为会展客户展示了会展举办地的热情、社会风貌、文化特色、文明素质、经济实力、科技水平、区域优势和优美环境,使之印象良好,难以忘怀。通过会展活动参与者的口碑,对会展举办地起到广告宣传的作用,扩大了影响。从而,迅速提高会展举办地的形象和知名度。同时,由于会展活动的需要,会展举办地为保证会展活动的成功举办,必须具备良好的基础条件。因此,加强基础设施建设、加快环境保护和美化,积极进行综合性、全方位的城市建设,提高城市的吸纳和辐射能力,改善投资环境,充分发挥会展举办地的功能,加强城市竞争力,为会展举办地提升形象和知名度奠定了雄厚的基础。

(2) 丰富文化生活,提高人们素质　会展是具有深厚文化底蕴的活动,不仅是文化传播的一种载体,而且可以扩大人们的视野,丰富精神文化生活。它吸引不同文化、不同观念的人们进行沟通和交流。在接触和交流中,接受新知识、新观念并相互影响,提高综合素质和修养。

(3) 弘扬并创新文化,教育宣传作用　会展可以营造群体间的文化氛围,满足人们的文化心理需求和精神需求。它是人们感受文明、理解文化、陶冶情操的综合文化活动,可以提高人们的文化修养、审美情趣、感受能力和鉴赏水平。会展既充分展示了各国和各地的特色文化,又有利于文化的创新。会展还具有教育宣传的效果,通过展品、内容和信息传播,对人们进行宣传教育，导致思想观念、行为方式发生潜移默化的变化。

（4）促进信息交流和科技知识的传播　会展从本质上说，是为信息交流而进行的传播活动。会展是信息交流与传播的媒介和载体，是流畅的信息沟通与交流的渠道，是信息获取与传播的最佳途径。会展活动的信息传播流向是多向的、互动的，信息处理方式是组合式的，传播的信息量大、密集程度高。所以，在会展活动中获得的信息是最新的、丰富而准确的。

会展在促进科学技术的推广和交流、引导科学技术的发展、传播科学技术知识等方面，具有不可替代的作用。

课题二　会展的历史与发展

一、世界会展的历史与现状

1. 世界会展的发展历史

会展历史久远，其产生和发展具有深刻的社会经济背景，是随着社会生产力的发展而形成和发展起来的。会展产生于原始社会末期，是人类社会发展到一定阶段的产物并伴随着人类社会的发展而发展。

根据会展的产生、举办方式、活动目的、组织方式以及经济发展状况不同，世界会展的发展经历了四个阶段，即原始阶段、古代阶段、近代阶段和现代阶段。

（1）原始阶段（原始社会末期）　会展活动是人类社会发展到一定阶段的产物。在距今8000年前的原始社会末期的新石器时代，人类完成了第一次社会大分工。随着生产力的发展，出现了剩余产品，产生了交换剩余产品的需要。社会分工，为人类集体性的物质文化交流提供了可能。物物交换活动应运而生。

知识链接

物物交换是展览的原始形式，其特点是，时间和地点是随意的，是不固定的；交换是偶然的，不是有组织进行的；规模很小，仅限于买卖各方。这种形式包含了通过展示达到交换的目的，是会展的最原始的阶段或最初阶段。

在远古时代，人们对狩猎和战争、生产和分配进行沟通和协商，是会议活动的萌芽。部落群体通过定期举办各种形式的祭祀活动，是节事活动的萌芽。

（2）古代阶段（奴隶社会—封建社会时期）　随着社会经济的发展，交换的规模和产品的范围不断扩大，交换形式也有了很大的变化，出现了集市贸易。偶然、不固定时间和地点的物物交换，逐渐被在固定时间和地点进行的集市贸易所取代，并成为会展的雏形。

集市、庙会的出现，使会展的发展进入古代阶段。集市最早出现的时期是我国的奴隶社会，欧洲古代集市的产生时间比我国略晚些。

知识链接

集市包括集、市、庙会等多种形式。其中，"市"指人们交换产品的场所，一般是指在建筑物中进行交易的场所，其卖方一般是商人；"集"的地点比较固定，举行时间具有明显的周期性，参加者主要是农民和手工业者，卖方一般是小生产者，交易活动实质上是生产者之间的产品流通；庙会的产生源于宗教祭祀活动的开展，除了传统的产品交换外，还包括宗教仪式、文化娱乐等活动。

欧洲集市始于希腊,最初是交换、买卖奴隶的场所。到了古奥林匹克时期(公元前800～公元前700年),希腊有了常规的集市,与奥林匹克运动会同时举行。古希腊集市与战争、体育、政治关系密切。

欧洲大陆有文字记载的最早集市是公元629年法国圣丹尼斯集市。一般认为,欧洲集市形成于9世纪,11～12世纪为鼎盛期。欧洲集市具有规模性和规范性的特点。规模较大且集中、举办周期较长且功能齐全,包括零售、批发、国际贸易和文化娱乐等。

(3) 近代阶段(1640～1945年) 1640年开始的工业革命推动了欧洲经济的发展,人类社会进入资本主义时代,商品经济成为占统治地位的经济形式。与此相适应,近代会展的典型形式——宣传性工业展览会产生了。

到了17世纪,欧洲的一些集市开始向专业化方向发展,侧重突出某方面的功能。工业革命后,集市的作用逐渐缩小。一些集市为了适应工业发展的需要而转变为样品博览会。

在第一次世界大战至第二次世界大战期间,综合性质的会展迅速发展并成为主导形式,其特点是综合性和区域性。主要表现为,组织者竭力扩大会展规模,尽量吸引所有行业的企业参展;国际性会展活动极少,国家和地区的会展活动占绝对多数。

知识链接

1667年,法国举办了世界上第一个艺术展览会;1789年,法国举办了工业产品大众展,这是世界上第一个由政府组织的国家工业展览会。欧洲出现了不以交换为目的的、纯展示欣赏性质的艺术展和纯宣传性质的国家工业展。其目的是显示成就、促进本国的工业发展。这种展览形式对会展的发展产生了重要影响,但基本没有外国参展者,未能发展成为国际性会展活动。

1851年,在英国伦敦举办了"万国工业博览会",被称为近代国际会展的开端,也被国际上公认为第一个世界博览会。1894年,德国莱比锡举办了第一届国际工业样品博览会,表现了会展的市场性和展示性的结合,即以展示为手段,交易为目的。这个博览会被认为是现代会展的最初形式,会展由此走上了规范化、市场化的轨道。

1925年,国际博览会联盟(UFI)在意大利米兰成立。1928年,来自31个国家的政府代表在法国巴黎签订了《国际展览公约》。1931年,正式成立了《国际展览公约》的执行机构——国际展览局(BIE)。这一切都为现代会展的产生和发展夯实了基础和准备了条件。

(4) 现代阶段(1945年至今) 第二次世界大战结束后,世界进入一个相对稳定的和平时期。一批因战争而停办的会展活动重整旗鼓,为世界经济注入了勃勃生机。各国致力于经济建设,促进了世界经济的快速发展。在此基础上,会展也进入了新的发展时期,进入现代会展阶段。

知识链接

现代会展的发展经历了三个阶段。

① 第二次世界大战战后至20世纪70年代。这一阶段,综合性会展向专业性会展方向发展,专业性会展成为主导形式,其特点表现为参展商和观众的专业化。

② 20世纪70~90年代。伴随着经济发展的全球化，会展形成了庞大的产业规模，进入了产业化发展阶段，形成了独具特色的会展业并成为国际性、全球化产业。兴建现代化的大型会展中心、扩充会展从业人员队伍、培养会展专业人才，成为各国竞相解决的问题。

③ 20世纪90年代至今。以信息技术为核心的新科技革命，推动世界会展业朝着信息化和高科技化方向发展，网络技术的不断完善、电子商务的普及、网上会展的举办，为现代会展的发展注入了新的生机与活力，使之保持高速、持续发展的态势。

2. 世界会展的发展现状

（1）世界会展发展的基本格局　目前，世界会展的发展呈现出全方位、多元化和高增长的发展格局。由于各国经济发展的状况不同，世界会展的发展也表现出不平衡的态势。总体来说，欧洲是世界会展的发源地，经过100多年的积累和发展，其会展的整体实力最强、规模最大、优势明显，在当今世界会展中处于主导地位。因此，目前乃至今后相当长的时期，欧洲仍将保持在世界会展业中的优势地位，占据世界会展市场的最大份额。

（2）世界会展的发展现状　欧洲作为世界现代会展业的发源地，是世界会展业最发达的地区。既是最主要的会展目的地，也是最重要的会展客源地；欧洲拥有众多的会展发达的大国，世界上最大的会展中心大多聚集于此；大多数世界性大型和顶级会展活动都在欧洲举办；欧洲会展不仅在数量上占绝对优势，而且在规模、档次、面积比例、参展商和观众的数量和质量上，均处于世界领先地位。

北美地区是世界会展的后起之秀，虽然起步较晚，但发展较快。而且，在发展过程中形成了独特的会展模式和风格。北美地区的会展发展水平仅次于欧洲，但发展速度迅猛，美国和加拿大是其中的典型代表。美国是世界上举办国际会议最多的国家，长期占据国际会议市场的领先地位，是世界上最大、最发达和最成熟的奖励旅游市场。

亚洲从20世纪80年代以来，开始成为会展组织者所青睐的会展目的地之一，在发展速度上已经超过欧美等传统会展发达国家。特别是近年来，亚洲会展的发展非常迅猛。从总体上来说，还无法同欧美会展发达国家相比，但比拉美和非洲会展业发展高得多。随着亚洲经济的发展，世界会展活动的重心有向亚洲转移的趋势，亚洲大有后来居上之势，未来有可能成为世界最大的会展市场。

大洋洲会展的发展水平仅次于欧美地区，但规模小于亚洲。该地区会展活动主要集中在澳大利亚。

拉丁美洲主要会展国家是巴西、阿根廷和墨西哥三国。其他国家会展活动规模很小，大多国家尚处于起步阶段。

整个非洲大陆的会展发展状况与拉美地区相似，主要集中在经济发达的南非和埃及。其他地区和国家受经济和气候条件的影响和限制，要么会展活动规模小，要么不能常年或定期举办会展活动。

二、我国会展的发展历史与现状

1. 我国会展的发展历史

我国会展的发展历史，大致分为以下三个时期。

（1）古代时期（原始社会末期~1840年）　作为早期会展雏形的集市在我国有着悠久的历史，大约形成于公元前11世纪的商、周时期，并在唐末以后得到了蓬勃发展。几千年来，集市一直是我国商品流通的重要途径。

在我国，庙会是一种城乡并存的定期集市。其历史悠久，在唐朝已流行，明、清时期最后盛行。庙会作为商品交换媒介，对促进商品流通、沟通城乡联系，具有重要的历史作用。

虽然，我国很早就出现了集市、庙会，但在漫长的封建社会里，长期处于自给自足的自然经济状态，社会分工不明显。农耕文明制约了商品交易的充分发展，历代封建王朝大多采取重农抑商的政策，使得以商品交易活动为主要基础的会展活动发展缓慢。现代会展并没有在我国产生，同其他工业文明一样，会展也是舶来品。

知识链接

集市在我国不同的历史时期和地区，有许多不同的形式和名称，如集、市、墟、场等。在古代城市，集市一般称为"市"。到了宋代，发展成为商业区，具备了商业性质，先后出现了零售性质的"肆"和批发性质的"邸店"。在古代农村，集市一般称为草市、村市等。草市产生于东晋、发展于唐代，到了北宋年间，遍布各地城郊。集市的参加者主要是农民和手工业者，他们之间的买卖活动既是生产者向消费者直接出售，也是生产者之间的产品流通。

庙会是因宗教事件并在宗教场所产生和发展起来的，是比集市规模更大、货物更多的大型集市。它不仅能够进行传统的产品交换，还有宗教活动和文化娱乐活动。

(2) 近代时期（1840～1949年） 直到清末，我国才开始举办一定规模的具有近代特征的会展活动。参加世界博览会是我国早期参与国际性活动的重要形式，也是近代我国会展活动的开端。

从清末到抗日战争时期我国举办的会展活动有一个鲜明的特征，就是"官办"。几乎所有的展会都由政府举办，政治色彩和现场气氛浓厚。

知识链接

1851年，中国商人徐荣村和一些在中国经商的外国人以私人身份参加了在英国伦敦举办的第一届世界博览会。

1876年，我国政府第一次自派代表，以国家的身份参加了在美国费城举办的世界博览会。

1910年6月5～29日，清政府为了解产业状况，促进工商业的发展，在江宁（今南京）和商界合办了南洋劝业会，这是我国历史上第一个全国性博览会。

1935年11月～1936年3月，中国艺术国际展览会在英国伦敦举办。这是我国第一次出国办展。

抗日战争时期，国民党和共产党分别举办了现代展览会。从性质、意义和特征上看，这些展览会相当于欧洲的国家工业展览会，主要是宣传性质的，在展览规模和展示方法上比较落后。

(3) 现代时期（1949年至今） 与发达国家相比，我国会展业起步较晚，几乎落后发达国家1个世纪。从发展的内容和速度来看，我国会展业的发展历程分为以下三个阶段。

① 起步阶段（20世纪50～70年代末）。新中国会展的起步或开端的标志是我国首次组织代表团于1951年3月参加了德国"莱比锡春季博览会"。这一时期，中国国际贸易促进委员会（以下简称中国贸促会）是以国家名义组织企业出国、举办经济贸易博览会、参加国际贸易博览会和接待外国来华举办经济贸易展览会的唯一机构。

这一时期，作为我国会展的起步阶段，会展活动数量少、规模小，组织水平和专业化程度都处于初级阶段，还不具备现代会展的特征。

② 变革阶段（20世纪80～90年代初）。改革开放后，我国会展业逐步与世界会展业接轨。随着经济体制改革的不断深化和对外开放的不断扩大，我国会展业进入大变革和大发展阶段。

这一时期，我国会展依然具有浓厚的行政色彩，形成了各级政府及主管部门的多层次、多渠道的审批格局。政府作为会展的管理和审批部门以及会展场馆的投资主体，对会展的发展和行业行为产生极大的影响。

③ 快速发展时期（20世纪90年代至今）。随着我国经济持续快速的发展和社会主义市场经济体制的初步建立和不断完善，我国会展活动在内容和形式上、组织程度和管理模式上，都发生了重大变化。我国会展迅速发展壮大，进入快速发展的快车道。

总之，我国会展经历了从纯粹的官方行为、政府安排、不讲回报，再到打开国门、商业操作、讲求效益的多方参与、多方办展的发展过程。这一时期我国会展发展的最大特征在于，政府、各界人士对会展的认识不断提高，会展备受重视；政府对会展的行政干预逐步减少，会展市场通过市场化运作，逐渐形成了依靠竞争走向完善和成熟的良性发展局面。

21世纪，我国会展进入了全面大发展时期，会展活动的数量和质量都取得了突飞猛进的发展，一系列国际知名的会展在我国成功举办，使我国逐渐成为亚太地区新兴的会展大国。特别是2008年北京奥运会和2010年上海世博会的成功举办，更是我国会展发展史上具有里程碑意义的重大事件，向全世界展示了我国的实力和成就。可以预计，不久的将来，我国必将成为世界会展强国。

知识链接

1993年，中国正式加入国际展览局，成为其第46个成员国。

1999年，中国昆明世界园艺博览会的成功举办，标志着我国会展的发展进入了新的发展阶段。

2. 中国会展发展的现状

经过改革开放30多年的发展，我国会展主要在3个方面实现了重大突破。一是积极参加国际会展组织，学习和借鉴发达国家先进的会展经营管理经验；二是我国会展主办主体形成了多元化格局；三是会展活动形成了定期化。纵观我国会展发展的现状，主要呈现出以下特点。

（1）从发展速度上看，会展活动数量持续增加　近年来，我国举办的各种会展数量迅速增加，年增长率高达20%～30%；每年举办的会展数量，是改革开放前20多年间国内会展数量总和的10倍以上；每年举办会展的数量持续增加，在国际范围内居于前列。我国会展覆盖范围广泛，涉及几乎所有的生产性行业和大部分服务性行业。

（2）从类型上看，由综合性发展成为专业性　初步完成了由综合性会展向专业性会展的过渡和转变，诸多专业会展得到了业界国际权威组织的认可。我国内地得到国际展览业协会认证的展览会数量不断增加，许多专业会展已跻身于世界同行业会展前列。

（3）从质量和档次看，国际化、专业化、品牌化、规模化程度显著提高　目前，国际性会展在我国举办的会展中所占比例已超过50%，会展层次得到明显提升；逐步形成了一批世界知名的专业会展，并在规模、服务水平等方面接近或达到国际水准；越来越多的会展已经走向品牌化。

（4）从场馆建设看，兴建会展中心、新建和扩建会展场馆形成热潮　近几年来，随着会展的高速发展，各地举办会展活动的积极性空前高涨。我国各大中城市掀起了建设会展场馆的热潮。会展中心、大型会展场馆具有较高的现代化水平，配套服务设施完善、齐全；新建和扩建的会展场馆数量不断增加，为更多的国际会展活动在我国举办，准备了条件、奠定了基础。

（5）从会展组织和从业人员看，会展组织和企业迅速崛起，从业人员大量增加　随着会展市场的形成，一大批为会展活动提供专门服务的专业会展公司迅速崛起，我国主营会展业务的专业会展公司和兼营会展业务的其他各类企业越来越多，会展从业人员队伍越来越庞大；会展市场主体呈现多元化的格局，民营企业占据半壁江山；中外会展企业之间的竞争、合作呈多层次、全方位的局面；随着政府职能的转变，行业协会作为政府与企业之间的中介组织，其作用也日益显现出来，各大中城市纷纷组建了行业协会。标志着我国会展行业走向规范、有序的发展道路。

（6）从经济效益上看，会展经济效益增长显著　据不完全统计，近10年来，我国通过会展实现外贸出口成交额已达400多亿美元，内贸交易达到200多亿元人民币。2011年，会展收入达到2480多亿元人民币，占我国GDP的0.5%。随着我国经济和对外贸易的持续快速发展，会展收入将继续保持快速增长的态势，会展收入占GDP的比例将进一步提高。

（7）会展理论研究及会展教育、培训体系初步形成　与会展实践活动相比，我国的会展理论研究相对落后。近几年来，随着会展活动的蓬勃发展和对会展认识的不断提高，会展理论研究提到议事日程。一批会展专著陆续问世，一系列会展刊物创办发行，会展理论研究队伍不断壮大，一些会展专业研究机构纷纷建立，为我国会展理论的研究和发展奠定了良好的基础。与此同时，为解决会展专业人才短缺的问题，一些大专院校开设了会展专业或会展专业方向的课程与教学和研究，各种层次的有关会展的培训经常进行。

（8）区域经济发展不平衡　会展的发展与区域经济发展的程度密切相关。目前我国已经形成了以北京为中心的"京津——华北会展经济产业带"、以上海为中心的"长江三角洲——华东会展经济产业带"、以广州及香港为中心的"珠江三角洲——华南会展经济产业带"，以及以武汉、郑州、成都、昆明为龙头的中西部会展中心城市和东北边贸会展经济产业带。由于各地区和城市经济整体发展水平不同，会展发展水平也存在着较大的差异。此外，各地会展场馆的利用率差异也较大，大部分地区会展市场容量依然较小，反映了会展发展的区域不平衡。

（9）会展市场秩序混乱，会展管理体制落后　与会展发达国家相比，我国会展市场秩序比较混乱，主要表现在多头办展、重复办展现象严重，会展市场处于无序竞争的状态。会展管理体制不健全，落后于会展活动的发展需要；会展利益主体的多元化造成多层次、多渠道办展，导致会展过多、过滥；政府主导型会展项目数量居多，阻碍和降低了市场化进程和运行效率；目前国内尚无统一的全国性的会展行业管理机构和行业自律组织，无法协调和规范会展市场秩序，更无法协调各地会展的内容、层次与频率；会展行业法律、法规建设滞后，导致会展市场无法可依，从而制约了我国会展的发展。

（10）会展整体实力较弱　总体来说，我国会展虽然取得了长足的进步，但由于起步较晚，目前仍处于初级发展阶段。与世界会展发达国家相比，存在着很大差距。主要表现在，整体实力弱、国际竞争力不强；会展规模和会展效益均远远低于会展发达国家；在会展场馆、会展组织管理、会展经营与管理、会展品牌和会展人才培养等方面，都与国际先进水平有较大的差距。

课题三　会　展　业

一、会展业概述

1. 会展业的概念

会展业素有"城市的面包"和"触摸世界的窗口"之称，是"会撒钱的飞机"。会展业背后巨大的社会经济效益，使得会展市场成为世界各国竞相争夺的热点。会展业不仅为会展举办国家和城市带来巨大的直接和间接的社会经济效益，而且能够加强会展举办国家和城市与世界各国各地区的交流与联系。目前，会展产业已经成为发展经济的支柱产业。

会展业是会展活动发展到一定的阶段形成的，由会展活动到会展经济活动，再到会展产业形成，标志着生产力发展达到了新的水平。

会展业是指会展产业，它是为会展活动提供产品和服务的一系列相互联系、相互作用、相互影响的会展企业的集合。会展业的核心是会展企业与会展场馆，完善的基础设施和配套服务是其重要支撑。会展业的核心本质是服务。

会展业在国际上通常被称为 MICE Industry，是指由经营各种会议和展览的公司而形成的行业。

2. 会展业的构成

会展业是由直接会展企业、间接会展企业和会展组织构成的。会展业涵盖了会议、展览、奖励旅游和节事活动的策划、营销、管理、组织和服务在内的整个产业链。

（1）**直接会展企业**　直接会展企业是指直接参与会展活动，提供会展活动所需要服务与产品的企业。包括会展专业举办企业、会展经营企业、会展管理企业和会展服务企业。

① 会展专业举办企业。是指组织、举办会展业务的企业，主要有会展公司、会展中心、行业协会的组展公司等。

② 会展经营企业。是指经营会展业务或承办会展的企业，主要有会展场馆、会展经营或营销公司等。

③ 会展管理企业。是指对会展活动进行专业管理的企业，主要是会展管理公司、会展策划公司等。

④ 会展服务企业。是指为会展活动提供专业化服务的企业，主要有会展服务公司、会展设计制作公司、会展工程公司等。

（2）**间接会展企业**　主要是指会展活动涉及的企业，这些企业虽然不是会展专业公司，但与会展活动有一定的联系。主要有交通运输企业、酒店、广告设计装潢等企业。

（3）**会展组织**　主要指会展行业协会、会展研究机构以及会展教育培训机构等。会展行业协会的工作主要沟通政府与企业的联系，对会展企业进行指导、协调和管理；会展研究机构主要是对会展发展过程中的特点、现象和问题进行研究探讨，为会展业的发展提供决策参考，指导并提出解决实际问题的方法；会展培训机构主要是对已从事会展业工作的非专业人员、准备进入会展行业的人员以及会展经营与管理人员进行培训，以提高其专业素质和水平。

二、会展业发展的条件

会展业的发展需要具备一定的条件。世界各国或一个国家的不同地区和城市，会展业的发展差异很大。是什么影响和制约着会展业的发展呢？发展会展业需要具备多方面的条件。

1. 政治条件

包括政局稳定、政治影响力、与其他国家或地区的政治关系以及法律、法规和各项制度与会展的适应性等因素。政局稳定是举办会展活动的前提条件和会展业发展的核心驱动因素,它直接关系到会展举办地的安全并影响其对外形象。因此,会展活动大都选择在政局稳定的国家举办。与其他国家或地区的政治关系是影响会展活动能否举办或举办成功可能性大小的重要因素。政治影响力也是会展主办者选择的重要因素,最适合的会展举办地是一个国家或地区的政治中心。会展举办地的法律、法规以及各项制度要与会展活动的要求相适应,政府倾向性政策、强有力的行业协会的监管是会展业发展的引导因素。

2. 经济条件

经济条件是指一个国家或地区和城市的经济实力。经济实力是指经济发达的程度和产业体系的完备程度。这也是会展业发展的前提条件和核心驱动因素。会展业是先投入后产出的产业,没有雄厚的经济基础是难以发展的。所以,会展活动的举办地一般都选择经济高度发达的国家和城市。经济体系的对外开放性、经济的稳定性,特别是货币汇率和物价水平的稳定性以及发展潜力大、会展市场广阔的国家、地区和城市,是会展主办者选择会展举办地的重要因素。

3. 社会文化条件

社会文化条件是会展业发展的不可缺少的必要条件,是会展业发展的核心驱动因素。安定团结的社会环境和良好的社会秩序,开放、包容的文化传统和丰富的、高质量的物质精神文化生活,会展活动举办地居民的素质以及深入的会展研究,良好的国家与城市形象和知名度,公共安全和管理控制能力等都是影响会展业发展的条件。

4. 区位条件

区位是指会展举办地在世界、国内或某个区域范围内地理空间上的位置。区位条件是会展业的外部制约因素,包括地理区位、经济区位和交通区位3个方面。优越的地理位置、经济发达的区域、方便快捷的对内对外交通是会展业发展应当具备的基本区位条件。此外,生态环境、气候和旅游资源等也是重要的条件。

地理位置是吸引会展活动选址的关键因素,优越的地理位置可以节省时间、节约费用,并可以提供各方面的便利。优越的地理位置是会展业发展的先天条件。

经济发达的区域,一方面具备承办会展活动的实力和能力,另一方面也是吸引参展者的重要因素。经济区位的条件是会展业发展的基础条件。

交通条件是指会展城市与外界的交通联系和内部交通网络的畅通和便利程度。会展举办地与会展客源地之间的外部交通条件是进行会展活动的先决条件;内部交通条件决定着会展活动能否顺利进行。会展业的发展与方便快捷的内外交通有着密切的关系。

良好的气候条件是会展活动考虑的重要因素。良好的生态环境能增强会展举办地的吸引力,甚至在某种程度上可以弥补经济条件的不足。城市的空气质量、绿化水平和清洁卫生程度也是考察会展举办地的重要指标。

现代会展注重会展活动与旅游活动的结合。旅游资源条件是会展旅游吸引力的重要因素,也是会展主办者选择举办地考虑的因素。

5. 设施条件

会展业的发展需要完善的基础设施和设备,各类与会展相关的设施是开展会展活动的物质基础。它包括基础设施、会展设施、旅游接待设施和会展相关设施等。

基础设施是指会展参与者必须依赖的公用事业设施和生活服务设施,如城市道路、通信系统等。

会展设施是指专门为举办会展活动而建设的服务设施。会展设施是决定会展举办地的关键性条件，主要是以会展中心为代表的各类场馆。会展设施必须达到功能完备的要求，设备先进并运行正常，符合国际标准。

旅游接待设施，主要是指包括会展旅游者在内的各类旅游者使用的服务设施，如饭店、游览场所和旅游商店等。旅游接待设施的数量和质量必须达到会展活动的要求。

会展相关设施，主要包括餐饮、娱乐、物流等一系列配套服务设施。它是保证会展举办成功的重要条件。

6. 人员条件和科技条件

会展服务的质量和水平取决于提供服务的人员素质。大量高素质的会展专业人员以及组织管理能力和经验是获得会展举办权的重要原因，也是影响会展活动成败的关键因素。

现代会展具有极强的技术性，必须有相应的高科技手段作保证。科学技术对现代会展活动发挥着重要的支撑作用。

7. 外部环境条件

对一个国家而言，外部环境条件主要包括国际政治、经济与国际关系和国际竞争因素等。对一个城市来说，主要包括与其他城市的竞争关系、与毗邻地区和城市的联系与关系、与政府有关主管部门及行业协会以及与会展相关企业或组织的关系等。

一个公正、合理的国际政治经济秩序，有利于一国的会展业的发展；一国的对外关系和与国际会展组织的联系和关系，也有助于获得会展举办权；具有决定会展举办权的国际组织的决策者也是影响会展举办地选择的关键因素。

以上条件只是一个国家、地区或城市会展业发展的影响因素，是会展业发展应该具备的条件，并不是任何一个国家、地区或城市发展会展业必须具备的条件。如我国浙江省义乌市，原来是一个各方面条件都较差的小县城，后来义乌市从开发、举办小商品市场入手，逐步发展成为每年定期举办颇具规模和影响的中国义乌国际小商品博览会，成绩斐然。义乌市成为我国会展业中的第二梯队，会展业发展迅速。因此，会展业的发展并非是等到各种条件均已具备再去发展，而是可以创造条件逐步发展，在发展中建设和完善会展业发展所需要的条件。

课题四　会展业与旅游业的关系

一、会展业与旅游业关系概述

1. 会展业与旅游业的共性

会展业与旅游业具有共同的特性，主要体现在以下方面。

（1）两者同属于服务业　会展业主要是为第一产业和第二产业提供产品展示和信息交流服务；旅游业主要是为满足游客的精神需求服务。在为第一产业和第二产业提供相应服务方面，两者发挥着同等的作用。

（2）两者都需要食、住、行、游、娱、购六大要素的支持　旅游业主要由食、住、行、游、娱、购六大要素构成；会展业从行业组成来看，包括交通运输、住宿、餐饮、娱乐等行业；从功能构成来看，具有参观、聚会、旅游、娱乐、购物等功能。

（3）两者对相关产业的联动性都强　会展业的产业带动系数是1∶9；旅游业对相关产业的带动系数为1∶4。

（4）两者的社会经济效益都较高　会展业与旅游业都是盈利产业，社会效益和经济效益相对其他产业较高。

2. 会展业与旅游业的区别

会展业与旅游业分别属于不同的两个行业。其区别主要表现在以下方面。

（1）产生的背景不同　会展业的产生是由于市场竞争的激烈，经济交往的密切和信息沟通与交流的需要；旅游业的产生是人们为减轻工作压力、精神紧张和心理压力而寻求休闲放松的活动。

（2）经济性质不同　会展业属于信息性经济，反映经济未来发展的趋势；旅游业则属于体验性经济，主要是激活消费主动性，拉动经济增长。

（3）产业关系不同　两者虽然同属服务业，但涉及的行业有所不同。会展业主要涉及场馆、交通运输、消防等行业；旅游业主要涉及旅行社、宾馆饭店、景点、文物的行业。

（4）主要目的不同　会展业是为了促进经贸往来，扩大特定资源和信息的交流；旅游业的主要目的是休闲减压，游览欣赏，调节身心健康。

（5）依托的资源不同　会展业的发展依托经济背景、优势产业和消费市场；旅游业依托的是旅游资源、支付能力和休闲时间。

（6）提供的产品不同　会展业提供的是交流和展示的机会，推销的对象是会展活动；旅游业提供的是精神体验，推销的是旅游线路和相关服务。

（7）服务领域、对象和内容不同　会展业服务的领域是流通领域和信息领域，主要服务对象是参展商和观众，服务内容是提供场馆、展位、展台、经贸洽谈以及信息交流等；旅游业服务的领域主要是消费领域，服务对象是团体或散客旅游者，服务内容主要是提供订票、订房、订餐、订车和组织参观游览等。

3. 会展业与旅游业的联系

两者是互动关系，即会展业拉动旅游业，旅游业推动会展业。两者的联系表现在以下方面。

① 会展业为旅游业提供旅游资源。

② 会展业为旅游业带来广大的客源市场。

③ 旅游业为会展业提供支撑。

④ 旅游业为会展业增加了吸引力。

二、会展旅游

1. 会展旅游概述

（1）会展旅游的含义　会展旅游是指以参加会展活动为主要目的而进行的旅游活动。会展旅游是会展和旅游的结合体，是一种特殊的高级旅游活动方式，是会展经济发展的必然产物，是会展产业链的重要组成部分。它是由于会展活动的举办而产生的一种旅游活动形式。

从旅游需求来看，会展旅游是指参加会展活动附带相关的参观、游览和考察内容的一种旅游活动形式。

从旅游供给来看，会展旅游是以会展活动为目的的一种专业旅游产品。

从旅游市场来看，会展旅游是商务旅游市场的主要组成部分。

（2）会展旅游的特征　会展旅游作为一种新兴的旅游类型或形式，其主要特征如下。

① 文化主题突出，专业性强。会展活动的内容具有主题性，举办会展都是以一定的文化为基础的，而且专业性较强。会展旅游是会展活动内容的延伸与深化。

② 会展旅游者综合素质较高。参加会展的人员，大都是专家、学者、专业技术人员，文化素质高、具有一定的社会地位。

③ 消费能力较强，旅游行业收益高。参加会展活动人员一般具有一定的职位，经济状况良好，消费能力较强。而且，会展旅游消费档次高，规模大，人均消费是一般旅游游客的

3~5 倍。其强劲的消费大大增加了会展旅游行业的收益。

④ 出行人数多，停留时间长。会展具有行业导向，吸引了为数众多的参加者。参加会展旅游的人数相对较多，规模较大；会展旅游一般持续时间较长。参加者利用会展旅游的机会以及相对较长的时间，互相沟通交流，获取信息，有利于会展业和旅游业的进一步发展。

⑤ 会展旅游拓宽了会展和旅游的领域，扩展了会展和旅游的范围。会展和旅游相互推动，共同发展，促进了一个国家和地区以及会展城市的经济文化生活的提高，推动了经济的繁荣，加强了本地区、会展城市和举办国与各地乃至世界各国的联系、交往与合作。

2. 会展旅游发展的条件

会展旅游一般常在一些风景优美、环境舒适、名胜古迹、旅游特色突出的国家、地区和城市举办。发展会展旅游应当具备以下的条件。

(1) 会展举办地的知名度和美誉度　会展举办地不仅要有一定的旅游资源，还要具有一定的知名度和美誉度。要在会展内容、会展形式、会展服务、会展设施设备和会展经营管理等方面下工夫，加大宣传力度，增强广告效应，提高会展参加者和旅游爱好者参与会展旅游的吸引力。

(2) 具有方便快捷的交通条件　方便快捷的交通条件是发展会展旅游的基础，必须先行。这是保证会展旅游发展的先决条件。

(3) 具有良好的食宿接待条件　良好的食宿接待和细致周到的服务，是吸引和留住会展旅游者的重要条件。它要求宾馆饭店的档次、设施、服务达到一定的条件和标准。

(4) 当地居民的较高素质和友善态度　当地居民的热情好客、文明礼貌和友善态度，也是吸引和留住会展旅游者的重要因素。

(5) 与相关方面的良好合作关系　会展旅游涉及方方面面，必须协调处理好各有关方面的关系，保证会展旅游的顺利进行。

项目思考与讨论

一、复习与思考

1. 会展的含义、本质和特点。
2. 简述现代会展的发展阶段。
3. 我国会展的现代时期不同阶段的主要特征。
4. 分析目前我国会展发展过程中存在的主要问题。
5. 会展业发展的条件及影响会展业发展的因素。
6. 我国会展业的发展趋势。
7. 会展业与旅游业的关系。
8. 会展旅游的特征和应具备的条件。

二、案例讨论

结合个人的实际情况，谈谈自己对会展的认识。
要求：1. 分组发言讨论。
　　　2. 归纳整理存在的问题。
　　　3. 写出分析报告，提出解决建议。

三、实训题

1. 考核设计

分组考察本地一个会展活动或会展场馆，了解其情况，写出考察报告。

2. 考核标准

考核项目	操作要求	配分	得分
资料收集	资料收集全面，真实	10	
考察方案与过程	考察方案设计	10	
	分工与协作	10	
	具体实施	10	
	汇总与交流	10	
分析汇报	表达清晰流畅	10	
	内容全面、分析透彻	20	
团队精神（成员互评）	通力合作、分工合理、团结互助	10	
	发言积极，乐于与同学分享成果	10	

项目二 会议业

项目目标

1. 了解会议的类型与会议业的产生和发展。
2. 理解会议和国际性会议的含义和特征。
3. 明确会议的构成和国际性会议的申办。
4. 掌握会议工作流程和举办国际性会议的条件。

项目关键词

会议 会议业 国际性会议

项目导入

最早的国际性会议

1618～1648年30年战争正式爆发。这是欧洲两大强国集团——哈布斯堡王朝集团和反哈布斯堡王朝集团的全欧洲性战争。战争以德意志为主战场展开。双方交战20多年,损失巨大,谁都无法取胜。经过协商,双方表示愿意举行和谈。和谈同时在德国的威斯特伐利亚省的两个相邻的城镇——闵斯特和奥斯纳布鲁克举行。和谈延续了5年之久,直到1648年10月24日才签署了《威斯特伐利亚和约》,30年战争宣告结束。1648年的威斯特伐利亚会议,被认为是世界上最早的国际性会议,它开创了以国际性会议的形式解决国际争端的先例。

【点评】:当矛盾冲突激化到一定程度而无法解决时,付诸战争是最终解决的方法和手段。而当战争也不能奏效时,怎么办?威斯特伐利亚会议开创了以国际性会议的形式解决国际争端的先例。通过政治手段,以会议和谈的方式解决争端不仅是人类智慧的展现,更是解决问题的有效途径。在当代社会,通过有关会议解决问题是最重要的方式和途径。

课题一 会议业概述

一、会议的含义与特征

1. 会议的产生与会议业发展现状

作为一种社会活动,会议的历史非常悠久,可以追溯到人类活动的早期阶段。在现代社会,会议成为国家、地区、民族、企业之间以及人与人之间进行交流和沟通的最重要的手段和方式。会议活动已经深深植根于人类社会活动的各个领域,成为人类社会活动不可或缺的主要交往形式。20世纪70年代中期以后,随着生产力的发展,会议数量的大量增加以及社会发展的需要,会议作为一个产业应运而生。目前,会议业在全世界范围内蓬勃发展。

知识链接

早在荷马时代，古希腊人和古德意志人就建立了"议事会"和"人民大会"制度。当时的氏族在举行"人民大会"时，大家围在一起进行讨论，这种会议形式称为"围立"。

考古学家在考察古代文化时发现，许多原始遗址都是古人用来讨论狩猎、战争、和平谈判以及部落庆典等公共事务而经常使用的场所。据我国西安半坡氏族部落点遗址的考古发现，每个氏族都有自己开会议事和进行公共活动的大房子。

会议业发展现状如下。

(1) 我国会议业发展现状　我国会议业在20世纪80年代已经产生，但在当时基本上都是官方会议，以贯彻落实政策为主，政治性强、模式比较固定。20世纪90年代后，我国会议业进入快速发展时期，会议业逐步兴起，会议业市场开始形成。时至今日，我国会议业市场逐步完善，各种形式的会议逐渐增多，特别是我国主办的国际性会议数量呈上升趋势，一些重大的国际性会议开始在我国举办。但总体来看，我国会议业的发展还处于初级阶段，数量不少，质量欠缺；具有一定品牌影响力的会议极少；在会议业的基础配套设施、经济收益、会议业专业化服务等方面，与国际标准或会议业发达国家差距较大。我国会议业的发展空间较大。

(2) 国际会议业的发展现状　从举办国际性会议的数量与所占市场份额来看，欧美是世界会议业最发达的地区。尽管目前欧洲会议所占份额略有下降，但仍以绝对优势占据第一；美国是世界上最大的国际性会议主办国。亚洲的市场份额逐年上升，会议数量不断增多。日本、新加坡近年发展迅速，我国则是后起之秀。

(3) 会议业发展态势　一是会议规模小型化，与会者在100人以内的小型会议占95%以上；会议运作时间较以前缩短；会议赞助商越来越少；区域性会议发展明显。二是安全问题和危机管理成为焦点，并已成为举办国际性会议的必要条件，处于安定、和平状态的国家或城市才有资格举办国际性会议。三是越来越多的国际性会议要求由专业会议组织公司和会议管理公司进行运作和管理，科技与管理相结合，现代化的手段越来越普及并要求越来越高。四是有关会议各方协调合作，实现资源共享。五是会议举办地都是著名的旅游胜地并各有特色。六是亚太地区将成为世界发展最快的会议目的地。

2. 会议的含义与特征

从字面上看，会是聚合、见面的意思；议是商量、交流、讨论的意思。现代意义上的会议是指在一定时空内，为达到一定目的所进行的有组织的交流沟通或商议事项的集体活动。

会议的特征如下。

(1) 目的性　会议是围绕特定目标而开展的活动，是目的性很强的社会交往活动。会议的目的通过议题、议程和会议的结果来体现。它是为了满足一定的客观需要，解决社会生活中特定的问题与矛盾而举行的。目的性是会议活动的最基本的驱动力。

(2) 组织性　会议的目的是通过高度的组织性而实现的。组织性主要表现在明确会议的主办者、进行会议策划、建立会议活动的领导和管理服务体系、订立会议活动的规则和会务工作程序等方面。它是通过会议各项议题程序化、各项活动有序化，交流沟通达成共识。会议活动的高度组织性，是实现会议目标的基础保证。

(3) 集体性　会议是群体性的社会活动，而不是单个人的行为。它是为了满足个人能力无法达到的目标或愿望以及难以解决的矛盾和问题而进行的，通过会议利用集体的力量，解决问题或矛盾，达到会议的目的。

（4）交流信息　会议是一个过程，它是与会者通过交流沟通、研究讨论，逐步形成集中的会议意见的过程，是与会者对交流的各种信息进行提炼、鉴别、接受、完善的过程。

（5）口头交流　会议是以口头交流为主要方式的活动。真正意义上的会议，口头交流是其主要手段和基本方式。其他如书面、声像、传递电子文本、手语等表达交流方式，只是会议的辅助方式或特殊方式。

二、会议的类型与构成

1. 会议的类型

（1）按照会议的主办单位或举办机构划分

① 公司类会议。也称企业会议，是指会议主办者为本行业、同类型及行业相关的企业举办的会议以及公司或企业举办的会议。公司类会议在会议市场上处于特别重要的地位。

② 协会类会议。是指会议主办者为有共同兴趣和利益的专业人员或机构组成的社团组织举办的会议。主要是由行业协会、专业协会等主办，其中，行业协会是会议市场最有价值的营销目标。

③ 其他组织会议。主要指政府机构会议或政治性会议、宗教会议等。

（2）按照会议的规模划分

① 小型会议。与会人员在100人以内。

② 中型会议。与会人员在100～1000人。

③ 大型会议。与会人员在1000～10000人。

④ 特大型会议。与会人员在10000人以上。

（3）按照会议的内容和性质划分

① 大会或年会。大会一般指规模较大的会议，包括各种代表大会以及各类组织、公司或企业举办的正式全体会议等。年会指就某一特定主题展开商讨的1年1次的周期性聚会，议题涉及多个领域，其规模大小不等，具有例会的某些性质。大会或年会是会议领域最常用的词汇，也是会议的主要形式。

② 专业性会议或专门会议。专业性会议是就某个领域的问题进行商讨和交流而举行的会议，是研究专项工作的会议。专门会议是指就某一特定主题进行商讨和交流的会议，其议题涉及的是某一具体问题。专业性或专门会议的规模可大可小，一般多为科技、文化、宗教界等群体举办。主要包括专题学术研讨会、讨论会、讲座、论坛等。

③ 日常性会议和例会。日常性会议主要是研究处理日常工作的会议，具有不定期、传达布置、检查具体工作、总结交流的性质和特点。例会一般是指各类组织、公司或企业定期召开的会议，具有周期稳定，即1周或1月召开1次例行会议的性质和特点。

（4）按照会议活动特征划分

① 商务型会议。指公司或企业为了经营管理工作的需要而参加或召开的会议。其特点是会议效率高、会期短、参加会议的人员素质较高，多为管理人员和专业技术人员。

② 度假型会议。指公司或企业利用周末或假期组织员工召开的度假休闲性质的会议。其特点是参加人员均为本公司或企业的员工，边度假休闲、边参加会议。

③ 展销型会议。指参加商品展销会、交易会、展览会的各类与会者召开的会议或由一些大型公司或企业单独举办的展销会。一般多为招待会、信息发布、谈判商洽、联谊会和签字仪式等。

④ 文化交流型会议。指各种民间组织和政府部门组织的跨区域性的文化学习交流会议。其特点是以跨区域的文化学习交流为主，主要形式是考察、交流、参观、学习。

⑤ 专业学术型会议。指某一专业学术领域具有一定专业技术水平的专家、学者参加的

会议。主要形式有专题研讨会、学术报告会、专家评审会等。

⑥ 政治型会议。指国际政治组织、国家和地方政府为某一政治议题而召开的各种会议，一般采取大会和分组讨论的形式。宣传教育性、庆祝表彰性、纪念性大会等也具有政治型会议的性质，只是表现形式有所不同。

⑦ 培训型会议。指用一个会期对某类专业技术人员进行有关业务知识方面的技能训练或新知识、新观念方面的理论培训，或是对特定的人员进行特定内容的培训。

（5）按照会议的地域和影响力划分

① 国际会议。是专指国家与国家之间的官方会议，与会者只能是主权国家的全权代表。

② 国际性会议。主要是指与会者来自或代表不同的国家或地区的会议，与会者来自不同的国家或地区，可以是官方代表，也可以是民间组织的代表，还可以是以个人名义参加会议。一般分为全球性会议和区域性会议。

知识链接

国际会议的标准如下。

① 有20%的外国与会者。

② 与会人员总数为50人以上。

③ 至少在3个国家轮流举办的固定性国际会议。

符合以上3个条件才被纳入国际会议活动统计范围。

③ 国内会议。指与会者来自会议举办国的会议。一般为全国性会议。达不到国际会议标准的会议，均可称为国内会议。

④ 区域性会议。指与会者来自同一国家的同一区域或代表同一区域内若干单位的会议。区域是指经济合作区域。

⑤ 地区性会议。也称本地会议，指与会者来自同一国家同一地区或代表同一地区内若干单位的会议。地区是指行政地区。

（6）按照会议的方式划分

① 现场会。即在事件发生的现场召开的会议。

② 展示会或演示会。与会者在观摩操作演示和观看展示物品之后，进行相互切磋、交流和进行洽谈。

③ 电话会议。指利用电话系统连接各分会场而召开的会议。

④ 电视会议。借助电视实况转播组织各分会场的与会人员收听收看的会议。

⑤ 电视电话会议。指通过电视电话系统连接主会场与分会场，任何一个会场的图像与声音都能传递到其他所有会场。

⑥ 广播会议。指通过有线或无线广播系统召开的会议。

⑦ 网络会议。指以计算机和通信网络技术手段召开的会议。

⑧ 座谈会。指以围坐交谈的形式进行的会议。

⑨ 茶话会。是略备饮料、茶点、水果等而进行的会议。

⑩ 招待性宴会。以宴请的方式招待客人、商谈工作或发表演说的会议。

（7）按照会议举办时间的特点划分

① 定期会议。也被称为固定性会议，即按照固定时间定期召开的会议。主要形式有年会、例会等，具有周期性的特点。

② 非定期会议。也称为非固定性会议，是指根据实际情况的需要适时召开的会议。具

有不定期、灵活性、应急性和紧迫性的特点，一般是为了解决特殊时期出现的特殊问题而举行的，会议研究讨论和解决的问题往往与时局变化有密切关系，也可称为临时性会议。

（8）按照会议阶段和程序划分

① 预备会议。指为保证正式会议的成功举办，为正式会议做准备的会议。

② 正式会议。指按照事先规定的规则和程序、合乎公认标准和一定手续而举行的会议，是就与会各方共同关心的实质性问题达成具有约束力的协议会议。主要包括代表大会、委员会会议、董事会会议等。

③ 非正式会议。指在没有事先确定会议规则和程序的前提下进行协商、交际和宣传的会议。它不形成正式的决定或决议，不具有强制力。

（9）按照会议是否营利划分

① 营利性会议。指由营利性组织举办的各种会议，其基本目的是营利。

② 非营利性会议。指由非营利性组织举办的各种会议。非营利性组织主要指政府机构、宗教团体等。

（10）按照行业或会议的主题划分

可以划分为医学、科学、教育、农业、环境、工业、技术、社会科学、经济、商业、交通、管理、文化、艺术、体育、法律、语言、建筑、安全、历史等类别。

2. 会议的构成要素

构成会议的基本要素主要是会议名称、会议时间、会议地点、会议主题、会议主办者、会议参加者、会议方式和会议结果等。其中，会议的主题是会议的核心要素。

（1）会议主题　会议的主题是指会议的主要内容，是根据会议目标确定并需要通过会议讨论和研究解决的问题。会议主题是会议的核心，是贯穿各项议题的主线，其主要作用是体现会议的目标、引导和制约会议的信息交流。不同的会议主题，形成不同的会议类别。会议主题决定着会议的其他要素。

（2）会议主办者　会议的主办者是指会议活动的组织者。会议主办者具有决定会议主题、会议时间和地点、参加者、会议形式以及选定承办者的权力，并承担会议活动的组织、管理和协调的主要责任以及会议的法律责任。会议的主办者包括会议发起者、承办者和东道主等。会议发起者是指最早倡导并参与组织会议活动的组织或个人；承办者是指具体落实会议组织任务的机构或个人，承办者对主办者负责，具体职责由主办者决定或协商确定；东道主是指会议举行地的主人，可以是一个国家、一个地区、一个组织或某个人，其主要任务是提供会议场所和设施，落实会议活动的接待工作。会议的主办者可有以下几种情况。

① 通过一定的申办程序确定主办者。如奥运会的举办城市。

② 由负有领导和管理职权的机关主办。如政府有关部门。

③ 由会议活动的发起者主办。

④ 由一个组织的成员体轮流主办。如亚太经济合作组织领导人非正式会议。

（3）会议参加者　会议的参加者是指出席会议的人员，又称为与会者或会议人员。与会者包括正式成员、列席人员、特邀代表、旁听人员等，他们在会议中的资格不同，享有不同的会议权利和义务。我国习惯上将与会者称为会议代表，一些国际会议的列席人员称为观察员。会议参加者的数量与身份地位决定了会议的影响力和经济效益，必须根据会议的内容和规模不同选择符合要求的与会者。

（4）会议名称　会议的名称是表明会议的内容和性质，体现会议主题的标识。一般包括3个部分，一是基本部分，说明会议的性质和特点；二是限定部分，说明会议的举办时间、地点、规模、与会者的来源等；三是附属部分，说明会议举办的具体时间和地点，也有的标示主办者、承办者的名称。

（5）会议时间　会议时间是指会议的起止时间和时间跨度。会议时间有3种含义，一是会议召开的具体时间，即何时开会；二是会议的起止时间，即开多长时间；三是指每次会议的时间跨度，如"下午会议分2次举行，每次会议时间50分钟"。

与会议时间相关的概念有会期和会议周期。会期的含义有二，一是会议的起止时间跨度；二是周期性会议召开的固定时间，如我国的全国人民代表大会每年3月份举行。会议周期是指同一性质或同一系列的2次相邻会议之间的时间跨度，如奥运会每4年举行1次，即会议周期为4年。

（6）会议地点　会议地点是指会议举办的区位及具体场所。会议地点是会议的空间要素，不同的会议对其举办的区位与场所有不同的要求。选择会议地点的主要依据是会议的背景、主题及场所设施设备条件等，主要涉及两个方面，一是选择合适的举办地；二是选择合适的会议场所。需要考虑的因素主要有成本、交通、会议场所的设施情况、与会者距会议地点的距离、气候、观光及其他活动、会议目的地形象、娱乐健身设施等。

（7）会议方式　会议方式是指达到会议效果的形式、手段等，包括会议活动形式、交流沟通和讨论研究的方式、会议技术手段以及会场布置等。不同性质的会议，其采用的会议方式是不同的，也可采取多种方式；相同性质的会议，其会议方式也不尽相同。

（8）会议结果　会议结果是指会议结束时达到会议目标的程度。会议结果的划分如下。

① 有结果。指基本实现会议目的和会议目标。
② 无结果。未能达到会议目的和目标。
③ 正面结果。即会议取得积极成果，与会议目的和目标完全一致。
④ 负面结果。与会议目的不完全一致或背道而驰。
⑤ 有形结果。会议形成了最后文件。
⑥ 无形结果。达到了一定的效果，但会议不形成或没有形成最后文件。

会议结果一般以文件的形式记载下来，归档保存或公布、传达。

三、会议举办机构与会议有关人员

1. 会议举办机构

会议举办机构，又称会议的组织者，主要分为3类，一是公司企业；二是协会组织；三是非营利组织。其中公司企业和协会组织是会议市场的主要组织者。

（1）公司企业主办的会议　公司企业的会议分为3类，一是公司内部会议，即由公司内部员工参加的会议；二是公司外部会议，即参加会议的人员来自公司的外部客户，是针对公司目标市场而举办的会议；三是综合性会议，即包括公司内外部人员参加的会议，主要包括讲习班和培训会议等。具体来说，公司类会议主要有管理会议、销售会议、产品发布会、专业技术会议、培训会议、股东会议、奖励会议和其他会议。

公司会议特点如下。
① 会议发起者和组织者均是公司企业。
② 大多是公司企业内部会议，主要讨论内部事务，规模相对较小。
③ 基本上是按照需求而不是按固定的时间周期进行的。
④ 是公司企业经常组织的一次性活动，前期准备时间较短。
⑤ 会议的地点和场所是根据业务和需要确定的，没有笼统的地理位置和场所模式。
⑥ 参加会议的人员往往是被迫的，一般不公开会议的内容和信息。
⑦ 平均规模小于协会会议。

（2）协会主办的会议　协会一般按区域或专业划分，其性质各有不同。在国际上一般把协会分为行业协会、专业和科学协会、退伍军人协会和军事协会、教育协会、技术协会等5

大类型。协会主办会议的最直接目的和动机是取得经济收入。协会类会议主要有年会、地区性会议、大会、专题研讨会、董事会和委员会会议,其中最大型会议是年会。

协会会议的特点如下。

① 周期稳定、规模较大。

② 会议对会议举办地的要求比较高,包括交通、会议场馆及设施、服务、旅游资源和餐饮住宿的条件与标准。

③ 会议举办地经常变换,目的是更多地吸引与会者,增加经济收入。

④ 前期准备时间相对较长。协会会议平均提前准备的年限是,年会1~4年,大型会议3年左右。

⑤ 会议期限比公司会议长。对全国性协会会议活动来说,平均期限为3~5天。

⑥ 容易收集背景资料。

(3) 非营利组织主办的会议　是指不属于公司、协会的非营利性组织,如政党、政府部门、社会团体等举办的会议。在国际上,人们把非营利组织称为社会、军人、教育、宗教和兄弟会的集合组织。非营利组织主办的会议最大特点是节约、经济实惠。主要表现为价格敏感性较强,花费会议经费较少,喜欢在淡季举行会议,经常由非专业性的会议策划者策划。虽然非营利组织举办的会议所占会议市场的份额不大,但也是会议产业的一个细分市场。

2. 与会议有关的人员

除了主办者和承办者之外,与会议有关的人员主要包括与会者、秘书人员、服务人员、临时工作人员等。比较正式和规模较大的会议还包括正式出席人员、列席会议人员、会议执行主席、会议主席团、会议代表团或代表小组、秘书处和会议策划机构成员等。

(1) 与会者　主要指参加会议的人员,是实现会议主题、目标的相关联人员。

(2) 秘书人员　指从事会议的有关准备,主要是准备会议材料、会议记录、会议记录的整理以及会议总结工作的人员。

(3) 服务人员　指从事会议接待和会议服务工作的人员。

(4) 临时工作人员　指由于会议需要,招募一些为会议提供相关服务工作的临时人员。

五种特殊类型的与会者

1. 贵宾

主要是指政府官员、专家学者、影视明星和公众名人等。很多会议会邀请一些贵宾参加或发表演讲并借助于贵宾的知名度,提高会议的声誉或扩大会议的影响。因此,邀请贵宾参会需要特殊对待,特殊安排,采取相应的安全、保护措施。

2. 国际与会者

指来自会议举办国以外国家或地区的与会者。他们是扩大会议影响的重要因素,应为其参加会议提供方便并给以重点关心与照顾。

3. 行为障碍者

指身体有残疾的与会者。应充分考虑到他们的需要,针对其特殊的需求提供有针对性的服务。

4. 老年与会者

指年龄在60岁以上的与会者。要充分考虑他们的身体状况和特殊要求,采取相应的措施并给以更多的帮助。

5. 女性与会者

应根据性别和生理的需求，提供女性用品。

课题二　会议的工作流程

一、会议流程与会务工作

1. 会议流程

现代会议的操作原理是会议的主办者制订举办会议的主题和计划并委托给承办者；承办者根据会议主题进行会议设计，并联系落实与会者和会议相关人员以及举办场所；会议主办者负责接待会议或再把部分业务分包给具体项目接待者。

会议流程由于不同的会议特点而有所差异，但基本流程为确定主题→会议策划→宣传、推广、公关→日程安排→举行会议→结束→评估。因此，会议可划分为会议策划、会议准备、会议实施和会议总结评估4个阶段。

2. 会务工作

会务工作是指举办会议的各项具体组织、管理和服务等工作。

（1）会务工作的特点

① 综合性。会务工作涉及面较广，具有较强的综合性。需要从全局出发观察与思考问题，具有综合性的素质和总揽全局的能力。

② 事务性。会务工作繁杂而琐碎，事务性很强，需要耐心、冷静和认真细致地面对与处理。

③ 服务性。会务工作是适应会议的需要产生的，其目的是做好各项会议服务工作，保证会议的顺利进行，所以，会务工作是围绕会议活动进行的，是为会议提供一切便利条件。

④ 时间性。会务工作具有很强的时间性，必须具有高度的时间观念。

（2）会务工作的任务

① 提供信息和提出建议，为确定会议目标和议题起到参谋或参考作用。

② 根据确定的议题、时间和形式，提出会议的议程、日程以及程序的初步建议。

③ 根据要求撰写会议的报告、讲话、文件的初稿；审查会议发言材料。

④ 根据会议要求安排会场布置、会议接待、会议服务等与会议有关的具体工作。

⑤ 完成会议的记录、会议简报，发放和收集会议文件以及立卷归档工作。

⑥ 做好会议的内外宣传与会议精神的传达和反馈工作。

⑦ 妥善处理会议的提案、议案与各项书面意见和建议。

二、会议策划

1. 会议策划的要素

会议策划的基本要素有以下6个方面。

（1）参加会议的对象　即参加会议的都是"谁"，预期参加会议的人数有多少，会议的规模有多大等。

（2）会议的类型　即拟召开的会议是属于什么类型的会议。

（3）会议的时间　即会议将在什么时间召开。

（4）会议的地点　即会议将在什么地方举行。

（5）会议的目的　即为什么要举办会议。

(6) 会议的组织服务　即组织的活动形式是什么，会议的设施、组织服务等各项工作如何做等。

2. 建立会议策划工作机构

会议策划属于会前工作，它是一次会议的起点，同时又贯穿会议的全过程。做好会议策划，首先需要建立策划工作机构。根据会议的规模和影响力成立会议策划委员会或策划工作小组。策划工作机构一般是由会议的主办者或是由主办者与承办者共同组成，其成员应是具有会议组织经验和专业知识的人员。会议策划工作机构的主要职责是拟订并形成具体的会议策划方案，主要工作是确定会议目标、选择会议地点和场所、安排会议日程、制订会议预算、负责会前会中工作以及会后总结评估。

3. 会议策划的主要内容和要求

(1) 会议目标策划　会议目标是指举办某一特定会议的目的和任务，即会议的宗旨。会议目标是会议组织者的期望，会议的任务是达到或实现会议的目标，是实现会议目标的具体工作或步骤，会议则是实现会议组织者目标的手段。会议目标决定会议的性质、制约会议的议题和议程、影响会议的方式并引导会议的结果。会议目标策划，就是要解决为什么开会的问题。

会议目标策划的要求如下。

① 会议目标和任务必须明确，并由主办者以简明准确的语言阐明。
② 具备实现会议目标和完成任务的时机和条件。
③ 明确并处理好目标层次之间、总目标与具体目标之间的关系。

(2) 会议主题和议题策划　即解决开什么会的问题。会议主题是会议的核心，是贯穿各项议题的主线，是根据会议目标确定并需要通过会议讨论和研究解决的问题。

会议主题策划的要求如下。

① 服从目标。会议主题是依据会议目标确定的，必须与会议目标一致。
② 应鲜明、精确、立意高远，具有号召力并引人瞩目。
③ 一般应具备前瞻性、总结性和时代性3个特征。

会议议题是根据会议主题确定并在会议中需要讨论或解决的具体问题，是主题的具体化。一个会议一般只有一个主题，但可以有多个议题。

会议议题策划的要求如下。

① 服从主题。会议议题必须围绕主题展开，具体反映主题的思想内涵。
② 处理好主题与议题的关系。主题是议题的集中体现，议题是主题的具体化。
③ 议题要务实和富有吸引力，具有明确的针对性和可讨论性。
④ 高效性。注意议题的迫切性、适度性、主次性、充分性和集中性。
⑤ 表述准确。清晰明了，准确无误，不能模糊不清，更不能产生歧义。

在会议主题和议题策划过程中，需要确定会议的名称。会议名称是指会议活动的正式称谓，是会议活动基本特征的信息标识。表明会议的内容和主题，体现会议的性质和范围。会议名称必须规范、确切、概括显示会议的有关项目，力求简明扼要、易读记并引起关注。

(3) 会议类型与形式策划　即解决开什么样会议的问题。会议类型是根据会议的目标和任务确定的，而会议形式是服从于会议类型的。不同的会议目标，确定不同的会议类型；不同类型的会议，具有不同的会议形式。

会议类型与形式策划的要求如下。

① 根据会议目标确定会议类型。
② 根据会议类型确定会议形式。
③ 会议类型与会议形式，都是为会议目标服务的，是围绕目标展开的，必须与目标相

统一，保持一致。

（4）会议规模与层次策划　会议规模主要指与会者的总人数以及所动用的人力资源。会议规模一是指会议组织存在的时间，存在时间越长，规模就越大；二是指会议占有的空间，动用的人员越多、与会者的总人数越多，规模就越大。会议层次主要是指与会者的身份地位以及嘉宾的级别、档次。

会议规模与层次策划的要求如下。

① 会议规模与层次是由会议目标决定的，必须依据会议的目的、任务、性质确定会议的规模与层次。

② 开会是要研究和解决问题的，是要追求会议效果的。因此，会议规模与层次的确定，是与会议效果紧密相连的。会议规模与层次的确定，就是围绕会议效果进行的，保证达到预定的会议效果。

③ 会议规模与会议效益、会议效率有直接关系。一般来说，会议规模与会议效益成正比、与会议效率成反比。如何保证会议的效率，是确定会议规模与层次的重要因素。

④ 主要有两方面的情况，一是会议场地的容纳能力和设施条件，即根据会议场地确定会议规模与层次；二是根据会议规模与层次选择合适的会议场地。

⑤ 举办会议需要一定的人力、物力和财力，即存在会议举办成本。会议成本也是确定会议规模与层次的重要因素。

（5）会议参加人员策划　即主办者希望哪些人参加会议。根据会议的目的、类别、性质、规模和方式，会议参加人员有所区别。而且，会议参加者的范围选择是决定会议规模和层次的主要因素。一般来说，会议参加人员包括会议主持人、会议嘉宾、会议出席人员和会议列席人员。会议主持人一般是会议的组织者和召集者，由经验丰富、德高望重的人担任，也有邀请专业主持人主持的。会议嘉宾一般是政界、商界、文化娱乐界等知名人士或公众人物。会议出席人员根据会议性质而定，有两种情况，一是由会议的组织章程或规则确定；二是根据会议需要选择会议参加者，以保证实现会议的目的。列席人员一般是出于政治或工作需要的某些方面的负责人。确定会议参加人员主要有领导确定、会议规则确定、协商确定和选举确定等程序，其关键在于保证会议目标和与会者一致。

会议参加人员的策划，需要注意的问题如下。

① 具有合法性。即确定会议参加人员必须符合法律、法规、组织章程和议事规则的有关规定。如法定会议，根据组织章程或议事规则确定。

② 具有必要性。根据会议的目标、主题和议题、类型和形式等确定哪些人必须或应当参加会议。

③ 具有明确性。即明确参加会议人员的职务、级别和资格等。

④ 具有代表性。根据会议的性质或要求，参加会议的人员具有一定的代表性。

（6）会议时间策划　会议时间的策划主要解决两个问题，一是什么时间最合适；二是会期多长为宜。会议召开的时间有4种，一是如期召开，即按照确定的时间准时召开；二是定期召开；三是临时召开，即针对突发性事件紧急召开；四是择时召开，即对于季节性强的会议，适当选择会议时间。会议时间策划，需要把握的原则，一是时机原则，即选择合适的会议时间；二是需要原则，即根据会议需要确定会期长短；三是成本和效率原则，即科学合理安排会议时间，降低会议成本，提高会议效率；四是协调原则，即协调重要与会者参加会议的时间，以免发生冲突；五是合法合规原则，即严格按照规定的会期召开会议，非特殊情况不得提前、延迟或不召开。

会议时间的选择要注意和把握以下几个方面的具体问题。

① 会议的主要领导人、嘉宾和报告人能否在预定时间参加会议。

② 与会者是否有足够的时间准备提交相关文件或发言材料。
③ 会议的各项组织和准备工作是否有足够的时间完成。
④ 会议是否具有在政治、宗教、风俗习惯上的敏感性等。
⑤ 避开会议所在国或地区的重大节日或重大活动，避免与其他重要会议或活动在同一时间举行，避开旅游旺季和不适宜的季节。
⑥ 把握全体与会者方便的时间段，选择与会者中关键人物的最佳时间开会。
⑦ 时效强的会议尽早安排召开，需要反复权衡的会议可以推迟召开。

（7）会议地点策划　主要有两方面的含义，一是选择合适的举办地；二是选择合适的会议场所。日常会议一般在本地或本单位召开；有些会议定点召开；跨地区和全国性会议主要考虑经济和环境条件，城市的基础设施和区位条件。经济因素，包括与会者的赴会条件，选择人员集中和旅程短的地点，降低会议开支；环境因素，包括会议地点的生态环境、气候条件等。大多数会议一般选择交通便利、环境幽雅、设施齐全、活动方便、旅游资源丰富、经济发达地区。确定会议地点应注意和把握远近合适、足够的接待能力、会议场所空间大小适中、设施齐全、环境适宜、费用适度等原则。国际性会议主要考虑政治因素，包括国际关系、政治制度、国家立场、军事主张、民族宗教等。会议地点的策划，是根据会议目标、会议主题、与会者的期望和会议设施与环境等，在综合评估的基础上做出的选择。其基本要求是能够突出主题和营造良好的会议氛围。

需要考虑的具体因素主要如下。
① 地点。会议地点同与会者的距离；与会议前后的旅行有何关系；会议期间气候如何；与会者居住地与会场的距离远近等。
② 历史。主办者以前是否在此举办过会议；其他人是否在此举办过会议，评价如何等。
③ 服务设施。会议地点是否有汽车租赁服务；可以提供哪些娱乐活动，是否收费；附近是否有商场等。
④ 住宿。会议能够使用的房间总数有多少；管理水平和设施条件如何；服务水平如何等。
⑤ 工作人员。是否经过了培训，服务效率如何等。
⑥ 公共区域及设施。是否有足够、完善的公共区域和设施；会议地点是否有欢迎与会者的标志；是否为行为障碍者提供了方便；公共区域是否干净整洁等。
⑦ 费用。收费情况如何；可以接受或使用哪些货币；是否可以使用信用卡消费等。
⑧ 景点。当地的景点与会议地点的距离，这些景点对与会者有否吸引力等。
⑨ 安全。会议地点的工作人员是否具有安全意识；安全设施是否完善；保安措施和水平如何；有否长驻医生或医疗室；会议地点与最近的急救中心的距离。
⑩ 其他。会议地点是否为与会者提供来往交通；是否有内部通信工具；还有哪些其他活动等。

（8）会议议程、日程和程序策划　会议议程是会议主要活动的内容及顺序和会议计划的进度安排。一般情况下，会议议程由会议的领导者和主办者确定，会议中由主持人具体操作。会议议程的内容包括会议时间、内容、主持人、发言人、会议场所、注意事项等。会议议程是整个会议议题性活动顺序的总体安排，要求概括明确，具有可操作性，不得随意变动，并在会议前作为会议资料发给与会者。不同类型的会议，会议议程差异较大。会议日程是指每天各项会议活动的具体时间安排和落实。它是会议议程的细化，保证会议议程的具体实施。会议程序是指一次具体会议活动的详细步骤和顺序，是会议议程的具体化和明细化。

（9）会议发言策划　发言是会议交流沟通的主要方式，也是会议活动区别于其他活动的特有方式。发言的申请和确定，主要有会前报名、临时申请、领导指定或自由发言等方式。

确定发言人主要考虑3个因素，一是发言人的身份是否符合会议的主题；二是确定发言人的类型；三是发言人能否吸引与会者。

会议发言策划的要求如下。

① 发言人和发言内容要符合会议的目标和主题或议题。

② 尊重与会者的发言权。

③ 精选发言内容，提高发言质量。

④ 注重发言人的能力素质，吸引与会者。

⑤ 照顾发言人的代表性，合理安排发言顺序。

⑥ 控制发言人数，限制发言时间。

⑦ 对邀请的发言人进行调查，了解其有关情况和具体要求。

⑧ 为邀请的发言人提供会议有关资料，提出有关发言内容的具体要求。

(10) 会议宣传、推广、公关策划　又称会议营销方案，一般包括媒体计划、宣传资料的设计印刷、会标征集、公关活动等。它是会议组织工作的重要组成部分，也是保证会议成功举办的基础。

会议营销涉及的主要因素如下。

① 会议对象。举办会议要考虑与会者的目标和意愿，通过会议实现与会者的目标和满足其意愿。

② 会议宣传。是传递会议信息、传达会议精神的一种方法，目的是增加会议的透明度，提高会议的知名度，吸引、增加与会者。主要形式有组织召开记者招待会、新闻发布会或进行媒体宣传，可选择的大众媒体包括报刊、广播电视、户外广告等。会议宣传可以分为会前宣传、会中宣传和会后宣传3个时段。会前宣传，是为了渲染氛围，争取各方的支持，为会议的成功举行做铺垫；会中宣传，是为了让公众了解会议的进展情况，沟通和促进与公众的联系；会后宣传，是为了让社会和公众了解会议成果，提升会议主办者的形象，扩大影响。

③ 会议推广。通过各种宣传渠道和宣传方式进行会议宣传推广。一是会议宣传材料和有关会议资料的邮寄和有针对性的发放；二是通过媒体和网页进行广告宣传。

④ 会议公关。通过多种形式的公关活动吸引与会者，在公众和与会者中树立会议主办者和举办城市的形象。通过公关活动，争取社会在经费、物资、智力和人力的赞助与支持。

(11) 会议预算　是指会议所需要的经费，包括会议收入和支出两个部分。它是会议财务目标工具，是会议经济必须考虑的问题。会议的收入一般是固定的，而会议费用则是难以把握的。会议费用包括固定费用和可变费用。固定费用包括场地设施费、设备租赁费、广告宣传费、服务费等；可变费用包括交通费用、住宿费用、餐饮费用、资料费等。在营利性会议中，是否盈利是决定会议是否成功的关键；在非营利性会议中，决定会议是否成功的重要问题是经费节约的问题。由于会议举办方掌握信息的程度和预算制作水平以及可变因素的存在，在会议预算中，预留10%的费用作为机动是比较明智的选择。

三、会议准备

会议方案确定后，根据方案的要求、标准和时间表，进入会议准备阶段。会议准备也属于会前工作，其工作流程如下。

1. 建立会议筹备机构

根据会议的影响力和规模，成立会议筹备委员会或会议准备工作小组。安排合适人选并分工负责。组成会议秘书处，全面负责会议的准备工作。

2. 确定会议具体时间和场所

确定会议准确的具体时间和会址，考察会议场馆、检查会场各项设施，确定会议室使用数量和使用时间，评估并商议费用然后签约；预订饭店或酒店，考察其设施和设备，提出住宿、餐饮标准及有关要求，商定价格并签约。

3. 确定会议标志，印制寄发会议有关材料

根据会议需要设计、征集、确定和制作会议标志；收集、准备宣传资料寄发名单并寄发会议宣传资料和会议报名表；印制会议所需的各种印刷品、证件及会议文件和资料；分类整理会议资料并装袋、检查等。

4. 确定与会者

拟定并制发会议通知或通告及邀请函，接受注册报名，统计并确认出席会议人员；落实并确认出席会议的贵宾、演讲嘉宾和主持人；了解和掌握与会者的基本情况和参加会议的目的、意愿和背景。

5. 确定会议活动项目

根据会议需要以及与会者的意愿和要求，确定并安排合适的会议活动项目，包括文体娱乐活动、参观考察、会议旅游、酒会、宴会、开闭幕典礼等。

6. 网页设计

委托专业公司或专业人士设计并制作会议网页，宣传、推广会议，方便会员网上浏览、查询并接受网上报名参会等。

7. 会议有关人员培训

对会议现场工作人员和服务人员进行培训。必要时招聘、征集志愿者并进行培训。

8. 确定并安排重要嘉宾的接待事宜

高度重视重要嘉宾的接待工作，制订接待方案并落实具体事项；确定并安排高标准、高档次的接待，包括车辆、住宿、接待人员及服务等。

9. 会议的宣传报道

根据会议方案和会议需要，召开记者招待会或新闻发布会，准备新闻稿和会议相关材料。根据实际情况安排礼品和纪念品的准备工作。

10. 会场布置

会场是与会者交流信息的空间，是会议活动的基本环境。会场布置的根本目的是创造与会议目标、主题、进程相协调、相适应的条件和气氛。会场布置要体现出会议的目标、性质、主题和特点，会场的各种标识要明确、显著，方便与会者参与和利用。布置会场首先需要注意的是，设置会标、会徽、台幕、主席台布置、与会者坐席摆放、座签或桌签摆放等。具体来说会场布置的工作，一是设计和安排会场座位格局，要求考虑会场大小与人数多少，注意座位的政治意义和产生的会议气氛与效果；二是排定会议座次，有利于维持会场秩序，方便各项会议活动的举行；三是会场装饰性布置，渲染会议气氛；四是配齐会议所需各种用品；五是检查调试灯光、音响和媒体等各种设施设备的使用状况。

11. 召开筹备会议并进行会前检查

定期或及时召开筹备会议，审视各项工作进度，检查会议各项准备工作，发现问题及时整改。必要时可进行会议预演并现场验收。会前检查的方式是，会议主办者领导听取会议承办者的汇报，发现问题，责成责任人或单位及时整改并亲自到会议现场进行实地检查，以确保无误。检查的重点是，会议文件资料的准备、会场布置和设施设备的运行状态。

四、会议实施

会议实施是会中工作，也是会议的执行阶段。其工作流程如下。

1. 会议报到

主要工作是，组织接站，即在车站、码头、机场迎接与会者；报到注册，在登记表上填写与会者个人信息，发放会议文件资料并实行引导服务；根据与会者的性别、年龄、职务、职称、民族、相互关系、生活习惯和宗教信仰以及个人愿望和要求，合理分配、合情照顾安排住宿；编制与会者手册或通讯录，及时发放给与会者，以便联络和交流。

2. 会场组织与服务

主要工作是，会议签到，统计到会人数；引导尽快就座，保持会场秩序；及时准确发放会议有关文件；确保演讲嘉宾、主持人按计划进行演讲和主持，安排好其他发言顺序和发言时间；安排、组织会议分组讨论并做记录；维持会场秩序，处理解决临时事项或突发事件；做好会议各项服务工作。

3. 发言人的接待

主要工作是，根据发言人的实际情况和要求，安排接送；指定专门人员进行接待服务；提供会议材料，安排好休息、餐饮；注意发言人的安全与需要等。

4. 加强会议交流

收集、整理、编发会议有关信息，为与会者提供互相交流的平台和时间。会议信息传送和会议交流的主要方式是制作新闻简报或会议简报，与会者与各种媒体之间的信息互动以及与会者之间的沟通交流。

5. 会议后勤保障

主要包括统一安排会议的餐饮形式、就餐标准、预定餐厅、商定菜谱、统计就餐人数、安排就餐时间等，会议的安全和保密服务工作，会议的医疗卫生服务工作，组织参观游览和文体娱乐活动以及拍摄集体合影留念照片等。

6. 安排返离、清理会场

主要工作有预定返程车、船、机票并送达与会者手中，根据与会者返程时间安排送行；及时准确同与会者结算会议费用并开具发票；清理会场、及时撤离会场临时布置并恢复原状；清点会议用品、用具并归位；收回需要收回的文件、销毁废弃的会议资料和文件；检查会场和住宿房间，发现与会者遗忘的物品或文件要及时通知并归还。

五、会后总结评估

会后总结评估是会后工作，其工作流程如下。

1. 会议决算

会议结束后，会议组织者与会议所涉及的单位或部门要及时进行会议经费结算，对照会议预算，进行会议决算。一般来说，会议实到人数小于应到人数，决算应略小于预算。

2. 会议评估

会议的评估包括3个方面，一是评估与会者、媒体和社会各界的满意度，二是总结经验教训，三是聘请专业公司对会议进行专业评估。评估的目的是了解会议目标是否实现；会议的成本效益如何，是否盈利、是否超支；与会者是否满意；哪些方面需要改进和完善等。评估的范围主要有内容评估，主要包括主题、内容和发言人等；其他相关活动评估，主要包括娱乐活动、社交活动等；评估会议场地、设施设备和相关服务等。评估的主要内容包括预算的执行情况、发言人的邀请工作、会议地点选择是否合适、宣传推广和公关的情况等。需要重点评估的内容如下。

（1）承办者　承办者在组织安排会议时花费了大量的人力、物力和财力，是否物尽其用，是否达到了目标和要求，对此要进行评估。

（2）主题的相关性　会议的过程是否始终围绕会议主题进行。

(3) 预算执行　预算执行情况如何，是否准确，产生盈亏的原因是什么。
(4) 发言人　发言人的演讲是否生动、是否吸引了与会者，发言内容是否与会议主题相符。

3. 客户回访

会后及时与目标客户或重点与会者进行联系和沟通，通过问卷调查、电话跟踪、上门回访等多种形式了解并征询意见和建议，加深与客户之间的联系和感情，建立长期的合作关系。

4. 会务总结

会后及时召开会务总结会，全面总结会议组织服务工作，表彰和奖励有关优秀会务人员，指出会务中出现的漏洞与差错并对相关责任人进行批评帮助。在会务总结会的基础上，形成会议书面总结报告。

5. 会后宣传

对重要会议，会议成果要及时组织宣传报道。可通过各种媒体和召开记者招待会或新闻发布会等形式，扩大会议的影响并有利于会议精神的传达、贯彻和实施。

课题三　国际性会议

一、国际性会议概述

1. 国际性会议的含义

国际性会议的雏形始于政治会议，起源于欧美发达国家，距今已有 2000 多年的历史。具有现代意义的第一个国际性会议是 1648 年的威斯特伐利亚会议。

"国际性会议"和"国际会议"是两个不同的概念。国际性会议主要是指与会者来自或代表不同的国家或地区的会议。

知识链接

根据国际会议协会的评定，国际性会议必须符合下列 4 个条件。
① 与会人士来自 4 个以上国家。
② 与会人数在 300 人以上。
③ 国外人士占与会人数的 40% 以上。
④ 会期在 3 天以上。

国际性会议的含义是，来自或代表不同国家、地区和民间组织的代表或个人，通过会议的形式就共同关心的问题进行交流沟通、研究讨论，以达成共识或寻找彼此均能接受的解决办法。

2. 国际性会议的原则和特点

国际性会议的基本原则如下。
(1) 主权平等原则　这是国际性会议最重要、最基本的原则。
① 礼宾次序。是指在国际性会议中每个参加国的位次。
② 发言权利和发言次序。不得剥夺会议成员方的发言权，合理公正安排发言次序。
③ 投票权。是体现主权平等原则的核心。正式成员具有平等的投票权。
(2) 相互尊重原则　相互尊重、平等待人，是国际性会议成功举办的重要条件。要理解

和尊重与会者不同的意识形态、宗教信仰和风俗习惯。

（3）合作互利原则　参与、交流、合作、互惠互利是国际性会议的共同宗旨和基本精神，通过沟通、协商、对话解决分歧与争端，达到和实现会议的目标和目的。

国际性会议的特点如下。

（1）与会者的跨国性　这是国际性会议的基本特点。它决定了国际性会议信息交流的多元性、与会者结构的复杂性和高规格的接待服务。

（2）权利的平等性　正式成员的权利是平等的，而无论其是来自或代表哪个国家、地区或民间组织和个人。

（3）会议主题的鲜明性　国际性会议相对于其他会议的主题更加突出和鲜明，所要研究讨论的问题更加重要和紧迫，一般都是重大问题。

（4）议题范围的多边性　国际性会议所讨论研究的问题大都是与会各方共同关心的问题，关系到各方的利益，并且涉及面较广。

（5）语言的多样性　这是国际性会议的显著特点。根据与会者的实际情况，会前规定使用的工作语言或正式语言，并配备同声翻译和翻译人员，以满足与会者参加会议的需要和与会者之间的口头交流与书面交流的需要。

二、国际性会议的分类

1. 按照会议的内容性质划分

（1）国际性政治会议　是以国际上共同关注的政治、经济、外交、军事和社会等重大问题为议题而举行的影响大、规格高的会议。包括国家元首会议、政府首脑会议、部长级会议和高级官员会议等。

（2）国际性工作会议　又称事务性会议，指为落实国际性政治会议所达成的决议、协定和条约而举行的工作会议。一般由各国政府委派有关政府官员出席，讨论协商有关具体工作事宜。

（3）国际性商务会议　主要是为进行商品、技术贸易和劳务输出而召开的经济性质的会议。与会者可以是一个国家的代表团，也可以是公司或个人。

（4）国际性学术会议　主要是学术界、理论界和研究机构以及有关企业，围绕自然科学或社会科学领域中普遍关心或有重大创新和成果的问题而举行的研究性、探讨性和交流性会议。会议主要活动形式是报告、演讲、讨论交流。

2. 按照会议的主办者性质和与会者身份划分

（1）官方会议　指由国家政府、议会等官方组织发起或主办的国际性会议。与会者主要是官方组织，有时也吸收民间组织或个人参加。

（2）非政府组织会议　即会议的主办者和与会者不是政府组织，而是民间组织、企业或个人。目前国际上许多论坛性的会议都采用这种模式。其特点是，具有一定的官方背景和广泛的代表性，更具有灵活性。

（3）企业界和非企业界会议　企业界会议包括公司类会议和协会类会议；非企业界会议包括政府组织的会议和非政府组织的会议。

3. 按照地理范围和与会者范围划分

（1）世界性会议　也称全球性会议。与会者来自世界各个国家或地区，由世界性的国际组织举办，如联合国大会、世界妇女大会等。

（2）洲际性会议　指世界上各大洲若干国家之间举行的会议，如"中非合作论坛"等。

（3）区域性和地区性会议　指世界上同一个洲或地区内的若干国家之间举行的会议。如"东北亚合作论坛"是由中国、日本、韩国等东北亚国家之间举行的会议。

(4) 双边会议和多边会议　双边会议指两个国家之间举行的会议，包括双方会见和约见；多边会议指三国以上国家之间举行的会议。

4. 按照会议的性质划分

(1) 正式会议　指与会各方依据有关规则和程序、为解决共同关心的实质性问题而举行的会议。其显著特点是会议形成具有法定效力的共同文件。

(2) 非正式会议　一般是指无确定的议事规则，以协商、交际、宣传为目的，不形成正式的决定或决议的会议。其特点是，内容多为务虚、形式灵活、议程和程序弹性较大，目的是为正式会议做铺垫。近年来，举行各种非正式会议成为越来越多的选择，并称为"论坛"。

5. 按照会议议题划分

(1) 特别会议　指会议议题特别重要、会议规格较高的会议。

(2) 专题会议　指就某个专门性问题进行讨论研究的会议。

(3) 例行会议　指按照会议规则和程序举行的、以例行性议题或议程为主的会议。

6. 按照会议周期划分

(1) 定期性会议　也称固定性会议，指会议周期或会期基本固定的会议。

(2) 非定期会议　也称非固定性会议，指会议周期或会期不固定的会议。主要包括临时会议、紧急会议和特别会议等。

三、国际性会议的申办

1. 举办国际性会议的条件

作为举办国际性会议的国家或城市，必须具备一定的条件。主要条件如下。

① 社会政治、治安条件。

② 发展经验和策略以及政府支持的力度。

③ 文化、环境的特色。

④ 开放性与市场化能力。

⑤ 人力资源的国际化条件。

⑥ 语言、口译、计算机、设备等相关专业能力的国际化水平。

⑦ 对国际事务、事件的了解和参与程度。

⑧ 独特的资源环境和良好的气候条件。

⑨ 优越的地理位置和便捷的交通。

⑩ 完善的基础设施，一般要求至少达到"三合一"，即会议中心、机场和旅馆，实现"五合一"，即会议中心、机场、旅馆、购物中心和剧院。

2. 国际性会议的申办

(1) 国际性会议的主办方式　主要有轮流主办和竞标主办两种方式。

轮流主办分为两种情况，一是会员国轮流主办，二是地区性轮流主办。会员国轮流主办，是指只要加入某国际组织并成为正式会员国，就有机会轮流主办。轮流的方式有以入会先后次序或国名英文字母顺序等，也有会员国提出优惠条件，经其他会员国或这个组织的监理事会通过即可。地区性轮流主办，是指一些国际组织规定轮流在某些地区召开国际性会议，这一地区的会员国均可提出申办，由这个组织的监理事会表决确定主办国。

竞标主办，一般是主办单位将举办会议的先决条件列在招标文件中，由各个申办国家或城市提出申请，经过一定的程序，投票决定国际性会议的主办者。

(2) 国际性会议的申报　是指各国国内有关组织向国内有关主管机关就举办国际性会议进行申请。

(3) 国际性会议的申办　是指一个国家或城市向有关国际组织申办国际性会议。

知识链接

国际性会议的申报

(1) 申报资格　举办国际性会议必须报上级机关和有关行政管理机关审查批准后，方可进行。

(2) 申报文件　申办国际性会议应提交的文件主要有请示或申请报告、证明主办者和承办者具备法人资格的有效文件、会议场地的使用证明、会议活动的组织实施方案、联合或委托办会的协议或合同、举办会议活动的规章制度、以往举办会议活动的资料、其他需要提交的文件。

(3) 申报时间　一般规模的会议活动应提前6个月申请报批，规模较大的会议活动应提前12个月申请报批。

国际性会议的申办程序或步骤

(1) 拟定竞标计划书　竞标计划书的主要内容包括优势分析、政府和相关组织支持的信函、成功举办会议的记录、软硬件设备条件、接待服务及活动计划、经费来源和预算说明。

(2) 提出正式申请　向具有决定权的国际组织或有关方面提出申办会议的正式申请。

(3) 进行准备工作　包括建立会议活动筹备机构、订立会议议事规则、确定会议内容、明确与会者的规格和资格以及范围和人数、宣传发动和推广公关、选定会议举办地和有关设施建设等，达到办会标准。

(4) 迎接考察　实地考察会议举办地是必不可少的程序之一，关键是接待、服务好考察人员，对会议的申办成功关系重大。

(5) 投票决定会议举办地　考察完成后，有决定权的国际组织或有关方面投票决定会议的举办地。

项目思考与讨论

一、复习与思考

1. 会议的含义与特征。
2. 会议的类型与构成。
3. 需要注意的特殊类型与会者。
4. 会议策划的内容和要求。
5. 会议准备工作流程。
6. 会议实施工作流程。
7. 国际性会议的原则与特点。
8. 国际性会议应当符合的标准。
9. 举办国际性会议的条件。
10. 申办国际性会议的程序与步骤。

二、案例讨论

亚洲经济一体化研究热点与博鳌亚洲论坛

每年博鳌亚洲论坛年会的议题都是经过仔细分析研究后确定的。2004年博鳌亚洲论坛也是在对当时热点问题分析的基础上进行主题设计。当时众多专家学者对亚洲经济一体化的问题给予较多的关注。

根据2003年年会取得的进展以及近期学术界关于亚洲经济一体化的热点课题，海南发展研究院建议在设计2004年年会主题议题时应该遵循以下两个基本原则。

一是把握外部世界对亚洲经济一体化的看法、观点、立场和反映，借鉴欧盟、南方共同市场和北美自由贸易区等区域经济组织的经验教训，结合亚洲各国寻求共赢的客观需求，深入探讨亚洲经济一体化总体目标、目标体系、阶段性重点、逐步推进的机制和制度措施。

二是根据2003年年会在亚洲共同合作讨论上取得的突破，设计具体议题，争取至少在"亚洲货币基金""亚洲制造""亚洲能源安全与能源合作""亚洲货币联盟"等形成2～3个倡议。

因此，建议就以下几个主要议题广泛征求各方面的意见。

① 亚洲的21世纪与世界眼中的亚洲经济一体化。
② 亚洲货币基金与亚洲经济一体化进程。
③ 亚洲货币联盟展望、条件与进程。
④ "亚洲制造与亚洲共赢"，供应链、产业链与区内外产业分工。
⑤ 亚洲区内贸易自由化与区内"普惠制"。
⑥ 亚洲能源安全与东北亚能源合作。

讨论：1. 博鳌亚洲论坛2004年年会的主题策划主要考虑了什么因素？
　　　2. 博鳌亚洲论坛年会议题与亚洲一体化有什么样的内在联系？

三、实训题

（一）考核设计

参加或组织模拟一个会议，分组编写会议策划书，进行评议，提出优缺点；分组写出实施、总结报告，选出小组代表课堂发言讨论。

（二）考核标准

考核项目	操作要求	配分	得分
方案制作与演示	撰写会议策划书	20	
	根据会议策划方案组织安排会议	10	
	现场实施会议模拟	20	
	成员分工	10	
讨论发言	表达清晰流畅	10	
	内容全面、分析透彻、具有特色	10	
团队精神（成员互评）	通力合作、分工合理、团结互助	10	
	发言积极，乐于与同学分享成果	10	

项目三　展　览　业

项目目标

1. 了解展览的相关定义和作用。
2. 理解展览会的办展机构。
3. 明确展览的主体构成。
4. 掌握展览会在开发与经营不同阶段的主要任务。

项目关键词

展览会　办展单位　参展商　专业观众　服务商

项目导入

万众期待"CHINA PRINT 2013"北京再创辉煌

北京国际印刷技术展览会是经国务院批准的每4年在北京中国国际展览中心举办1次的定期专业国际性展览，自1984年起已举办过七届。1988年被国际博览会联盟批准为会员，是世界六大印刷展之一，是国内规模最大、水平最高的印刷展览会。万众期待的第八届北京国际印刷技术展览会（CHINA PRINT 2013）于2013年5月14～18日在中国国际展览中心新馆举行，本届展会以全面展示世界印刷业的新技术和新产品为目标，通过和世界各地印刷及设备器材行业同仁的交流和对话，为供需双方和中国印刷业带来新的发展契机。展出面积达12万平方米，到会观众达16万人次。作为中国最具影响力的国际印刷展览，"CHINA PRINT"全心全意为参展厂商服务，为专业观众服务，为参展厂商组织最多最广的专业观众，为专业观众组织最多最好的先进适用的技术和展品。

"CHINA PRINT"组委会把邀请和组织专业观众看作是办好展览的根本。组织各省、市、自治区的印刷协会的会员和包装协会、出版协会等相关社会团体组团参观"CHINA PRINT 2013"；同时组织世界各国印刷技术及印刷设备器材的用户和买家，尤其是东南亚、南亚、西亚及中东地区、东北亚、俄罗斯及独联体国家的印刷协会及有关社团组团前来参观。

"CHINA PRINT 2013"同期举办了第三届国际印刷工业发展论坛（Forum-PI 2013），邀请来自世界发达国家和亚洲发展中国家的印刷组织的领导人在论坛上发表演讲，介绍各自国家印刷工业的发展情况，同时发表对世界印刷工业进一步发展的看法。Forum-PI于2005年和2009年举办了两届，与CHINA PRINT相互呼应、相得益彰，已成为4年1次、同期举办的重要国际活动。展会同期还组织其他专题论坛、研讨会、报告会、推介会等50多场，为各国印刷界的领袖们提供一个沟通信息、相互了解、共同研讨的良好平台。

【点评】：专业观众对展会有着非常重要的意义，参展商的存在以专业观众的存在为条件。CHINA PRINT组委会重视专业观众的组织，把邀请和组织专业观众看作是办好展览的根本，这也是国内展会办展方值得思考的一点，切实有效地开展专业观众的组织工作，才能为会展的成功举办打下坚实的基础。

摘选：北京国际印刷展官方网站

课题一　展览业概述

一、展览的概念、分类与作用

1. 展览的概念

展览从字面上理解，"展"是陈列、展示，"览"是参观、观看，即把物品陈列起来让人参观。展览是一种既有市场性也有展示性的经济交换形式。展览业常见的术语有展销会、展览会、博览会。

展览会是一种具有一定规模和相对固定的举办日期，以展示组织形象或产品为主要形式，以促成参展商和贸易观众之间的交流洽谈为最终目的的中介性活动。构成一般展览会的四大要素是办展单位、参展商、专业观众和服务商。从图1-1可以看出四大要素之间的关系。

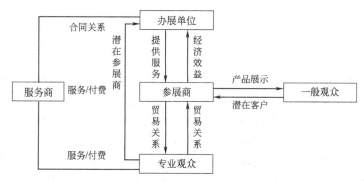

图1-1　办展单位、参展商、专业观众与服务商的关系

第一，对办展单位而言，参展商是展览会价值的主要体现，同时也是展览会收入的主要来源；第二，尽管专业观众带来的直接现金效益较少，但其质量和数量将直接影响到参展商对展览会的满意度，最终影响展览会的效益；第三，参展商与专业观众相互促进、相互吸引，并且专业观众是参展商参加展览会获得收益的最终来源；第四，服务商与办展单位签订合同，并同时为参展商和专业观众提供各种服务。

2. 展览的分类

（1）按照展览的性质划分　分为贸易和消费两种性质。贸易性质的展览是为产业即制造业、商业等行业举办的展览，主要目的是交流信息、洽谈贸易、品牌宣传与展示等。消费性质的展览是为公众举办的展览，主要目的是直接销售产品与服务等，如各类展销会。

展览的性质可以通过参观者的成分反映出来，对工商界开放的展览是贸易性质的展览，对公众开放的展览是消费性质的展览。

（2）按展览的内容划分　分为综合展览和专业展览。综合展览指包括全行业或数个行业的展览会，又称水平型或横向型展览会。专业展览指展示某一行业甚至某一项产品的展览会，具有鲜明的主题，又称垂直型或纵向型展览会。突出特征是常常同时举办讨论会、报告会，用以介绍新产品、新技术等。

（3）按展示场地来划分　分为室内展和室外展，室内展多用于常规展品，室外展多用于展示超大超重展品。

(4) 按展览时间划分　分为定期展和不定期展。

① 定期举办的展览会常见的类型如下。

1年2次展，1年举办2次的展览会。

1年举办1次的展览，单年展。

2年举办1次的展览，也称双年展。

② 不定期展。指随机举办的展览会，没有固定的时间间隔。

(5) 按展览方式划分　可分为现实展和虚拟展，虚拟展也就是网上展览或在线展览。

(6) 按展览的功能分类　可以将其分为3类，即观赏型（各类美术作品展、民俗风情展等）、教育型（各类历史展、宣传展、成就展等）、交易型（展销会、交易会、洽谈会、博览会等）。

3. 展览的作用

(1) 展览的功能作用　展览具有一般营销沟通工具的共性，即广告、促销、直销、公共关系等。参加展览已成为企业最重要的营销方式之一，也是企业开辟新市场的首选方式。

(2) 展览的社会作用　展览还常常展示城市、行业等成就，提升城市形象，以此作为宣传、招商引资的一种有效手段。它还能给展地的旅馆、餐饮、交通运输、旅游、电信等多个行业带来巨大的经济效益和社会效益，是推动和促进世界各国和地区经济蓬勃发展的加速器和助推器。

二、展览业的发展趋势

当前，展览业主要呈现以下发展趋势。

(1) 国际化程度越来越深　随着世界经济一体化和企业发展全球化的必然趋势，世界各国政府与企业越来越重视展览会的举办与参与。举办者都想把展览会办成影响面大、参与国多、经济效益好的展览会。企业也纷纷走向国际市场，把目光瞄准全球，不轻易放过任何一个可以宣传自己、参与竞争、争夺市场、谋求发展的机会。因此，展览会国际化程度成了世界展览业发展的方向之一，具体表现是国外参展商和观众不断增加、国际展会所占的比例较大、跨国展览公司加大向国际市场拓展的力度、展览技术标准国际化。

(2) 展览规模越办越大　展览业是一个持续发展的活跃行业，许多国家展览业的规模在不断扩大。目前，国际展览业正在朝规模化和集约化的方向发展，很多国家和城市建设大型会展场馆，举办展览会的规模从参展商、展品、观众数目及层次每年都不同程度的提高。越来越多的办展方为了形成自己的展会品牌，增强展会的竞争性和规模效益，通过市场公平竞争、兼并，把相关的几个中小展览会合并成一个，即品牌集约化。很多大型会展公司为增强竞争力，抢占市场份额，形成集团化趋势。

(3) 专业化趋势越来越强　展览专业化主要体现在以下3个方面。

① 展会专业化。国际上，专业展已成为展览业的主流，与综合展相比，专业展具有针对性强、观众质量高和参展效果好等优点，因此，近年来许多综合展逐渐演变为专业展，有些综合展则细分成若干专业展。据统计，目前世界各地举办的展会中，98%是专业展。在我国，专业展占全部展会数量的比例已达95%以上。

② 管理专业化。展览业具有很强的专业性，从策划、申办、筹备直至运作是一项系统工程，需要专业化的组织、协调和控制。全球有不少专业的国际组织从事展览专业化管理的工作，有国际展览局、国际展览联盟、国际展览管理者协会等。在展览业的专业化发展过程中，办展机构也日趋专业化，专业办展的公司也在不断崛起和发展，使展会专业化管理程度不断得到提高。

③ 人才专业化。展览业很强的专业性也必然要求它的从业人员具备专业化的知识和素质。世界展览业发达国家，如德国、美国、英国等国的大学，都设有会展管理专业，系统的

教授展览理论知识和实践知识；同时，美国、德国等展览业行业组织开展对展览业从业人员的专业培训和资格认证。

（4）科技化程度越来越高　随着科学技术的发展，信息技术的广泛应用，展览会的科技化程度也越来越高，主要体现在以下3个方面。

① 科学技术的展会越来越多。为了进一步推广和宣传科技成就，提高科技知识，有关科学技术的展会越来越多。

② 展览会举办手段和设施越来越现代化。现代的展览会都充分使用声光电等高科技手段，使展示产品更加形象地展示给每一位参观者。展馆的设施也越来越现代化，从入场的电子读卡到展馆内部设施，处处体现了科技的现代化。

③ 网络技术的应用。网络技术的发展也应用在大大小小的展览会中，许多展会广泛应用网络，设立自己的网站域名，通过互联网进行招展，大大地提高展会的营销效益和宣传效应。网络技术在展览业的广泛应用，主要表现在网上策划、网上宣传、网上招展、网上交流、网上服务。充分利用网络，更好地服务展会，并开拓展会新形式网上展览，成为新世纪展览会的特征。

（5）展中有会、会中有展　由于展览会的主要目的是参展商推销产品，因此越来越多的展会参展商在展会期间，为了配合产品展销而举办许多相关的会议，如新闻发布会、新产品推介会、客户座谈会等。办展方为了提高展会效果和知名度，让参展商和观众满意，也举办一些会议配合参展商的展销活动，如专家研讨会、新闻发布会等。在许多会议中，也有一些会议参加者陈列展示自己的产品，进行产品的宣传、介绍和促销。特别是协会举办的会议，通过会中办展，可以实现以会养会的目的。

展览和会议有着紧密的联系，你中有我，我中有你，会议促展览，展览推会议，两者相互促进、不可分割。展中有会、会中有展已成为国内外展览会的一大鲜明特点。

课题二　展览会的办展机构

一、展览会的主办机构

展览会的主办机构主要是负责策划和制订展览会组织和实施的方案，安排展览会的组织、招展、公关、广告策划、展场联系和落实、观众组织、财务管理以及落实一系列配套服务（包括为展商提供的货运、报关、检疫、布展、住宿、交通等）的机构，须承担展览会的民事责任。

纵观国际展览业，由于世界各国的经济体制和具体国情各不一样，所以展览会的主办机构在各国的构成情况也有所不同。主办机构大体可分为以下几种。

1. 政府部门

世界上很多国家的政府都很重视展览业的发展，它们不仅支持鼓励展览业的举办和发展，而且直接参与领导和主办一些大型的展览会。

（1）政府机构单独或联合主办　政府机构一般是代表国家申请举办国际性展会。如2002年12月2日我国政府经过3年精心的准备，派出申博代表团前往摩纳哥，获得了发展中国家的第一次世博会的举办权。中华人民共和国国务院副总理、2010年上海世界博览会组织委员会主任委员吴仪代表中华人民共和国政府签发函件，正式向国际展览局申请注册中国2010年上海世界博览会，以此表达中国政府对注册申请的全力支持。国务院相关部委和上海市政府也分别签署了承诺函，积极支持上海世博会的举办。为了世博会的成功举办，我国政府还成立了由一位国务院副总理担任主任委员，中央相关部门和上海市政府共30家成员单位组成的中国2010年上海世界博览会组织委员会,具体领导上海世博会的一切事务。

(2) 政府和外国对口机构联合举办的双边展览会,或由政府机构和行业协会联合举办的展览会 国务院台湾事务办公室和福建省人民政府联合中国珠宝玉石首饰行业协会、中国收藏家协会等六个行业协会举办的第三届中国(莆田)海峡工艺品博览会,是政府机构和行业协会联合办展的例证。

(3) 政府部门也可鼓励外国政府前来举办单国展 新加坡政府鼓励亚洲国家利用新加坡区域中心的地位,赴新加坡举办单国展,目前已举办"Made in Malaysia""Made in Indonesia""Made in India"等,每年一届,展出面积4000~5000平方米,参展公司100~150家。新加坡贸易发展局在展览会上投入了人力、物力,做了大量的工作,新加坡有关商会、协会、社群团体和宗教会馆从各方面予以赞助和配合。由于政府的支持,展览会的连续性,参展公司及产品的国家代表性和浓郁的民族色彩,在新加坡展览界中这些展会逐渐显出独特魅力。

2. 行业协会、专业学会与商会

在国内外的展览会中,国际与国内的行业协会、专业学会与商会都是重要的主办者。它们所举办的展览会分为3类,第一类是不定期的综合性展览会,如新加坡中华总商会为配合其周年纪念或其他重大活动不定期举办的工商展览会;第二类是行业性展览会,例如我国规模最大、档次最高、成交额最高、客流量最多、知名度最广的持久型传统专业商品交易盛会——全国五金商品交易会,也是世界著名五金展之一;第三类是行业内部的展示会,一般在协会举办年会时举行,以便在达到展示扩大协会会员企业形象,增强协会会议吸引力的同时,实现以会养会的目的。

3. 专业性展览公司

这类公司专业从事展览的开发,主办管理与服务工作,虽然不如政府机构和行业协会那样具有号召性、权威性,但具有丰富的专业知识、经验与操作技能,举办的展览会多是定期的专业展,质量较高,效益较好,在许多国家中是展览业的主力军。

随着我国改革开放的深入发展,我国也出现了许多专业性的展览公司,主要集中在北京、上海、广州、厦门、武汉、天津等城市。如中国国际展览公司、长城国际展览有限责任公司、上海浦东国际展览公司、大连国际展览公司、厦门今日展览公司等。这些专业展览公司在我国展览活动中非常活跃,是我国展览业飞速发展过程中一支不可缺少的有生力量。

4. 大型企业

有些实力较强的大型企业,为了技术交流、产品营销等原因单独或者与有关的协会和专业展览公司联合举办展览会。宝山钢铁(集团)公司与上海市国际展览公司和华进有限公司共同主办了"98上海国际冶金工业展览会"。

5. 会展中心

在我国会展业发展过程中,各地相继建立规模不等的会展中心。这些会展中心为了使会展场地和设施得到充分的运用,填补场地出租的空白档期,也经常自行主办和组织一些展览会。例如,北京国际展览中心至今已成功地举办了136个国际来华展览会,它举办的国际交通、电力、音响、乐器、新闻印刷、制冷空调、军事后勤、电梯、房地产等大型专业展览会,在各个不同时期对行业的发展产生了较大的影响,其中有的已成为国内该行业中具有权威性的国际展会,并在国际展览业中也享有较高声誉。

6. 媒体办展

一些城市的媒体积极参与会展行业,培育一些具有当地特色的会展品牌,带动当地的会展发展,比如中原市场最具影响力、号召力和传播力的主流媒体——河南日报报业集团主办的《大河报》办出了一些具有中部特色、质量较高的展会,如中部太阳能产业博览会、大河车展、大河房展等。各地应该继续发挥和壮大媒体办展的优势,使媒体在会展经济发展中发挥重要的作用。

以上六类展览会主办者并不总是单独主办展会，它们常常联合一起共同办展。发挥各自优势，合力把展会办得更好。在实际操作中，有3种常见的形式，第一种，主办单位只是名义上的，它既不对展览会负法律责任，也不参与具体的策划、运作和管理；第二种，主办单位拥有展览会并对其负法律责任，但不参与具体的策划、运作和管理；第三种，主办单位拥有展览会并对其负法律责任，同时也负责展览会的具体策划、运作和管理。在策划展览会时，办展机构根据实际需要进行合理安排。

二、展览会的承办机构

展览会的承办单位在展览会的组织和经营工作中的责任，往往是负责和承担展览会的组织、招展、服务、公关、广告宣传的具体工作，并对展会承担主要财务责任。尤其是在由政府部门主办的各类展览会里，主办者往往只是挂名发挥其号召力和影响力，并给予办展工作的具体支持和方便，实际具体工作都是由展览会的承办者来做。承办单位是一个展览会所有办展机构的核心。在策划展览会时，各承办单位之间必须根据各自的优劣势进行合理分工，保证招展、专业观众组织、展览会宣传推广等工作稳步开展。

三、展览会的其他办展机构

展览会除了主办和承办单位外，常见的其他办展单位还有协办单位、支持单位和海外合作单位。

展览会的协办单位是指协助主办或承办单位参与展览会的策划、组织、操作与管理工作的机构。在实际操作过程中，它只承担一部分招展、专业观众的组织和展览会宣传推广工作，对展会一般既不承担财务责任，也不承担法律责任。

展览会的支持单位是指对展览会的相关工作环节起到一定支持作用的办展单位。大多数时候，支持单位会参与一定的专业观众组织和宣传推广工作，但一般不承担招展任务，也不对展会承担任何财务责任。一次展会如果拥有一些权威单位的支持和帮助，能有效增强展览会的号召力，有时还能为展览会拓展理想的专业观众组织或招展渠道。一些企业为展会提供场地和设施的出租，场馆展台的装饰布置，展品的运输保管，参展商和专业观众的住宿、餐饮、旅游、交通等服务，这些能为展会提供业务的企业也可算是展会的支持单位。因此，要更好地举办一届展览会，支持单位是必不可少的办展机构。

展览会的海外合作单位主要是承担海外参展商和海外专业观众的组织任务，主办单位为更好地办展而选择的境外合作伙伴。在实际操作中，主办单位往往采取支付佣金的方式来处理与海外合作单位之间的关系。

对一个展览会来说，主办单位和承办单位是最为核心和最为重要的办展机构，也是必不可少的，协办单位与支持单位可视展会的实际需要来定。了解展览会的主办者和承办者，对会展中心、会展服务企业、航空公司、旅行社和饭店等企业非常重要，因为展览会的主办者和承办者是这些企业的重要客户，是重要的营销目标。所以，各类会展相关的管理与从业人员丝毫不能对此懈怠。

课题三　展览会的主体构成

一、办展方

办展方是组织展会这个团体的指挥者，它需要协调好与各方的关系，才能确保展览活动的顺利进行。办展方的职责主要是确定展览主题、协调各方的关系、与合作者签订合同、组织参展商和专业观众、展后评估。

1. 确定展会主题

要成功举办一届展览会，第一步就是进行科学的立项策划，对所开发的展览会搜集各种信息资料进行综合分析，发现行业市场的变化规律，进而为办展方进行项目决策提供依据，在纷繁复杂的市场环境中，选定行业，设计合适的会展项目，确定展会主题。

2. 协调各方关系

办展方应协调办展机构、主办社区、赞助商、媒体、合作者和客商及参观者之间的关系。

（1）办展机构　展览活动的办展机构可以是政府部门、公司、协会、媒体及会展中心，分别以主办、承办、协办、支持单位来承担展会的具体工作和责任，不同的办展机构，目的和要求都有所不同。办展方应根据承担的相应具体工作进行协调，发挥各自优势，共同办好展会。

（2）主办社区　主办社区包括居民、商人、交通管理、消防和救护队等公共事务主管当局，展览活动会对主办社区产生影响，办展方应积极协调好和主办社区的关系。

（3）赞助商　办展方应清楚赞助商想从赞助活动中得到什么，确定能为其提供的赞助机会，并将赞助商作为伙伴来对待。

（4）媒体　媒体的宣传报道对展览活动的举办起到非常重要的作用，扩大展会的影响力同时增强展会的可信度，办展者应根据不同媒体确定不同的宣传方案，争取更多媒体的合作支持。

（5）合作者　办展者需要选定信誉高、服务好、价格合理的展会服务承包商、正式的合作者、为展会现场服务工作提供帮助的咨询员和临时劳务人员。如注册、安全保卫和运输等工作。

（6）客商及参观者　办展者应时刻想着客商及参观者的需要，包括其物质需要，以及对展会现场舒适、安全、周到的现场服务需要。关注并尽可能满足他们对展会活动的特别需要，重视对客商及参观者的服务。

3. 与合作者签订合同

办展方应根据不同的合作对象签订不同的合同。签订合同的过程包括5个主要步骤，即意向、谈判、达成初步协议、同意各个条款、签字。如果使用标准的合同样本，在签订合同中应根据具体情况当场修改一些特别条款，经谈判协商供双方签订。

4. 组织参展商和专业观众

展会的办展者最大利润来自于展位的销售，参展商的招展显得尤为重要，但是专业观众的组织也不能忽视。举办展览会的逻辑顺序绝对不是先有展览会，继而招来参展商，然后才有专业观众。参展商和专业观众之间应该是双向互动的关系，办展者必须弄清楚，高质量的专业观众提高展览会的影响力和质量，能吸引更多的参展商参展；高质量的参展商所展示的产品更多、技术更新、所提供的商业机会增多对更多的专业观众也是一种吸引。所以组织参展商和专业观众是展览会发展的两翼，两者相互吸引、相互影响。因此，办展者应重视招展工作和专业观众的组织。

5. 展后评估

办展者在展后要对展会进行总结评估，重要统计指标包括专业观众人数、参展商的数量及代表性、达成的意向成交额、参展商及观众满意度等。总结本次组展的经验和教训，评价本次展会的得失，并对参展商和重要的观众进行展后跟踪，加深他们对办展方的印象，同时也是为下一届展会做宣传。

二、参展商

参展商是指在展览会、博览会等会展活动中提供产品、技术、图片等在展会上进行展示的物品参展主体。参展商参加展览可以展示自己的产品，宣传自己的企业，促进交易的实现等。对参展商而言，参加展览是一个低成本的推销活动，比直接派遣销售人员进行销售更为便宜和有效。

1. 参展商参展目的

具体地说，参展商参展目的在于以下几个方面。

① 推介新产品。
② 赢得更多的潜在顾客。
③ 进行市场调研。
④ 树立公司形象，进行品牌培育。
⑤ 培养顾客、潜在客户和经销商。
⑥ 贸易成交。

2. 研究选择展会

目前，可供企业选择的展会很多，但是，企业并不是参加所有的展会都能达到参展的目的和预期的目标，正确选择展览会对企业来说非常重要，选择展会应注意以下几点。

（1）认真分析展会资料　对展会组织方的实力进行多方面的了解，衡量展会的宣传规模，根据以往展会展出面积、参展总数、专业观众总数、成交额等的具体数据，了解展会质量。

（2）探寻同业看法　向竞争厂商及其他参展者探寻对该展的看法及所碰到的问题，包括服务、展位布置、问题处理等。

（3）选择合适地点和时间　展览会举办地点的选择，可以从两个方面考虑，一是从贸易角度考虑，即展览地点是否是生产或流通中心；二是从差旅角度考虑，即展览地点是否吃住便利，这牵涉到企业参展的预算和精力。

对展览会时间选择有多方面考虑。首先是考虑订货季节，大部分产品都有订货高峰期，在此时间内举办的展览会，成交可能性大。其次要考虑的是企业自己日程是否安排得开。

（4）仔细分析研究结果　在对展会作了细致分析之后，接下来就是做出决定，即是否参展，是要大展位还是小展位，是参观考察做市场调查还是收集有关信息。

3. 决定参展的基本工作程序

（1）报名参展　按要求填写"参展申请表"，通过邮寄、传真或电子邮件方式交办展方，确认后，将参展保证金汇入指定账户。

（2）选择展位　标准展位和特装展位的选择，好位置和偏僻展位的选择，不同面积的选择等。参展商应根据企业实力与参展目标及展会的具体情况选择适当的参展面积和展装形式。

（3）确定展品和展示方式　客户所关心的是最新或质量最好的产品，应选择有针对性、代表性、独特性的展品。针对性是指展品应符合展出的目的、性质和内容；代表性指所展示的产品体现一定的技术水平、生产能力及行业特点；独特性指展品要有自身的独特之处，以便和其他同类产品区分开来。

选择合适的最具吸引力的展示方式展现产品，引起参观者的兴趣，增强客户的购买欲。展会期间常见到的形式有现场讲解、演艺、图片资料、LED显示屏、参观者亲自体验、现场品尝等。

（4）展台设计　展台的设计应当能够反映出参展企业的形象，吸引参观者的注意，提供展台工作的功能环境。展台设计是为了突出展品,通过色彩搭配、照明设计、展台摆设等引起参观者、目标客户的广泛注意,加深印象。

(5) 广告宣传　参展商也应进行展前参展宣传,可通过专业媒体、广告、邮寄等方式进行宣传,给客户群留下深刻印象,吸引他们莅临展位参观了解展品。

(6) 赠品制作　恰当的赠品会给展位带来活力,建立品牌认知度并招徕目标顾客,保持更长时间的宣传效果。常用的办法是准备一些可以一分为二的赠品,把其中之一在开展前寄给想邀请的参观者,让他们必须到你的展位上才能凑成一份完整的礼品。好的赠品应具有3个特征,即合理性、纪念性和实用性。

(7) 公共关系　越来越多的企业在展览会期间同时举行各种新闻发布会、研讨会或招待酒会等活动,因为展览期间观众量大且集中,这些公关活动与展览同时举行,影响大且节约开支。

(8) 参展工作人员的配备与培训　为展会配备足够的工作人员,并进行培训。展位工作人员代表了企业形象,应显示出较强的业务素质和专业接待素质,培养高效率、重服务的一流参展队伍。

(9) 展后总结评估　展会结束后,应把收集到的名片或登记的客户信息及时录入电脑,并对客户所需信息进行及时回复,对客户进行研究分类,对重点客户、潜在客户及时跟进联络。就本次参展的各项工作执行情况和任务完成情况进行一次全面总结,找出成功与不足之处,促进提高以后的参展水平和参展成效。

(10) 检视、调整企业发展战略　根据展后所掌握的行业发展趋势和业内动态,企业应注意寻找自身存在的差距和不足,尽快调整、优化生产结构、管理水平乃至发展战略和目标任务。

参展企业如何提高展会效果

第一,正确选择展会,主办单位是否具备一定的权威性。参加展会一般要根据面向的市场范围来选择。如果想面向全国市场,则选择由权威部门主办的、具有丰富经验的展会,如每年6月的"广州国际照明+建筑电气技术展览会""中国古镇国际灯饰博览会"等。如果企业是针对国内某局部市场,则可以参加由各省市照明协会或商会主办的展会。

第二,展会是否具有相当的影响力。有针对性地选择展会更好地提高招商成交率和效果。

第三,展会的举办时间。照明灯饰产品的生产及销售具备一定的季节性。在产品的销售旺季,很多经销商根本没有时间参加展会。另外,展会如选择在节假日举办,也会对展会效果产生影响。

第四,展会的宣传规模和宣传力度以及展会展位预定情况。具备一定规模和影响的展会一般都会有各种媒体投入较大的资金进行宣传和推广,其带来的展会效果不可估量。

三、总体服务承包商

随着会展业的发展,对展会的要求也越来越高,要求有更多的服务商为展会提供各种服务,逐渐地展会服务承包商应运而生。

1. 服务承包商的职责

按照惯例,会展场地提供基本的展览场地,可附带设施,以及提供其他的租赁服务。办展方一般会选择一家展览服务公司作为正式展会服务承包商。为办展方和参展商双方提供服务，并以合同的形式确定下来。服务承包商的常规工作如下。

① 安排参展商品以及展览材料的装运、处理以及储存。
② 为参展商提供展示设计示意图案。
③ 提供整套装潢设备，地毯、帷帐以及其他展览附加用品。
④ 安装和拆除展台，包括为用户定制设计和搭建展台。
⑤ 提供人员搬运、陈列展品、设备、产品展台以及标记。
⑥ 满足视听方面的要求。
⑦ 提供平面设计图、安排植物摆放、模型以及摄像师。
⑧ 其他更多的服务。

展会服务商对展会的顺利举办起到重要作用，他们从展前策划、展台搭建、展厅清洁到展会撤展，都要与办展方并肩合作。他们要与各类供应商签署合同，如花商、视听产品经销商等；还要提供现场管理人员来监督指导展位的安装与拆卸等。总之，服务承包商的职责就是为展会提供一流的、专业的服务。

2. 办展方与服务承包商的合同

办展方与参展商的合同是按照参展商服务手册实施的。服务手册应包括信息、价格、家具租赁、物品运输等。通常，展会承包服务商还要将一些服务，如鲜花、餐饮以及视听服务分包给专业承包商。一般情况下，参展商根据自身需要与展会服务承包商就所需服务直接签署合同。

四、观众

观众是展览会构成的重要要素之一，会展观众可以分为专业观众和普通观众。专业观众是指有可能成为直接用户或潜在用户的买家；普通观众是指一般的消费者和对展会有兴趣者，希望从展会中获取新信息、体验新感受，但不是参展商最主要的目标客户的一般参观者。

不同的展会因其类别的不同，对观众的需求亦不相同。有些展会只对专业观众开放，不对普通观众开放，如广交会；有些展会对专业观众和普通观众的开放时间会有所选择，比如，北京国际汽车展持续5天，一般在前3天对专业观众开放，后2天对普通观众开放。大型综合展销会需要大量观众，因为每个人都是潜在消费者。国际上衡量一个展览是否成功的标志，就是它的参展商与专业观众的数量与含金量。

专业观众对展会有着非常重要的意义，参展商的存在以专业观众的存在为条件。专业观众代表了行业商品的目标市场，目标市场的存在是吸引参展商参展的重要因素。专业观众的数量与质量是展会成功的重要标志。展会的品牌和观众质量是成正比的。因此，办展方只有充分认识专业观众对展会成功的重要作用，切实有效地开展专业观众的组织工作，才能为会展的成功举办打下坚实的基础。

课题四　展览会的开发与经营

一、策划阶段

展览项目的策划是举办展览活动的必经过程。通过策划，使展览项目具有清晰的定位、鲜明的主题、切实可行的营销方法、周密细致的全程服务，为展览会的成功举办打下良好基础。展览策划主要包括以下工作。

1. 展览项目的论证

展览项目论证是组织展览会的第一项工作。无论是新展览还是老展览都要进行论证，展览项目都有生命周期，对老展览分析其发展走势是否适应社会经济的发展需要。这里主要讨论新展览项目的论证。

首先，分析行业信息。办展方应对展览举办地的区域经济结构、产业结构进行分析，优先考虑本区域的优势产业、主导产业、重点发展行业和政府支持行业；还要分析行业市场状况，应明确该行业市场是买方还是卖方市场，如果是卖方市场，企业的产品供不应求，企业一般不考虑采用参展的方式营销；分析项目产业市场规模，一般来说，产业规模越大，潜在参展商和专业观众就越多；分析相关企业数量，研究参展商与观众的购买行为。

其次，研究展览市场供求关系。分析该项目在该地区是否有相似的展览，项目举办时间是否适当，特别是类似的品牌展览项目，两者的举办时间至少要相隔3个月以上。

最后，对展览项目进行经济可行性分析，对参展商及观众能否实现其目标进行客观地分析，进行市场调查和研究。

2. 分析整合办展资源

办展资源包括人力、财力、物力以及信息资源和社会资源，还要考虑展览所在地的区域位置、交通状况、展览场馆设施等。信息资源包括目标客户、合作单位、行业信息。社会资源指与该展览所属行业主管部门的关系，与全国及海外合作伙伴、招展组团代理的关系，还有与各大专业媒体和公共媒体的关系等。

（1）确定主、承办单位和支持、合作单位　确定有一些影响力的主承办单位后，应积极寻求相关支持单位，可以提升展览会的档次，提高展览会的影响力和行业号召力，吸引媒体广泛关注，以利于组织目标客户参展和目标买家参观。要选择有一定组团招展有实力的合作单位，加快展会信息的有效传递，最大限度发掘参展商，壮大参展队伍，降低招展成本。

（2）确定展览会主题、名称和申办　展览项目确定后，就要进行展会主题创意。通过展览会主题，潜在的参展商和观众可以清晰地了解办展者的意图和展览会的特点。主题简练，有创新意识，易于宣传；应反映行业的发展走势，代表行业的发展方向，抓住行业的亮点和市场特点。

展览会的名称应能有效传达展览会的主题定位，一个合适的名称可使展会易于识别和记忆。展会名称一般分为3个部分，一是基本部分，用来说明展览会的性质和特征，常见字眼有"展览会""交易会""博览会"等；二是限定部分，主要是说明展览会的时间、地点和范围，例如，第16届大连国际服装博览会；三是行业标识，这是展览会名称的核心部分，主要说明展会所属的行业、主题和展品范围，例如，中国（上海）国际眼镜博览会中的"眼镜"就表明该展览会的展品主要是眼镜产品和技术。

在我国，许多展览项目都要事先进行审批，因此，办展方需要准备充分的资料提前报有关部门批准，然后才可以开展组展的准备工作。

二、实施阶段

确定展览的策划方案后，就进入到展览的实施阶段，此阶段主要包括以下几个方面工作。

1. 宣传工作

对展览会进行宣传是展会重要的工作环节，展会的组织者应该根据财力、人力和具有的资源优势对展览会进行一定形式的宣传推广工作，从国际普遍的做法来看，办展机构一般会将展会收入的10%～20%作为展会宣传推广的资金投入，其主要目的是扩大展会影响力和知名度，更有利于招展和招商工作。会展组织者一旦确定了宣传和推广的具体内容以及目标受众后，就需要选择有效的宣传和推广媒介，宣传的媒介手段主要有以下 4 大类。

（1）大众传媒　大众传媒主要包括电视媒体、广播媒体、网络媒体、报刊、户外广告等。

一般来说，电视媒体因其较高的成本，所以会展组织者很少直接在电视上做广告，但是通常会利用展会期间许多值得报道的亮点，作为新闻素材在电视新闻中报道。这些报道对提高展览会的知名度发挥了非常重要的作用。广播媒体虽然在电视、网络媒体的快速发展下受到较大冲击和影响，但在特定时间和场所中依旧有其重要的作用，比如公交车、私家车等数量庞大的汽车驾乘人员，在驾驶和乘坐汽车时，广播媒体依然是一种重要的传播媒介，再如利用各城市的交通广播来宣传推广一些房展、礼品展、建材展、家居展等也会收到理想效果。网络媒体作为一种新媒体，因其具有传播速度快、传播成本低等优势，受到会展组织者的重视，为展览会建立专门的独立网站、在其他网站上发布展览会广告、微博、BBS、社区网站等，成为展览会最重要的宣传和推广媒介之一。

（2）特种媒体　特种媒体主要有会展组织者利用海报、制作小型纪念品等形式，对展会进行宣传和推广，比如说可以挂在书包上、钥匙上的卡通挂链，上面印制有展览会的名称、LOGO、主办机构、办展时间、联系方式等信息，这些精美可爱的小纪念品可以让得到者爱不释手，起到比较好的宣传效果。

（3）人员宣传　人员宣传就是会展组织者利用自己的营销人员向目标客户进行电话沟通、登门拜访、直接邮寄展会资料、发电子邮件来进行展会的宣传和推广。

（4）公共关系活动　公共关系活动是指展会组织者通过策划和组织一些能够引起公众关注的公共关系事件而达到宣传和推广目的的活动。主要有新闻发布会、公益赞助、路演等。

展会级别与目的、展会的主题和行业、展会性质的不同，其宣传与推广的内容也会有所不同，所以会展组织者应根据不同类型展览会的参加者的范围选择最为合适的宣传方式。

2. 招展工作

招展就是展览会组织者招揽企业参加展会的行为。招展工作就是使用各种营销策略把展位销售给参展商的过程。这是展会策划中最基础的工作之一，也是展会筹备过程中最重要的核心工作。展会要有一定数量和质量的参展商，否则就会影响到展会的实效和声誉。

在招展过程中，基础性工作有 4 项，即建立目标参展商数据库、划分展区展位、制订招展价格、编制招展函。

（1）建立目标参展商数据库　招展工作的第一步就是广泛收集目标参展商信息，建立一个完整使用的目标参展商数据库，这是招展工作的基础性准备工作。

目标参展商的信息可以通过专业网站、关键字搜索、同类展会、历届展会资料、行业协会商会、政府主管部门、专业报刊、电话黄页等收集。收集的信息除了名称、地址、联系方式等基本信息外还要收集企业经营信息，比如生产的产品和种类、经营业绩、企业规模、目标市场等，以便对他们进行市场分析，在招展工作中有重要的参考价值。

目标参展商数据库的建立需要遵循数据尽量充分、分类科学合理、便于查找和检索的原则，并在此原则上按照分类标准对数据进行分类、选择合适的软件等，不仅需有较强的专业性，还要有足够的耐心。

（2）划分展区展位　划分展区展位需要在招展工作进行之前就划分好，展览会一般要按照展品类型划分展区，再根据不同展馆每个展区的场地特征划分展位。合理划分展区展位对展览会的招展和更好地吸引目标观众到会参观、提高参展商的展出效果等方面有着十分重要的作用。

常见的展区划分方法有按照专业题材划分展区、按照地区划分展区、按照展品相关联的类别划分展区，在划分时还要考虑到合理分配展位，对展览会的办展方来讲，展会的大多数收入都是通过出租展位来实现的,所以展区展位是办展方获得经济利润的主要来源,见图1-2所示。

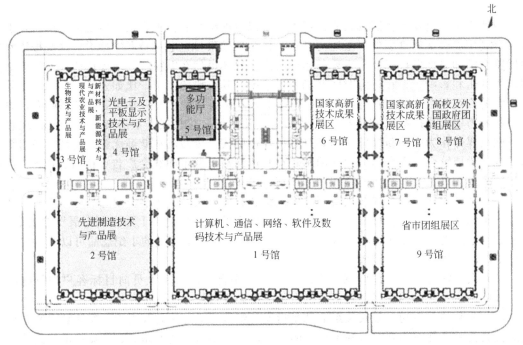

图1-2　高交会展区

按照展会的主题、产品和服务的内容、行业、地区等因素,对展位进行全盘规划,按照展位类型,分为标准展位和特装展位。

① 标准展位。标准展位国际上通用展位面积为3米×3米,即9平方米,称为标准展

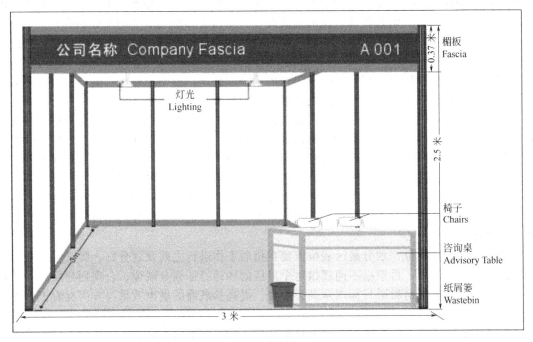

图1-3　标准展位

台。展会办展方负责标准展位的搭建，并提供展示所需要的基本设施，包含三面展墙、中英文参展单位名称的楣板、两个能固定在展架上方的射灯、地毯、一张展桌、两把椅子、1个纸篓、220V 5A 三相电源插座，如图1-3所示。

② 特装展位。特装展位是展会办展方为参展公司提供光地，面积超过4个或4个以上标准展位，但不提供任何配置，由参展公司委托有资质的展位搭建商根据公司企业文化、产品特点、市场定位等因素进行的复杂独特装修。

知识链接

展台设计技巧

在展览会中，展台可以说是一个企业的名片，展台的大小、设计、外观必须尽善尽美，符合竞争标准，才能使企业在展览会中首先立于不败之地。未来的展览会评价一个展台是否成功的标准不是看它的展台是不是很华丽、很奢侈，而是看它的沟通能力，它所表达的概念，展台所确定的功能性和展品本身的内涵。

一、结构设计严谨，使展位能反复使用

展览装修设计方案的优劣，一般以"功能完善、形象突出、造型独特"作为评判标准，但"结构设计巧妙，展位能反复和更新使用"也是展装设计的重要方面。

二、装修材料能省则省

展览装修不像公共装修和家庭装修一样要求耐久性，也不太考虑因时间和季节变化所造成的施工质量问题。展装的目标是在保证安全的前提下突出"效果"。在关键部位，如人流通道、人接触的部位及高耸展台等，要加厚材料来加固，而在次要部位用合资、国产材料，这也可以说是"量材录用"。

三、事先考虑周全，避免施工中出偏差

如果缺乏布展经验，那么就很可能在布展时间内为小的失误疲于奔命，为大的错误改变施工方案。有的参展商在布展期间要求增加项目，这样就要加班。

四、浓缩企业文化

企业文化包含企业外部形象和企业内部理念。展览装修的目的，就是在有限的空间内通过造型、光电等手段，最大限度地表现企业文化。

优秀的展台设计，不仅仅是外观豪华夺目，还必须具有和受众沟通的能力。力求在展台内给予灵活的人与产品、人与人之间的沟通空间，达到一个展台功能性和展品本身展示性的平衡。

（3）制订招展价格　招展价格就是展会展位的出售价格。制订招展价格要考虑诸多要素，比如展览题材所在行业状况、市场竞争需要、价格目标等。展位定价技巧分为差别定价和折扣定价，差别定价一般遵循不同位置不同价格；不同展位类型不同价格、不同客户不同价格、不同时间不同价格；折扣定价遵循团体认购展位面积折扣、单次认购展位面积折扣、累计认购展位面积折扣。

在实际操作中，给予参展商一定的价格折扣，是常见的一种促销策略，但不管采取何种策略，招展执行价格应该保持统一，避免混乱。

（4）编制招展函　目标参展商数据库建成，展区展位进行了合理划分，并对展位制订了价格，招展工作就进入了实际操作阶段。招展函是展会组织者用来招揽目标参展商的小册子，是招展工作的主要宣传资料，主要作用不仅是向目标参展商介绍展会的有关概况，解答潜在参展商的疑惑，更重要的是激发目标参展商的参展热情并做出参展决策的重要信息来源。招展函是招展工作有效进行的前提,招展函的编制在展会展位营销工作中具有重要的意义。招展函的主要内容包括以下几个方面的内容。

① 展会的基本内容。主要包括展会的名称和标志、展会的举办时间和地点、展会的办展机构名单、办展起因和办展目标、展会特色、展品范围、展位价格。

② 市场状况介绍。主要包括展览会题材所在行业的简要行业状况和展会举办地区的市场状况。

③ 展会招商和宣传推广计划。主要包括展会的招商计划、展会的宣传推广计划、展会中举办相关活动计划。

④ 展会的服务项目。招展函中明确列出展会组织者为参展商提供的各种有偿服务和免费服务。

⑤ 参展办法。主要包括参展商决定参展如何办理参展手续、付款方式、参展申请表和办展机构的联系方式等。

⑥ 各种标识图片和图表。主要包括展馆平面图、展馆周边地区交通图、参展申请表等。

在完成以上四项招展基本工作后,就要通过展位营销人员或招展代理进行展位营销,常见的有电话销售、登门拜访、邮寄资料、网上销售。

3. 招商工作

展会招商就是邀请观众来展会现场参观、洽谈,专业观众的数量与质量是展览会成功举办的重要指标,展会的招商计划也直接影响到参展商的参展计划,只有有价值的观众,参展商才能实现企业的参展目的,因此招商工作也是整个展会筹备过程中主要组成部分,对展会的成功举办起着重要作用。

展会参观观众按照专业性划分分为普通观众和专业观众,按照有效性划分,又分为无效观众和有效观众。一般来说,展会招商所邀请的主要是专业观众和有效观众,这是具有一定质量的观众,是参展商在展会期间最希望见到的目标观众,以实现参展商的参展目的。招商工作的主要内容如下。

(1) 建立目标观众数据库　目标观众数据库是将已经掌握的目标观众的有关信息按照一定的规律整理而建立的数据库,也是进行展会招商和制订展会宣传推广方案的重要基础,与收集目标参展商的信息有些相似,可以通过政府主管部门、行业协会商会、行业企业名录、专业报刊、同类展会、各种专业网站等。

(2) 制作展会观众邀请函　观众邀请函的主要内容包括展会基本内容,即名称、时间、地点、办展机构、展会简介等;展会招展情况,即主要展品和知名的参展企业;展会中举办的各种活动的时间和地点;最后附上参观回执表,方便观众进行预登记。

4. 展览现场服务与管理

展览的现场服务与管理具有系统性、复杂性、专业性的特点。展览会作为参展商和观众的交易、贸易与交流平台,在展出过程中,需要办展方精心的组织,周到的服务,使参展商和观众最大限度地达到参展、观展目的,获得最大效益。参展商与观众满意度是衡量办展质量的重要标准。办展方应把会展服务工作放到与招展同等重要的位置上,放弃急功近利的思想,把参展商利益放在第一位。参展商的利益得到了保证,参展商和展会之间形成了良性循环,展会的连续性、定期性就会有保障。

会展现场服务要根据参展商和观众的要求扩大和调整范围,满足展出企业和观众的需要。常见的会展服务有食宿服务、物流服务、展台搭建服务、参展培训、安全管理、布撤展管理、门禁与票务管理等。凡是收费的服务应尽量详细地在参展指南中列出,以利于参展商选用,避免不必要争议。

三、展后阶段

展览会结束后,展览的服务工作并未就此结束。展后的跟踪服务、总结与评估是整个展会举办的必不可少的环节。

1. 跟踪服务

展后跟踪服务主要对象是参展商和专业观众,通过展后的跟踪服务,能加深目标客户的印象,提高客户的满意度,树立展览会品牌形象,并有可能直接为下一届展览会作预告宣传。展后跟踪服务可采取的方式如下。

(1) 致谢 对所有的参展企业、专业观众、给予支持的媒体、展会相关支持和合作单位表示感谢。同时,可向客户发意见征询表,了解客户意见以待改进。

(2) 媒体报道 可以通过新闻发布会等方式将展览会的统计数据与相关正面情况向媒体公布,引发媒体对展览会进行回顾性的报道,从而进一步扩大展览会的影响,同时发布下一届展览信息。

(3) 后续信息服务 在实地展出结束后,应及时通过网上、邮寄或其他方式传送行业内相关信息,稳定老客户。

2. 总结评估

展后总结评估是展览组织管理工作的必要环节,目的在于通过科学有效的数据分析,总结本次办展的经验和教训,并为下次办展提供经验和科学依据。评估办展效果的重要统计指标包括专业观众人数、参展商的数量及代表性、达成的意向成交额、参展商及观众满意度、展览面积投入产出比等。为有利于我国办展水平的提高,办展方应充分重视展会的评估工作。办展方可成立或委托专门的评估机构,收集展览会各种资料,运用科学规范的方法开展统计和评估工作。

项目思考与讨论

一、复习与思考

1. 展览会的四大要素和它们之间的关系是什么?
2. 展览会对举办城市起到什么作用?
3. 按照展览的功能划分展览会分为哪3类?
4. 展览会的主办机构主要有哪些类型?办展机构的责任是什么?
5. 参展商参加展览会的目的有哪些?
6. 专业观众对展会的举办有何意义?
7. 展览会宣传推广的途径有哪些?
8. 标准展位有哪些配置?
9. 建立参展商数据库需要收集哪些详细的信息?
10. 建立参展商数据库时收集信息的途径有哪些?

二、案例讨论

首届中国(国际)会议经济发展高峰会

2006年8月18~19日首届中国(国际)会议经济发展高峰会在上海国际会议中心举办,该会议的主办单位是亚洲会展节事财富论坛、21世纪商业评论和国际商报;支持单位是博鳌亚洲论坛、亚洲资本论坛、中国经济高峰会论坛、中国住交会、杰出华商大会、国际会议协会亚太地区、亚洲会议和观光局协会等;承办单位是上海凯逸富文化传媒有限公司。

本次会议的所有权利和责任的所有者及运作者均属承办单位，部分主办单位和支持单位则多数为礼貌上的合作伙伴，没有真正的责权利关系。承办单位为得到一些主办和支持单位还需投入大量的精力和物力。但目前国内的会议、展览等活动几乎无一例外地列出众多主办单位、支持单位、协办单位等合作伙伴。

讨论： 1. 根据以上情况，你如何理解办展/会资源？

2. 请说明办展/会企业需求支持单位的好处所在？

三、实训题

1. 考核设计

分组考察本地某一展会，结合所学知识分析展会中展位类型并总结展区是如何划分？制作出PPT进行展示。

2. 考核标准

考核项目	操作要求	配分	得分
资料收集	资料收集全面，真实	10	
展位类型	道边型展位	10	
	墙角型展位	10	
	岛型展位	10	
	半岛型展位	10	
展区划分	展区划分的原则	10	
PPT	内容全面、分析完整	10	
	语言表达清晰流畅	10	
团队精神（成员互评）	通力合作、分工合理、团结互助	10	
	发言积极，乐于与同学分享成果	10	

项目四　奖励旅游

项目目标

1. 了解奖励旅游的概念、特点和类型。
2. 理解奖励旅游的经营机构。
3. 明确奖励旅游的操作流程。
4. 掌握奖励旅游的发展现状和发展趋势。

项目关键词

奖励旅游概念　奖励旅游特点和类型　奖励旅游的实质与方式　奖励旅游的经营机构
奖励旅游的操作流程

项目导入

另一种激励：奖励旅游

美国麦格劳—希尔国际企业公司北京代表处的王女士曾跟随在一家全球领先的存储技术公司任职的丈夫参加了三次奖励旅游。但最令人难忘的一次是去位于大西洋加纳利群岛的小岛的旅行。先生供职的企业负责所有的吃、住、行，来回都是公务舱。

"五天的假日里，每天都安排得丰富多彩，潜水、深海钓鱼、坐直升机去另一个小岛打高尔夫……即使偶尔开开会，也是培训做游戏，让金牌销售们进一步拓宽思路、磨练技能。他们还请来了英国前首相梅杰先生，大谈国际形势；英国维珍公司的创始人理查·布兰森，讲述他乘热气球环游列国的故事。""最有趣的是全球总裁、副总裁卸下老板的架子，与民同乐。有一次晚会在露天游泳池边进行，形状各异的游泳池与人工小溪、小河巧妙地穿过举办地。晚会开始了，电影《007》的主题音乐骤然响起，年轻、潇洒的总裁一副詹姆斯·邦德的打扮开着水上摩托飞驰而来，手里举着火把，烟花四射。伴随着《007》音乐的高潮部分，'邦德'先生开足马力，越过小桥……"

说到这里，许多人会觉得奖励旅游并不陌生。在20世纪七八十年代，我国略有实力的企业或者机关，都会在风景秀丽、山清水秀的地方寻觅一块好地方，然后盖起楼房，成为自己员工的疗养院。与奖励旅游不同，疗养制度是人人有份，不然也不会叫大锅饭了。此外，疗养也没有奖励旅游那种把企业文化与团队建设融于其中的日程安排。

王女士打了一个有趣的比方："奖励旅游让你的荣誉曝光。如果是发奖金，可能直接打到你卡上就完了，你也就不声不响地把钱给花了。对于个人来说，这种奖励形式所带来的荣誉感并不强烈；对于企业来说，这种奖励也无法发挥表率的作用。"

目前，许多国企还是有这种想法，但是一些跨国大企业，或者与国外交流较多的企业，已经能接受奖励旅游这种形式。毕竟两种是完全不同的奖励形式，现金是一种纯粹物质的奖励，而奖励旅游，是亲身体验难以忘怀的长效激励。

（根据杜然"另一种激励，奖励旅游"，《经济观察报》资料整理）

【点评】：奖励旅游因为融合了团队建设和企业文化等方面的内容，所以能给员工带来更多精神层面的东西，比如荣誉感、归宿感。在现代企业管理领域，这种激励方式正受到越来越多的关注。

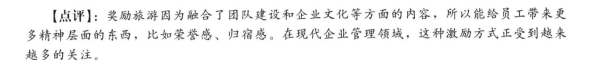

课题一　奖励旅游概述

一、奖励旅游的含义、特点和类型

1. 奖励旅游的含义

奖励旅游是一种现代管理工具，是企业为那些做出突出贡献、完成企业所定目标的员工（以及经销商、代理商等）而提供资金的休闲旅游活动。目的在于激励员工努力工作，增强员工对企业的向心力，塑造企业文化；同时，公司邀请经销商、代理商等客户组团旅游，以开发市场为最终目的。我们可以通过以下几个方面理解奖励旅游的含义。

（1）管理手段　奖励旅游是现代企业的管理法宝，是达到企业管理目标，扩大企业影响力，增强企业实力的重要手段。通过奖励旅游，可以增强企业员工的荣誉感、归属感和向心力，提高员工工作效率，加强团队建设，宣传企业文化、理念，提高企业知名度和美誉度，树立企业形象，最终实现提高企业业绩的目标。奖励旅游还可以增进企业与经销商、客户的关系，加强沟通，增加彼此了解和信任，有助于维护企业已有的销售网络和扩大销售渠道，进而提高企业的市场份额。

（2）精神奖励和长效激励　奖励旅游是企业激励方式转化的一种表现。和物质及现金奖励比较起来，奖励旅游这种表示感谢、激励士气的有效工具迎合了个人得到承认和尊重的要求。通过奖励旅游，地点和环境的变化可以缓解员工日常的工作压力，减少员工的工作厌倦感；可以使受奖者有一种新的荣誉感，增强对企业的认同感。此外，团体旅游活动也为员工们创造了一个特别的交流机会，使员工间的感情更为融洽，满足其社会交往的需要。与传统的奖励方式相比，奖励旅游是一种长效激励。这种亲身体验的难忘的旅游奖励对参加者来说是长久激励，并希望期待再次参加奖励旅游活动，这种期待会成为持久激励他们努力工作的无形动力，从而延长了奖励旅游的激励作用。

（3）绩效标准　奖励旅游是基于企业目标实现而对为实现这一目标作出贡献的工作业绩表现优异的人员进行的奖励。因此在奖励旅游参加者达到企业预先设定的绩效标准的前提下，企业通过奖励旅游服务商将奖励旅游计划付诸实施，其费用来自于员工创造的超额利润。

（4）公费活动　奖励旅游属于公费旅游活动的一种。对奖励旅游参加者而言，奖励旅游是一项带薪的、免费的活动，整个活动的费用由企业全额支付。企业为了达到奖励优秀员工和宣传企业形象的目的，不惜花费巨资以使参加者满意。可以说，奖励旅游是企业给予优秀员工和对企业做出重大贡献的供应商、经销商、顾客等利益相关人员的一项福利。

（5）特殊旅游　奖励旅游不同于一般旅游，是通过旅游的形式来实现企业管理的目标。奖励旅游活动需根据企业需求量身定做，既包括观光、娱乐、休闲等消遣性活动，也包含了企业会议、培训、颁奖典礼、主题晚会或舞会及个性化奖品赠送等内容，使其成为一种综合性的会展活动，充分体现了旅游与会展的交融性。

2. 奖励旅游的特点

（1）高端性　奖励旅游属于典型的高端市场，表现为规模大、档次高、回头客人多、综合效益高。企业为了更好地激励员工，开展奖励旅游常常是"不惜血本"，据国际奖励旅游协会的研究报告显示，一个奖励旅游团的平均规模（人数）是110人，而每一个客人的平均消费（仅指地面消费，不包括国际旅行费用）是 3000 美元。一个考察活动结束后客户在未来 12 个月的时间里回头咨询反馈的比率是 80%，其中有效比率（即实际成团的比率）为 15%～20%。奖励旅游让参加者处处享受 VIP 待遇，在食、住、行等方面，体现了高档次的特点。奖励旅游通常需要提供服务的专业公司来为企业"量身定做"，以使奖励旅游活动中的计划与内容，尽可能地与企业的经营理念和管理目标相融合，活动还要体现新颖、丰富和完美。这对奖励旅游产品本身和设计这些旅游产品的专业公司，都提出了较高的要求。

（2）独特性　奖励旅游不同于一般旅游。

首先，在内容安排上极具丰富性。既有常规消遣旅游活动项目又有奖励旅游传统系列活动，还有根据奖励旅游目的而专门设计的特色活动项目。

其次，奖励旅游在各个环节上都体现了独特性。特殊的时间安排、特殊的接待要求、特殊的交通工具、特色的旅游线路等都逐步展示奖励旅游的个性化魅力。在行程安排上，以舒适为准，活动以享受为主，充分体现对奖励旅游者的人文关怀并满足奖励旅游者的特殊需求。

再次，旅游业本身对季节的要求很高，有明显的淡旺季之分。而奖励旅游一般不受季节的影响和限制。若旅行社在旅游淡季接待奖励旅游团队，可以节约大量的费用和开支，获得经济效益；同时，奖励旅游在淡季出游，也可以调节旅游景区（点）的客源市场，弥补景区（点）因淡季客源少而带来的经济方面的影响。

最后，奖励旅游不同于其他的公费旅游形式。在费用来源上虽然都由单位支出，但是，奖励旅游与其他公费旅游形式在各个方面有很大差别。奖励旅游在目的上更为复杂，包括激励员工、维持客户、开拓市场等。此外，奖励旅游的参加者是根据员工和相关利益人员对企业所作贡献来确定的，虽有资格限制，但却没有明确的人数限制，更没有级别的要求，对企业的每一个员工都有积极的正面激励效果。

（3）创造性　奖励旅游是一种创造性的旅游活动，要通过巧妙的策划和各项活动的精心安排，使参与者留下特有的、难忘的经历。奖励旅游并非简单的提高接待标准的豪华旅游，而是融入了企业管理目标的具有创意的旅游形式。通过一系列主题活动的精心策划，把各个旅游要素有机地组合在一起，从而满足参与者的需求和实现企业的奖励目的。

（4）文化性　奖励旅游要将企业文化与理念尽可能地融合到奖励旅游活动的计划和内容中，并随着奖励旅游的开展逐渐体现出来。比如对较大规模的奖励旅游，会有包机、包车、包场等方式，在车身、景点、下榻饭店和宴会大厅都会打出醒目的企业标识，这是显示企业文化和宣传企业形象的绝佳机会。总之，奖励旅游活动的安排是与公司的企业文化相适应的，充满着富有浓厚人情味和文化气息的活动项目，具有鲜明的企业文化特征。

3. 奖励旅游的类型

（1）慰劳型　作为一种纯粹的奖励形式，目的是慰劳和感谢对公司业绩有功的人员，旅游活动安排以高档次的休闲、娱乐等消遣性活动项目为主。

（2）团队建设型　目的主要是为了促进企业员工之间，企业与供应商、经销商、客户等之间的交流，增强团队建设和协作能力，增强员工的归属感，提高所涉及人员的忠诚度和对企业的认可度，旅游过程中注重安排参与性强的集体活动项目。

（3）商务型　目的是与企业的管理目标紧密联系，这类奖励旅游活动几乎是与企业业务融为一体，公司会议、业务考察等项目在旅游过程占据主导地位。

（4）培训型　目的是为了对员工、经销商、客户等进行培训，提高某方面的能力或补充知识，最常见的为销售培训。

二、奖励旅游的实质与方式

从奖励旅游词组构成的角度来讲，奖励体现为目的，是企业现代化的管理手段，为企业所关心；旅游则体现为活动形式，奖励旅游则是一项旅游活动，属旅游一细分市场，为旅游界所关注。奖励旅游的诞生，是现代管理革命的一个结果，奖励旅游的核心是把旅游作为一种奖励手段。因此，奖励旅游实质上是现代企业管理的重要手段之一，是一种真正能体现现代管理精神的激励方式，是一种有效的现代企业宣传方式；同时，奖励旅游也是一特殊旅游活动项目。

99%的奖励旅游是以团队形式出行的，而且团队规模较大。据调查，在国际上最受欢迎的前5位奖励旅游方式为国内团体旅游、国内散客旅游、特色活动、国际豪华游船、旅游券。

表1-1　奖励旅游的方式及受欢迎程度

排名	奖励旅游类别	受欢迎程度	排名	奖励旅游类别	受欢迎程度
1	国内团体旅游	39%	5	旅游券	21%
2	国内散客旅游	36%	6	海外团体旅游	21%
3	特色活动	36%	7	海外散客旅游	15%
4	国际豪华游船	24%			

表1-1为奖励旅游的方式及受欢迎程度。其中，最受欢迎的是国内团体旅游，有的还邀请受奖者家属共同参与，分享荣誉。目前在国际上，双薪家庭非常普遍，获奖者参加的团队旅行时，其配偶或家人常会因为时间的冲突、工作的缘故乃至家务事情而无法参加，在这种情况下，奖励旅游中的个体奖励旅游正在逐步增多。使用个体奖励旅游方案，可使获奖的员工自己决定何时出行，也可让企业根据工作情况分别安排员工旅游，避免造成因受奖员工同时出游而影响工作的局面。

三、奖励旅游的产生和发展

作为公司奖励员工的重要方式，奖励旅游起源于20世纪的美国。1906年，美国"全国现金注册公司"为其员工提供了一次参观其总部的奖励旅游活动。后来不少公司发现，承诺由公司支付费用到有异国情调的目的地去旅行，能成为非常有用的激励手段。这种想法最初是基于这种奖励旅游应该是一种生利还本的促销，即这种活动应该给公司产生足够的利润来支付奖励旅游的费用，并达到促销的目的。随着航空业的发展，乘机旅游比较方便，费用也不高，企业也能承担，因而越来越多的公司便给那些已经完成公司规定的员工提供免费旅游，并将此作为一种奖励。美国的奖励旅游随之兴盛起来，奖励旅游在当代市场经济中起了非常重要的作用。每年，因为千百万人超额完成了他们的销售指标和工作目标而受到激励，而激励的形式之一便是奖励旅游。

美国公司成功地将奖励旅游作为激励员工的有效手段，这种理念输出到欧洲之后，英国、德国、意大利和法国很快就成为欧洲推行奖励旅游最主要的国家。随着经济的复苏，欧洲奖励旅游市场每年以3%～4%的速度增长，基本上与世界旅游市场同步发展。但目前，欧洲奖励旅游市场还严重依赖美国的出境奖励旅游，美国出境奖励旅游市场几乎占到西欧的奖励旅游者中的一半。从市场角度讲，美国的奖励旅游几乎已经成熟，西欧则仍在发展阶段。

在亚洲，奖励旅游远没有美国、欧洲发展得那样早、那样快。近些年，随着亚洲经济的崛起和旅游业的发展，亚洲的奖励旅游业务也出现了一些变化，一些奖励旅游策划者选择亚洲为目的地，亚洲的奖励旅游商和奖励旅游团也越来越多。美国、加拿大、澳大利亚和欧洲部分地区经济的复苏，也推动了亚洲奖励旅游的发展。越来越多的总部设在亚洲的公司，特别是亚洲的日本、韩国、新加坡等国家和我国香港、台湾地区的大企业自己组织的洲内奖励旅游，更推动了亚洲和全世界奖励旅游的发展。

在我国，20 世纪 50 年代，工会组织安排那些超额完成任务或有重大发明创造的劳动模范到风景名胜地疗养院休假疗养，也应属于奖励旅游。但获此殊荣者仅是凤毛麟角，不可能蕴含现代奖励旅游那样丰富的意义。80 年代，我国改革开放的浪潮推动了经济体制的改革，也大大促进了奖励旅游的发展。随着越来越多的外商投资企业和国有企业，将奖励旅游作为调动员工、经销商和客户的一种激励手段，奖励旅游的目的地也从国内发展到亚洲其他国家，甚至欧洲和大洋洲地区。从总体来看，我国奖励旅游市场的发展程度还远远不够，奖励旅游市场的潜力很大，有待进一步开拓。

课题二　奖励旅游的经营机构和市场构成与需求

【课题概述】

奖励旅游的迅速发展导致了相应经营机构的建立，奖励旅游的高端性注定对经营机构的高要求，奖励旅游经营机构必须是专业的奖励旅游公司；奖励旅游是会展业的一个细分市场，分析这一市场的构成和需求，能使我们策划出更有针对性的、受市场欢迎的奖励旅游产品。

【课题内容】

一、奖励旅游的经营机构

奖励旅游的迅速发展导致了相应经营机构的建立，并非每个旅游企业都有能力经营奖励旅游市场，奖励旅游经营机构必须是专业的奖励旅游公司，在旅游方面的业务职能，主要不是安排旅游的行、住、食、游、娱、购等诸要素的所有细节，而是将这些要素有机整合起来，打包售给奖励旅游的购买者。作为奖励旅游的组织机构，他们同航空公司、酒店、汽车出租公司等这样的供应商谈判，取得每次旅游活动的总成本，通常再加上 15%～20% 的价格（包括费用和利润），最后给奖励旅游购买者一个综合报价。所以，奖励旅游的费用取决于奖励旅游机构同饭店、航空公司这样的供应商谈判所获得的价格。

在国际上，从事这类奖励旅游业务的机构有以下 4 类。

1. 提供全方位服务的奖励旅游公司

这类专业公司在奖励旅游活动的各个阶段向客户提供全方位的服务和帮助，从项目策划到具体实施，从公司内部的宣传到开展公司内部沟通、鼓舞士气的销售动员会等，工作耗时长。这类全方位服务公司的工作报酬是按专业服务费支出再加上交通、旅馆等旅游服务销售的佣金来收取的。

2. 单纯安排旅游的奖励旅游公司，或称为完成型奖励旅游公司

这类公司规模通常要小些，业务专门集中于整个奖励旅游活动的旅游部分，而不提供奖励活动中需要付费的策划帮助。它们的收益就来自于旅游佣金。

3. 设有奖励旅游部的旅行社

大多数旅行社设有奖励旅游部，主要负责旅游计划的实施，甚至还可以依据客户需求，提供策划奖励旅游的专业服务，优势在于能直接利用旅行社积累的旅游资源。

4. 航空公司会奖部

由于越来越多的公司将旅游作为一种激励工具，因而许多航空公司把奖励旅游作为一项重要业务来抓，并设立专门的奖励旅游部门。尤其是在今天的亚洲，很难发现哪家航空公司没有设立会奖部。这些航空公司都有奖励旅游策划人员，他们对奖励旅游行程起到非常关键的作用。有时航空公司还能做一些旅行代理人或旅行批发商不能提供的工作，如进行促销宣传、申办会议、为组织者提供折扣或免费的机票等。

二、奖励旅游市场的构成与需求

奖励旅游市场构成情况因地而异，不会千篇一律。奖励旅游经营商应该对本国、本地区的客源市场做好调查研究和分析，通过奖励旅游策划者和组织者把奖励旅游产品销售给最终使用者。

根据美国奖励旅游管理人员协会统计，奖励旅游最终使用者经常是汽车经销商、电器分销商、保险公司推销员及其他的客户群体和公司雇员。表 1-2 是在美国奖励旅游前 10 位的使用客户群，可供我们了解和分析国内外奖励旅游市场的构成。

表 1-2 美国奖励旅游前 10 位使用者

1	保险业	6	农场设备业
2	汽车零配件业	7	办公设备业
3	电器、收音机、电视机业	8	器具器材业
4	汽车和卡车业	9	建筑业
5	取暖器和空调机业	10	化妆用品业

（资料来源：美国奖励旅游管理人员协会）

奖励旅游经营商在调查研究本国、本地区的客源市场构成同时，还必须了解奖励旅游客户的需求，依据客户需求才能策划和组织好受市场欢迎的奖励旅游。那么，奖励旅游客户的需求是什么呢？

公司把旅游作为一种奖励的手段提供给达到一定条件的公司杰出贡献者。作为奖励手段，公司追求最佳效果是能达到其实施奖励旅游的目的；参与者因对公司的杰出贡献，他们需要得到贵宾（VIP）的礼遇，备受重视的感觉。奖励旅游者需要的是难忘的经历、温馨的服务和诸多的惊喜，最好是一路有惊喜，天天有高潮，如特别构思的欢迎晚会，巧妙策划的主题宴会，认真安排的研讨会以及精心组织的惜别晚宴等。奖励旅游者要求有更多的参与度、理想的度假环境和气氛、美丽宜人的自然景点、令人兴奋的活动，甚至最好有些与公司和行业相关联的活动，这都能给奖励旅游者留下难忘的印象和美好的回忆。

课题三　奖励旅游的操作流程

一、前期策划

1. 奖励旅游市场构成和需求的分析

奖励旅游市场的构成和需求情况因地而异，因此奖励旅游经营商应该仔细地对不同地区的客源市场进行调研分析，了解客户的真正需求，以便有效地开展市场营销工作。

2. 确定实现奖励旅游的工作目标

在承接客户的奖励旅游项目后，奖励旅游经营商就要进行策划和准备工作。首先是帮助客户制订实现奖励旅游的工作目标，这个目标是今后奖励旅游对象为之努力奋斗的基础，目标的制订要切合实际，既富有挑战性又具有可行性，能让奖励的对象达到或超过。

设定目标不要搞成"体育竞赛"或"劳动竞赛"，只有成绩优胜的最前几位有幸入选，受益面窄，达不到广泛激励的作用。应实行定额制度，凡完成规定的人员都有资格获得奖励旅游。在企业中常见的是制订生产或销售定额，它的激励面和受益面更宽更广。

目标的制订还要有明确达到的时间限制，时间期限不是指旅游的开始到结束，而是从奖励旅游计划宣布时就开始了，这一期限不宜过长，否则就让人们容易失去兴趣、遗忘或者变得心烦意乱，降低奖励旅游的效用。策划安排时，绝大多数奖励旅游活动在3～6个月，几乎没有长达1年以上的。

3. 进行内部沟通和宣传

专业性的内部沟通与宣传对奖励旅游活动的成功实施十分重要。"未见其人，先闻其声"，活动虽还未开始，但宣传的声势必须及早营造。如果客户的奖励旅游对象中无人意识到这个是奖励旅游活动，或者无人为之兴奋激动，那么，提供这样的奖励旅游活动就毫无价值。因此，应该选择恰当的时机以隆重的形式（如召开动员大会）宣布奖励旅游计划，并鼓励全体成员积极投入到争取奖励旅游资格的活动中，策划者要与奖励旅游对象保持经常性的沟通，随时把奖励旅游计划的最新进展告诉他们，并与他们进行充分的商讨、交流，从而赢得他们的热情支持与配合，使奖励旅游对象始终保持兴奋激动的心情，期待着奖励旅游的实现。

4. 正确选择旅游时间

奖励旅游的时间选择需要考虑多方因素，即不应使公司的正常经营活动感到过分紧张，同时，要善于利用淡季价格，又要兼顾参与者想旅游的时间。这些因素有时会有冲突，所以必须有灵活性并能做出妥协。

5. 精心选择旅游目的地

奖励旅游对目的地的选择总体要求很高，与国际会议和展览一样，奖励旅游也需要目的地具有方便快捷的交通条件，一定接待能力的酒店，上乘的服务水准和优美的自然环境，但奖励旅游更看中的是目的地必须拥有特色鲜明的旅游资源或旅游吸引物。奖励旅游活动所选择的目的地必须令人兴奋，要有广泛的吸引力和某种自我促销性，也就是说，通常不需要什么促销，就能受到大众的欢迎。不同的奖励旅游市场在选择目的地时考虑的因素也有所差别。一般来说，预算和成本、异国情调、著名的国际旅游名城和首都城市、交通便利性、气候、娱乐设施、文化景观等是影响选择奖励旅游目的地的主要因素。

另外，需要注意的是，目的地的选择还必须考虑到奖励旅游参加者的意见。奖励旅游策划者应该尊重参加者的意见，不能单凭自身好恶决定旅游目的地的选择。奖励旅游参加者的意见才是选择旅游目的地时最重要的考虑因素。一个大型企业的员工和客户有着不同年龄、身体状况、宗教信仰，有着不同的个人兴趣爱好和不同的旅游选择，所以在选址前有必要在他们中间进行调研，并让他们在奖励旅游的策划、组织和实施中拥有很大的决定权。

总之，奖励旅游策划者应该仔细地分析潜在客户的需求，精心选择能吸引更多人参加的、与众不同的目的地。此外，奖励旅游目的地还要不时的更换，以保持奖励旅游对象的兴趣，在确定奖励旅游目的地后，要进行一次实地考察，确认是否完全符合奖励旅游活动的要求。

6. 设计精彩的活动内容

奖励旅游和一般旅游最大的区别在于它是针对企业"量身定做"的，针对受奖者提供"无限惊喜"，所以需要设计精彩的活动内容。策划者通过各种主题活动的巧妙策划和各项活动的精心安排，给奖励旅游参与者留下惊喜和难忘的经历，同时有目的的将企业文化有机的融入旅游活动中，让参与者感受到奖励旅游活动是企业的一种以人为本、荣誉至上的集体活动。

7. 会、奖结合

在策划奖励旅游的日程中，需要根据企业组织该活动的意图与宗旨，安排一些诸如颁奖仪式、主题晚宴、先进事迹报告、企业发展战略研讨、工作计划讨论等会议活动，做到会、奖结合。负责承办旅游活动的专业机构需要对整个日程安排与活动布置作出精心策划和设计，在衬托企业文化同时营造出满足员工成就感和荣誉感的氛围，既要达到企业（单位）举办活动的目的，又能激发员工的积极性。

8. 制订具体方案和日程安排

明确各项活动后应设计周密的活动日程表，对整个活动做出预算，各项计划要预留充足的准备时间，团队越大，准备时间越长。通过与客户的沟通，完成奖励旅游方案的预算审核和可行性论证，最终达成共识。

二、计划执行

奖励旅游计划执行阶段的成功关键取决于周密、细致的旅游接待服务工作，搞好各方面协调。比如，组织好欢迎仪式，安排好用车、就餐、参观游览节目，做好海关、机场等相关部门的配合等。奖励旅游经营商在整个旅游活动期间，派专人负责随团，指导当地接待企业做好服务。

三、后续工作

在奖励旅游活动结束后，奖励旅游经营商应做好后续服务工作，如企业物品回收、礼品的运送、对此次活动进行评估等，并及时收集客户和参与者的反馈信息，改进产品和提高服务质量，争取下次合作机会。

四、奖励旅游应注意的问题

在奖励旅游策划过程中，为了能达到预期的目标，整个策划必须在细节上精益求精，特别需要注意以下几个问题。

1. 预算充足

真正具有奖励性质的旅游是相当昂贵的，奖励旅游活动的前期宣传工作和所要策划组织的各种奖励旅游活动本身花费不菲，所以应该留有充足的预算。在策划前期可以和奖励旅游产品的购买者进行沟通，问清对方的预算，以此设计奖励旅游产品。

2. 责任到人

在奖励旅游策划实施过程中，奖励旅游经营商在指定专人负责的同时也需要奖励旅游产品购买者指派专人负责，共同完成奖励旅游活动的策划和实施。

3. 强调参与性

过去的旅游者常常满足于观赏，而今天的旅游者是体验性的。他们更希望亲身经历不同文化和不同生活而丰富人生的阅历。这就使奖励旅游产生了新的概念，即高度的参与性。也就是说，强调在奖励旅游中通过组织参与性较强的活动而给参与者留下美好的难忘的经历。

英国奖励旅游公司总经理约翰·劳逊先生曾指出："奖励旅游作为一种创造性旅游活动，它创造了与众不同的东西，给一生留下值得回味的经历。"所以策划者应该充分发挥想象力和创造性，结合受奖全体的实际，针对其年龄、职业、性别、爱好等，设计安排一些既能调动大家游兴，又给人留下深刻印象的参与性的活动项目，如拓展活动训练、旅游探险、绿色生态游等。

项目思考与讨论

一、复习与思考

1. 什么是奖励旅游？
2. 奖励旅游的特点是什么？
3. 企业实行奖励旅游有什么作用？

4. 分析奖励旅游在目的地选择上与会议和展览有何不同？
5. 奖励旅游的实质是什么？

二、案例讨论

美国企业奖励旅游经典案例：30 名葡萄酒行家沉醉意大利

企业：美国 Harris Teeter 公司
时间：2007 年 4 月 13～23 日
奖励旅游内容：意大利北部和中部葡萄酒乡旅游
奖励人数：30 人
委托旅游公司：梦幻意大利旅游公司〔Dream Italy，一家意大利旅游公司（编者注）〕
一、简介
美国 Harris Teeter 公司（以下简称 HT 公司）是一家拥有 155 家大型零售商店、18000 名员工的、美国东部最大的高端食品连锁集团。公司每年的葡萄酒业务都超过了 16 亿美元。为褒奖葡萄酒部门最优秀的雇员，HT 公司在今年安排了一次特殊的奖励旅游——意大利葡萄酒之旅，同时也为葡萄酒部门寻找新的合作伙伴。

二、分析
HT 公司原本准备的奖励旅行是 500 人，但如此大规模的团队很难真正体验葡萄酒之旅的美妙，难以针对受奖励员工做到量身设计的特殊旅行，不能让每一位团员的体验终身难忘。酒庄体验、城堡入住和私人晚宴等活动的安排，都必须要求是小规模团体，才能让参与者感到尊贵感。

梦幻意大利旅游公司在接到客户意向后，进行估量商议，最后拒绝了大团队订单，劝说 HT 老板从原有 500 人的团队中精选出 30 名最优秀者参加这次深度的醉酒之旅。此次活动的整个行程，是旅游公司在对 HT 公司的了解下，根据 HT 公司性质和奖励旅游目的而设计的，真正做到了量身定制。

10 天的行程中，旅游公司为团员精心挑选了城堡酒庄，每个酒庄都以不同的葡萄酒、酿造工艺和建筑特色闻名。此外，还安排了两晚市中心的酒店间差其中，为的是让团员对城堡的住宿更加印象深刻。每餐的菜式与葡萄酒都是精心搭配。除了大型酒庄，还安排了小村庄里的特色餐厅，他们都有自家酿造的葡萄酒，别有风味。

为了给所有团员一次铭记一生的旅游体验，旅游公司安排了一场属于 HT 的私人城堡酒会，并用直升机将所有的团员运送至酒会举办地——Castello Banfi（班菲城堡）。

三、评价
HT 公司 HR 经理评价说："此次行程设计非常独特，每位团员都有着深切的体验，而且整个过程没有任何担忧和劳累，组织方已经为我们做好了所有详尽的安排。从行程结束的那天，我们就开始期待着下次旅行。"

梦幻意大利旅游公司的 CEO Giorgio 也说道："行程的每个细节我们都经过深思熟虑，力求带给客人最完美的尊贵感。当客人告诉我这是他们此生体验过的最难忘的旅行，尤其是古堡晚宴和直升机酒庄体验，我们觉得一切努力都是值得的。"

讨论：1. HT 公司实施奖励旅游的目的是什么？
2. HT 公司实施的奖励旅游产生了什么样的效果？

三、实训题

1. 考核设计

分组为某一企业策划一个奖励旅游方案，以 PPT 形式进行课堂展示。

2. 考核标准

考核项目	操作要求	配分	得分
奖励旅游工作目标	既有挑战性又具可行性	10	
时间策划 目的地选择	科学合理,易于出行	10	
	目的地选择所考虑的因素	10	
	是否具有吸引力	10	
活动内容设计	内容设计是否体现企业文化、活动精彩	10	
旅游线路安排	是否结合受奖者的特点而设计精彩线路	10	
分析汇报	表达清晰流畅	10	
	内容全面、分析完整	10	
团队精神 (成员互评)	通力合作、分工合理、团结互助	10	
	发言积极,乐于与同学分享成果	10	

项目五 节事活动

项目目标

1. 了解节事活动的类型和发展状况。
2. 理解节事活动的含义与特点。
3. 明确我国节事活动存在的问题与解决对策。
4. 掌握节事活动策划与管理的程序、步骤和要求。

项目关键词

节事　节事活动　节事活动的策划与管理

项目导入

法国波尔多"葡萄节"

法国波尔多以葡萄酒闻名于世。在举办"葡萄节"期间，各个葡萄园向世界各国游人免费开放。游客可以自由采摘和品尝新鲜的葡萄，并允许自愿帮助葡萄园主采收葡萄，还被允许用葡萄互相投掷嬉戏取乐或到盛满葡萄的木桶中蹦跳，踏碎木桶中的葡萄（这是酿造葡萄酒的一道工艺）。游客可以和葡萄园主一起酿造葡萄酒，更可以品尝到最鲜美的葡萄酒美味。法国波尔多的"葡萄节"为游客带来了无穷的乐趣，吸引了世界各国的大量游客，使他们流连忘返。

【点评】：通过自有的特色产品，组织喜闻乐见的活动吸引游客，是一个好的创意。人们在欢庆节日中得到乐趣，放松心情、品尝美味，怎能不流连忘返、乐在其中，经济实惠、休闲娱乐、轻松热闹，正是节事活动的魅力所在。

课题一　节事活动概述

【课题概述】

节事活动是起源于反映各个民族繁衍生息、成长发展过程的节日风俗。现代社会节事活动在旅游业的带动下，迅速发展起来并成为会展业的一个重要组成部分，是为了满足人们的特殊需求和节日庆典，以仪式或典礼的方式所进行的文化、经济活动。

节事活动按照不同的标准划分为不同的类型。

节事活动的前提是大众性，实质是一种文化性很强的经济活动。

【课题内容】

一、节事活动的含义和类型

1. 节事活动的含义

"节事"一词来自英文"Event"，具有事件、节庆、活动等多方面的含义。国外常常把节日和特殊事件合在一起，称为"FSE"，中文翻译为"节事"，所以，节事是节庆活动和特殊事件的统称。

节庆活动，是指节日的庆典活动。包括各种传统节日和创新的各种节日以及具有纪念意义的事件，注重公共庆典的欢乐气氛。

特殊事件，是为了满足人们的特殊需求的事件。包括各种交易会、博览会、文化体育活动等。

在国际旅游研究中，节事活动专指以各种节日和盛事的庆祝和举办为核心吸引力的一种特殊旅游方式。

节事活动是文化与经济的结合，实质上也是一种经济活动。现代社会，节事活动同经济活动密不可分，诸多节事活动无不打上经济活动的烙印。举办节事活动的目的与经济效益紧密结合，"文化搭台、经贸唱戏"是现代社会节事活动的主要体现。因此，节事活动的实质是一种文化性很强的经济活动。

综上所述，节事活动是指为了满足人们的特殊需求和节日庆典，以仪式或典礼的方式所进行的文化、经济活动。

2. 节事活动的类型

（1）按照节事活动的内容划分

① 文化庆典。包括节日、狂欢节、宗教事件、历史纪念活动等。

② 文娱事件。包括文艺演出、音乐会、文化展览、授奖仪式等。

③ 商贸会展。包括展览会、展销会、博览会、会议、广告促销等。

④ 体育赛事。包括职业比赛、业余竞赛。

⑤ 教育科学事件。包括研讨会、专题学术会议、学术讨论会等。

⑥ 休闲事件。包括趣味游戏和体育、娱乐事件、社团活动、市民活动等。

⑦ 政治事件。政府事件、就职典礼、群众集会等。

⑧ 私人事件。个人庆典、社交事件等。

（2）按照节事活动的规模和影响划分

① 重大节事活动。具有国际规模和重大影响的节事活动，如奥运会等。

② 特殊节事活动。具有特殊意义的节事活动，如国际汽车大奖赛、国庆节等。

③ 标志性节事活动。具有标志性意义的国内大规模节事活动，如全国运动会。

④ 社区节事活动。包括乡镇节事活动和社区节事活动、本地报刊等。

（3）按照节事活动的性质和主题划分

① 传统性节事活动。即以传统节日为主题，如春节、端午节、中秋节等。

② 文化性节事活动。即以文化为主题，如戛纳国际电影节、安阳殷商文化节。

③ 贸易性节事活动。即以当地产品和特产为主题，如中国青岛国际啤酒节等。

④ 自然景观性节事活动。即以自然景观为主题，如桂林山水旅游节等。

⑤ 宗教性节事活动。即以宗教活动为主题，如麦加朝圣、九华山庙会等。

⑥ 民俗性节事活动。即以民俗风情为主题，如傣族泼水节、潍坊风筝节等。

⑦ 商业性节事活动。即以举办商业贸易会为主题，如每年举办2次的广交会。

⑧ 体育性节事活动。即以体育赛事为主题，如世界杯足球赛、奥运会等。

⑨ 政治性节事活动。即以政治事件为主题，如APEC会议等。

⑩ 综合性节事活动。即综合几种主题在大城市举办，如辽宁生态旅游节等。

（4）按照节事活动的特征划分

① 自然景观型。以当地自然地理景观（独特气象、地质地貌、植被、极端地理风貌、典型地理标志地、地理位置）为依托，综合展示城市旅游资源、风土人情、社会风貌等的节

事活动，如哈尔滨国际冰雪节。

② 历史文化型。依托当地文脉和历史传承的景观、独特的地域文化、宗教活动等而开展的节事活动，如曲阜国际孔子文化节。

③ 民俗风情型。以各民族独特的民俗风情和生活方式为主题（民族艺术、风情习俗、康体运动等）的节事活动，如南宁国际民歌艺术节。

④ 物产餐饮型。以地方特产和特色商品及本地餐饮文化为主题，辅以其他相关的参观、表演等活动而开展的节事，如大连国际服装节。

⑤ 博览会展型。依托城市优越的经济地理条件，以博（展）览会、交易会为形式，辅以其他相关的参观、研讨和表演活动而开展的节事活动，如昆明世界园艺博览会。

⑥ 运动休闲型。以各种大型的体育赛事、竞技活动为形式的节事活动，如中国银川国际摩托旅游节。

⑦ 娱乐游戏型。以现代娱乐文化和休闲游戏活动为形式的节事活动，如上海环球嘉年华。

⑧ 综合型。多种主题的组合，一般会期较长、内容综合、规模较大、投入较多、效益较好，如北京国际旅游文化节。

二、节事活动的特点与作用

1. 节事活动的特点

（1）大众性　这是节事活动的前提。节事活动的魅力在于人多热闹、人气旺，人们聚集在一起亲临其境，现场感受节事活动的气氛。大众性是节事活动的效果和影响力的基础和保证。

（2）文化性　文化性是节事活动的生命。节事活动与文化密不可分，它以一定的文化底蕴为依托并突出展现文化气息、文化色彩和文化氛围。节事活动实质上就是文化活动。

（3）民族性　节事活动产生的源头来自于各个民族的有关活动。民族的才是世界的，民族性具有独特的和浓厚的地方特色。比如，傣族总是和泼水节联系在一起的。

（4）多样性　节事活动的内涵十分广泛，表现形式多种多样，活动内容丰富多彩。

（5）交融性　节事活动的大众性和多样性决定了其强烈的交融性。特别是现代社会，节事活动同会展活动有机地结合，成为带动经济发展的引擎。

（6）时效性　节事活动的本质特征是短期性，它受到季节和时间的限制，必须按照预先计划好的时段内进行。

（7）体验性　节事活动实际上是亲身经历、参与性很强、大众化的文化、旅游、体育、商贸和休闲活动，是建立在大众参与和体验基础上的，具有强烈的吸引力和认可性，其个性化的活动使人流连忘返。

（8）地域（方）性　节事活动多是在某一地域（方）开展的，带有明显的地域（方）特性，可成为目的地形象的指代物，演变为地域（方）的名片，是地域（方）社会经济的一大亮点。

（9）经济性　节事活动从本质上看，也是一种经济活动。在现代社会，良好的经济效益和市场效果成为节事活动不断发展的重要原因。开发、挖掘与发展，传统性与现代性的结合，产生大量的需求而刺激消费，带动经济的发展。

2. 节事活动的作用

节事活动以它独特的魅力和强大的吸引力，得到了广泛的认可。它的相关性、辐射性和带动性，对一个国家或地区和城市的国民经济及社会进步具有积极的推动作用。具体来说，节事活动的作用主要表现在以下方面。

（1）提升举办地的文化品位　独特的地方节事活动，对挖掘、开发和整理城市文化资源，提高举办地的文化品位，打造举办地文化品牌具有重要的意义和作用。对弘扬传统文化、彰显传统文化的丰富内涵和个性，进一步密切国内外文化交流与合作，促进社会经济的全面进步，具有积极而深远的影响。

（2）推动举办地基础设施的完善和优化环境　节事活动的举办，加快了与之配套的基础设施的建设，改善和完善了举办地的各项基础设施，美化和优化了举办地的环境，塑造了举办地良好形象，推进招商引资。

（3）促进相关产业的发展　节事活动为与节事活动主题相关的产业带来了巨大的商机，使之不仅获得了较大的经济收益，而且促进了生产和技术的改进与进步。扩大了旅游市场，调整旅游资源，吸引了大量的游客，弥补了旅游业"淡季"的需求不足。提高心理预期，带动消费，促进相关产业发展，节事活动成为拉动经济的新增长点。

（4）增强举办地的凝聚力并提高知名度　节事活动增强了市民的荣誉感和自豪感，丰富了人们的精神文化生活，凝聚了人心并塑造和提升了举办地形象，迅速提高了举办地的知名度。在传播举办地信息、推介举办地形象、弘扬传统文化、推进精神文明建设、发展举办地经济等方面都起到了重要的推动和促进作用。

（5）带动地方经济的发展　节事活动促进了经贸活动的开展，直接招商引资，带动了投资增长。创造就业机会，减轻就业压力。节事活动的举办，聚合了巨大的客源流、信息流、技术流、商品流、人才流等，不仅为地方带来了可观的直接经济收入，而且还能创造更多的相关间接收入，带动并促进了地方经济的跨越式发展。

三、节事活动的历史与发展

1. 节事活动的发展历史

伴随着人类历史的发展，不同地区的人们因种种原因创造并形成了形式各异、丰富多彩，展现本地区、本民族风俗习惯和个性风采的节日风俗。它涵盖了生产、祭祀、欢乐、庆贺等人类生活所涉及的诸多方面的内容。节事活动就是起源于这些反映各民族繁衍生息、成长发展过程的节日风俗。

19世纪40年代以后，随着旅游业的兴起和发展，现代节事活动也逐渐产生和发展起来。第二次世界大战后，特别是20世纪60年代以后，世界旅游业进入高速发展时期并迅速成为许多国家的支柱产业。在旅游业的带动下，节事活动也迅速发展起来并成为会展业的一个重要组成部分，得到了世界各国的重视。节事活动正因其独特的魅力和不可或缺的作用，日益成为世界各国或地区吸引游客和发展特色经济的亮点。

我国的节事活动，从远古时期的祭天地、敬神灵、拜祖先的仪式活动到20世纪70年代末，经历了一个从萌芽、形成、发展成型的漫长历史过程。90年代以后，特别是进入21世纪以后，我国的节事活动进入了一个全新的历史发展时期，呈现出突飞猛进的发展势头并与现代节事活动全面接轨。目前，中国的节事活动在数量、规模、内容、质量和特色上，都取得了显著的进步和发展。

2. 国际节事活动的发展特点

就世界范围来说，国际节事活动的发展主要呈现出以下特点。

（1）各国政府的重视度日益增强　政府重视推动节事活动已成为世界各国促进和发展经济的重要策略。节事活动的吸引力和影响力已成为新的经济增长点。因此，在经济竞争中，各国政府采取各种措施和手段大力推动节事活动的开展和举行。

（2）节事活动举办趋向系列化　在欧美和亚太等节事活动频繁的国家或地区，他们举办节事活动并不总是力求规模宏大，而是注重以系列化的节事活动培育城市节事氛围。同时，节事活动最重要的角色是体现在城市营销上，起着宣传城市形象，融入城市产业圈，提高城市知名度的作用。

（3）社区参与程度越来越高　国际上的节事活动，更加注重社区的参与度，与政府领导的关联度较低。政府的作用主要体现在活动的扶植方面，包括创造良好的活动运作环境、协调和组织安全急救工作、维持节事活动秩序等，而不是直接参与；同时活动举办过程中的大量工作则由当地志愿者队伍共同完成，并设计各类体验型的活动以达成互动。

（4）专业管理加强、品牌效应显著　目前，国际节事活动已走上专业化管理轨道，不仅形成了专业领域，而且专业化程度亦日益加强。由于各国致力于节事活动的品牌塑造和品牌经营，使品牌效应日益显著，因此，创立和保持节事活动的品牌效应，已成为一项重要工作。

（5）宣传促销力度进一步加大　国际竞争的加剧，引起宣传促销力度的不断加大。采取全方位的出击策略，采用现代化和立体式的宣传手段，建立覆盖面广的宣传促销机构等，为宣传促销提供组织保证。

（6）综合性和多样性特点更加突出　挖掘、开发当地的民族文化，丰富节事活动的内容，扩展节事活动的形式，综合开发、利用一切资源，取得社会经济效益。

课题二　节事活动的策划与管理

一、节事活动的策划

1. 节事活动的策划原则

节事活动是一个社会政治、经济、文化和环境的系统工程，涉及诸多种行业。因此，节事活动的策划必须从整体出发，站在全局的角度，综合考虑各种因素，全面系统地协调各个环节、各个层次和各个部分的有序衔接，保证节事活动的策划工作有序进行并得到有效的执行和落实。具体来说，节事活动的策划原则如下。

（1）大众参与性原则　大众性是节事活动的首要前提和最根本的特点。广泛的参与性是节事活动赖以成功的关键所在。参与者来自两个方面，一是业内人士的参与，二是广大民众的参与。节事活动本身就是大众性的活动，没有广大民众的参与，节事活动就失去了应有的意义。节事活动的魅力不在于活动的安排，而是广泛的民众参与。所以，吸引广大民众积极参与节事活动是节事策划的重要原则。

（2）针对性和可操作性原则　节事活动的策划必须针对其市场定位、活动主题、活动内容与形式、参与对象与规模等展开；必须从实际出发，制订出最佳方案，具有较强的可操作性。因此，针对性和可操作性是节事活动策划的主要原则。

（3）经营市场化原则　节事活动进入市场运作必须遵循市场规律，运用市场化原则解决节事活动的经营与管理问题，强化市场行为，淡化政府行为，引入市场公平竞争机制，追求经济效益。

（4）产业化带动原则　节事活动有一整套产业链体系，涉及诸多行业，它所带动的是一个产业群。只有节事活动真正产业化，才能获得健康的理性发展。因此，在节事活动策划中必须考虑如何充分发挥节事活动的产业化带动作用，这是必须得到重视和加强的问题。

（5）品牌化原则　节事活动的品牌塑造和经营，是节事活动生存和发展的重要因素。创造、树立和保持节事活动的品牌效应，对竞争激烈的节事活动市场来说十分重要。品牌化的节事活动才能塑造良好的城市形象，吸引参加者和投资者，扩大社会影响，创造更多的商机。

(6) 独特创新性原则　节事活动的策划必须常变常新，不断寻找新的热点、亮点和卖点，保持旺盛的生命力，确保节事活动始终成为人们关注的焦点。

(7) 社会经济效益统一原则　节事活动不是寻求热闹和好看，也不是单纯地追求经济效益，它必须是社会效益和经济效益的统一和共赢。

2. 节事活动的策划程序和步骤

节事活动策划的基本程序和步骤如下。

(1) 确定节事活动的主题　这是节事活动策划的源头或第一步，关系到节事活动能否顺利展开，是影响节事活动成败的关键所在。

(2) 节事活动的定位　即为节事活动寻找一个合适的坐标，设计一个总体框架。其主要内容包括目标市场定位和宗旨定位。目标市场定位，是寻找市场机会、提出效益目标的定位，是成功举办节事活动的基础；宗旨定位，也称为根本目的定位，是节事活动的第一位定位。节事活动所做的一切，都不能违背宗旨。

(3) 制订节事活动营销预算　指实现节事活动目标所需要的资金计划。包括广告、印刷品、公关、促销、管理费用等。

(4) 节事活动的组织　主要包括联办单位和参与单位的分工与协作，文体表演的联络与组织，后勤保障体系的组织，新闻媒体的联系与组织等。

(5) 宣传与促销　合理组织新闻媒体，利用各种宣传手段扩大影响力和提高知名度；采取各种促销方法和手段进行促销。

3. 节事活动策划的内容

(1) 主题策划　主题是节事活动的核心，节事活动必须围绕主题展开。

节事活动主题策划的要求和需要注意的问题如下。

① 市场调研、挖掘潜力。节事活动的策划，首先要对当地进行有效的市场调研，确认是否具有开展节事活动的条件和能力；以地方性、文化性、民族性、特色性为目标，挖掘和开发市场潜力。

② 主题鲜明、特色突出。节事活动的主题要与主办地的特色相结合，突出当地特色，策划独特的富有个性的活动项目，有较强的娱乐观赏性。

③ 主题要有新意、热点和卖点。为了吸引更多的参与者，主题的策划与选择必须切中要害，突出人们关注的焦点和热点问题并转化为商业的焦点和热点，引入到节事活动中成为卖点，以提高节事活动的竞争力和经营力，从而提高节事活动的经济效益，增强发展的后劲。

④ 普遍关注、体现共性。节事活动的主题要体现出人们普遍关注的共性，能使人们从中获取共同的利益以及有益或有用的信息或启迪而加以接受，并乐于参加。

⑤ 以人为本、天人合一。坚持以人为本的原则和观念，体现对人类共同利益的关注和维护，做到人与人之间的和谐；保护生态平衡，做到人与自然的和谐。

⑥ 及时发布信息。节事活动的主题应能向社会传达最明确的信息，表明节事活动的核心内容和关注以及需要解决的问题；及时发布信息，让更多的有关人士为节事活动出谋划策，以改进和完善节事活动的组织工作。

(2) 内容策划　主题确定之后，围绕主题进行有针对性的内容策划。

节事活动内容策划的要求和需要注意的问题如下。

① 主题物品的设计与确定。主题物品是节事活动的标识和载体，反映节事活动的主题内容、烘托活动气氛和诱导公众情趣以及充当纪念的物品，包括会徽、吉祥物、纪念品等。确定、设计并制作主题物品是节事活动策划内容的重要方面。

② 程序仪式和氛围的设计与确定。设计确定节事活动的程序仪式，一要融合民族文化，

表现当地民族文化的精华和风采；二要突出节事活动的主题。策划出既符合主题思想，又具有鲜明文化特色的氛围，营造欢快祥和的基调和活跃的宣传气氛。

③ 时间安排和举办地的选择。节事活动的举办时间，关系着节事活动的成败。影响节事活动时间安排的因素有目标观众、节事活动具体内容和地点、季节和气候等。时间安排最重要的是避免与竞争性的节事活动或其他大型活动相冲突。节事活动的举办地和举办场所的选择，最主要的是要有助于突出节事活动的主题。选择具体举办地时，要注意的问题是，举办地或举办场所的容量，即能否容纳所有人员；基础服务设施如何，即能否满足需要；具有一定的经济实力，即能否承受举办节事活动的成本；有利于举办节事活动的历史因素，即是否有相关的历史典故或趣闻；其他因素，包括安全、环境和气候条件等。

④ 节事活动预算。指节事活动需要支出的各种费用和可能的收入。它是保证节事活动正常、顺利举办的要素，必须精打细算、开支有度。

⑤ 制订有关策略。包括营销策略、人力资源管理策略、计划与操作管理策略以及活动安排策略等。

二、节事活动的管理

节事活动的管理可以分为3个阶段，即准备阶段、实施阶段和评估阶段。

1. 准备阶段

这一阶段包括的过程如下。

（1）发起　即提出举办节事活动。发起者可以是政府部门、当地权威机构、企业或个人。

（2）建立或组成管理机构　管理机构的成员应由不同技能和专长的人员组成。管理机构的职能在于规划、实施和评估节事活动，其成员分工负责节事活动的具体工作。

（3）确定目标　节事活动的目标分为政治的、经济的和文化的三类。政治目标在宏观上表现为提高一个国家和地区的国际形象，在微观上表现为提升城市、企业和个人的形象与地位；经济目标，是现代节事活动普遍追求的，表现为经济效益的增长；文化目标，主要体现在提高一个国家和地区或举办地的知名度，提升举办者和举办地的整体形象，保护文物和文化遗产等。目标应该是明确的，是可以达到或实现的，节事活动是围绕目标展开的。

（4）进行可行性分析和论证　节事活动能否举行，需要进行可行性分析和论证。应邀请有关专家、学者和专业人士就制约和影响节事活动的因素进行分析和论证。分析和论证主要内容应包括，举办地的经济实力和必须具备的基本条件；市场调研的结果是否有利于节事活动的举办；节事活动的预期目标能否达到或实现目标的难度系数如何；举办节事活动的可能性和可行性分析评估；节事活动的主题、举办时间和场所是否符合要求；节事活动的规模、形式是否合适等。

（5）最后决策　根据所有的调研、分析论证和收集的资料，由节事活动管理机构决定是否举办，并对有关事项、策划内容等进行适当修正。

2. 实施阶段

实施阶段也称为执行阶段，主要内容如下。

（1）组织与服务　主要工作是按照程序和议程安排，有序地进行节事活动；维持节事活动的秩序，为节事活动提供应有的服务。

（2）督察监控　节事活动的组织者要对现场进行有效的控制，确保节事活动按计划正常进行，必要时采取修正措施。及时解决和处理突发事件和事故，要有应急预案。

（3）安全管理　节事活动是人流、物流、信息流和资金流的高度聚集，安全问题处于首位。控制和疏导、分流人群，设备运转安全，饮食卫生安全，人身安全和财物安全等都是节事活动组织者必须高度重视和解决处理好的问题。

（4）疏散人群、清理现场　这是节事活动的收尾工作，主要包括疏散人群、拆除和转移设备以及清理现场等。

3. 评估阶段

这是节事活动的最后阶段，主要工作是总结评估。通过总结分析举办节事活动的经验教训，提出改进的措施和努力方向，为以后成功举办节事活动奠定基础。评估分为过程评估和结果评估，通过各种方式和方法收集有关信息和反馈，进行数据整理和分析，形成评估报告。要实事求是地进行评估，可以聘请客观中立的评估机构，也可以利用网络进行效果评估。评估有助于节事活动的组织者总结经验，提高管理水平。

三、节事活动的承办

1. 节事活动的承办条件

承办节事活动需要具备一定的条件，主要内容如下。

（1）影响力和吸引力　节事活动的举办地在国内外的知名度和影响力，是承办节事活动的重要条件。作为我国城市来说，其地位（首都、直辖市、省会城市等）、特色（历史文化名城、旅游胜地、宗教文化等）、物产（特有的资源和产品等）以及对国内外人士吸引力的程度等是举办节事活动不可缺少的条件。

（2）形象和声誉　节事活动举办地在人们心目中的形象和声誉，是吸引举办地以外参加者的重要条件。形象的好坏、声誉的高低，对外地参加者来说，是其选择的重要因素。举办地的公信度是承办节事活动的基础，良好的形象和声誉是成功承办节事活动的可能和现实条件。

（3）经济实力　雄厚的经济实力是举办节事活动的重要前提。没有一定的经济基础，要成功承办节事活动十分困难。

（4）历史文化特色　历史悠久、风格独特、个性鲜明的历史文化是承办节事活动的有利条件，如何开发利用是节事活动举办地需要认真研究探讨的问题。

（5）基础设施完备　有效、快捷的公共交通系统，完善的基础设施是承办节事活动的重要标准之一。

（6）客源距离　节事活动举办地所能吸引的客源市场的空间距离的远近，也是承办节事活动的一大因素。距离越近，影响力就越大，吸引力也越大。

（7）环境气候　节事活动的举办地的自然环境、城市环境以及气候是保证节事活动承办成功的客观条件。

2. 节事活动承办的工作和活动方案

承办是落实策划的过程或阶段。节事活动承办的关键工作包括3个方面，一是建立节事活动筹备机构，统筹节事活动的全局；二是制订节事活动的总体方案，确定有关节事活动的各项内容；三是制订具体工作计划和工作进度表，把握或控制承办工作的有序进行。具体方案的内容如下。

① 名称。
② 指导思想。
③ 时间和地点。
④ 主办者和承办者。
⑤ 主要活动内容。
⑥ 参加领导及嘉宾。
⑦ 组织机构。

⑧ 责任分工及工作要求。
⑨ 准备工作。

举办国际性节事活动需要注意的问题

举办国际性节事活动与国内地方性节事活动在组织运作上有一些不同之处，特别需要注意的问题如下。

（1）主题的选择　须有宽泛的历史、文化背景为基础，要有独特的风格和包容性。节事活动的名称要凸显特色、彰显个性，明确节事活动的内容与形式，尽力缩小中外文化的差异，使中外来宾更好地与节事活动融为一体。

（2）市场定位　要注重开发具有发展潜力和盈利前景的商业市场，重视或增强节事活动的经济效益，互惠互利，为组织者和参与者在文化或经贸合作方面搭建双赢的平台。探索节事活动与市场对接的方式和途径，突出节事活动的经营市场化和促销，发挥节事活动对经济的拉动作用，提高节事活动的影响力。

（3）接待服务　一是要按照国际惯例或国际标准做好接待服务工作；二是要详细了解国外来宾所在国的国情和时事以及来宾个人的政治主张、宗教信仰；三是尊重其风俗习惯，满足合理要求，提供节事活动所需要的一切服务；四是以主动周到、细致温馨的服务，急人所急、想人所想、解人所难，为国外来宾留下美好的印象和回忆，使其成为节事活动的积极参加者和忠实追随者。

（4）热点、亮点和卖点　热点是来宾普遍关注的问题；亮点是吸引来宾的项目与活动；卖点是消费，是能带来经济收益的产品。即要有能够吸引国外来宾的内容与形式。悠久的历史、独特的文化、特有的产品、壮丽的景色、美味的饮食等，都是吸引国外来宾的主要因素。

（5）居民素质　要教育和引导举办地的居民当好东道主，以饱满的热情、好客的态度，迎接中外嘉宾的到来。他们的素质和参与程度对国际性节事活动的成功举办关系重大。

（6）学习借鉴　结合本地实际，学习和借鉴发达国家和地区的经验，以避免出现重大失误或少走弯路，提高工作效率。举办国际性节事活动的宗旨是精心策划、认真组织、重在落实、追求效果。

3. 节事活动成功举办的要求和标准

总体来说，成功举办节事活动的要求和标准是达到或实现节事活动的目标，取得良好的社会效益和经济效益。具体来说，成功的要求和标准如下。

（1）确切性　节事活动的内容和举办时间的确切性是节事活动成功与否的首要前提。内容杂乱无章、时间随意变动的节事活动是无法举办的，即使举办肯定也是失败的。

（2）独特性　这是节事活动成功的标志。独特性是吸引参加者的重要因素，更具有不可估量的影响力。固定的模式、重复性的内容和形式只能使节事活动归于失败。

（3）形象性　通过节事活动的举办，举办地的形象得到了提升是节事活动举办的目的或目标之一。形象是旗帜，具有号召力和聚集力，良好的形象是成功举办节事活动的基本要求和标准。

（4）知名度　知名度的提高，是节事活动举办成功的重要标准和要求。具有一定的知名度是吸引参与者的重要条件，知名度效应是必须重视和加强的。否则，节事活动就失去了吸引力和聚集力。

（5）主题性　鲜明的主题，是节事活动举办成功的重要经验。主题必须富有新意、具有特色并致力于社会效益和经济效益。主题是影响节事活动成败的关键所在。

（6）品质性　优良的品质，是节事活动举办成功的关键。质量是节事活动生存和发展的保证，没有过硬的质量，一切则无法谈起。

（7）真实性　节事活动的原创性与真实性可以增强对参与者的吸引力，是吸引和打动来宾的重要因素和有效手段。

（8）传统性　具有悠久历史和浓厚地方特色的节事活动，深受大众的欢迎，其成功举办的概率较高。就目前来说，节事活动就是挖掘和开发传统的历史文化、独特的地方特色以吸引节事活动的参与者。

（9）多元性　各民族文化的交融、多元文化的汇集、包容与兼容是现代节事活动的发展趋势。举办目的、举办模式、主题活动的多元化，是节事活动发展态势提出的新要求和标准。古为今用、洋为中用，是节事活动多元化的重要体现。

（10）适应性　节事活动的内容能否被公众认可和接受，其适应度是决定节事活动能否成功举办的又一前提条件。新奇而不古怪、创新而不荒诞、高雅而不朦胧、通俗而不低媚、大众而不迎合、热闹而不杂乱、狂欢而不失控等需要把握一定的度。

（11）节日性　节日是举办节事活动的载体和源头，节日精神是节事活动的灵魂。没有节日的氛围也就失去了节事活动的气氛和意义。所以，围绕节日举办节事活动，是成功举办节事活动最主要的要求和标准。

（12）主导性　成功举办节事活动离不开官方的支持，由有关领导人出面参与申办或举办的节事活动，其成功的可能性更大。所以，成功举办节事活动必须争取官方的支持与扶植。

（13）专业性　节事活动相对来说规模较大，组织管理烦琐，运作复杂，必须运用现代化管理手段进行专业化管理和专业促销，这是保证节事活动成功举办的不可缺少的要求和标准。

（14）商务性　节事活动要达到繁荣经济、促进发展的要求和目的，就必须增强商业化运作能力。通过经营市场化，形成投资—回报机制，拉动或带动经济的发展。这是成功举办节事活动的经济性功能要求和标准。

（15）好客性　节事活动举办地居民的素质和关心、支持节事活动的态度和行为、饱满的热情、好客的态度、焕发的精神面貌等都是节事活动成功举办的要求和标准。

（16）满足性　节事活动举办地的供给能力、基础设施、交通能力、经济实力、环境气候等，都必须满足节事活动的需要。这是节事活动成功举办的最基本的要求和标准。

课题三　我国节事活动发展中的问题与对策

一、我国节事活动中存在的问题

1. 我国节事活动的发展现状

我国节事活动经历了由初期的民间自发组织、主要是娱乐性的节事活动到政府有意识地推广或深化、主要是政治色彩浓厚的节事活动，再进入到一个有计划、有组织并与国际接轨的丰富多彩的节事活动的发展历程。改革开放30多年来，我国节事活动进入了一个全新的发展时期。20世纪90年代以后，进入了一个突飞猛进的发展阶段。进入21世纪后，更是进入了全面大发展时期。举办节事活动能带来巨大的社会效益和经济效益已被社会所认可，越来越多的人士已经充分认识到了节事活动的作用和魅力，举办节事活动的积极性被充分调动起来，举办节事活动的热情空前高涨。近年来，节事活动在我国蓬勃发展，成为具有一定规模和效益的产业。据不完全统计，目前我国全年大大小小的节事活动达到 5000 多个，特别是在城市，节事活动类型不断丰富，呈现出不同的发展特征；而跟随节事活动增加的是不断得以拓展的节事经济链条，包括从项目策划、赞助集资、媒体广告、会务展览、场地布置、设施租借、彩车制作、观礼台搭建、纪念品制作等，从而逐步形成新兴的"节事经济"和"节事产业"。

目前我国节事活动的现状表现如下。

(1) 举办城市规模不一、数量众多、态度积极　从城市规模上看，大到北京、上海这样的直辖市，小到县级市乃至于建制镇，几乎都有各自的节事活动；举办节事的城市（镇）数量、每一城市举办节事的数量都还处于继续增加的趋势之中。

(2) 节事活动类型多样，资源导向型节事活动较多，选题存在一定雷同现象　我国节事活动的举办往往是依托当地最具优势的资源和物产，对应我国自然资源多样、历史文化悠久、民俗风情浓厚、物产特产富饶、饮食文化源远流长等特点，而博览会展型、娱乐游戏型和运动休闲型三类所占比例较小。目前我国在会展业、体育产业和娱乐业方面的发展，仍然处于发展的初级阶段，但增长潜力十分可观。

(3) 主办者以政府为主，但已出现运作模式多样化、市场化趋势　目前我国节事活动多数由当地政府部门牵头主办，按行政方式运作，但也已呈现出多样化、市场化的趋势，市场规律正在发挥着越来越强的作用，越来越多的采用"政府引导、企业承办、市场运作"的方法。通过"政府主导、市场运作、产业办节"的形式，将整个节事活动作为一项系统的文化、旅游、招商举措来运作，以实现社会效益与经济效益的"双赢"。

(4) 多数节事活动公众参与程度不够理想　由于大多数节事活动由政府主办，当地居民和普通游客的参与程度不高，有些节事活动缺乏与传统文化和人民生活方式的连接，知名度不高，以上种种原因导致节事活动参与者人数偏低。

(5) 节事活动举办历史不长，节事品牌尚在成长之中　与西方一些具有悠久历史的节事活动相比，我国节事活动举办历史不长，同节事活动发达国家和地区相比存在一定的距离。

总之，尽管我国节事活动发展的历史较短，但节事活动无论从规模、数量以及内容和质量都取得了令世人瞩目的成就。同发达国家和地区相比，尚有一定的差距。

2. 我国节事活动存在的问题

目前，我国节事活动发展存在的急需改进和解决的主要问题如下。

(1) 品牌知名度不高、走上国际化的节事活动较少　品牌意识淡薄，创新能力不足，制约了我国节事活动的发展。虽然我国节事活动已经形成了一些规模大、高品位的节事活动，但所占比例太小。数量众多、多而不精是我国节事活动存在的主要问题，尤其在我国内地举办的国际性节事活动中，能持续举办并发展成为国际性节事活动的并不多见，具有国际化水平的品牌性节事活动更是凤毛麟角。

(2) 地域性差异大、发展不平衡　由于我国社会经济的发展在地域上存在着较大的差异，经济发展的严重不平衡，导致了我国节事活动发展的不平衡。东南部地区得天独厚，优势明显，数量多、质量高；中西部地区先天不足，数量少、质量低。

(3) 主题重复多、特色活动少　许多节事活动在主题的选择上重复性过高，缺乏地方特色，形象不鲜明，这是制约节事活动发展的重要原因。节事活动做大、做强、做成精品，必须具有独特的主题，我国的节事活动恰恰缺乏这一要素。

(4) 经济和文化的关系不和谐、结合力度不够　在节事活动中，经济和文化的结合是十分重要的。目前，许多节事活动在文化性和经济性结合的力度不够，存在厚此薄彼的现象和走极端的问题。重经济、轻文化的倾向开始抬头，传统节事活动中加入了过多的商业化炒作成分，商业色彩浓厚，变成了纯粹的牟利手段或投机取巧的捷径；或是不计成本、铺张浪费，赔钱赚吆喝。在表现形式上，简单化、媚俗化，丧失了深厚的文化内涵和文化元素的魅力，损害了节事活动的主题。

（5）市场作用发挥欠佳、成效不明显　一些节事活动的运作不符合市场经济的要求，存在着"一哄而上""上了再说""做了再想""边做边想""边想边做"的问题。地方政府干涉过多，节事活动按照行政命令的方式举办，行政手段大于并多于经济手段，节事活动与政绩紧密相连，影响或削弱了节事活动应有的成效。由于政府在节事活动的专业策划、运作能力方面存在专业性不足的问题，加之行政干预多、市场作用发挥不足，导致节事活动成效不够理想。

（6）虎头蛇尾、善始不善终　一些节事活动开始声势浩大、热闹非凡，到最后混乱不堪、草草收场，华而不实，造成财政压力。影响了节事活动的声誉，丧失了节事活动的持续性和后续性。

（7）形式陈旧、参与度过低、高成本、低效益　一些节事活动缺乏创造力和吸引力，缺乏足够的参与性和开放性，造成公众的参与度和积极性不高，节事活动参与者人数偏低，很多活动项目不能有效地展开，节事活动的目的和目标也就无法达到或实现，从而造成节事活动高成本、低效益或无效益。

二、我国节事活动发展的对策

针对我国节事活动存在的问题，需要认真研究并提出解决的对策。

（1）学习借鉴先进经验，构建符合我国国情、与国际接轨的节事活动运作模式　节事活动开展初期，地方政府往往为了招商引资或城市宣传自发要求举办各类节事活动。这类活动的资金源于政府拨款，举办与促销工作也由政府官员负责。市场经济则要求政府退出节事活动的经营层面，转而后台扶植工作，通过营造良好的节事氛围或创造相关的优惠政策来推动节事产业的发展。学习和借鉴国际先进的办节理念和经验并根据我国的国情和实际，努力形成政府引导、社会参与、市场运作的节事活动举办模式。

（2）因地制宜，加强宏观调控和指导，形成良性竞合态势　东南部地区，要充分利用经济文化及旅游业高度发达、产业基础强大、市场前景广阔的优势，应对人们的强烈需求，努力提升节事活动品质、促进其升级和转型，形成一些在传统、吸引力、形象有重要影响，并最终与举办目的地融为一体的标志性节事。而中西部地区则要立足于资源现状，着眼于市场，挖掘和开发具有比较优势的资源和物产，充分利用自然资源丰富、民俗风情浓郁、物产特产富饶的优势，大力发展以资源性为主体的节事活动，形成自己的特色，培育出源于资源而又高于资源的地域特色鲜明、民族特色突出的重大或标志性节事活动。东南部地区和中西部地区携手联合，打破影响中西部地区节事活动发展的瓶颈并做到优势互补，改变不均衡的状态，共同推进节事活动的发展。

（3）渐进式地推进节事活动的市场化运作和专业化，加大促销力度　鉴于我国节事活动还带有一定公益性质的现状，其市场化运作需要渐进式的推进。"政府引导、企业承办、市场运作"，是一种比较符合我国国情较理想的模式。针对节事活动运作涉及部门、行业和企业众多，需要政府对其运作实行整体协调的实际，加强对节事活动的宏观管理和指导。同时建立节事专项资金，为节事活动提供公共服务保障，而节事活动本身的运作则由专业节事公司操作。

市场化运作主要体现在3个方面，一是资金运作市场化，即通过专业化的融资渠道获

得；二是产品运作市场化，设计并开发满足市场特定需求的相关产品；三是营销工作市场化，通过转让电视转播权和寻找大公司赞助商等方式开展营销，做到有效利用资金的同时实现营销目的。一流的策划，一流的产品，再加上一流的促销，才能创造一流的效益。运用市场手段，强化节事活动的促销和举办目的地的营销；运用先进的办节理念，充分发挥节事活动在地方品牌化中的作用，积极主动进行推广宣传并加强与各地的联系与交流；制订营销战略和促销计划，面向市场，加快流通，加大促销力度；建立网站，通过互联网促销；多节联办，组合产品，联合促销等方法，促使节事活动进一步开放化、市场化。

（4）整合节事活动，创造具有竞争力的节事活动的品牌　节事活动不在于多而在于精，必须改变节事活动市场上存在的"散、乱、小"的现状，集中精力打造品牌，发展壮大具有发展前景和竞争力的节事活动，集中分散的市场份额，集中人力、物力、财力和一切力量来扶持、创造品牌节事活动，促使节事活动进一步规范化。

（5）突出特色、彰显个性、推陈出新　节事活动成功的主要因素是具有鲜明的民族特色、不同的风俗习惯、较强的娱乐性和观赏性。特色和个性是节事活动具有影响力、吸引力和生命力的关键所在。节事活动既要以规模宏大、色彩艳丽的场面给人以感官上的冲击力，又要以浓郁的活动氛围、扣人心弦的故事情节与丰富多彩的内容给人以内心的震撼与回味。因此，成功举办节事活动需要张扬个性，凸显特色，根据当地实际，应对市场需求，利用独特优势，选择鲜明特色的主题定位，是成功举办节事活动的支撑点。

（6）讲求实效，培育消费热点　节事活动不是讲排场、比阔气和互相攀比，它要的是实实在在的社会效益和经济效益。因此，节事活动必须讲求实效、培育消费热点，真正做到"借节兴市""以节强市"。通过举办节事活动提升举办地的知名度，提高举办地的吸引力和影响力，促使节事活动进一步效益化，赢得较好的经济收益和社会效果。

项目思考与讨论

一、复习与思考

1. 节事活动的含义与实质。
2. 节事活动的特点与作用。
3. 节事活动的策划原则。
4. 节事活动策划的基本程序和步骤。
5. 节事活动策划的内容。
6. 节事活动的管理。
7. 节事活动的承办条件。
8. 举办国际性节事活动需要注意的问题。
9. 节事活动成功举办的要求和标准。
10. 我国节事活动存在的主要问题和解决对策。

二、案例讨论

某大学校园"社团文化节"策划方案

一、活动名称

某大学校园社团文化节

二、活动主题

丰富校园文化，展示校园社团风采。

三、活动宗旨

打造本校自己的社团品牌，让学校全体师生更进一步地了解社团，走进社团，融入社团，以社团文化节活动的开展为载体，规范和活跃社团的管理和建设，扩大社团的影响力，提高社团活动在全校师生心目中的地位。

四、活动内容及形式

本届社团文化节在学院领导的领导下，以社团活动开展为载体，根据各社团自身特色，开展各类文艺、体育、科技、竞技活动。

五、主办单位及协办单位

主办：学院学工处、团委。

承办：学生会、各协会。

六、活动时间

2013年4月1日至2013年5月1日。

七、活动要求

（1）高度重视、加强领导　各社团负责人及指导老师应充分认识开展大学生社团文化节的重要意义。加强对社团活动的组织与指导，确保社团文化节的顺利开展。

（2）精心部署，广泛动员　各学生社团要统一部署、围绕主题，针对学生的身心特点和社团活动规律，精心设计活动内容、积极创新活动形式，增强活动的针对性和实效性，动员广大学生踊跃参加。

（3）加强宣传、重在建设　各学生社团要充分整合各种有效资源，充分依托校园海报、校园广播为载体，对文化节各项活动进行宣传和报道。要利用本次社团文化节举办的契机，更好地发挥学生社团对学生成长、成才的积极作用。

（4）注重质量、汇编成果　活动结束后，每个活动负责人要注重收集活动材料（文字、音像、视频、报道等），汇编成册，由校团委统一编辑活动成果。

八、各社团活动开展一览表（略）

讨论：1. 根据节事活动策划要求，分析其优缺点，进行点评。

2. 在小组讨论的基础上，写出分析总结报告并进行课堂讨论交流。

三、实训题

1. 考核设计

① 以学习小组为单位，根据节事活动策划的要求编制节事活动方案。

② 以班为单位组织讨论，分析其优缺点。

2. 考核标准

考核项目	操作要求	配分	得分
策划方案	全面,可操作性,符合要求	40	
讨论发言	发言积极、相互补充	10	
	语言清晰流畅	10	
	内容全面、分析透彻、具有特色	10	
团队精神（成员互评）	通力合作、分工合理、团结互助	10	
	全员参与、分享成果	20	

项目六 会展经济

项目目标

1. 了解会展经济发展的战略、会展市场现状。
2. 理解会展市场的含义与划分、会展市场的调研及调查方法。
3. 明确我国会展经济存在的主要问题及发展对策。
4. 掌握会展经济的概念、会展经济效益分析、会展市场的主体、会展市场的运作机制。

项目关键词

会展经济　会展经济发展战略　会展市场　运作机制　会展市场调研

项目导入

北京奥运直接经济效益超 20 亿美元　间接收益有八大项

北京从 2001 年申办奥运成功到 2008 年成功举办的 7 年间,在人文、生态、生活环境等各方面都发生了巨大的变化。据北京奥运经济研究会的专家初步计算,包括奥运营销、奥运商业推广、赞助商活动、广告、场馆建设、门票收入、转播权收入等,北京奥运经济内涵意义上的总收入大约为 20 亿美元。

在奥运会筹备期间,奥运经济对北京经济增长贡献明显。国家统计局北京调查总队、北京市统计局国民经济核算处提供的报告显示,在 2005~2008 年的"奥运投入期"内,北京市 GDP 的年均增长速度达到 11.8%,较"十五"期间提高 0.8 个百分点,其中 2007 年受奥运影响 GDP 的拉动幅度增长最大,达到 1.14%,2008 年为 0.85%。2004~2008 年,奥运因素共拉动北京 GDP 增加 1055 亿元。

英国运动经济学教授克里斯·格拉顿在 2008 年 6 月举办的"2008 奥运经济(北京)论坛"上表示,估计北京奥运会至少能够带来 60 亿美元的"赛后收益";国家体育总局信息中心信息研究部副部长林显鹏用专业方法测算出,2003~2010 年,北京奥运会产生的总体经济影响达到 717.06 亿美元,其中直接影响为 419.32 亿美元。

北京经济与社会发展研究所所长杨开忠在接受《中国经济周刊》采访时,则把奥运带给中国的间接影响总结为八大收益。

一是经济增长。在奥运会筹备期间,北京 GDP 增长了 1% 左右,但奥运会对北京的影响在奥运会后,仍然通过奥运形成的各种资产进一步推动北京的经济发展,可以明显看到由于奥运资产发挥作用,北京及周边环渤海地区的文化、体育、会展、旅游等产业,迎来了一个井喷期。

二是社会收益。通过举办奥运会,大大增强了我国各民族之间的凝聚力。

三是文化收益。加深了全世界对我国的文化的认识。

四是科技奥运理念收益。奥运场馆的科技理念,可以进一步为我国建立创新型国家、创新型城市提供重要思路。

五是我国国际形象得到极大提升。

六是生态收益。通过举办绿色奥运，贯彻绿色奥运理念，改善了生态环境，增加绿化覆盖率，普通百姓的生态意识大大提高。

七是形成了一个跨层次（从中央到地方）、跨部门进行综合决策的体制和机制。为了主办奥运会，各级政府和部门，进行跨地区合作，有效改善了我国长期以来各地存在的条块分割现象。

八是城市基础设施的改善和现代化进程提速。

【点评】：对北京奥运会经济效益的分析，可以让我们清晰地看到，一个成功的大型展会对一个城市的影响是十分巨大的，体现了会展经济的重要作用。

（根据 http：//news.hexun.com/2008-09-08/108658134.html 资料整理）

课题一 会展经济概述

一、会展经济的概念和特征

1. 会展经济的概念

会展原本是工业生产的附庸，但随着经济全球化浪潮的推进和后工业化社会的来临，会展逐步地发展成为一个独立的产业——会展业，并以独立的面目出现在国际经济的贸易舞台上，也走进了各国政府和经济学家的视野。会展业作为一种经济形态，得到了越来越多的人的承认和重视，被称为"会展经济"。

会展经济，就是通过举办各种形式的会展活动，能够带来直接或间接经济效益和社会效益的一种经济现象和经济活动。它是由会展活动衍生出来的经济现象，是会展业引发的经济活动。

会展经济是一种综合性经济，是以会展业为依托，通过举办大规模、多层次、多种类的会展活动，形成商流、物流、人流、资金流、信息流，创造商机，吸引投资，推动商贸旅游业的发展，进而拉动其他相关产业发展的一种经济，达到促进经济和社会的全面发展，从而形成一个以会展活动为核心的经济群体。会展经济是第三产业发展成熟后出现的一种新型经济形态，是市场经济发展到一定阶段的产物，与市场经济对信息交流的内在要求相适应，会展经济已与旅游经济、房地产经济一起并称为21世纪"三大无烟产业"。

目前，全球会展业的直接经济效益达到2800亿美元左右，成为一个在全球国民经济中占有相当比例的新兴产业。全球经济一体化大势所趋，会展经济的理念正在向全球迅速扩展，会展经济受到了越来越多的国家的关注和重视。

2. 会展经济的特征

（1）会展经济是综合性经济　会展经济包括会展业、为会展提供服务的相关行业以及与会者、参展商、客商和观众等参与主体，是一种多产业综合性经济。会展业作为会展经济的支撑，带动相关产业的发展并得到相关产业的支持以及与会者、参展商、客商和观众的参与活动，共同构成了综合性的会展经济。

（2）会展经济是服务型经济　会展业属于第三产业，即服务业。会展活动以信息为媒介，通过收集、整理、传递信息，创造服务价值获得利润，是服务型经济。

（3）会展经济是城市经济　会展业的发展必须具备一定的基本条件，城市是一个国家或地区经济活动和社会活动的中心，具有发展会展业的优势。会展经济发展规律表明，经济发达的城市是会展经济发展的基础。

（4）会展经济既是跨区域经济又具有区域特性　会展经济是一种跨区域的多元经济综合

体，又表现出一定的区域特性。会展经济的最大特点是在特定的时间、地域空间，吸引跨区域、跨产业的要素，实现会展资源配置优化。

二、会展经济效益

会展经济效益是指在合理开发会展资源和保护环境的前提下，会展活动过程中生产要素的占用、投入、耗费与成果产出之间的数量对比关系。会展经济效益与会展经济活动所得到的成果成正比，与生产要素的占用、消耗成反比。用公式表示为：会展经济效益＝（会展业的经营成果－生产要素的占用与消耗）/生产要素的占用与消耗。

会展经济效益的内涵十分丰富，可以从直接经济效益和间接经济效益进行分析，也可以从长期经济效益和近期经济效益进行分析，还可以从微观经济效益和宏观经济效益进行分析。我们主要从会展的直接经济效益和间接经济效益的角度来分析会展经济的经济效益。

1. 会展直接经济效益

会展经济可以产生直接的经济效益，这是它得以迅速发展的重要原因。会展直接经济效益主要体现在组织举办会展活动的次数、规模、与会者、参展商、客商和观众的层次和参与度，以及会展业自身提供直接服务部分的收入。经营会展的直接收入包括会展活动的入场券收入、参会参展费收入、场馆展台和会展设备的租金、会展服务收入、广告收入等。会展业是一个高收入、高盈利的行业，其利润率在20％～25％以上。从国际上看，在瑞士日内瓦、德国汉诺威、慕尼黑、美国纽约，法国巴黎，英国伦敦，新加坡和中国香港等这些世界著名的"展览城"，会展业为其带来了直接的收益和经济的繁荣。截止到2012年全国共举办展出面积5000平方米以上的展览会7189场，较2011年增长5.3％；实现社会就业2125万人次，比2011年增长7.3％；我国会展业直接产值约3500亿人民币，较2011年增长16.1％。会展业直接的经济效益所产生的吸引力使得会展经济在中国迅速发展起来。

2. 会展间接经济效益

会展间接经济效益是指发展会展业对国民经济中其他相关行业和部门乃至对国民经济的影响，形成全社会的间接经济效益。会展业是一个产业关联度极高的行业，会展业的发展对相关行业和部门乃至对整个国民经济都会带来一定的间接经济效益。会展间接经济效益体现在以下几个方面。

（1）对相关产业的联动效应　会展业具有的强大产业联动效应，对交通、通讯、住宿、餐饮、旅游、购物、贸易、广告、印刷、物流等相关行业都有很强的联动性。据国际会议联合会统计，国际上展览业的产业带动系数大约为1∶（5～10），即会展场馆的直接收入如果是1，那么相关产业的收入就会有5～10。据统计，美国会展业举办1年的直接收入为800亿～1000亿美元，与会展相关的社会综合消费约1250亿美元，展会经济拉动效应为1∶10。我国会展业对相关产业的联动系数为1∶6左右；2012年会展业直接产值约3500亿人民币，间接带动的旅游、餐饮、交通、广告、娱乐、房产等相关产业收入3.15万亿人民币，比2011年增长16.7％。从国内各城市看，上海会展业的联动系数相对比较高，上海会展业对会展相关产业的联动系数为1∶9。统计数字表明，上海在会展经济相关的各服务行业中，仅场地出租、货运、广告等几个行业的收入就达1.5亿元人民币，产生的税收收入在800万元人民币左右。

会展经济还可增加就业机会。据测算，每增加1000平方米的展览面积，就可创造近百个就业机会。如1996年在德国汉诺威举办的世界博览会，创造了10万个就业机会。对人口众多的我国来说，通过会展经济增加就业机会更为重要。1999年昆明世界园艺博览会使整个云南省的旅游业火爆起来，进而带动了相关行业的40万～50万人就业。

（2）对经贸发展的推动效应　会展业尤其是国际性的会展活动，作为对外经贸交流合作的窗口、桥梁和纽带，可以有力地促进中外的技术合作、信息沟通、贸易往来等。据不完全统计，近10年来，我国通过展览实现外贸出口成交额达340多亿美元，内贸交易额120多亿人民币。据统计，广交会每年两届的出口成交额，就相当于全国一般贸易出口额的1/3左右，对我国对外贸易的发展贡献巨大。

在一些交易会、展览会和贸易洽谈会上都能签署一定金额的购销合同、投资、转让和合资意向书。据统计，法国博览会和其他专业展览会每年展商的交易额高达1500亿法郎。在2008年11月，为期6天的第七届中国国际航空航天博览会上，中外展商贸易洽谈频繁，成交活跃。各国及地区的参展商之间签订了16个项目价值40亿美元的合同、协议及合作意向，成交了102架各种型号的飞机。

(3) 对举办地形象和知名度的提升效应　会展是展现会展举办地形象和品牌的重要手段，常被称作"都市名片"。各种会展活动，尤其是品牌会展和大型国际节事活动能够向国内外的会展参与者宣传举办地的经济实力、科技水平，使会展参与者了解举办地各方面的发展状况，并亲身体验当地的社会风貌、文化特色和文明素质，从而提高当地的国际国内知名度和美誉度，扩大当地的政治、经济和文化影响，为会展举办地打造区域品牌和积累无形资产。

不少城市因节而兴，因会而旺。在某种程度上可以说，会展数量和规模是衡量城市国际化程度的重要标志。法国巴黎，1年重要的国际会展多达300多个，享有"国际会议之都"的美誉。而德国的汉诺威通过举办世界博览会，缩短了不同文化之间的距离，改善了德国的国际形象。

(4) 对周边地区的辐射效应　会展经济有助于增强中心城市向周边地区的辐射力和影响力，提升周边地区的服务功能。1970年日本大阪世博会吸引游客6000万人次，之后形成了关西经济带，并保持连续10年的迅猛发展，促进了日本经济的增长。早在小商品贸易已有一定发展的1995年，浙江义乌制订的商贸辐射目标半径是200～300千米，以义乌为中心覆盖面积大部分在浙江省内，也兼顾到上海以及江苏、安徽、江西、福建的少部分地区。目前，上海口岸的进出口商品总额占全国外贸总量的比例达1/4，其中一半以上来自于周边地区。在华东地区的各个城市中，上海的基础设施条件最好、商务信息最为快捷、外商光临频率最高、人才相应集中，因而周边省市也希望上海能够成为华东地区的会展龙头，因为上海发展会展经济，受益的将是整个华东地区。

(5) 对招商引资的促进效应　会展活动在吸引外资方面也发挥着重要的作用。我国首次举办的昆明世界园艺博览会吸引了港澳地区和海外共95个国家、地区和国际组织及国内各省市搭台设展。首届中国国际装备制造业博览会期间，国内产品交易项目976项，交易额达22.3亿元人民币；进出口交易项目78项，成交额1.52亿美元；利用外资签约项目126项，总投资额27.44亿美元，其中外资额24.78亿美元。第七届中国·安平国际丝网博览会作为国际唯一的丝网专业盛会，累计接待客商3万多人次，共签约项目92个，吸引投资43.4亿元人民币，合同利用外资1.5亿多美元。

三、会展经济发展战略

会展经济发展战略是一个国家或地区的国民经济发展战略的组成部分，是该国或该地区对会展业所作的全局性与长期性的规划和部署。它反映了该国和该地区发展会展经济的基本愿望和态度，并具有长期性、全局性、稳定性、竞争性特点。

会展经济发展战略主要包括如下内容。

1. 会展经济发展战略方向

会展经济发展的战略方向决定着会展经济发展的方向，它是对会展经济未来发展的构思和设想。其主要内容如下。

① 确定会展经济的发展方向。

② 确定开拓会展市场的发展方向。

③ 确定会展经济未来的规模和发展水平。

2. 会展经济发展战略目标

会展经济发展战略目标应是一个包括总体目标和阶段目标在内的目标体系。会展经济发展的总体目标是指会展经济发展所要解决的主要问题。它通常是通过会展业发展定性目标或量化指标来表示的。量化指标一般包括会展经济效益指标、会展增长指标、会展产业结构调整指标、技术进步指标和社会综合效益指标等。可以说，会展经济发展战略目标是实现会展经济发展方向的一系列指标的总和。

会展经济发展战略的实施是一个长期的过程，一般应该将这个长期的过程分成几个阶段，而为每个阶段制订的所要实现的基本目标，就是会展经济发展战略的阶段目标。

3. 会展经济发展战略方针

会展经济发展战略方针是会展经济发展战略的重点，它是围绕为实现会展经济发展战略目标所制订的行为规范和政策性的决策。会展经济发展战略方针应随着会展业发展的内部和外部环境的变化而变化，在不同的时期应采取不同的方针。

4. 会展经济发展战略措施

会展经济发展战略措施就是为实现会展经济发展各项目标所制订的具体对策。会展经济发展战略措施应包括实现各项会展发展目标所需要的步骤、途径、手段、方法和策略等，并涵盖会展资源的开发和合理利用、会展管理体制和会展企业的运作机制、会展设施的建设、会展市场的开拓、会展融资和资产经营、会展人才的开发和使用、会展法规的制定和行业管理、会展和科技的结合、会展品牌的培养和评估等会展经济发展的方方面面。

课题二 会展市场

一、会展市场的含义与划分

1. 会展市场的含义

市场包括需求市场和供给市场两个方面。会展市场有广义的和狭义的会展市场之分。广义的会展市场定义是指在一定的社会条件下，为组织或个体实现供给或需求，从而取得效益的一系列集中时间、空间的交易活动及其经济关系的总和。狭义的会展市场是指会展需求市场。理解上述定义，需要把握好以下几个方面。

（1）会展市场存在的前提——在一定的社会条件下 "一定的社会条件"是指能保证会展中的交易活动顺利进行的一切条件，包括政府的政策法规、市场机制、行业规范等。这些条件都为会展交易活动提供必需的也是最基本的保障。如果没有一定的秩序和制度，会展市场就没有了发展起来的奠基石。因此，会展市场的存在前提，就是要有一定的社会条件。

（2）会展市场的主体及其谋求的利益 会展市场的主体包括需求主体和供给主体。但不管是需求主体还是供给主体，都包括了组织和个体。此外，会展市场主体谋求的效益不单是经济效益，还包括社会效益、环境效益等多种效益。

（3）会展市场涉及供需两方面 单纯的会展供给市场或会展需求市场都不能构成真正意义上的会展市场。真正的市场是由供需两个方面组成的，会展市场也不例外。供给市场主要是会展活动提供者的总和，包括政府、会展公司等会展活动主办方，而需求市场主要是那些对会展有需求的组织和个人的总和。需求市场的存在是供给市场存在的前提，供给市场是需求市场得以增长的条件，两者是互相作用的。同时，作为会展市场的两个方面，供给市场和需求市场也分别包括实现的和潜在的供给者或需求者的总和。

（4）会展的时空　会展活动的最大特点在于"集中"。会展活动的举办通常都有时间和空间的限制。一般来说，会展活动都是在固定的场所、短时间范围内举办。这就是会展活动集中性的体现。

（5）会展市场的本质　市场的本质就是经济关系的总和，会展市场的本质就是一系列会展活动中的各种经济关系的总和，会展活动实际上就是一系列的交易活动。

2. 会展市场的划分

（1）会展市场划分的意义　会展市场划分也称会展市场细分，是指将一个整体市场按照消费者的某种或某些特点分解或划分为不同的消费者群的过程。所划分出来的每一个消费者群是整个市场的一部分，也把它称为细分市场。因此，会展市场划分就是要根据会展需求者的某种或某些特点将整个会展市场划分为不同的细分市场。将会展市场划分后才能更好地针对不同市场采取不同的措施以达到最大效益。在这里需要指出的是，会展市场的划分通常是对狭义的会展市场的划分，即对会展需求市场的划分。

顾客的需求应成为企业营销活动的出发点。而顾客的需求随着商品经济的发展表现出多样性，为满足不同顾客的需求，要在激烈的竞争中获胜，就必须进行市场细分。此外，针对每个消费者群体采取独特的产品或市场营销组合战略，能够使企业找到并描述自己的目标市场，确定针对目标市场的最佳营销策略以求获得最佳收益。

会展市场划分的重要意义可以概括为以下四点。

① 利于开发更广阔的会展市场。会展市场的划分使我们看清了整个会展市场的内容，同时我们也可以借此来发现整个市场欠缺的部分或不足部分，从而去发掘、去开拓，只有这样才能不断地创新、进步。

② 有利于集中人力、物力、财力，对目标市场进行会展产品的开发。在选定了会展目标市场之后，会展供应者根据此细分市场的具体特点，可以有针对性地集中人力、物力、财力来进行会展产品的开发，开发出适合此细分市场的会展产品。同时，也将会使会展产品的开发更有特色和人性化。

③ 有助于根据实际情况选定会展目标市场。将会展市场进行划分后，每个细分市场的特点便突现出来。此时，对会展供应者特别是实力还不雄厚的供应者来说，能更好地根据自己的实力来选择合适自己的目标市场。另外，在此基础上，对目标市场的再分析，可以对其分析得更具体更详细，更加有助于会展供应者根据此分析，发挥其优势，顺利地避开对其不利的因素。

④ 有利于针对会展目标市场进行促销。促销的方法有很多，选择哪种促销方式往往是令会展供应者头疼的问题。进行市场划分后，每个细分市场都将展示出它们自己的特点。所谓"具体问题具体分析"，只有当问题"具体"下来，才好选择恰当的方法，这也是会展市场划分的意义所在。

（2）会展市场划分的方法　会展市场划分与其他市场划分一样，都需要遵循几个基本原则，即可衡量原则、可盈利原则、可实现性原则和可区分性原则。在遵循以上原则的基础上，按不同的划分标准可以划分出不同的细分市场。

会展市场的主体包括组织和个人，这样的特点使我们在选定会展市场划分标准的时候要考虑到它的两方面的可行性。会展市场的划分标准有很多，一般来说将其归纳为四大类，即地理因素、会展消费者的特征（企业的类型、人口因素）、对会展产品的需求及购买行为的特点、会展消费者的心理特点。会展供给者可以根据自己的情况和需要，按不同的划分标准来进行划分。

① 按需求动机来划分。需求动机即参加会展活动的目的，如参展商的需求动机有销售产品，树立、维护形象，推出新产品或服务，调查了解市场，建立并巩固客户关系等。观众的需求动机有购买会展产品，了解市场行情，纯欣赏的目的等。可以根据这些不同的需求动机来将会展市场进行划分，以便找出供给企业合适的目标市场。

② 按参展企业的某些特点来划分。把参加会展活动的企业按照其一定的特点进行分类，这样的方法可以很快找出同一类市场，使营销面积缩小，有利于集中起来进行宣传。

③ 按观众的某些特点来划分。虽然会展市场主体中观众这一部分不一定是会展供给者的主要盈利来源，但是没有观众的展会将成为一个无意义的展会，因此，必须对观众市场进行划分。一般来说，可按照人口统计因素来分，如年龄、性别、职业、受教育程度、家庭收入水平等。

④ 按地理范围来划分。根据地理范围，会展市场可分为国际、全国、地区、本地4个层次。本地会展市场的规模相对小，旨在吸引附近的参观者，如各城市举办的房展会等；地区性会展市场一般是全国性会展市场的一部分；国际性会展市场的参展商和观众往往来自许多国家，如由德国汉诺威展览公司在上海光大展览中心举办的亚洲信息技术展览会（CEBIT Asia）、中国进出口商品交易会（广交会）等。对每一个层次的市场，又可以按照行政或者习惯来划分为更详细的地域性的市场。

二、会展市场的主体

会展市场的主体包括需求主体和供给主体两部分。会展需求主体一般包括与会者、参展商、客商和观众；会展供给主体涉及的单位比较多，根据所举办会展活动的性质、规模等不同，有不同的供给主体，而且每一次会展活动的供给主体也不止一个。除此之外，还有一些为需求和供给搭建中间桥梁的中介，也是会展市场的参与者，可称为会展主体。

1. 供给主体

(1) 政府 在成熟的市场，几乎看不到政府参与的身影，但对新兴行业的发展来说，政府的支持尤为重要，特别是在产业发展的初期，政府的参与程度往往决定了一个产业发展的速度。而在产业发展后期，政府的这种支持由直接转为间接，并体现在政策制定、市场监管、配套公共设施的建设与维护、信息提供等方面。

就会展业而言，其行业特性和对资源的聚集功能使它在发展的初期，有必要借助于政府的力量，将散布于其他行业的资源整合起来加以利用，以发挥资源的整体效能。政府在基础设施建设、城市形象塑造、动员和组织各方参与、市场的培育与管理等方面，具有无可比拟的优势，尤其是在争取一些国际性知名会展举办权的过程中，政府的介入更具有现实意义，也会得到更多方面的支持，特别是在协调和获得各相关行业支持方面更能发挥作用。政府促进会展业发展所发挥的作用不仅在中国的市场经济转型期可见，而且在会展业发达的国家和城市早期发展时政府同样发挥了作用。如德国的慕尼黑、汉诺威、法兰克福和杜塞尔多夫等世界性的会展名城，在它们的发展早期，政府挥动着那只"看得见的手"，引导着这些城市将会展业作为城市的支柱产业加以发展，不仅建造了规模庞大的展馆、完善了相应的配套设施，还出台了多项优惠政策和鼓励措施来打造世界知名的会展之都，吸引展会组织者和参展商的参与。

至于政府参与和管理的方式世界各国也不一。如德国政府授权德国经济展览会与博览会事务委员会（AUMU）作为权威的协调管理机构，对德国每年举办的国内外展览会、博览会进行组织和协调。在意大利，对展览机构的监督和管理是由意大利工业部直接负责。新加坡设置的展览和会议署，则隶属于新加坡贸易发展局。也有把会展与旅游合署办公，互不隶属的，如美国旧金山会议与旅游局、波士顿会议与旅游局。英国、法国则单设会议局，与旅游局平行，如伦敦会议局、巴黎会议局。

(2) 会展计划者 会展计划者是会展活动的发起人，办何种展览、开何种会议，都由计划者提出，具体的实施再交给专业人士去完成任务。会展计划者是会展的卖方，国际组织和有关国家政府、非政府组织和公司等机构，是会展的计划者。

（3）专业会议组织者和展览公司　专业会议组织者（PCO）和展览公司在会展市场的运作中通常起着直接操作与控制的作用。如果说在会展活动中政府一般充当主办者角色，那么，专业会议组织者和展览公司则应该是承办者的角色。由于所扮演的角色不同，使得两者对会展市场的影响不同，前者是直接影响，后者是间接影响。

专业会议组织者一般是一些小型公司，是负责申办、策划、组织、协调、安排和接待国际会议及大型活动的专业公司。有一些旅行社或旅行商也做会议业务，尤其是在会议接待中扮演着重要角色，形成一种叫会议操作代理人（CHA）的专业分工。

展览公司是主要以展览为主进行专业化操作的机构。展览公司的工作是寻找好的代理招展的项目，并进行展览组团，即招揽参展者、组织展览团。组团工作的好坏对展览工作的效率有着直接的关系，并且对展出效果有着直接的影响。展览组团工作一般由项目经理直接办理。组团是一项管理工作，要贯穿整个展览过程。

（4）目的地管理公司　目的地管理公司（DMC），最初是从事会展活动过程中的后勤管理机构，包括配套设施及人员的供应、会展服务的提供和管理人才的培养等。后来逐渐承担专业会议组织者的部分工作。它们与会展场馆的关系是委托经营，当然也有会展场馆自己经营管理的，这样可以利用熟悉会展场馆的优势，把展览过程中的服务及其他做得更好。

2. 需求主体

（1）参展商和会议代表　参展商和会议代表是会展需求的最主要的参与主体，是交易产品的买家。对参展商而言，参加展览是一项低成本的活动。在展览中，他们可以和客户面对面地进行交流，同时，也可以获取同行业的相关信息，这是一个极好的机会，不用登门拜访也可以收集到最新、最好的行业信息。对会议代表来说，参加会议可能是他们的一项任务，但是，不管是否出于自愿，会议代表是会议的核心这一事实是不可否认的。会议各方代表带着自己组织的观点，在会议上沟通交流，若达成共识可能会签订合同，不能达成共识的，经过思维的碰撞，也有一定的收获。

（2）客商和观众　会展中的客商和观众可以理解为卖家的买家，这对会展产品的买家具有重大的意义。观众可以包括专业观众和普通观众。所谓专业观众，是指与会展活动有直接购买关系的人群。他们与展商签订购买协议的可能性很大，展商也可以从他们身上了解更多的需求信息。所谓一般观众，更多的是指看热闹的人群，他们是气氛的烘托者，购买和成交的可能性较小。显然专业观众的质量要高于一般观众。

3. 其他中介组织

其他中介组织，或称中介机构，通常由一些行业协会来充当。他们从帮助政府部门决策、执行政府决定、说服会展参与机构接受会展理念等诸多方面参与到会展市场中来，成为会展市场运作中不容忽视的一支生力军，对会展市场的兴旺发展起到巨大的促进作用。

会展业具有开放性，参与会展业的机构还有很多，如金融界机构。资金对任何组织的重要性都是不言而喻的，会展业的基础设施如酒店、会议中心、展览馆等的建设，都需要大量的资金投入，没有金融界的支持和合作，仅凭投资方自有资金是很难正常运转的。金融界的介入不应仅停留在发放贷款上，更应积极参与会展业的运作，形成会展业与金融界的有效互动。各类学会、协会、媒介、教育单位也都是参与会展业的机构。

三、会展市场的运作机制与潜力分析

1. 会展市场的运作机制

（1）展览市场运作机制　展览是会展活动的重要组成部分，也是主要部分。因此，展览市场的运作机制也成为会展市场运作的典型模式。一般来说,是否要举办一场展览,或举办一场怎么样的展览,此类型的问题由主办方提出。主办方可能是政府、协会或其他组织。由于主办方不是专业组织,只是一个展览的计划者,它必然会把此展览产品委托给专业组织来办,即展览公司。展览公司在接到此展览的主题后,便开始按要求组织筹备展览。一方面要对参展商和观众作宣传,在展览业,广告和促销费用通常要占整个预算的20%左右;另一方面与展览的目的地管理公司(通常指会展场馆)联系,筹备协商具体事宜。这是一段比较漫长的准备期。通常,展览公司会向展览场地支付租金,预订时支付租金的20%,展览会举办前9个月和6个月分别支付20%,展览会举办前3个月支付最后的40%的租金。在任何一个时间点上,如果主办方取消了展览会,那么,之前所支付的所有订金都将被当作罚金没收。

从展览开始到结束展览期间,才能真正实现主办方的意图,真正为参展商、客商与观众提供高效率的交流平台。当然,现在的目的地管理公司有时也会直接与主办方联系,甚至自行办展,销售展览产品。因此,现在的目的地管理公司在一定程度上承担了展览公司的一部分职责。展览市场运作机制如图1-4所示。

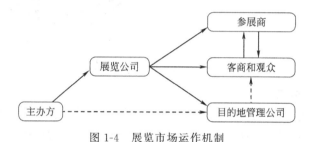

图1-4 展览市场运作机制

(2)会议市场运作机制 会议市场运作从流程上看,比展览市场简单一点,即需求方面只涉及参会者而没有观众。因此,会议市场的运作机制可表述为,由会议计划者或称主办方提出召开会议的想法及会议主题,再将其委托给专业会议组织者,专业会议组织者对整个会议进行策划后,与会议当地的目的地管理公司联系落实相关具体事宜,同时,对可能参会群体进行宣传。现在的目的地管理公司有时也与主办方直接联系,销售会议产品,具备了一部分专业会议组织者的职责,如图1-5所示。

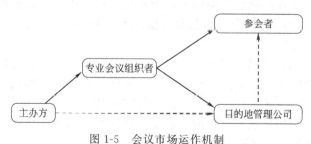

图1-5 会议市场运作机制

(3)节事市场运作机制 节事活动是从长远或短期目的出发,一次性或重复举办的、延续时间较短的活动,其主要目的在于加强外界对旅游目的地的认同、增强吸引力、提高其经济收入。节事活动的举办一般来说是由政府部门充当主办方,确定节事活动主题,再由专业公司联合充当承办方将活动开展起来。由于这样大型的活动涉及的面比较广,一般来说都有两个或两个以上的承办单位。节事活动运作机制如图1-6所示。

(4)奖励旅游市场运作机制 奖励旅游是商务旅游的延伸,是一种现代的管理工具。在国外,已经有了专门接待奖励旅游的专业公司,国内目前主要还是靠旅行社来操作。其运作

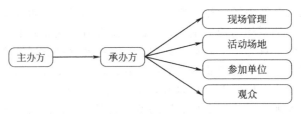

图1-6 节事活动运作机制

机制是,企业有奖励旅游的需求,奖励旅游公司或旅行社针对其需求提出策划方案,若企业同意某方案,则委托策划此方案的公司或旅行社按方案组织此次旅游活动。奖励旅游市场运作机制如图1-7所示。

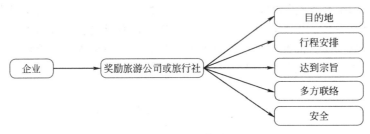

图1-7 奖励旅游市场运作机制

2. 会展市场潜力分析

在进行会展市场潜力分析时,必须预测整个市场的需求。会展市场需求主要具备会展市场的层次性和会展市场的多维性两个特征。这两个特征在会展管理部门和会展企业对会展市场需求的判断有着重要影响。

(1) 会展市场的层次性　会展市场需求主要分为潜在市场、有效市场、目标市场和渗透市场4个层次。通过对不同层次市场需求信息进行研究,会展企业可以明确各个层次市场的需求规模和营销机会,进而制订相应的营销策略。

① 潜在市场。市场是某种产品的现实市场和潜在市场的总和。其中潜在市场有3个特征,即兴趣、购买能力和市场获取途径。假设某会展公司计划向某城市推出A展览会,它首先必须判断该城市对A产品感兴趣的参展商数量,这项工作可通过抽样调查来完成。如果平均100个相关企业中有15个对A展览会感兴趣,企业便可假定某城市中相关企业总体的15%可成为A产品的潜在市场。

② 有效市场。有效市场即指对某一特定会展产品感兴趣,并具有相应购买能力和市场获取途径的购买者的集合。假设会展企业规划把A展览会办成一次国际性的品牌展览,而且已经有一批国外公司申请参加,另外还邀请了许多政府高级官员,这样,会展企业就会限制A展览会的销售,以确保该展览会的高品质。在这种情况下,那些实力弱小的公司将可能被排除在合格的有效市场之外。

③ 目标市场。在明确了合格的有效市场之后,会展企业接着要选择决定占领的市场即目标市场,它既可以是整个合格的有效市场,也可以是其中的部分细分市场。最后,企业在目标市场上难免会遇到推广类似主题展览会的竞争者,并且竞争者的展览会也在目标市场中占据着相应的市场份额。

④ 渗透市场。渗透市场则是指已经购买了A展览会展位的参展商的集合。如果会展企业对目前A展览会的销售额不满意,通过对会展市场需求信息的研究,可以采取一系列相应措施扩大销售额。

(2) 会展市场的多维性　在会展市场供求关系信息研究中，会展市场需求具有多维性，如从空间的角度，会展市场需求可分为世界、全国、地区和当地4个层次；从行业的角度，会展企业可以将市场需求分为工业、农业、商业、服务业等各种类型。此外，对会展市场需求的研究还可以从时间、产品等多个角度进行。

四、会展市场的调研

1. 会展市场调研的概念

会展市场调研是举办会展活动的第一步。主要是要在进行广泛市场调研的基础上，充分掌握各种市场信息和相关产业信息，为将要举办的会展项目建立起基本框架而做的准备。会展市场调研要解决的基本问题，是掌握好与会展相关的基本市场信息和相关产业信息，为将来制订会展项目的各种执行方案、营销策略和竞争战略做准备；确定会展要包括的主题题材，为将来调整会展主题留下余地；建立会展的基本框架，为该会展项目的有关发展前景做出初步预测。

在现代企业竞争中，市场调研扮演着重要的角色，它不仅能帮助企业决策者识别和选择有利可图的市场机会，还可以向经营者反馈相关市场信息，以便企业对市场营销组合策略进行调整和优化。所谓会展市场调研，是指会展活动中的相关利益主体（Stakeholder），尤其是会展公司，利用特定的方法和手段，对与本组织营销活动相关的会展市场情报进行系统地设计、搜集、整理和分析，并得出各种市场调查数据资料和研究结果，从而为组织制订经营决策提供依据的活动。

2. 会展市场调查的方法

会展市场调查所采用的方法主要有3大类，即观察法、询问法和实验法。二手资料的分析使用也是会展市场调查的重要方法。

(1) 观察法　观察法是指不通过提问或交流而系统地记录人、物体或事件的行为模式的过程。当事件发生时，运用观察技巧的调查员客观见证并记录信息，或者根据以前的记录编辑整理证据。会展主题明确，与会者、参展商、客商和观众已经过明确的细分，绝大多数会展对专业观众和一般观众又进行区别，因此，在客观上符合使用观察法的条件。

会展市场调查所使用的观察法大致分为非参与观察法和参与观察法两类。

非参与观察法指将受访者视为局外人，从旁进行观察，而不参与其活动。调查员可以分布在展会的不同位置，根据之前统一的要求进行现场观察，并在印制好的记录单上予以记录，记录单可以使用秩序圈选的封闭式量表，也可以使用记录具体情况的开放式表格。另外，也可以安装一些被允许的装置进行观察，如流量计数器、条形码识别仪、录像机、现场监测仪等。

参与观察法是指调查员要和受访者直接相处并与其一起活动，从中可以更深入地了解被访者。参与观察法仍是以观察为主，调查员可以作为展会中的一分子，参与试用、参加专业研讨等，有的放矢地进行观察研究。

(2) 询问法　询问法是最为广泛使用的调研手段，通过此种方法能够搜集到广泛的资讯。询问法又可分为问卷访问法、小组访谈法、深度访谈法等。

① 问卷访问法。问卷访问法在调研中最为通用，包括个别访问法、集体访问法、电话访问法、邮送法、留置法、计算机访问法等。问卷访问的每一种形式都依赖于问卷的使用。问卷几乎是所有数据搜集方法的一般思路。问卷是为了达到调研项目目的和搜集必要数据而设计好的一系列问题。它是搜集来自于被访者的信息的正式一览表。问卷提供标准化和统一化的数据搜集程序。会展市场调查中所使用的问卷应注意区别调研目的和调研地点。

② 小组访谈法。会展过程中，通过有意识地信息搜集，可以更便捷地开展小组焦点访

谈。来自四面八方的经销商、消费者汇聚展会，使得平时几乎无法实现的小组焦点访谈成为可能。小组焦点访谈可以使参与者对主题进行充分和详尽的讨论，通过这种方法，参展商可以对定价、销售手段、产品性能等需要了解的主题进行深入研究。会展主办方也可以通过小组焦点访谈对参展商的需求以及满意度进行调研。

③ 深度访谈法。深度访谈适用于两种人群。一是参会的重要官员、学者和企业高层管理者。这类人群在日常的深度访谈操作中皆是难于接洽的对象，但是在会展过程中往往相对集中，同时由于大部分会展都有明晰的主题或单一的行业性质，因此，访谈的实际操作也容易深入，有效性更高。二是客商和观众，不论是企业自己组织的现场介绍，还是委托专业公司进行的会展演示，都是极好的直接面对客商和观众的机会。商业展会客商和观众中有代理商、经销商以及消费者；文化展会参观者大都是专业人士或爱好者。通过相对无限制的一对一会谈，可以实现多种调研目的。受访者与面谈者很容易在展会这样一个特定环境达成相互间的融洽关系，同时与主题无关的信息也将比一般情况低。

（3）实验法　以实验为基础的调研与以询问为基础的调研相比有着根本的区别，其对调研环境、技术、人员素质的要求都非同一般，在会展过程中要想实现真正意义的实验调研是很困难的。但是，实验法有许多值得在会展调研中积极采用的思路和手段，比如在展会设置实验区域，请消费者现场实验产品功效，一方面可以起到宣传促销的作用，另一方面也可以为参与观察的调查员提供条件进行观察记录。

（4）二手资料分析　二手资料比较容易得到，相对来说比较便宜，并能很快地获取。尽管二手资料不可能提供特定调研问题所需的全部答案，但二手资料在许多方面都是很有用的。二手资料主要有以下几个来源。

① 来自主办方。会展主办方都会在会展过程中免费发放各种名录，如参展商名录，内有详细的地址、市场、产品介绍、工厂分布、主要领导的姓名、员工数量、销售水平、市场占有情况等。

② 来自参展商。参展商在会展中会准备大量资料，这些资料中就有可能包括平时难得一见的内部资料，如新品研发档案、年度报表、股东报告、新品测试结果、公司内部刊物等。

③ 来自行业管理部门或行业协会。会展中常设有免费公开的信息查询系统，提供诸如行业发展趋势、市场分布等来自权威机构的统计结果。

④ 会展项目管理系统。越来越多的大型会展开始使用会展项目管理系统。这种系统实际上是一个庞大的数据库，这些资源可以以付费的方式单项或全部出售给数据的使用方，对二手资料搜集者而言也是意义重大的。

五、会展市场现状

1. 国际会展市场现状

由于各国经济实力、经济总体规模和发展水平不同，各国会展经济的发展也不平衡。欧洲作为世界会展业的发源地，经过100多年的积累和发展，实力最强，规模最大。欧洲一些国家，如德国、意大利、法国、英国都是世界级的会展业大国。全世界300个最知名的、展出面积在3万平方米以上的专业贸易展览会中，约2/3在欧洲举办。从世界上举办大型会议、展览最多的展馆分布情况看，世界上最大的展览场馆绝大多数都集中在欧洲。

在北美地区，美国和加拿大是会展业的后起之秀，经过快速发展，美国已成为举办国际贸易博览会的主要国家，吸引着世界各国的客商。美国每年举办净展出面积超过500平方米的展览会约4000个，展出总面积约4000多万平方米，参展商100多万，观众超过7000万。

在亚洲，东南亚的新加坡和中国香港地区的会展业也十分发达。2000年新加坡市被总部设在比利时的国际协会联合会评为"世界第五大会展城市",并连续17年成为亚洲首选会展举办地城市,每年举办的展览会和会议等大型活动达3200多个。香港地区是亚太地区重要的会展中心之一,被誉为"国际会展之都"。每年在香港地区举办的大型会议超过420个,来自世界各地的与会代表多达3.7万人。

德国展览业的成功经验

德国展览业之所以能在全球展览业日益激烈的竞争中傲立群雄,不仅是因为德国拥有悠久的博览会传统和一流的展馆基础设施,而且更在于德国展览会举办单位具有独特的经营理念和管理技术及勇于创新的开拓精神。

1. 独特的经营模式

与世界最大的展览公司(按营业额排名)——英国 Reed 展览公司及美国、法国等国的展览公司不同,德国的展览馆全部由各州和地方政府投资兴建,展览公司由政府控股,实行企业化管理。如位于汉诺威的德国最大的展览公司——德国展览公司由下萨克森州政府和汉诺威市政府分别控股49.8%。德国展览公司既是汉诺威展览中心的拥有者,又是 CeBIT 和汉诺威工业博览会等大型展览会的举办者。由于德国各级政府将展览业作为一项重要的产业给予高度重视,对展馆及其配套设施和交通建设均予大力支持,德国绝大部分展览中心都拥有先进的设施,为举办高水准的专业博览会创造了良好的基础。

2. 与行业协会密切合作,培育展览品牌

德国行业协会在德国展览业中有着十分重要的地位,也对德国展览业的繁荣发展做出了重大贡献。特别是在办展时间和地点等方面,德国行业协会拥有相当大的发言权。没有行业协会的支持,展览公司无法深入了解行业动态及开展对参展商和专业观众的营销工作。因此,德国展览公司在制订办展方案和招展过程中均与相关的行业协会密切合作,打造行业博览会品牌。行业协会向展览公司提供业内的专业诀窍及其与国内外的联系渠道。另外,德国一些行业协会本身又是知名博览会的主办者。如位于法兰克福的德国通信和娱乐电子工业协会是每两年一届的柏林国际电信展的主办者,柏林展览公司是该展览的承办单位。法兰克福图书展由德国图书交易协会举办,该协会从法兰克福展览公司租赁展厅。德国制冷和空调技术协会每年轮流在纽伦堡和汉诺威举办国际制冷和空调技术展(IKK)。德国化工和生物技术协会(DECHEMA)每年轮流在法兰克福、北京、墨西哥城举办国际化工、环保和生物技术展(ACHEMA)。

3. 积极拓展国外市场

与别国的展览公司相比,德国展览公司的最大优势在于具有很强的国际战略意识。这主要体现在两个方面,一是早在20世纪60年代,德国举办的博览会就向国外参展商开放,并想方设法吸引更多的外国参展商和观众,从而使德国举办的博览会的国际性日益提高,参展商不仅能结识新的客户,而且能遇到来自世界各地的老客户;二是德国展览公司能洞察国际展览市场的发展趋势,及时到国外投资办展。目前,以中国为核心的亚洲市场及中东欧国家正成为德国展览业新的业务和利润增长点。德国展览公司开拓中国市场的战略有二,一是继续吸引中国企业赴德国参展或独立办展;二是投资中国展览企业,将其知名的博览会品牌移植到中国。

4. 举办国际会议,促进会展经济

博览会是行业经济发展的晴雨表。它不仅是促进对外贸易的有效渠道之一,更是企业展示形象、推出新产品和技术的重要场所。博览会期间云集了世界各地的业界精英和客商,是举办国际性会议的最佳时机。因此,承办国际会议已成为德国展览会的重要组成部分,展览会举办者往往在展会期间举办一些国际性的会议,结合展览会发布业界动态信息,使之与展览会相辅相成,从而达到既提升展览会的知名度,又促进会展经济发展的目的。

5. 提供一流的配套服务。

从展览设计、展台搭建与布置到信息资料、交通、运输、住宿和旅游等服务项目,德国展览会承办方提供的服务均非常到位,特别是在解决展览会期间的停车和交通拥堵问题及吸引企业和专业观众参展等方面的做法值得我国学习与借鉴。德国展览公司一般在城外的交通枢纽地带建几个大型停车场,展览公司提供车辆免费接送观众,从而避免大量车辆拥入市区;如展览中心位于城外,就在展馆旁边建大型停车场,展览公司还在机场、火车站或市中心设临时车站免费接送参观者;在许多展览城市,观众凭展览会门票可免费乘坐市内公交。为吸引企业和专业观众参展,德国展览会举办单位给参展企业邀请的客户给予门票优惠,参展企业可预先从展览公司订购门票后寄给客户。

2. 我国会展市场现状

会展经济的发展与一个城市产业结构、区位优势、开放和市场化程度、基础设施建设以及服务贸易发达程度等因素密切相关。在我国,正是由于各城市和地区的产业结构、地理位置、开放程度等存在很大差异,形成了多层次、多形式的会展经济产业带和会展中心城市。从区域分布来看,我国会展业已基本形成了以北京为中心的"京津——华北会展经济产业带"、东北边贸会展经济产业带、以上海为中心的"长江三角洲——华东会展经济产业带"、以广州、香港为中心的"珠江三角洲——华南会展经济产业带"和以武汉、郑州、成都、昆明等城市为龙头的中西部会展中心城市。这些会展经济产业带和会展中心城市通过进行准确的功能定位,逐步形成了相互协调、各具特色、梯次发展的互动式会展经济发展格局。

项目思考与讨论

一、复习与思考

1. 什么是会展经济?会展经济的特征有哪些?
2. 会展经济效益包括哪些内容?
3. 什么是会展经济发展战略?会展经济发展战略的内容包括哪些?
4. 会展市场含义?会展市场划分有何重大意义?
5. 会展市场划分的方法包括哪些?
6. 会展市场主体包括哪些?
7. 简述展览、会议、节事活动、奖励旅游市场的运作机制。
8. 什么是会展市场调研?会展市场调查的方法有哪些?
9. 国际和国内会展市场现状如何?
10. 我国会展经济发展中存在的问题和解决对策?

二、案例讨论

上海世博会对会展经济发展的影响

1. 世博经济的概念

所谓"世博经济"是指举办城市在筹备和举办世博会期间以及世博会后的一段时间内,利用世博会带来的商业契机,推动发展本地区经济的一系列活动,是一种能为举办城市和国家的经济带来阶段性发展的特殊现象。世博会作为集经济、社会、文化、科技于一体的大型综合性国际性展览活动，对主办国和举办地的经济具有极大的推动作用和影响，这种推动和影响主要是通过"世博经济"来体现的。

从历史的情况看，成功的世博会对主办国和举办城市的经济产生了强大的促进和推动作用，这种作用主要表现在几个方面，一是提高了主办国参与国际政治经济活动和国际事务的能力；二是提高了举办城市的声誉；三是促进了举办城市经济和收入的增长；四是扩大了主办国和举办城市的对外经贸活动；五是改善了举办城市基础设施和城市面貌；六是创造了众多的就业机会；七是带动了周边地区的经济增长。

2. 世博会对上海及长三角地区经济发展的影响

长三角是我国三大都市圈最具活力的地区，由于国内外资金、技术和人才向其集中所产生的集聚效应，使长三角已成为拉动我国经济腾飞的名副其实的增长极。长三角的国内生产总值长期占全国 GDP 比例的 30% 左右。2003 年长三角都市圈 15 城市实际利用外资 227 亿美元，占全国利用外资总量的三分之一。产业经济是长三角都市圈经济发展的基石，产业结构的重组与创新自然是长三角都市经济结构调整的重点。世博经济对长三角都市圈经济发展的互动、共赢和经济一体化起着积极的促进作用，推动长三角都市经济圈经济结构的重组与创新。对长三角都市经济圈内的每个城市来讲，抓住世博经济的契机，相机抉择本地区的产业方向，是促进长三角都市圈产业发展与区域协调互动的关键。

根据诸多报告分析，普遍的企业认为，2010 年世博会对上海第二产业中各行业产生直接或间接的拉动作用。这次世博会举办所带来的产业布局调整面较大，加快了产业集聚。2010 年世博会举办期间给上海企业带来巨大的商机和信息资源，有助于本行业的技术创新和带动品牌效应。大多数企业认为，世博会之后，上海企业发展得更快；有企业开辟了新的经营领域；企业调整了行业布局。一方面，工业企业通过参与世博会，得到相当的前期效应、举办效应。另一方面，通过新技术、新材料、新工艺、新产品的展示，提高了企业产品品牌的知名度，为企业参与国际竞争打下基础；以及通过参与世博会的整个过程，科研、开发、生产工艺水平有较大的提高，强化了企业发展后劲。

讨论：查找资料，讨论世博会给上海及长三角地区经济发展的实际影响有哪些？

三、实训题

1. 考核设计

利用会展市场调查方法，对本地会展市场进行调研，并写出调研报告。

2. 考核标准

考核项目	操作要求	配分	得分
资料收集	资料收集全面，真实	10	
方案制作	会展市场的基本情况分析	10	
	会展市场存在的问题分析	10	
	会展市场存在问题的解决方案分析	10	
	小组讨论，形成一致观点	10	
分析汇报	表达清晰流畅	10	
	内容全面、分析完整	20	
团队精神（成员互评）	通力合作、分工合理、团结互助	10	
	发言积极，乐于与同学分享成果	10	

项目七 会 展 城 市

项目目标

1. 了解会展城市发展现状。
2. 理解会展城市的特点和作用。
3. 明确会展城市发展的趋势。
4. 掌握会展城市形成和发展的条件。

项目关键词

会展城市　会展城市营销策略　发展格局

项目导入

会展业与会展城市

作为"城市的面包""在城市上空撒钱"的会展业已成为城市经济生活、精神生活、社会生活的"助推器",对城市的经济发展、环境改善、人际关系的融合产生多方面的重要影响。经过20世纪90年代以来年均近20%的快速发展,2003年上海市共举办了330多个展览,交易额达550亿元人民币,会展直接收入达18亿元人民币,占全国总量的45%,跃居全国会展城市之首。2006年,我国共举办各类展览会3800多个,其中上海办展349个,已超过北京和广州,数量居全国首位(2006年三地共举办864个展览会,其中上海占三地总数40%,北京占三地总数39%,广州占三地总数21%),而且展会直接收入已超过30亿元。2009年上海会展业直接收入为116亿元人民币,对经济增长的平均拉动系数为1∶9.2,拉动相关行业收入约1000亿元人民币。上海对全国会展业的示范和带动效应日益明显。2013年,上海共举办各类展会793个,展览总面积达到1200万平方米,继续在全国各城市中处于领先。

同时,发展会展经济也是提高一个城市知名度和国际地位的重要举措。"十五"时期,北京已成为全国最有影响的三大会展城市之一。而随着会展业被列入北京市生产性服务业的重要组成部分,2009年北京市会展业总收入达124.4亿元人民币,2006~2009年年均增长19.47%,高于同期国内生产总值的年均增速。2008北京奥运会的成功举办使得北京市的经济、文化、环境保护等各方面大幅提升,作为国际大都市的北京在世界各国的影响力大大增强。据测算,会展业直接收入年均增长20%~30%,2015年会展业收入将达到300亿元人民币以上。会展业成为北京市国民经济的增长型主导产业。

【点评】:会展业的发展促进了城市的发展,会展城市的产生,推动了会展业的发展。

课题一　会展产业与城市发展

一、会展产业与城市发展的关系

1. 会展城市特征

城市是人口与经济的聚集中心,也是会展的发源地和集中地。现代会展高度集中在大城市尤其是国际大都市中。会展与城市密不可分。

会展城市具有以下特征。

① 会展经济在当地国民经济中发挥着重要作用。

② 会展及其相关服务设施比较完善，接待服务能力比较强。

③ 拥有吸引参展商、客商的自然或人文因素，或者会展项目在当地乃至全国同行中占突出的地位。

④ 城市形象佳、开放度好、经济富有活力。

⑤ 当地政府对会展经济的发展在政策、法规等方面给予一定的扶持。

通常的情况是在一群经济相对比较发达、自然或人文方面各具特色的城市中，会展城市以地理区位优势为依托，产业基础为前提，找准自己的定位，发挥各自的优势，着力办好自己有特色的会展精品，通过相互配合与呼应，实施差异化会展发展战略，培育新的经济增长极，促进区域经济一体化发展，在发展与合作的过程中打造一个联手、合作、共赢的会展平台。

经济全球化使我国经济与世界经济日益融合。会展业，作为连接生产和流通的最直接形式，在信息交换、商品交易、技术交流和资金引进等方面的重要作用越来越得到世界各国的关注，其巨大的市场潜力及高额的回报吸引着越来越多的城市加入到会展市场的竞争中。会展经济、旅游经济、房地产经济被誉为21世纪的"三大无烟产业"，对一个城市、一个地方的国民经济的发展无疑具有极大的推动作用。目前，会展业成为各地经济发展的一支重要力量，会展业也在以几倍甚至十几倍的速度给各地经济带来了无法估量的利润空间，怎样发展会展业以加快城市的现代化发展，突出城市在经济社会发展中的地位和作用，理所当然地成为当今我国各城市普遍关注的问题。

会展业作为现代服务业的重要组成部分，在城市经济发展中通过会展形式拉动相关产业发展，对完善城市服务功能、提升城市形象、促进经济发展与城市建设、提高城市精神文明等方面具有十分重要的作用。为加快会展产业发展，使其尽快成为带动现代服务业发展的先导行业，一个城市在硬件建设、工作体制机制、政策配套等方面的健全和完善显得尤其重要。

近年来，我国会展业获得了飞速发展，从会展的环境、设施、规模、种类、水平、作用、影响等来看，已名列世界前茅，可称世界展览大国，正逐步成为亚洲区域性的"会展中心"。只是我们的展会国际化、专业化、市场化程度还不是很高，通过国际展览业协会认证的企业和展会还不多，难以称得上会展强国。会展本来就不是局限在一个城市的活动，而是要超越城市，扩展到更大区域以至全球的，单个城市就不应当也不可能成为会展中心。

2. 会展业与城市发展的关系

（1）两者是一种相辅相成的关系　这主要表现在会展地点的选择和会展活动的组织等方面。一方面，城市化水平较高的城市更有利于发展会展业，如世界著名的"会展之都"法兰克福、纽约等，以及举办过多次国际性会展的北京、上海和广州等，都是政治、经济、金融或贸易的中心城市。另一方面，也有相当数量的城市是因为发展了会展业才使城市化进程不断提高，乃至成为世界上著名的都市，如德国的汉诺威、意大利的米兰、我国的海南博鳌等。

（2）两者互为前提、相互促进　会展经济是由多种产业融合而形成的经济形态，具有很强的包容性。会展产业涉及商贸、服务、交通、旅游、广告、装饰、海关、保险以及餐饮、通信等诸多部门，在会展城市群中，以龙头城市为主导，带动卫星城市群共同发展，不仅可以培育新兴产业群，而且可带动一系列前向、后向关联服务产业的共同繁荣。据专家测算，国际上展览业的产业带动系数约为1∶9，即展览场馆的收入如果是1，相关的社会收入为

9。这样高的产业关联度使得会展经济成为带动城市和区域经济发展的新增长点。与此同时，会展经济还可增加大量的就业机会。据测算，每增加1000平方米的展览面积，就可创造近百个就业机会。在美国，展览业1年虽然只直接创造几百亿美元的经济收益，但其间接拉动相关服务经济却高达1000多亿美元；同时它所创造的大量就业机会，还直接或间接地拉动了相关行业或产业的经济增长。而城市的发展将使得该地成为人流、物流、资金流、信息流的聚集地，良好的积聚优势反过来进一步促使会展业快速发展。

（3）两者互为积聚效应　会展业具有窗口效应，会展活动是联系会展城市和外界的纽带，会展城市通过组织大型国际会议或展览会，不同地区的人们走到一起，有助于加深政府、国内外团体和商界彼此之间的了解和交流，推动城市间人员的互访和文化的交流，会展活动就自然地成为会展城市与外界互动交流的平台或者对接窗口；展会就像一面镜子，能够向世界各地的参展商、贸易商和观展人员宣传一个国家或地区的科学技术水平、经济发展实力，城市经济发展的特点和走势，展示城市的风采和形象，扩大城市影响，提高城市在国际国内的知名度和美誉度。一个城市召开国际会议和举办国际展览的数量和规模，是衡量一个城市能不能跻身于国际知名城市行列的重要标志。会展业从某种意义上来看，属于"参与经济"的范畴，越多的人关注并参与会展，其发展态势就越好。会展和城市发展之间恰好形成一个相互积聚注意力的效用机制，知名会展可以吸引众多的相关者来了解展会的举办城市，而区域中心会展城市也会为人们参展或观展的决策增添砝码。

（4）两者体现为一种动态发展的关系　通常，只有当城市发展到一定程度，会展的产生才具备前提条件，而会展业的产生和壮大将促使城市在原有基础上获得进一步的提升，尤其第三产业的迅速发展。这种进程表现为循环往复呈螺旋式上升的发展链，使会展业和城市不断地相互促进、共同发展，层次也在不断地提升。

从上述分析不难看出，城市发展是会展业萌芽与成长的土壤，会展业的发展与壮大则是会展城市现代化发展的标志与趋势。两者之间的这种紧密关联的关系，是会展经济与城市互动发展的内在前提。

二、会展业对城市发展的推动作用

会展经济是一个朝阳产业，会展能汇聚巨大的信息流、技术流、资金流、商品流、人才流和物资流，将对国民经济和社会进步产生难以估量的影响和催化作用。

1. 拉动城市建设，改善投资环境，促进城市功能的充分发挥

会展本来是工业生产的附属，但随着经济全球化浪潮的推进和后工业化时代的来临，会展经济开始以独立的面目出现在国际贸易舞台上。会展业可以给城市带来场租费、搭建费、运输费、广告费、住宿、餐饮、旅游购物、贸易、通信等直接或相关收入，更为重要的是，会展能汇集巨大的信息流、商品流和人才流，会对一个城市或地区的国民经济和社会进步，产生难以估量的影响和催化作用。根据测算，会展业的利润率大都在25％以上，是高收入、高赢利的产业。因此，会展业受到世界各国的广泛重视。现在每年在世界各地举办的大型国际会议有40多万个以上，总开销达到800亿美元，定期举办的大型展览会和博览会有4000多个，直接经济效益达到了2800亿美元。

一个城市要发展会展业，必须具备良好的基础条件，其中包括拥有一流的会议、展览设施，发达的交通、通信设施以及特色的餐饮与风景旅游区等基础设施。各地方政府为争取获得大型会议、展览的举办权，发展本地会展经济，一般都会积极进行综合性、全方位的城市建设，如铺设交通、通信网络，兴建现代化的大型会展中心，加快城市环境保护工作等，客观上使城市功能得以充分发挥；会展活动还有利于吸引投资，为会展举办城市带来更多投资机会，推动会展举办城市的经济发展与国际接轨，会展经济已经成为会展城市经济新的增长点。

比如，上海为举办 APEC 会议，展开了新中国成立以来规模最大的一次"城市美容"活动，各景观道路建筑整容面积近 400 万平方米，使上海基础设施的质量达到历史最好状态。同时，上海旅游、商业、交通等硬件设施也得到了发展。郑州市 2007 年共举办规模展会 93 个，与 2006 年同期相比增长 24%；展览总面积为 112 万平方米，同比增长 30%，为全市展览面积首次超过 100 万平方米，成为我国为数不多的展览面积过百万的内陆城市之一，会展业带动其他相关产业收入 70 亿元人民币以上，实现了良好的经济与社会效益。

2. 促进城市文明建设，提升城市品牌与知名度

会展经济的发展，必须依托举办地的软、硬件条件。高质量的设施，优美的城市环境，良好的城市形象，热情友好的城市居民和现代化的管理水平及优质服务是必不可少的，这就势必引起当地政府加快改进城市建设的发展。和迅速发展的信息技术和手段相比，会议和展览具有无可比拟的便捷性、集中性、直观性和快速性等特点，会展展示了最新的投资理念和意向，展示了最新的技术和品牌，以最现代的信息流带动资金流和物流，使之向更合理有效的方向流动，在新技术的推广方面仍起着不可替代的作用，通过传播信息、知识、技术、观念等加速会展城市文明建设的进程。

会展业也是联系城市与世界的桥梁，通过会议和展览提升会展城市品牌与知名度。举办会展，还可以向世界宣传一个国家和地区的科学技术水平及经济发展实力，展示城市形象，通过海外客商耳濡目染形成的良好口碑，提高城市的知名度和美誉度，进一步推动城市的繁荣。"博鳌效应"就是一支神来之笔，原本偏僻落后的博鳌建成国际会议中心后，以良好的生态、人文、治安环境，吸引众多海内外会议组织者将会议安排在博鳌召开，仅 2006 年一季度，就有 100 多个国内外会议选址博鳌，而每天前来旅游度假的人更是络绎不绝，这正是会展经济的魅力。北京、上海、大连等城市明确将会展业纳入重点扶持的都市型产业和新的经济增长点。

3. 会展促进各城市功能定位和要素的合理流动，增加就业，促进会展城市经济一体化

会展业有利于消除区域之间诸多的贸易性壁垒和垄断竞争的瓶颈，不同地区的人们走到一起，取长补短，优势互补，进行交流、交易，从而促进城市各种生产力要素在各会展城市间的合理流动，带动城市相关产业如广告、旅游、印刷、保险、饭店、交通、通信等行业的发展，使经济资源得以优化配置，促进各会展城市分工协作，最终实现区域经济一体化。

会展业还可以为区域和城市人提供大量的就业机会。据测算，每增加 1000 平方米的展览面积，就可创造 100 个左右的就业机会。1999 年昆明世界园艺博览会，使整个云南省的旅游火爆起来，进而带动了相关行业的 40 万～50 万人就业。在香港地区，每年会展大约可提供 9000 多个就业机会。对就业压力比较大的我国而言，会展经济的发展无疑为增加就业提供了一条有效的途径。

毫无疑问，城市会展经济越来越受到各国、各地区和城市的普遍重视。作为一个多金的朝阳产业，在全球经济发展中，会展业平均每年的直接经济效益为 2800 亿～3000 亿美元。20 世纪 80 年代以来，我国会展经济每年以平均 20% 的速度递增，近年来，国内许多城市把建设展览场馆作为城市形象工程来抓，投入巨大。全国上万平方米的展馆已有 30 多个形成了北京、上海、广州、郑州、大连等地区中心。

课题二 会展城市的形成条件与营销策略

会展业有自身的产业运行规律和条件限制，对举办地有着一定的要求。也就是说，一个城市能否发展成为会展中心，纵观会展业发展历程，必须具备一定的基本条件。

一、会展城市的形成条件

1. 特色的旅游资源

会展城市一般都具有会展中心和旅游城市的双重功能，拥有良好的自然环境和文化环境，或风景秀丽、气候宜人，或文化底蕴丰厚、人文气息浓郁，具有较强的可观赏性。如德国科隆、法国巴黎等城市都具有会展中心和旅游城市的双重功能，这些城市本身具有较大的吸引力，加上其他硬件设施及人才优势等要素，使其很容易培育品牌会展、知名会展，进而成为会展中心；对一些原来默默无闻的城市来讲，如果希望通过会展发展地方经济，独特的旅游资源环境是其成功的重要条件，例如海南的博鳌有独特的自然景观和旖旎的风光，并因博鳌亚洲论坛在这里举办使其一夜成名，跻身著名会展中心之列。

2. 交通便捷、地理位置优越

大型国际会议或展览会涉及参展商品、客商以及观众的运送和传输，大量的商品、技术、资金、信息汇集在极为有限的时间与空间里，需要迅速扩散到广泛的群体中。同时会展城市要集聚市场，即交易市场的辐射力或者对周围区域市场的覆盖范围。因为会展活动特别是展览会再频度较高的贸易基础上才可能产生和发育，才有可能吸引媒体的关注，从而影响参加会展活动企业的营销效率。因此会展举办城市的地理位置和交通状况至关重要。

3. 相对发达的第三产业

会展经济与交通、通信、住宿、餐饮、旅游、商业、电信等行业有较强的关联性，需要这些行业提供完善的服务，满足参展客商的多样化需求。产业发展水平和市场规模是会展经济发展的基础，也是构成会展城市的两个要素。特色产业优势愈明显，品牌效应愈强，展会愈容易吸引参展企业和客户，从而赢得声誉，扩大影响。现在知名的国际会展城市如东京、巴黎、新加坡等，大多数是在本地区及周边地区经济快速发展，内外经贸交易频繁情况下衍生与发展的。因此，会展一般都会选择在第三产业相对发达的城市举办。

4. 市场条件好，开放度高，拥有优势产业

会展活动辐射性广、相关性强、规模大，要求会展城市达到较大的市场规模、较高产业发展水平与开放度，城市基础设施条件和会展设施条件越完善，产业优势愈明显，品牌效应愈大，展会愈容易吸引参展企业和客户，从而扩大影响力，如德国汉诺威的工业博览会、法国巴黎的时装展等。会展业目前已经有了一个共识，就是要根据各地的经济文化特点来举办展会。广州是我国对外贸易的重要门户，素有"我国第一展"美誉的我国出口商品交易会每年春秋两季在广州举办。西安是我国西北的龙头和著名的旅游城市，在西安举办的酒店设备、旅游商品展十分频繁。天津是我国北方的物流中心和制造业基地，在天津举办物流展会和制造业的展会有广阔的市场。当然，在会展业发展过程中，政府的支持和作用不可或缺，而且在某些条件下甚至不可替代，很多国家的政府都通过许多方式组织本国企业出国办展，也为在本国举办的展览会提供相关服务与支持。

二、会展城市的营销策略

会展业作为新兴行业，对城市发展的影响力日趋增大，越来越多的城市领导人把加速会展业的发展当作促进城市经济发展的新动力之一。为此，采取什么样的营销策略，如何打造品牌会展城市即成为问题的关键。

1. 做好市场调查和会展城市的策略定位

作为一个朝阳产业，会展业能汇聚巨大的信息流、技术流、资金流、商品流、人才流和物资流，对区域经济和社会进步产生难以估量的影响和催化作用。因此，一些地方政府为成为会展经济的主角，不做市场调查，不惜投入巨额财政资金，直接策划主办旨在宣传本地形

象、扩大本地影响、带动本地产业发展的各种综合性会展活动。结果导致重复办展，主题模糊，资源浪费。一个成功的会展，市场调查是必不可少。

在确定会展项目以前，要洞悉地区经济、地理方面的优势和特色，一方面明确有参展需求的参展商，摸清他们的需求所在，也要有了解这些展会信息的人群，并着眼于发展潜力大而又能发挥自己优势的市场，以求"买与卖"的结合与会展效应的最大化。同时，会展的定位必须建立在充分掌握了市场信息的基础上，必须明确是走综合性的会展城市发展道路还是走专业性的会展城市发展道路。综合性的会展城市发展道路是指举办将各个产业、行业与内外贸结合的大型交易会、博览会或国际会议，如广州的"广交会"；专业性的会展城市发展道路是指以某一个产业或者行业为依托举办的规模不等的交易会、博览会或大型会议，如顺德的"家博会"、"碧海（廊坊）钓具展"。目前，由综合性向专业化发展已经是国际会展业的大趋势，"广交会"将展期一分为二，就反映了会展业专业化分工的趋势。

2. 要着力打造品牌会展

20世纪90年代以来，世界经济发展中的一个重要特点，是经济全球化的进程明显加快。作为生产与销售间的专业平台，展览会早已冲破了地区和国家的界限，展会的国际化程度不断增强，这也是经济全球化发展的需要。与此相对应，展览业就自然成为他们展示公司形象、发布新产品、推广新技术、建立区域或全球市场的重要平台，从而推动区域经济一体化，并最终走向经济全球化。面对激烈的市场竞争和优胜劣汰的市场机制，一个会展公司如果没有自己的品牌很难在全球化进程中占有一席之地。目前，我国会展业普遍缺乏品牌意识，行业缺乏品牌企业和品牌会展，缺少领头羊，从而导致盲目办展、重复办展、会展内容混乱、受众对象不明确、举办会展的中介公司良莠不齐、缺乏品牌会展企业等，造成资源的极大浪费、市场竞争力低下。

3. 强化会展业的服务功能

会展服务是会展业的生命所在，没有一流的服务就不可能有一流的会展。应该加快改变目前的"重招商、轻服务"的现象，切实把会展服务工作放到与招商同等重要的位置上，把参展商的利益放在第一位。参展商的利益得到保证，下次展会企业仍会主动参加，如此展会的连续性、定期性才有保障证。因此，从立项、招展、办展到会展结束，都必须贯穿良好的服务意识。如要做好展前的信息发布，可帮助参展商做好展馆展台的布置工作；做好展场的金融、法律、会计等方面的各类咨询服务工作；举办各种洽谈会、主题研讨会，交流信息，创造商机，以及设立海关、商检的绿色通道，为参展商提供便利；提供运输、保险、翻译等各方面的服务。最重要的也往往容易被忽略的一点是会展结束后的后续服务问题，这需要建立参展商、观展商的资料库，保持会后的及时联络，了解他们的意见和建议，便于日后改进工作。

4. 制订网络营销策略

会展的首要作用是传播信息，网络技术对信息和数据的传递、交换和处理等会提供极大方便，克服了会展时空方面的有限性。其次，会展属于商务活动，网上会展则是将会展商务活动的电子化。展览活动大多是以盈利为目的，展览组织者在运作过程中采用网络技术，具有节约、高效、快捷、方便等优点。因此，开辟网上会展则可以突破这些限制，除了在会展举办期间作为主场的有利补充之外，它还可以提供全天候、跨地域、跨国的会展环境，为各国贸易商提供一个丰富、开放、全息的信息交流场所。如今的电子商务会展已经具备了一些传统会展所不具备的功能和手段，不再仅仅是传统会展的宣传手段，而是日益成为一个新的会展形式。

5. 做好会展营销与旅游资源的对接

随着会展业规模的不断扩大，旅游业对会展活动的支持作用表现得越来越明显，一批旅游企业开始涉足会展业务并取得了良好的经济效益。会展活动和旅游业能够而且必须实现有效对接已成为会展界和旅游界的共识。可见，会展与旅游之间存在十分紧密的联系，会展参加者向来是旅游业的重要客源，开发会展地旅游资源对会展的成功也举足轻重。会展城市如何实现会展与旅游资源的结合，利用旅游资源促进会展成功举办是一个很值得思索和实践的重大问题。

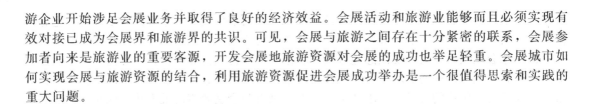

课题三　我国会展城市的发展格局

一、我国会展产业带发展状况

我国会展业将在世界范围内实现历史性突破，将成为世界会展业发展的最重要一极。目前我国会展业已率先在经济发展水平较高、基础设施较完善、第三产业较发达的以北京、上海、广州为核心的城市群当中快速崛起，逐步形成了以北京、上海、广州为核心的环渤海、长三角、珠三角三个会展城市群。随着"西部大开发""东北振兴"和"中部崛起"国家战略的逐步实施和内陆开放的迅速发展，分别以成都、重庆、大连、沈阳、武汉、郑州等城市为核心，初步形成了西部、东北、中部三条会展城市带。此外，以福州、厦门和海口、三亚为内核，海峡西岸经济区和海南国际旅游岛两个会展城市圈正在浮出水面。以上三大会展城市群、三条会展城市带和两个会展城市圈，构成了我国会展经济的大体框架。相信再假以时日，经功能尝试和竞合实践，将逐步形成平等互动、均衡协调、各具特色、梯次发展的我国会展经济大格局。

1. 以上海为中心，以南京、苏州、南通、合肥、宁波、温州、义乌、杭州等城市为两翼的长三角会展城市群

长江三角洲作为我国经济、科技、文化最发达地区，正以其雄厚的经济基础和发达的产业，推动着区域会展经济的飞速发展，为长江三角洲诸城市驾起了通向亚洲最大的会展城市群的桥梁。

上海作为长江三角洲的龙头，正在成为迅速崛起的"亚洲会展之都"。它与北京"首都展示成果效应"不同，在上海周边地区已经形成了以上海为龙头，以南京、常州、苏州、杭州、宁波、义乌、绍兴、海宁、永康等中小城市为依托的大区域经济工业区，因此上海具有来自周边城市展示、交易等需求基础，这对上海会展市场的长期持久发展极为重要。

与北京、广州两地的会展业相比，上海会展突出的特点在于它是许多国际上成熟的展览在我国的第一登陆地。很多在上海召开的国际会展，已经是在国际上运作成熟的会展，其市场定位及所针对的客户群体十分明确。这些国际会展的运作很大一部分也是由国外展览公司直接操作完成的。所以，上海不仅是国际展览的我国第一登陆地，也是国外展览公司在我国的第一登陆地。世界展览业三巨头——德国汉诺威展览公司、意大利米兰展览公司和德国法兰克福展览公司，都已经在黄浦江畔设立了分支机构，此外，德国汉诺威、杜塞尔多夫、慕尼黑三家著名展览公司也与上海合建新国际博览中心。由于上海具有沿海城市中最高的城市地位，因此国外大量会展品牌首先选择在上海登陆，为今后上海会展向国际化方向发展铺平了道路。上海在长江三角洲经济区域内，作为中心城市的城市地位十分稳固，对区域内其他中小城市的经济辐射作用远大于经济竞争作用。

上海举办2010年世博会的成功，为上海会展业的发展增添了新的契机。上海作为经济中心城市的枢纽功能、窗口功能、集散功能和服务功能，激活了国际间和地区间的信息沟通、技术合作、贸易往来、人员互访和文化交流，使长江三角洲地区受到直接的辐射和带动，打造出一个长江三角洲的"世博圈"。世博会带来的旅游人流把长江三角洲地区的经济串联起来,通过一系列局部多赢合作推动长江三角洲地区从浅度合作进入深度合作,从而加快了长江三角洲城市群的建设。一个以上海为核心,包括杭州、苏州、南京、宁波等城市在内的长江三角洲城市群迅速崛起,成为与慕尼黑、法兰克福、杜塞尔多夫和科隆等城市一样的会展城市群。

长江三角洲会展城市群中南京、苏州、南通、合肥、宁波、温州、义乌、杭州等城市均以上海为龙头,分别发展区域会展经济。各个城市会展定位都非常明确,如宁波、温州的制造业展会,杭州的休闲、会议、旅游三位一体的定位,苏州的外贸、外资类展会的定位等。各会展城市的主体也各有特色,互不冲突,如杭州的"西博会"、苏州的"电博会"、常州的"中小企业商品博览会"以及宁波的"旅游商品展览会"等展会已崭露头角。

长江三角洲会展城市群,由于具有紧密的区位联系和丰富的旅游资源,通过城市之间的相互协调和配合,形成了高度一体化的区域会展经济。并且,由于这些城市大部分都是沿海城市,经济国际化程度比较高,以经济为主题的各种形式的大型国际会议和展览,成为长江三角洲地区会展经济的一个重要发展方向。目前,整个长江三角洲地区会展业还处在初级阶段,从市场经济的发展空间来讲,长三角的会展业今后应利用长三角具备制造业密集和观众密集的特点,以着力打造区域性会展品牌为突破口,充分发挥市场优胜劣汰的机制,对长三角会展业进行合理布局,资源共享,做强"品牌",才能使会展经济成为区域经济发展的强劲动力。

2. 以北京为中心形成的包括北京、天津、河北、内蒙古等省市区的环渤海会展城市群

北京作为我国的首都,作为我国的政治、经济、金融、文化中心,发展会展经济具有得天独厚的优势,当属我国一级会展中心城市之列。随着北京加速建设国际化大都市和2008年奥运会的举办,北京会展经济将加速进入快车道,并以其强大的区域辐射功能,带动天津、廊坊、唐山、烟台等周边城市会展经济的发展,形成以北京为核心,由京津地区向整个华北地区延伸的会展经济产业带。

相对于北京,天津会展业的发展要有明确的定位。天津滨海国际会展中心位于天津开发区,拥有24000平方米展馆和现代化的会议室、室外展场及其他配套设施。天津港是北方最大的港口,天津工业很发达,应该综合考虑这些因素,再结合市场需求,决定举办展览的类型和会展业的定位。烟台作为国家重点开发的环渤海经济圈内的重要城市,亚太经合组织APEC频频在烟台举办重大经贸活动,从国际贸易博览会到中小企业技术交流暨展览会、电子商务博览会,烟台无可争议地成为我国最负盛名的APEC会展城。廊坊市会展经济经过几年的培育已初具规模,2010年,廊坊市的展览面积约155万平方米,参观人数85万人次,贸易成交额达50亿元人民币。碧海(廊坊)钓具展、我国国际管道展和我国国际电梯展都是亚洲乃至全球业内最大的展会。特别是全球规模最大的电梯展,从北京、上海这两个大城市移师廊坊,奥的斯、东芝、日立、三菱等世界知名品牌云集廊坊,使廊坊市再次吸引了世界的目光。东北亚暨环渤海国际商务节、我国北方旅游交易会、我国(廊坊)农产品交易会等一批高规格、大规模国际化展会陆续举行,表明廊坊市会展业正快速向国际化、专业化、品牌化的方向迈进。

3. 以广州为中心,以香港地区为龙头,形成珠江三角洲会展城市群,包括深圳、东莞、顺德、珠海、中山等会展城市

(1) 珠江三角洲-华南地区发展会展经济具有强大的产业支撑 珠江三角洲地区一些新的中心城市,如深圳、东莞、顺德等城市因其经济的发展已率先成为我国重要的电子信息、生物技术、光机电一体化、新材料等领域的高新技术产业群。相对主要发达的产业有玩具、钟表、建材、电子通信、家用电器、石油化工、医药制品、化工制品、纺织服装、食品制造、信息产业和高新技术产业等,其中尤以有"东莞停工,世界缺货"一说的东莞"三来一补"加工中心,首屈一指的顺德家电业、佛山的陶瓷业最为著名。这些发达的产业为华南地区展览市场提供了丰富的项目资源,使其适合发展具有地方产业特色的专业会展。

(2) 拥有与香港地区毗邻的区位优势　香港地区在举办会展方面有着丰富的国际经验,是著名的国际会展之都。珠江三角洲的城市,如深圳、东莞、广州可以与香港地区开展合作,提升会展层次,形成会展城市群以最终迈向国际市场。以广交会(现名中国进出口商品交易会)和中国国际高新技术成果委员会(以下简称高交会)为龙头,以广州为中心的珠三角会展经济带,接深圳、香港地区、东莞、顺德、珠海、中山等会展城市,这一会展经济带日益呈现出展会竞争更趋激烈、企业合作更加紧密的态势。

(3) 珠三角会展业最大的特点是对外开放程度高　广州既有国家级的广交会,也有国际上知名的会展业巨头,还有民营展览机构所办的各类专业展。可以说,广州的展览业给了每个相关经营者以同等机会,任何有实力的办展机构,在广州只要摸准市场,都有发展的机会。世界知名的跨国展览巨头均看好珠三角这一会展金矿,励展与慕尼黑的斗法仅仅是外资展览巨头近年抢占内地市场的一个缩影。《内地与香港关于建立更紧密经贸关系安排》(CEPA)实施后,香港地区的展览公司也放开手脚在内地经营,这进一步刺激了大型跨国展览集团加快进入我国的脚步。

总体而言,珠江三角洲-华南会展经济产业带中的各城市依据自身特色开发各类展会,将形成多层次、优势互补的会展市场结构。广州作为华南会展业的中心城市,以继续举办中国进出口商品交易会这样大型的综合性展览为主,以"规模大、参展商多"见长;深圳以举办高科技专业展会为主;其他珠三角各城市依托特色产业,举办具有浓厚的产业色彩的展会,如虎门的服装节、东莞的民博会等;而海南三亚和博鳌将以大型论坛和研讨会为主,南宁和桂林以专业会展,突出"小而精"为特色。

4. 以郑州、武汉为中心形成中部会展经济带

郑州作为全国重要的综合性交通、通信枢纽,作为我国历史文化名城和优秀的旅游城市,具有发展会展业得天独厚的优势。郑州会展业不仅具有郑州国际会展中心、中原国际博览中心等一批较高水准的硬件设施,而且在会展组织、会展品牌等软件建设方面也居于国内前列。目前,郑州会展业已具有一定的产业规模,并呈现出继续快速发展的势头。郑州作为"中部会展之都"的地位已经初步形成。经过近年来大力培育,郑州已形成一批有影响力的品牌展会。2005~2011年,郑州自主品牌展会数占到展会总数的85%。郑州全国商品交易会、河南家禽交易会、河南国际投资贸易洽谈会、中国(郑州)汽车后市场博览会、郑州国际汽车展览会、中原医疗器械博览会等展会,已经成为中部地区同行业规模、影响较大的展会。其中,河南家禽交易会已发展成为全国畜牧行业最大的 A 级交易会。

武汉作为华中地区的特大城市,产业基础牢固,科技实力雄厚,交通运输便利,交通、商贸历史悠久,文化底蕴深厚。近年来,武汉会展业持续升温,培育了"机博会""食博会""汽车展"等大型会展品牌。根据统计,2011年武汉共举办展会 352 个,比 2010 年增长了 70%。

5. 以成都、重庆为中心,形成西部会展经济带

在西部地区,作为我国西部特大中心城市的成都,是西南地区的"三中心、两枢纽",具有较强的地缘优势,其城市的辐射与整合功能较强,对我国西部大市场的培育与发展有着举足轻重的影响。因此,成都应根据自身经济、环境等特色,形成节、会、展相结合的会展经济发展模式。2012年,国家糖酒交易会宣布永久落户成都;第 13 届中国西部国际博览会(以下简称西博会)吸引了来自全世界 105 个国家和地区的 78000 位客人;有"核工程领域的奥林匹克运动会"之称的第 21 届国际核工程大会 2013 年 7 月也在成都召开。2013 年 9 月初,第 35 届国际水利学大会也在成都举办,成都也是继北京之后大陆地区第二个承办这场国际水利学最重要的年度会议的城市。2013年3月27日国际会议协会正式接纳成都市博览局成为其会员，成都市博览局也成为我国中西部地区第一家进入国际会展协会这一著名国际组织的政府单位。而如今的成都，是我国中西部地区唯一以"中国著名会展之城"著称的大城市。

鉴于西部地区基础设施薄弱，经济还落后于沿海地区，西部城市要发展会展经济，必须加强两方面建设。一方面，加强基础设施建设，完善交通、通信、运输、建筑、餐饮、宾馆等基础条件，形成对会展业强有力的支撑。同时，增强市场服务和竞争意识。另一方面，依据中西部地区在重工业、能源、旅游业、农牧业、种植业和吸引外来投资等方面的优势，发展与产业结构关联度高的专业展览会，并努力向国际化、规模化方向发展，争取培育一批在国际上有影响力的品牌展览会。

6. 以大连、沈阳为龙头，以边境贸易为支撑形成的东北会展经济带

东北与其他经济区域相比，最大优势就是与俄罗斯、韩国、朝鲜相邻，边境贸易具有相当大的发展潜力。中央振兴东北的战略，必然推动东北老工业基地产业结构的调整和经济格局的变化。

黑龙江、吉林、辽宁三省的省会城市哈尔滨、长春、沈阳应通过依托当地产业特色，开发对俄罗斯、对韩国经贸类展会，培育地区特色的会展经济。大连因其作为港口城市具有较强的经济优势和区位优势，大连会展业作为新兴行业，发展的历史并不长。但是，会展业作为大连一个行业，尤其以大连服装节为代表的大连会展业步入了一个成熟期。目前，大连现已培植出中国（大连）国际服装纺织品博览会（原"国际服装博览会"）、软件交易会、专利交易会、汽车工业展览会等国家级专业展会和大连商品交易会、海事展览会、老年用品博览会等10个地方特色鲜明的品牌展会，并与14个国家和地区的近50家展览公司以及商会、协会建立了业务联系。哈尔滨会展业的特色是打造体育赛事，打造边贸交易会、冰雪节，其中滑雪胜地亚布力小镇的我国企业家论坛声名远播。沈阳作为东北重要的交通枢纽，发展了像装备展等一大批品牌展会。长春依托一流的生产基地，极力打造汽博会品牌，以电影城打造电影节，以农业商品基地打造农博会。

东北会展经济带已经初步形成，但目前东北会展经济带发展过程仍然存在的经济带内各会展城市之间的竞争激烈，专业性品牌展会少、展会规模小、重复办展等主要问题，制约了东北会展经济带的可持续发展。各个城市的发展与竞争必须处理得当，否则会造成主题雷同、资源浪费的后果。因此，东北地区各会展城市之间加强交流与研讨，进行会展产业的开发是当务之急。

二、上海、北京、广州三城市会展产业发展基本情况

1. 上海会展业

作为国际经济、金融、贸易中心城市，上海由于其区位优势得天独厚，基础设施日益完善，年人均GDP超过13434美元，已达到中等发达国家水平，服务业在GDP中占据半壁江山，率先在国内建立了地方会展业协会等。因此，上海会展业已具备国际博览会联盟认定的"强势增长"条件，开始从"幼稚期"向"成熟期"过渡。

上海市已将会展业列入今后5~10年重点扶持和发展的都市性服务业，在市场准入、场馆建设、行业管理、人才培养、国际交流等方面大胆借助外资和外方的人才和管理优势，加大对外开放的力度。日益宽松的政策环境和不断释放的市场潜力，吸引国际展览业纷至沓来，同时将许多国际品牌展导入我国市场。一位国际展览联盟官员曾这样评价上海：上海是国际商品、技术和服务进入我国市场的桥头堡，这决定了上海会展业的前景无可限量。

上海的会展业在质量和规模上都不断提升。20世纪90年代以来，在上海举办的全国性

或国际性会展的数量以每年20%的速度递增。1988年，上海举办的展览会只有35个，展览总面积8万平方米。到了1999年，上海举办的展览会150个，展览总面积80万平方米。2000年，上海举办的展览会猛增到270个，会展直接成交额超过460亿元人民币。2001年上海会展业直接收入达18亿元人民币，约占全国会展业直接收入的45%。根据《中国贸易报》的统计显示，2011年，上海新国际博览中心规模达到10万平方米以上的展览项目为14个。而2012年，上海共举办了806个展览，总展出面积达到1109万平方米，位居全国各城市之首。

另外，上海会展业的发展呈现以下特征。

第一，国际化程度加深。2010年国际展览会的数量和面积在上海举办的各类展览会中分别占36.1%和71.8%，境外参展商的比例提高到25.5%。每年在上海召开的各类会议（论坛）中，比较有影响力的国际性会议超过220个，年均增长20%。

第二，专业化程度加深。在上海举办的各类展览会中，综合性展会的比例持续下降，专业性展会的比例逐年上升，至2010年已近90%，形成了上海书展、假日楼市、汽车展、家具展、建材展、美容展、婚纱展、家纺展等一批重要的专业性例展，低碳、环保、节能类与产业结构调整相适应的展览会项目数量明显增加。会议（论坛）的专业化程度也日趋明显，举办了非洲开发银行理事会、国际金融论坛、陆家嘴论坛等一批重要的专业性国际会议（论坛）。

第三，品牌化发展。目前上海国际展览会品牌展有23个、优秀展有39个。这62个项目中涉及信息技术、先进制造业、新能源、新材料、生物医药和现代服务业等领域的有近50个，占了品牌优秀项目总数的80%以上，在专业领域内起到了引领繁荣、发展的作用。

第四，重大节事活动的影响力明显扩大。例如2009年第十一届中国上海国际艺术节，不仅规模大，且形式创新，成效为历届之最，交易成功率翻番，最终达成演出意向500多项。同时还开通了网络展厅面向全社会展示，获得了境内外客商的好评。2010年世博会这个全世界范围的节事活动的成功举办，上海积累了宝贵的经验，节事活动的举办创意和操作能力进一步和国际接轨。

2. 北京会展业

北京是目前全国最大的会展中心城市之一，是我国展览最集中的地方，在展览规模上位居全国之最。北京会展业的发展具有极强的"首都优势"，这种特殊的城市地位为北京会展业的发展带来了其他会展城市所不能比拟的优势。根据《北京会展业发展报告2011》数据显示，2010年北京会展业收入达172.5亿元人民币，比2009年强劲增长31.8%，其中国际展览项目贡献度超过四分之一。根据国际大会与会议协会（ICCA）的权威数据，2010年北京举办国际会议的数量达98个，在全球排名第12位，仍居中国大陆城市首位。截至2010年年末，北京规模以上会展接待场所拥有会议室5679个，全部会议室可同时接待47.8万人。随着新国展、国家会议中心和九华展览中心的陆续启用，北京大型展览场馆设施不足的状况进一步缓解，北京专业展览场馆总展览面积达67.6万平方米，其中展厅面积40.7万平方米，室外可用面积达26.9万平方米。

总体看，北京会议业和奖励旅游业发展势头强劲，但展览业发展相对滞后。

2010年，全市各宾馆饭店和展览场馆共接待会议25.7万个，累计接待1731.3万人次，平均每个会议室一年接待45个会议。其中，跨国软件巨头甲骨文公司的全球大会和甲骨文开发者大会同时在北京举办，接待了9000多名中外参会者；世界音乐教育大会则是1953年创办以来首次来华，全球3000多名音乐家、学术代表和47个国际演出团队齐聚北京。

北京丰富的旅游资源使得奖励旅游成为会展业的新增长点。2010年，北京共接待奖励旅游21.1万人次，同比增长91.4%，收入达6.4亿元人民币，同比增长46.3%，远远超出会议收入和展览收入的增幅。

相对而言，北京展览业面临的竞争压力较大。2010年，北京规模以上会展单位共接待展览1196个，同比增长9%，但总数量仍低于部分历史年度。随着会议业和奖励旅游的快速发展，展览业在北京会展业中的收入比例有所下降，从2009年的42.1%进一步降至2010年的40.8%。

经过多年培育，北京车展、北京国际机床工具展览会、中国国际服装服饰博览会等大型展会在国际上的影响力逐年提升，而一些规模较小、竞争力较弱的展会则逐步退出市场，这也使得北京展览业呈现办展数量下降但收入逐年增长的趋势。2010年，北京举办的展览每个平均收入达到588万元人民币，比2005年增加了2倍。其中，国际展览数量比2005年增加1.5倍，收入增长速度更超过数量增长速度。

北京的会展业逐渐向国际化的同时也有力地拉动了首都经济增长。北京通过举办大型会议、展览活动，有力地推动商贸、旅游等行业的发展。自北京筹办2008年奥运会以来，全市需求结构不断改善，消费拉动作用不断增强，北京市经济连续增长，人均GDP由3000多美元跃升到15052美元，经济总量超过19500亿元人民币。按照世界银行的标准，北京市经济社会发展的总体水平处于世界上中等国家或地区的发展水平。

3. 广州会展业

广州作为区域性的中心城市，会展业起步较早，在国内外享有较高知名度，在区位、展馆、品牌、市场、交通等方面占有明显的优势，是会展经济最活跃的地区之一，展览的数量、展览面积、展会规模和影响，都位居全国前列。数据显示，广州地区每年举办大型展览会350多个，各种展示、展销会1100多场。

广州会展业发展的优势：第一，拥有毗邻香港、澳门地区的区位优势。广州位于最具经济活力的珠三角腹地，是我国南方区域人流、物流、资金流、信息流的最大集散地，且毗邻香港、澳门地区，连接东南亚，素有祖国"南大门"之称，是我国历史最悠久的对外通商口岸。第二，拥有"中国第一展"的品牌优势。我国会展业的历史是从1956年举办"第一届中国出口商品交易会"开始的。经过多年的精心打造，广交会成功举办了113届，被誉为"中国第一展"。根据德国展览委员会的统计，该会已经位列汉诺威通信及技术博览会和汉诺威工业博览会之后，居世界第三大展览。广交会在国内外享有很高的信誉，对广州会展业发展产生了重要作用。第三，拥有"亚洲第一"的展馆优势。目前已经拥有全国最大的会展场馆设施，中国进出口商品交易会展馆室内展厅面积33.7万平方米，规模位居亚洲第一。另外，广州市重点场馆办展面积由2008年的369万平方米增长到2012年的829万平方米。2012年，广州市重点场馆举办展览377场次，展览平均面积达2.2万平方米/场，比2011年增长12.3%，其中面积在2万平方米以上的品牌展览达50个。

目前广州会展业发展呈现专业化、品牌化、规模化、国际化趋势，其发展水平雄居国内前三位，被誉为我国三大会展中心城市之一。但是距离把广州建设成国际会展中心城市的要求，广州会展业发展还存在明显的不足。其一，与全球知名会展城市相比，广州品牌化建设方面，UFI（国际展览联盟）认证数量少，举办国际展会数量少。2011年广州举办国际展会70个，数量不到巴黎的1/4、上海的1/3。UFI认证数仅为4个，香港地区、新加坡、伦敦分别为11个、16个和12个。其二，国际化建设方面，吸引境外参展商比例较低，2010年广州吸引境外参展商比例为11.45%，香港地区、新加坡、法兰克福分别为50%、50%、58%。其三，从会展公司数量看，2010年广州仅有61家，明显少于巴黎（589家）和伦敦（178家），也少于上海（74家）。在专业从业人数方面，2010年广州仅有2681人，远低于上海的3700人。

项目思考与讨论

一、复习与思考

1. 会展业在城市发展的作用如何?
2. 一个城市发展会展业的条件有哪些?结合你所在城市谈谈你的看法。
3. 会展城市发展壮大的营销策略有哪些?
4. 当今我国会展城市发展格局怎样?
5. 会展城市具有哪些特征?
6. 概述北京、上海、广州会展业发展概况并归纳分析各自的特点。

二、案例讨论

世博会对上海及长三角地区会展业发展的影响

世博会使上海展览业进入提升阶段。主要特点是会展项目呈现专业化、市场化、国际化和品牌化的发展趋势。

1. 促进会展数量与面积历史性地增长

2004年前11个月,上海地区共举办了284个国际展览会,展会总面积达306.5万平方米。其中,面积在1万平方米以上的国际展会有100个,占展会总数的35%以上,面积在5万平方米以上的大型国际展会数量也达到了8个。

2. 促进经营主体突破性发展,结构呈现多元化

涌现出一大批中外合资展览公司、外商独资展览公司以及民营展览企业。截至2003年年底,上海市在工商局登记的经营范围内包含"会展""展览""展示"或"展销"的公司有近8000家。其中常年以会展为主业的有184家。

3. 促进场馆建设大型化、智能化

上海市可供进行各种展览、展示、展销活动的场馆、场所12个,可供展示的总面积近20万平方米,其中可供举办较大型国际展览会的场馆有8个,总面积达到18.26万平方米。全市会场面积在200平方米以上的会议场馆共有138个,总面积近13万平方米。其中拥有3个以上超过200平方米会场的场馆有17个,面积为3.8万平方米。

4. 促进形成一批会展品牌

迄今为止,全国通过UFI认证的展会有19个,其中上海有中国国际模具和设备展览会、国际林业展、国际包装展、国际食品展、国际家具展、国际酒店展和上海国际汽车展等7个展会通过认证。

5. 促进会展项目移植

外国会展企业充分利用世界性业务网络,将一些国际名牌会展项目移植到上海,德国法兰克福、慕尼黑、汉诺威、杜塞尔多夫等知名展览公司在上海先后举办了199场展览会,其中50多个是具有相当知名度的国际展事,2003年10月汉诺威五大品牌展同时亮相上海成为当时一大热点。

讨论:后世博会时代,再看世博会对上海及长三角地区会展业发展带来的影响具体表现在什么地方。

三、实训题

1. 考核设计

分组搜集资料找到北京、上海、广州会展业发展存在的问题,提出自己的对策,写出分

析报告。

2. 考核标准

考核项目	操作要求	配分	得分
资料收集	资料收集全面,真实	10	
方案制作	北京、上海、广州会展业发展存在的问题	20	
	针对问题提出对策	20	
分析汇报	表达清晰流畅	10	
	内容全面、分析完整	20	
团队精神（成员互评）	通力合作、分工合理、团结互助	10	
	发言积极,乐于与同学分享成果	10	

模块二

会展管理与服务篇

项目一 会展企业

项目目标

1. 了解会展的概念、特征、分类与类型。
2. 理解会展企业组织结构和模型。
3. 明确会展企业职能部门的设计。
4. 掌握会展企业在会展活动中的主要工作。

项目关键词

上游会展企业　中游会展企业　下游会展企业　会展企业组织结构

项目导入

纽伦堡国际展览有限公司在组织结构上的调整

纽伦堡国际展览有限公司是德国著名的展览公司,也是全球十大展览公司之一。该公司位于德国纽伦堡,是纽伦堡展览中心的合作伙伴。纽伦堡展览公司在 2002 年成立专门的服务部,展览服务部是最年轻的一个部门。过去没有专门部门时,必须多头接洽,费时费力。而现在展览服务部每 2 年会根据服务业绩、客户的意见等与所有的服务提供方分别签订转包合同。而参展商则只需同服务部一家接洽即可。既方便参展商,又对所提供的服务质量有一个监督和控制。

【点评】:合理的组织结构是组织效率的保证,纽伦堡国际展览有限公司根据具体实际进行组织结构调整,使组织设计更具针对性和可操作性。

课题一 会展企业概述

一、会展企业的概念与特征

1. 会展企业的概念

企业是市场经济的主体,是产业集群的中坚力量,而会展企业又是会展产业集群的核心组成部分。推进会展产业集群化,必须首先抓好会展企业的培育和发展,必须加强会展企业自身建设,还要为会展企业创造良好的外部发展条件。

在我国会展业刚刚兴起的时候，并没有专门的会展企业，会展活动主要是由各级政府来具体操作。随着会展经济在社会经济生活中作用的不断体现，很多的企业都相应地成立了自己的会展部门。为了适应市场的变化，满足市场对会展业的热切需要，逐渐成立了许多专门的会展企业来从事各种类型的会展活动和相应的会展管理、策划和服务工作。会展企业的产生和出现，为会展业的发展和会展活动的成功举办创造了条件、奠定了基础。

会展企业有广义和狭义之分，从广义上讲，会展企业是参与到各种会展经济中的各个企业和各个单位，它既包括与会展直接相关的各经营管理企业和参展企业，又包括与会展有间接联系或衍生相关的各行各业的企业，如一次展会所涉及的服务、交通、旅游、广告等诸多部门的企业。从狭义上讲，会展企业是指会展的经营管理企业，主要包括会展的主办方、承办方和从事会展策划、组织、运行及经营管理的企业。通常我们说的会展企业，主要是指会展活动的经营管理者和组织者。

狭义上的会展企业根据其在会展产业价值链上的不同环节，可分为上游会展企业、中游会展企业和下游会展企业。

上游会展企业主要是指会展项目开发、策划，一般是会展活动的拥有者。其经营管理的内容包括会展项目的运作、组织和实施。核心内容一般有营销、招展、财务控制等各种经营管理活动。从会展产业链的具体运作实际来看，会展上游企业可以是会展活动的开发者和拥有者，如一些地方政府参与主办各种展会；也可以是会展活动的专业管理公司（即为主办单位提供整体策划的承办商）。因此，会展上游企业拥有会展活动的专用权，一般为具有独立开发能力、运作能力的会展活动组织者。也有些上游组织并非是企业性质，如奥运会的拥有者是非营利性的组织。

中游会展企业主要是指为会展活动提供场馆、设施、服务的企业组织。包括会展场馆企业和为会议提供场地的酒店等。中游企业的管理包括展览场地的出租和管理、展览设施的更新与维护、展馆经营等业务环节。由于受限于设施的规模、布局、设计和装备，其重点在于场馆设备和系统的运作与成效。

下游会展企业的范围最广，凡是能直接或间接为会展活动提供服务的部门都可包含在内。如和会展相关的物流、餐饮、住宿、休闲、购物、交通、律师事务所和咨询业务、展览培训等。下游服务部门实际上是指会展活动的代理商（如运输代理、旅游代理等）或分包商，一般通过投标或竞标，向主办方争取服务项目。由于下游很多企业的经营业务并非完全是会展业务，因此，衡量一个企业是否为会展企业的标准是把一定时期内从事与会展活动相关的业务占总业务的比例，如果一个企业的会展业务比例达到或超过50%，那么就可以认定它是会展企业。

2. 会展企业的特征

（1）会展企业是服务型企业　会展业属于第三产业——服务业，会展企业是会展业的核心组成部分，其性质是服务型企业。

（2）会展企业是市场经济的产物　会展企业是一个历史性的概念，是生产力发展到一定水平的产物，是市场经济的产物并随着市场经济的发展而发展。

（3）会展企业是专业性、综合性企业　会展企业是随着会展业的产生和发展应运而生的，是为会展活动服务的，专业化水平高是其突出特点；由于会展活动涉及方方面面，会展企业的服务范围广、相关联的企业多，因此，又具有较强的综合性。

（4）会展企业是分工较细、独立性较强的企业　会展企业的服务范围广，内部分工比较细，而且具有相对的独立性。

二、会展企业的分类与类型

1. 会展企业的分类

（1）按照与会展的相关程度分类 会展企业分为高度相关企业和低度相关企业。高度相关企业是指与会展的经济关系直接且密切的会展企业，如会展活动的主办方。低度相关企业，主要是指因会展的经济带动作用而与其具有间接经济关系的会展企业，如因会展举办而获得间接收入的物流企业、旅游企业等。

（2）按照企业的整体实力、优势及特色分类 分为综合型会展公司和专业型会展公司。开展多元化经营、从事大型综合类会展活动的企业，称为综合型会展公司；在某一个或几个领域，具有自己的优势和特色，以从事专门的会展活动为主的公司，称为专业型会展公司。

（3）按照提供会展产品的差异分类 分为各类会展企业，如消费品会展企业、服务业会展企业、文化教育会展企业等。

（4）按照专业化分工的不同分类 分为会展场馆提供方、媒体广告服务商、会展物流服务商、展位设计与特色、旅游娱乐服务商等。

2. 会展企业的类型

（1）专业会展公司 专业会展公司是会展企业的重要构成部分。西方国家把这类公司称为PCO，其性质类似于会展活动管理公司。很多大型的专业会展公司经过多年的运营，掌握着大量的会展资源。它们与场馆、参展商和服务提供商等组织建立了紧密而长久的合作关系，拥有专业化的会展人才队伍和丰富的会展组织管理经验，在行业内有着极强的号召力。凭借这些优势，专业会展公司经常组织和举办各种会展活动。随着各国会展产业市场化程度的提高，专业会展公司越来越成为会展供给市场上最重要的组成部分。如在新加坡，30多家专业国际会展公司主办的展会占新加坡办展总数的60%左右，展出面积和营业额则占80%以上。优秀的专业会展公司在服务本地区市场的同时，也引领着会展市场发展的国际化趋势。

除了自行组织和举办会展活动之外，专业会展公司还经常接受会展组织者的委托和雇用，协助会展主办机构策划、组织各项工作，包括会展地址选择、策划议程、会展营销、报到注册、预算，以及会展后续工作等。事实上，很多政府和国际组织在举办各种会展活动时都是通过专业会展公司的专业化管理，帮助会展组织者实现其组展目标。

（2）会展场馆提供方 会展活动的进行离不开面积宽敞、设施齐全的会展场馆。大部分会展场馆的所有权主体比较单一，多数归政府所有，或政府与相关投资者共同所有，委托专业机构进行管理和经营。组展机构对会展场馆完成考察、谈判以后，由双方签订租赁合同，于会展期间交主办单位使用。

（3）信息服务提供商 参展企业在整个会展过程中面临着物流、销售、客户关系等各类信息的管理问题。这些信息的交流、储存、加工、利用等，都需要专业的服务提供商或其提供的产品给予支持，如电信服务运营商、邮政部门、会展信息管理软件开发商等。随着会展管理的日益现代化，畅通的信息交流和领先的技术支持也扮演着越来越重要的角色。

（4）媒体、广告服务提供商 主办方为了达到相应的组展规模和组展效果，需要及时向参展企业和参展观众发布相应的会展信息；参展商在参展之前也会向目标市场的观众，以及潜在客户等群体发布告知、邀请信息。这时都要借助各种媒体形式，如电视、报纸、互联网、户外广告等。因此，媒体和广告服务提供商是各个会展主体实现会展目标的重要工具和有力保障。

（5）物流服务提供商 会展物流服务主要包括会展前后各类展品及辅助用品的运输、仓储、保管、包装、加工，以及由于展品销售而发生的其他物流活动等。会展物流一般路途遥远，很多展品及器材比较贵重，需要妥善运输和保管；有的展品还需要作一些包装和简单加工；到达场馆后，还要进行运输、仓储等环节。这些活动的有序进行都离不开专业的物流服务提供商。

（6）设计、搭建、安装服务提供商　在会展过程中，展厅是参展商展示产品和公司形象的舞台，是促成交易的场所。展厅的合理设计与搭建，可以更好地吸引参展观众的注意力，满足多种形式的展示需求，并为参观者带来愉悦的视觉感受，营造舒适的交流环境。通常来说，展厅的设计、搭建、安装工作，一般可以委托专业的展位建筑工程公司、普通广告公司或室内装饰设计师；各项工作可以分包，也可以捆绑承包给一个承建商，具体选择哪一种方式则取决于展厅的大小和形状、承建商服务的素质、展品与展示方式，以及成本预算等因素。

（7）旅游服务提供商　旅游服务提供商主要包括各种酒店、旅馆、宾馆、旅行社、目的地管理公司（DMC）及娱乐场所等。会展活动期间人员流动规模较大，构成了对住宿、餐饮、娱乐等各种活动和设施的巨大需求。一些参展商或组织机构也会组织各种类型的宴会、酒会、娱乐节目、景点旅游等活动，作为企业的公关活动或奖励手段。目的地管理公司依靠对当地交通、文化等方面的极其熟悉和深刻理解，为参展企业和组织机构提供从往返交通到报道注册、策划社交活动等多项服务。

（8）物业管理服务提供商　作为一个设施齐全、功能丰富的大型建筑，会展场馆的管理、维修、养护等工作相对于一般建筑更为复杂。因此，场馆管理机构有必要引入专业的现代物业管理服务提供商。场馆物业管理机构除了对场馆进行管理维护外，同时对周围环境、清洁卫生、安保、车辆停放等实施专业化管理，并向主办方、参展商及参观者提供综合服务，以创造一个良好的会展环境，使会展场馆能够得到持续利用，发挥其使用效益。

三、会展企业在会展活动中的主要工作

一个完整的会展活动包括前期准备、会展期间和会展结束3个阶段。与此相适应，会展企业在会展活动中的工作围绕这3个阶段展开。

1. 前期准备阶段的主要工作

这一阶段，会展企业的主要工作包括与其他相关企业的沟通交流与合作、会展场馆的建设或租赁、提供整个会展活动的前期策划和准备并进行信息发布与广告宣传，增强和扩大影响。在该阶段，会展企业工作的重点是加强合作，扩大影响。每一个会展活动所涉及的内容繁杂，仅靠一个企业难以独立完成，必须加强与有关各方的合作；会展活动的效果如何，是由与会者、参展商、客商和观众的多少直接决定的，必须通过一定的形式或手段扩大影响，以吸引更多的与会者、参展商、客商和观众。因为会展企业的主要收益是来自门票和对与会者、参展商、客商和观众所提供的服务。

2. 会展期间的主要工作

从会展活动开始到会展活动结束前，是整个会展活动的运行过程。在这一过程中，会展企业的主要工作包括为与会者、参展商、客商和观众提供各种各样的会展服务，协调和及时解决出现的各种问题，营造浓厚的商业和交流的氛围等。服务和协调是这一阶段的工作重点。服务的优劣是直接影响会展活动成功的关键；协调的及时与否和水平高低，影响着服务质量和效率，间接影响着会展活动的成功。

3. 会展结束后的主要工作

这是会展企业所进行的会后延续工作，主要包括总结评估、计算成本收益并与相关合作企业分配利润。总结评估是为了总结经验教训、评估本次会展活动的成败，以利于以后在会展活动中的工作；计算成本收益是用数字说明本企业在此次会展活动中的盈亏情况；与相关企业分配利润是保证有关各方均获得比较满意的收益，以利于再度合作。

课题二 会展企业的组织建构

一、会展企业组织结构概述

1. 会展企业组织结构的含义

会展企业组织结构是表现会展企业各部门排列顺序、空间位置、聚集状态、联系方式以及各要素之间相互关系的一种模式,指的是会展企业组织由哪些部分组成,各部分之间存在怎样的关联,各部分在整个组织中的数量比例关系。会展企业组织结构表达的是企业的全体人员以怎样的模式及架构被组织起来,形成一个有机的整体。会展企业组织结构是由一个个职位组合而成的,每个职位上都有权利和责任。从这个意义上讲,会展企业结构也是会展企业的职位系统或权责系统。所以,会展企业组织结构是执行管理任务的体制,在整个会展管理系统中起到"框架"的作用。正是有了稳定的组织结构,会展管理系统中的人流、物流、信息流才能正常流动,从而使管理目标的实现成为可能。

2. 会展企业的组织创新

会展企业组织创新包括价值链上企业组织间联系方式的创新、企业内部组织结构创新以及企业组织内外部运行机制的创新等内容。

(1) 会展企业扁平化组织　会展企业扁平化的组织结构是一种通过减少管理层次、压缩职能机构、裁减人员而建立起来的一种紧凑而富有弹性的新型组织体系。会展企业扁平化组织的特点是,以工作流程为中心而不是以部门职能来构建组织结构,公司的机构是围绕有明确目标的几项核心流程建立起来的,而不再是围绕职能部门,职能部门的职责也随之逐渐淡化;纵向管理层次简化,削减中层管理者,组织扁平化要求企业的管理幅度增加,简化烦琐的管理层次,取消一些中层管理者的岗位,使企业指挥链条最短;企业资源和权力下放于基层,以顾客需求为驱动。基层的员工与顾客直接接触,使他们拥有部分决策权,能够避免顾客信息反馈、向上级传达过程中的信息失真与滞后,大大改善服务质量,快速地响应市场的变化,真正做到顾客满意;企业内部与企业之间通过使用 E-mail、办公自动化系统、管理信息系统等现代网络通信手段进行沟通,大大增加管理幅度与效率;在下放决策权给员工的同时,实行目标管理,以团队作为基本的工作单位,员工自主做出自己工作中的决策,并为之负责,这样每一个员工都成了企业的主人。会展企业扁平化的组织形式具有高效、灵活、快捷等优点,是一种静态构架下的动态组织结构,能凝缩时空,加速知识的全方位运行,提高组织绩效。会展企业扁平化组织最大的缺点是管理人员要面对较多的下属,如何管理、协调这些下属是每一个管理人员的重要任务。会展企业组织的扁平化是现代会展企业的努力方向之一,正确地把握扁平化的程度是会展组织结构模式的关键内容。

(2) 会展企业学习型组织　会展企业学习型组织强调会展企业组织机构及成员必须不断学习,抛弃旧的思维方式,相互之间坦率真诚,了解企业运行,制订每个人都认同的计划与构想,然后共同实现这个构想,从而提升企业的应变能力和发展能力。会展企业学习型组织的本质是,会展企业学习型组织是全体成员全身心投入并有能力负担学习的组织;会展企业学习型组织是让成员体会到工作中生命意义的组织,企业只有解决了他们的温饱、安全及归属的需求,员工才能有更高的追求,因此,管理者要尊重员工,公平对待员工,让员工体验到工作中生命的意义;会展企业学习型组织是通过学习创造自我、扩大未来能量的组织,学习型组织的学习强调把学习转化为创造力。会展企业学习型组织的特点是,组织成员拥有一个共同的愿景,组织的共同愿景来源于员工个人的愿景而又高于个人的愿景,它是组织中所有员工愿景的景象,是他们的共同理想,它能使不同个性的人凝聚在一起,朝着组织共同的目标前进；会展企业学习型组织由多个创造性个体组成；善于不断学习，强调终身学习（即组织中的成员均应养成终身学习的习惯，这样才能形成组织良好的学习气氛，促使成员在工作中不断学习），强调全员学习（即企业组织的决策层、管理层、操作层都要全心投入学习，尤其是经营管理层，他们是决定企业发展方向和命运的重要阶层，因而更需要学习），强调全过程学习（即学习必须贯彻于组织系统运行的整个过程中），强调团队学习（即不但重视个人学习和个人智力的开发，更强调组织成员的合作学习和群体智力的开发），强调兼学别样（即组织中的成员不仅要掌握本岗位上的工作技能，而且要学习了解其他岗位工作能力，只有这样，工作才能顾全大局，相互协调，做到组织精简）。会展企业学习型组织的优越性主要表现在拥有终身学习的理念和机制；建有多元回馈和开放的系统；拥有学习共享与互助的学习氛围；具有不断增长的学习能力；工作学习化和学习工作化。

（3）会展企业网络型组织　会展企业的管理机构就只是一个精干的经理班子，负责监管公司内部开展的活动，同时协调和控制与外部协作机构之间的关系。会展企业网络型组织是会展企业间的一种联盟方式，是通过将拥有不同竞争优势的会展企业组建成实体或虚拟企业，并各尽所能，各扬其长，以充分发挥优势互补的作用，共同发展，谋取更多经济利益。会展企业网络型组织成员是独立的企业法人，分别承担法律责任，其经营协调不是由行政命令加以实现，而是通过交涉与沟通、指导来进行。因此，网络内企业一般不存在核心企业与非核心企业之分，彼此是平等的合作伙伴。会展企业网络型组织结构极大地促进了企业经济效益实现质的飞跃，一是降低管理成本，提高管理效益；二是实现了企业全世界范围内供应链与销售环节的整合；三是简化了机构和管理层次，实现了企业充分授权式的管理。会展企业网络型组织创新的具体实现包括战略联盟、连锁经营以及企业集团等多种方式。

（4）会展企业虚拟型组织　为适应市场环境的多变和不确定性要求，会展企业虚拟型组织应运而生。它是指两个以上的独立实体，为迅速向市场提供产品和服务，在一定时间内结成的动态联盟。会展企业虚拟型组织是一种开放式的组织结构。组织内各成员之间无上下隶属关系，完全是富有弹性的伙伴关系，主要是通过契约关系共享资源与经济利益、围绕项目而组成的团队性联盟。会展企业虚拟组织的优势在于它的组织成本优势和快速反应能力，内部强调平等、诚信、快速和合作。会展企业虚拟型组织的特征是以现代通信技术、信息存储技术、机器智能产品为依托，实现传统组织结构、职能及目标。在形式上，没有固定的地理空间，也没有时间限制，组织成员通过高度的自律和高度的价值取向共同实现在团队的共同目标。

二、会展企业组织设计的基本原则

合理的组织结构是组织效率的保证，而合理的组织结构来源于组织设计。所谓组织设计，就是对构成组织的各个要素、各个部门进行总体的规划，以保证所构成的组织是一个有机整体，能够协调运作。会展企业组织设计原则是指会展企业在构建其组织时的准则和要求，它是评价会展企业组织设计是否合理的必要条件。

1. 经营目标导向原则

企业经营目标是在一定时期企业生产经营活动预期要达到的成果，是企业生产经营活动目的性的反映与体现。企业经营目标不止一个，既有经济目标又有非经济目标，既有主要目标，又有从属目标，它们之间相互联系，形成一个目标体系。在组织职能运作过程中，每一项工作均应是为总目标服务的。会展企业组织部门的划分应以企业经营目标为导向，对任何妨碍目标实现的部门应予以撤销、合并或改造。在总目标下有许多具体的目标或者任务需要完成，组织设计中要求"以任务建机构，以任务设职务，以任务配人员"。同时，考虑到具体工作实践中无法找到与职位要求完全相符合的人员，因而在遵循"因事设人"原则的前提下，根据员工具体情况，适当调整职务的位置，以利于充分发挥每一个员工的积极性。

2. 组织分工协作原则

在社会化大生产中，适度的分工能够提高专业化程度，进而达到提高劳动生产率的目的。会展企业的组织分工有利于提高工作人员的工作技能、工作责任心，提高员工的工作服务质量与效率。但是，高度的分工也往往会导致协作的困难。协作能带来规模经济效益。协作劳动不仅提高了个人生产力，而且创造了一种集体生产力；协作劳动所引起的竞争心理与振奋精神可提高个体的工作效率；协作可以缩小生产的空间范围从而节约费用。协作若搞不好，分工再合理也难以取得良好的整体效益。因此，在具体职责权限的划分中，要注意安排中间协调机构，作好中间人工作，以促进组织内部良好的合作。

3. 控制管理幅度原则

管理幅度，又称管理宽度，是指在一个组织结构中，管理人员所能直接管理或控制的部属数目。一方面，由于个人能力和精力的限制，每个管理者直接管辖的下属的数量是有限的，因此控制管理幅度原则要求对特定管理者直接管理和控制下属的人员数量范围有一定的限制，也就是管理幅度的大小问题。另一方面，由于受到个人业务能力、业务的复杂程度、任务量、机构空间以及个性等多方面因素的影响，管理幅度大小的确定并非是一件十分容易的事情。会展企业管理幅度的具体确定必须综合考虑以上诸多因素，并结合每个管理岗位的职责加以权衡，且需要在实践中根据具体情况不断进行调整。

4. 有效约束监督原则

企业组织作为一个整体，其各项业务的运转离不开各部门的合理分工与精心协作。分工引发的是彼此之间的牵制与约束，而适当的约束机制则可以确保各部门按计划顺利完成目标任务。如下级对上级的适当约束和监督机制可以使上级的错误及时得以制止，对领导人的约束可以有效避免其独断专行，对财务人员的约束可以避免财务漏洞等。

5. 动态适应原则

现代社会是动态的社会，物质在动，信息在动，人力资源也在不断地流动。对个人来说，有自主择业的权利，对组织来说，则可以对人的工作进行适时的纵向或横向的调整。动态适应原则是指以动态的眼光看待环境的变化和组织的调整。对会展企业而言，动态适应原则，就是要求会展企业的管理者和员工，在企业发展过程中，根据企业内部环境的变化对组织进行适度调整。当环境发生较大的变化，要求企业的组织结构进行变革时，企业要有能力做出相应反应，组织结构该调整的要尽快进行调整，人员岗位要变动的要合理变动。在这种变动中，企业的反应速度要快，力求及时合理，否则就难以应对竞争日趋激烈的环境变化。

三、影响会展企业组织设计的因素

组织设计的原则是一般企业都应遵循的普遍原则。当涉及具体行业、具体企业时，不但要遵循这些基本原则，还应更深入地考虑一些相关因素，以使组织设计更具针对性和可操作性。通常而言，影响会展企业组织设计的相关因素主要有以下几个方面。

1. 会展企业战略

战略是指特定环境下决策活动中的指导思想以及在这种思想指导下做出的关系到全局发展的重大谋略，它一般由经营优势分析、最终目标选择以及达到目标所采取的战略行动组成。会展企业经营战略主要有3种类型，即低成本经营战略、产品差异化经营战略和集中经营战略。在不同的经营战略决策下，企业往往会形成不同的组织结构。

低成本经营战略往往发生在规模庞大、实力雄厚的大型会展企业集团中，实施这种战略主要是为了抢占市场份额，提高市场占有率。由于低成本企业利润来自于组织管理、研发销售等方面的节约和高效、高质量的服务水准的提高，因此组织分工严密，强调集中统一领导和控制，注重正规管理，倾向于以直线职能为基础形成企业组织结构。

会展企业提供的产品与服务的独特性包含许多方面，如从会展性质方面看，可以是专业展，也可以是综合展；从会展主题方面看，可以是食品类、旅游类、设备交易类、技术贸易类等。产品差异化经营战略要求企业组织具有很强的研究开发能力，研究人员要有创造性的眼光；企业具有以产品质量或技术领先的声望；企业在这一行业有悠久的历史或吸取其他企业的技能并自成一体；企业具备很强的市场营销能力；研究与开发以及市场营销等职能部门之间要有很强的协调性。一般而言，只有具有实质性差异的产品或服务才是有效的，为了发掘这种实质性差异，会展企业必须建立专门的研发机构，不断寻求创新。运用这种战略的企业，其组织设计不再强调专业化分工，而是更多地关注众人意见，所以组织设计更加灵活，更具民主气氛。

集中经营战略是指会展企业将自己的经营目标集中于某个或几个特定的细分市场，并在这些细分市场上建立自己的产品差异与成本优势。低成本经营战略和产品差异化经营战略面向全行业，在整个行业范围内进行活动，而集中经营战略则是围绕一个特定的目标进行密集型的生产经营活动，要求能够比竞争对手提供更为有效的服务。企业一旦选择了目标市场，便可以通过产品差异化或成本领先的方法，形成集中经营战略。集中经营战略结合了以上两种经营战略的特点，因而在组织结构设计上应灵活处理分工的严密程度，以形成控制适中、较为灵活的结构。

2. 会展组织技术

组织技术就是组织把输入转化为产出的整个过程中的技术。组织技术对会展企业组织机构的影响如下。

① 组织技术的复杂程度越高，组织结构的纵向差异程度（即纵向管理层次）也就增加，管理人员与具体作业人员之间的比例也就会随之增加。如技术性展会要求组展企业具备相应的技术知识，这些知识需要相应的研发技术部门来完成。

② 复杂技术越多，需要的秘书人员及行政人员数量也就越多。在业务技术含量高的会展企业中，对处理翻译等辅助性工作的需求量也相应增加。

③ 在现代技术进步条件下，组织的结构在总体上出现了新的特征，比如，组织技术的发展使组织横向的专业化和部门化的差异缩小了，使管理自动化的程度和管理规范化、标准化的程度提高了，使管理宽度增加。

④ 技术对组织结构影响最明显的是小企业。对大企业来说，最下层组织所受的影响较大，所以，现代会展企业组织设计更需要考虑技术的影响，以求所设计的组织结构具有现代化特征和现代适应能力。

3. 会展组织环境

会展企业的生存与发展直接受其组织环境的影响。经济、技术、社会、文化、政治、法律和国际方面的因素，是组织的一般环境因素，即所有会展企业都需要面对的共同环境因素。会展企业所处的外部环境包括区域会展业发展水平、政府扶持力度、城市综合环境等诸多因素。它可以分为3大类，即安定的、变化的和动荡的。安定环境下，会展企业的目标顾客消费偏好相对固定，很少有新技术突破，企业组织结构相对固定，分工严密，权责分明，强调集权与控制，弹性变化小；变化环境下，市场需求、竞争战略、广告宣传等发生改变时，由于这些改变有一定持续性，企业组织结构的设计稍加灵活即可；动荡环境是指未能预期和预测的变动而形成的环境，如新竞争对手的出现、新竞争战略、新技术的突破等，动荡环境具有不确定性和非经常性。另外，竞争对手、服务对象、可利用资源状况、监督管理部门等是会展企业面对的任务环境。组织成员的精神面貌、人际关系状况、管理人员的工作作风和特点等是组织的内部环境。这些环境因素会以不同的方式和在不同程度上对会展组织发生影响，促使会展企业选择做出何种结构形式安排。

4. 会展组织规模

组织规模对组织结构的影响是显而易见的。会展企业人员的数量在某种意义上对组织结构的影响是决定性的。在组织发展的不同阶段，组织规模的影响是有所不同的，与一般企业类似，会展企业的发展也有一个生命周期，从创立到衰落一般要经历创造期、指导期、授权期、配合期与合作期5个阶段。在不同的发展阶段，企业的组织结构也具有不同特征。在会展企业创造期，企业主要精力集中于开发产品与市场，企业规模不大，组织结构简单；在指导期，伴随企业成长，企业开始划分职能部门，但这一时期企业组织结构的设计倾向于集权，有能力的领导人试图集权力于一身；在授权期，成功的企业意识到仅有集权而无分权，不能获得更大的成功，于是分权开始产生；在配合期，分权和集权的矛盾的解决需要中间机构来协调，因此增设监督协调部门；在合作期，主要体现在下层员工参与上层决议的问题，分权与集权得到成功控制。一般来说，组织人员的数量越多，即组织的规模越大，组织的标准化程度和规章制度的健全程度也就应当越高，专业化分工的程度也就越细，分权化的程度也就越大。也就是说，组织的规模与组织的专业化、规范化成正相关关系，而与集权成负相关关系。

设计会展企业组织结构时应注意的事项

1. 与经营规模和业务范围相符合

会展企业组织结构设计应当考虑到会展企业规模和经营范围的大小。规模大，则人员和部门就多；经营范围广泛，则对内部协调和协作的要求就高。因此，会展企业组织结构设计要根据经营规模和经营范围的大小，对某类部门职能和岗位职能适当进行合并或分拆，以满足公司发展的要求。

2. 与经营性质相符合

对会展业而言，其产品就是服务。服务质量的高低是会展公司的核心竞争力，是确保会展公司基业长青的根本。会展企业必须对客户的需求及需求的变化有迅速而灵敏的反应。因此，会展企业组织结构设计时要考虑如何设置职能层级和工作流程，以解决客户信息的传递问题。

3. 与客户需求相吻合

会展企业组织结构设计必须能够适应客户会展服务的要求，这种要求包括技术、资金和人员等各个方面。例如，若要成功举办一项专业性强的展会，应在展台设计、展台布置等方面有专业的人士进行指导；若要举办国际性的会展，就需要配备不同语种的翻译人员。在组织结构设计时，满足客户需求是重要的考虑因素之一。

4. 与外部环境发展相吻合

会展企业的外部环境包括会展业的发展水平、政府政策导向以及会展人才的供需状况等。脱离外部环境需求而设计的会展公司组织结构，在实际运行中必然存在各种问题，最终会影响公司发展目标的实现。因此，会展企业组织结构设计必须满足外部环境发展的要求。

5. 与服务流程相吻合

会展业是一个对协作要求极高、时间性极强的行业，会展服务的流程繁杂，只要其中任何一个细微的环节出现问题，就会影响整个会展服务按时按质完成。因此，在组织结构设计时应详细了解各个会展服务环节的具体目标、任务，并进行清楚划分，做到对各个流程节点的无缝管理，才会确保会展企业目标的实现和任务的完成。

四、会展企业职能部门的设计

会展企业职能部门的设计是指通过把会展企业划分为若干个管理单位，确定组织中各项任务的分配与责任的归属，以求分工合理、职责分明，有效地达到组织的目标。会展企业职能部门的设计主要是依据参展商在展会期间的活动流程、会展企业所做出的相应安排进行的。这种划分既应考虑部门划分的科学性，又兼顾会展服务的质量和效率。一般来说，会展企业的职能部门主要有策划部、业务部、市场部、信息部、管理部、工程部、财务部、人力资源部、保安部、项目合作部等。

1. 策划部

策划部是会展企业的基础部门，其主要工作包括企业策划和会展项目策划两个部分。企业策划主要是对整个会展企业的形象进行包装、策划，其目的是树立会展企业形象，创会展企业品牌。会展项目策划是指制订会展工作方案，项目策划是会展公司的基础工作，也是核心工作。

2. 业务部

业务部是会展企业的重要部门之一，企业是否盈利与业务部招展业绩息息相关。会展企业业务部的主要职责是招展，即招徕和联系参展商，说服他们来参展，因此有些企业直接设立招展部。其具体工作包括招展宣传、选择参展商、组织展览团等。招展宣传包括宣传和联络两种方式，宣传对象是全体潜在参展商，而联系的主要对象是重要的潜在参展商。对申请参展的公司要依据事先约定的参展标准进行公平合理的选择，并召开筹备会，对入选的参展商进行展前培训，签订合同，还要与相关部门联络，谈好合作条件，做好准备工作。除此之外，业务部的其他工作还包括展品运输，展台设计与施工等。

3. 市场部

市场部主要负责新闻宣传、广告策划实施、协调与各社会团体或政府的关系等。宣传工作是展出成功的基础保证，其手段主要是广告与联络，如收发信函、登门拜访、电话联系、媒体广告、印发资料等。公关的主要目的是争取与企业有关单位的理解与支持，特别是争取得到新闻媒体、政府机关等影响力比较大的单位的认可与帮助。市场部工作的具体内容还包括制订年度场馆销售计划；根据市场变化，对价格政策的制订和修正提出建议并报请企业领导批准后执行；审核参展单位的资质；负责场馆营销，签订场馆出租合同；执行合同收款；负责有关展览会的报批手续等。

4. 信息部

信息部包括对会展企业信息系统的规划、建设与维护，应用软件及办公计算机、耗材的采购与管理。同时还负责会展企业内部的通信系统以及网络的建设与保障工作，促进会展企业信息化建设。另外，还负责展览会期间的通信、网络数据的租赁业务等。

5. 管理部

管理部包括对展台准备工作的管理、展台后续工作的管理以及展会整体评估工作的管理等，有些企业称之为会务部。管理部是会展企业的一个重要部门，是继业务部后的实战工作部门，如果说业务部主要活动于会展前的话，管理部则主要活动于会展中和会展后。其承担的是整个会展项目工作最重要的阶段，即展台工作的组织与安排，因此管理部是整个会展运作中最关键的职能部门。

6. 其他部门

除了以上5个部门外，成功会展的顺利开展还离不开以下部门的配合与支持。

（1）工程部　负责组织会展企业各项基建工作；企业所属各建筑物、构筑物、道路及各类管线的维修和养护;负责企业机电设备的日常管理工作;保证会展企业经营及会展期间所有服务设施,如展馆内装修和陈设、水电、音响系统、空调系统、电话等正常运行和使用的重要部门。

(2) 财务部　财务部的主要职责是协助会展企业经营者搞好企业经营核算,控制企业经营费用,使企业获得最佳经济效益。

(3) 人力资源部　人力资源部是负责企业员工招聘、培训、考核、激励等的部门。确保企业在任何时候、任何地点、任何情况下都能找到合适人选。

(4) 保安部　保安部的主要职责是维护会议或展览的良好秩序,确保会展环境安全,也是举办会展活动时不可或缺的部门之一。

(5) 项目合作部　项目合作部以合作方式与有关部门共同承担各类型展览会的组织和接待工作,承担单个国家(地区)展览会的接待工作以及国际展览和会议展示会的组织工作,并通过对项目的再策划不断提高管理和服务水平,为参展企业和广大用户提供优质服务。

以上部门是依据一般会展正常运作的需要来设立的,在实际组织结构设计中会展企业应充分考虑自身情况,名称可有所不同,部门多少也可灵活处理。

五、会展企业组织结构模型选择

组织结构模型指组织中相对稳定和规范的工作关系模式,如工作任务如何分工、配合等。受诸多外界与内部因素影响,不同会展企业有不同的组织结构形式。

1. 直线型组织结构

直线型组织是一种比较简单和原始的组织结构形式,但又是最基本的组织结构形式。直线型组织结构的特点是组织中的各种职务按垂直系统直线排列,各级主管人员对所属下级拥有直接的一切职权,组织中的每一个人只能向一个直接的上级报告,从最高管理层到最低层管理,上下垂直领导,中间没有专门的参谋职能部门。这种类型的组织所具有的最大优点是结构比较简单,权力集中,责任分明,命令统一,联系简洁。其缺点是没有参谋,要求企业领导须是全能式人物,在组织规模较大的情况下,所有的管理职能都集中由一个人承担,往往由于个人的知识及能力有限而感到难于应付,顾此失彼,可能会发生较多失误。一般而言,这种组织结构适用于小型的、业务单一的会展企业或会展现场作业管理,如图 2-1 所示。

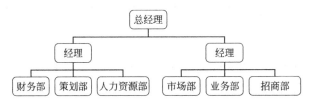

图 2-1　直线型组织结构图

2. 职能型组织结构

会展企业职能型组织结构是一种通过对管理职能进行分类,然后根据不同的管理职能来设立一些相应的部门,共同承担管理工作的组织结构形式。其优点是能够适应现代组织技术比较复杂和管理分工较细的特点,能够发挥职能机构的专业管理作用,减轻上层主管人员的负担。但其缺点也比较明显,那就是会常常出现多头指挥而使执行部门无所适从,不利于建立和健全各级行政负责人和职能科室的责任制,在中间管理层往往会出现"有功大家抢,有过大家推"的现象,在上级领导和职能机构的指导和命令发生矛盾时,下级会无所适从,容易导致纪律松散,管理混乱的情况。职能型组织结构适用于业务类型单一、规模较小的会展企业，如图 2-2 所示。

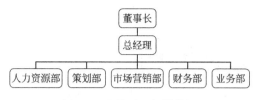

图 2-2　职能型组织结构图

3. 事业部制组织结构

当会展企业的项目增加，经营范围多元化时，其他模型往往难以适应企业发展的需要，会展企业事业部制组织结构开始出现。

会展企业事业部制组织结构强调分权管理，是分权型的组织结构形式，这种组织结构形式为大型综合性会展公司所普遍采用，它体现的是"集中决策，分散经营"的指导思想。多产品、多项目经营有助于提高会展企业经营的稳定性，也有利于各部门进行专业化分工协作，提高工作效率。但同时也具有一定的局限性，这种组织形式需要雇用更多的专业人才和员工，经营成本会有所增加，各事业部也可能因为过分强调本部门的利益而影响整个会展经营的统一指挥。因此，现代大型会展集团公司往往在事业部基础上增加一个管理层，对联系比较密切的事业部进行集中分管。事业部制组织结构适用于服务种类多样化的大中型会展企业，如图 2-3 所示。

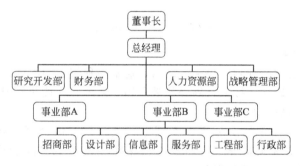

图 2-3　事业部制组织结构图

4. 区域型组织结构

在区域型组织结构中，会展企业产品或服务的生产所需要的全部活动都基于地理位置而集中在一起，这种结构的设置一般针对企业主要目标市场的销售区域来建立。会展企业区域型组织结构有较强的灵活性，它将权利和责任授予基层管理层次，能较好地适应各个不同地区的竞争情况，增进区域内营销、组织、财务等活动的协调。但同时该结构也可能增加了企业在保持发展战略一致性上的困难，有些机构的重复设置也可能导致成本的增加，如图 2-4 所示。

5. 虚拟型组织结构

虚拟会展企业利用自身的核心能力，通过信息技术与其他企业结成联盟，自身只完成一项或少数几项管理职能，如仅负责营销任务的网上会展公司。这种公司把场馆建设留给场馆拥有者，把会展接待留给旅行社，把展区设计留给专业会展设计公司，把展品运输留给专业运输公司，而自己却没有一套完整的管理机构，没有中央办公室，没有正式的组织图，更别说有多层次组织结构了。这种组织员工人数少，结构简单。其优点是有利于会展企业发现和培育自己的核心专长，且雇用人员少、成本低、见效快；缺点是技术要求比较高。如图 2-5 所示。

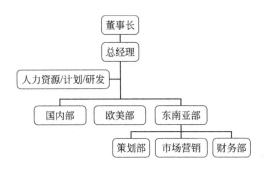

图 2-4　区域型组织结构图

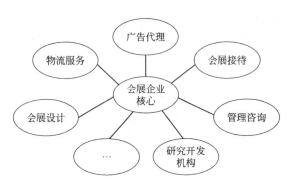

图 2-5　虚拟型组织结构图

6. 矩阵型组织结构

矩阵型组织结构也称"规划—目标"结构，这是一种较新的组织结构形式，它既保留了职能型组织的形式，又确立了按项目划分的横向领导系统。把按职能划分的部门和按项目划分的部门结合起来，组成一个矩阵。

矩阵型组织结构适用于按会展主题类别进行项目划分的会展企业。不同主题的会展要求不同行业的专业人才来指导，这种专业指导往往比上下级间的统一更具实效性。这种组织结构中的成员具有灵活调配的特点，从而可以有效地避免人才的垄断和浪费，提高人才利用率。但这种组织结构也有缺点，即结构较复杂，组织稳定性较差，且双重领导机制会使组织成员的职责模糊性增加，管理者权威有时得不到保障，容易产生短期行为，如图 2-6 所示。

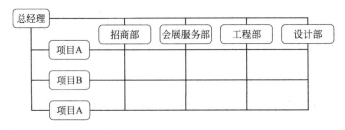

图 2-6　矩阵型组织结构图

会展企业的管理者应根据企业自身的实际情况，对组织结构做出自己的设计。在实现管理目标的前提下，通过对组织结构的设计，处理好集权与分权、直线权利与参谋权利、分散经营与协调控制等各种关系，使这些关系的协调成为组织结构的保证。

项目思考与讨论

一、复习与思考

1. 会展企业的特点与分类及类型。
2. 会展企业在会展活动中的主要工作？
3. 如何正确处理会展企业与政府和行业协会的关系？
4. 会展企业组织结构类型有哪些？
5. 会展企业组织结构模型的种类及适用范围？各有什么特点。
6. 会展企业组织设计的基本原则有哪些？
7. 设计会展企业组织结构时应注意的事项。
8. 会展企业可以划分为哪些主要职能部门？

二、案例讨论

英国励展博览集团

世界一流的展览及会议活动主办机构——英国励展博览集团为全球最大的展览及会议活动主办机构，已积淀逾百年的全球品质展览会的开发、策划、推广及销售经验。励展博览集团在世界各地拥有3500多位员工，在40个国家举办500多个展会项目，其展览及会议组合为跨美洲、欧洲、中东和亚太地区43个行业部门提供服务。涵盖52个行业，足迹遍及美洲、欧洲、中东及亚太区的34个国家，专注于航空与国防、建筑与施工、设计、电子、能源、石油与天然气、餐饮、食品与酒店、礼品、保健、信息与电信、珠宝、制造、营销与商业服务、制药、房地产、出版、安全、体育与娱乐、运输与物流、旅游等核心行业。2013年，励展博览集团举办的展会吸引了来自世界各地的600余万名参与者，为客户达成了数十亿美元的业务交易。

英国励展博览集团于20世纪80年代就进入我国办展览，现已发展为我国最活跃的国际展览及会议主办机构之一。励展博览集团大中华区经过多年的快速发展，如今已成为我国首屈一指的展览会主办机构，拥有8家出色的成员公司——励展博览集团中国公司、国药励展展览有限责任公司、励展华博展览（深圳）有限公司、北京励展华群展览有限公司、上海励欣展览有限公司、北京励展光合展览有限公司、励展华百展览（北京）有限公司和河南励展宏达展览有限公司。

目前，励展博览集团大中华区在我国拥有500多名员工，服务于国内11个专业领域，即电子制造与装配，机床、金属加工与工业材料，包装，生命科学与医药，保健、美容与化妆品，休闲运动，礼品与家居，汽车后市场，生活方式，博彩，出版，房地产与旅游，海洋、能源、石油与天然气。

2013年，励展博览集团大中华区主办的53场展会吸引了85万余名观众以及4.1万余名参会代表出席；在我们的展会上，共有2.7万多家供应商参与展示，其展位面积总计超过130万平米。

讨论：1. 励展博览集团是什么样的会展企业？
2. 励展博览集团为什么能成为世界一流的会展企业？

三、实训题

1. 考核设计

调查所在地会展中心或会展企业，分析该企业的组织结构。

2. 考核标准

考核项目	操 作 要 求	配分	得分
资料收集	资料收集全面,真实	10	
方案制作	会展企业基本情况、类型	10	
	会展企业主要业务范围	10	
	会展企业主要部门分析	10	
	会展企业的人员构成	10	
分析汇报	表达清晰流畅	10	
	内容全面、分析完整	20	
团队精神（成员互评）	通力合作、分工合理、团结互助	10	
	发言积极,乐于与同学分享成果	10	

项目二　会展管理

项目目标

1. 了解会展管理的机构。
2. 理解会展行业管理体制和模式。
3. 明确我国会展管理体制的问题及改革。
4. 掌握会展管理的基本内容。

项目关键词

会展管理机构　会展行业管理　会展管理模式　会展微观管理

项目导入

德国的会展管理机构

德国会展业之所以能在全球展览业日益激烈的竞争中取得长足发展，不仅是因为其拥有悠久的博览会传统和一流的展览基础设施，更得益于其独特的展馆管理体制和行业协会的亲密合作。德国展览业管理委员会（AUMA），成立于1907年，总部设在科隆，是德国展览业的最高协会。它是由参展商、购买者和博览会组织者三方面力量组合而成的联合体，以伙伴的身份塑造博览会市场。

AUMA具有统一性、权威性，其地位在德国是不可动摇的。AUMA为了确保德国博览会对管理的透明化，制定了许多规章制度，避免新的或调整改进过的博览会与德国现有的国内或国际展览会之间出现太多的重复。尽管这几年德国举办的展览会数量剧增，但各博览会的目标非常明确，展会重复现象极少。AUMA请人在世界各地对展会进行考察，并写成报告，为德国政府赞助本国企业出国参展提供了很好的建议和非常重要的参考作用。

【点评】：德国展览业管理委员会（AUMA）作为德国最为权威的唯一会展业管理机构，在制订展览业发展战略与规划，切实履行行业管理职责，协调全国各地展览计划的制订，规范全国会展业发展，监管会展活动实施方面发挥了重大作用。

课题一　会展管理概述

一、会展管理机构

会展管理根据具体职能不同可分为3个层次，即宏观、中观和微观。宏观层面的会展管理机构主要是政府部门，管理涉及会展业发展方向等大的问题，主要是由政府部门进行政策指导和服务支持，运用法律手段、经济手段制定规则来调控市场。中观层面的管理机构是行业组织，主要职能是进行行业自律、管理和协调行业发展，以及为会展企业提供各种服务等。而微观层面的会展管理机构是以会展企业为主体，主要是会展企业管理者运用各种管理职能在企业运作、财务会计、人力资源等方面对会展企业进行规范管理。

1. 政府部门

作为国家经济和国际贸易发展战略中的一个重要环节，会展业受到了各国政府的高度重视，几乎所有发达国家都设有单一的国家级的会展管理机构，如德国的 AUMA（德国展览业管理委员会）、法国的 CFME—ACTIM（法国海外展览委员会技术、工业和经济合作署）、日本的 JETERO（日本贸易促进会）以及新加坡旅游局的展览会议署等。虽然这些会展管理机构的职责有所不同，但它们都具有共同的特点，即唯一性、全国性和权威性。政府相关部门在国家法律指导下行使宏观会展管理职能，在中央和地方政府制定经济与外贸发展政策中扮演着重要的角色。其主要职能是制定全国性的会展管理法律条例和相关政策，支配使用政府的展览预算，组织国家展，代表政府出席国际会展活动，规划、投资和管理会展基础设施等。

我国由于现代会展业起步较晚，会展活动散见于其他行业，没有形成自己独立的行业，产业化程度很低，会展的宏观管理长期处于较为随意茫然的发展状态。到目前为止还未建立全国性、唯一性、权威性的政府会展管理机构。

2. 会展行业组织

在成熟的会展市场管理中，政府管理企业的职能更多地通过非政府的行业组织来实现。会展行业组织作为政府与企业以外的第三方，既是沟通政府、企业和市场的桥梁和纽带，又是社会多元利益的协调机构，也是实行会展行业自律、规范行业行为、开展行业服务、保障公平竞争的社会组织。会展行业组织要真正发挥中观管理作用，应具备民间性、代表性、服务性和非盈利性4个特征。

在会展业发达的一些欧美国家和亚洲地区，政府管理会展行业的职能已经和会展行业组织紧密地结合在一起，他们共同合作、相辅相成。行业组织既是会展企业利益的代言人，也是贯彻政府宏观管理意图，执行会展政策的可靠助手。

由于我国会展管理中政府一直充当着重要的角色，会展行业组织的发展空间比较有限。1998年在北京正式成立了全国第一个会展行业协会，到目前为止，上海、深圳、广州、杭州、宁波、昆明等城市相继成立了会展行业组织，但全国性的会展行业组织由于涉及问题较多，仍处于酝酿和筹备之中。

3. 会展企业

由于会展业特殊性，会展活动涉及多行业、多部门，以专业会展公司和会展场馆为核心，由参展商、信息传播机构、展览工程公司、会展服务机构和最终消费者等多个部分共同组成的产业价值链紧密联系、互相作用，创造出比单一企业更大的协同效应。在实际会展管理过程中，从事会展活动的专业会展企业主要以进行会展项目策划、会展活动开发及场馆管理为主。

二、会展行业管理

会展行业管理就是政府的会展主管部门以及各类会展行业组织通过对会展业的总体规划和总量控制，制定出促进会展业发展的方针、政策及行业标准。并以此为手段，对会展行业的发展、会展市场秩序以及会展经营行为进行管理。行业管理是为了促进行业的健康发展，其前提是管理者和被管理者及行业中各种机构要有明确的定位。会展业属于竞争性行业，企业是市场竞争的主体，政府应该加强宏观调控，而行业协会则应该提高为企业服务的水平。

1. 政府支持与监管

会展行业应该按照市场化、规范化、商业化的原则发展，政府部门并不直接参与会展的组织和发展。政府部门对会展行业宏观管理的出发点应立足于扶持会展业的发展，为行业发展提供服务，并利用法律、行政规章和政策等手段对会展行业发展进行监管。

从世界各国的实践来看，政府部门对会展行业的支持主要体现在对会展的资助、投资以及相关部门的协调上。尤其是大型会展设施和会展场馆建设投资大、周期长，按照国际的通行做法，需要政府在土地使用、税收征管方面给予一定的优惠，甚至给予一定的资金支持。同时，营造宽松的产业环境，提供公共服务，根据会展行业发展所需的环境和配套设施要求，对交通、通信、旅游、商检、货物通关等项业务和所涉部门进行协调，使会展业与这些部门和行业在互动中共同促进、协调发展。

在对会展行业进行支持的基础上，政府部门还需要通过认真研究会展产业在国民经济体系中的定位，将会展产业的发展纳入国家或城市发展规划，研究制定会展产业发展中长期规划，明确会展产业中长期发展目标和产业政策；根据会展产业发展的战略定位和发展规划，发挥产业政策的宏观调节功能，促进会展产业朝着既定的方向和目标发展。也就是说充分利用政府部门法律和行政的手段加强法制建设，研究制订相关法律法规，制订必要的市场游戏规则，通过相关立法或政府法规，明确各类参与主体的权利义务和职责范围，确保会展市场运转发展有法可依，有章可循。

2. 协会协调与自律

发达市场经济条件下，行业中介组织即会展行业协会是行业管理的主体之一，是政府和企业之间的桥梁和纽带，在团结业内企业，维护行业利益，实现行业自律，游说政府政策，促进行业发展方面发挥重要的作用，成为市场经济管理和协调的重要机制。

发达国家普遍采取的做法是以会展行业协会为主体，建立功能完善的统一的行业协调服务体系。由会展业协会开展的行业协调管理工作主要有，制定会展业行业规范，对办展单位的资质实行评定，实行行业自律；对办展计划和办展项目进行协调；对展览会的统计数据进行公正审核，推动本行业诚信建设，为国家统计部门、宏观管理部门和经济研究部门提供真实的数据统计等。

会展行业协会以行业自律的方式负责协调和规范会展市场，并由协会来制定行业规范、会展计划和服务标准，以建立行业协调和自我约束机制。行业协会在市场中的管理者地位决定了协会将是市场中会展主要活动的组织者。行业协会不仅熟悉国内的行业情况、与国内企业联系更为紧密，而且与国际相应的协会有多方联系与合作、内引外联，具有很好的组织会展的有利条件。因此在会展行业的发展过程中，会展行业协会应由国家确定的政府部门或有关机构组织的指导和监督，具有行业自律、行业协调和行业监管的权威性，应该成为市场规则、行业规范的制定者、行业发展的协调者、推动者。

3. 市场调节与发展

市场化运作是实现会展行业快速健康发展的必由之路。纵观会展发达国家和地区会展行业的发展，过分夸大或强调政府或行业中介机构的管理作用，有悖市场机理的协调，忽视市场机智的调节，都将于事无补，功亏一篑。市场机制作用的充分发挥，有利于促进真正市场主体——会展企业积极参与市场竞争，不断提高自身竞争力，从而促进会展企业的快速成长。政府和协会只是在行业垄断、信息不对称导致会展市场失灵的条件下发挥管理作用，通过市场规范、信息提供等手段来维护会展市场秩序，保证会展市场正常运转。

三、会展管理模式

会展的管理模式，是指政府及其管理机构与会展行业组织之间通过法律建立起来的外部行政管理和合作制度，它也包括这种管理权力在相关政府机构之间的分配和协调制度，以及会展行业组织之间、会员企业与行业组织之间、会员企业之间相互关系的界定。

纵观欧美等会展强国，其市场化水平相当高，市场经济制度也比较完善，并且形成了风格不同的会展管理模式。这些模式的共同特点就是，企业是会展的运营主体，政府通过立法和行业组织来管理和指导会展经济。从总体上看，由于不同地区、不同国家会展行业起步时间先后有别，经济实力、经济总体规模和经济管理模式不同，不同国家、地区会展行业发展及其管理模式也存在一些差别。根据政府、行业协会调节力量力度大小，可以将其进行分类为"政府推动型"（如德国和新加坡）、"市场主导型"（如法国、瑞士和香港地区）、"协会推动型"（如加拿大和澳大利亚）、"政府市场结合型"（如美国）。任何一种因素主导模式，并不排斥其他力量的推动，如以政府推动型发展模式为代表的德国和新加坡，非常重视协会的力量，会展行业协会在其会展行业发展中也具有重要的作用；而在以市场主导为主的法国、瑞士和香港地区，尽管政府干预较少，但政府也在会展发展过程中给予了必要的支持。

四、发达国家会展管理体制

从管理角度而言，绝大多数会议或展览业发达国家都将会议业与展览业相对分开，即一般将大型会议活动归并到旅游部门下管理，展览业则单独作为一个行业来管理和统计。从展览业来看，所有发达国家都设有单一的国家级的展览管理机构；从会议业来看，世界上许多国家和会展城市都设有国家会议局和城市会议局，负责会议、展览和奖励旅游的组织、协调与市场开拓。

发达国家的会展业，在发展的每一阶段，政府在其中都扮演着不同的角色，但一般都不介入行业的直接管理。政府可以利用法律、行政、财政、税收，甚至是直接投资等手段进行干预和间接管理，以使其健康发展，产生良好的经济和社会效益。

维护会展业的正常秩序是政府的责任，它们的主要职能有以下方面。

制定全国性的会展管理法律法规和相关政策；设立、使用会展发展基金；组织会展各方，开展整体促销；代表政府出席国际会展界的各种活动，加强国际联系；规划、投资和管理会展基础设施，联络会展企业，提供服务协调。围绕这些主要职能，政府管理机构制订了一整套扶持、服务、规范、协调和发展计划，保护名牌展、增强市场的透明度，使用会展基金大力扶植出国展览，建设大型会展中心，调控会展市场等。

众多会展发达国家的成功实践都已证明，顺畅的行业管理体制是城市会展业健康发展和整体促销的基础条件。

课题二　会展微观管理

一、会展现场管理

现场管理是会展管理中非常重要的内容，是会展计划的具体落实和办展水平的直接反映。会展项目是否成功，从某种意义上来说取决于该项目现场管理是否科学有效。会展现场管理涉及的内容十分庞杂，每一环节出现问题都会给会展活动带来负面影响，因此抓住现场管理中的重要环节对会展顺利进行至关重要。

1. 观众登记与入场管理

观众是会展的重要资源，观众的数量以及专业观众的组织是评价会展是否具有吸引力的重要指标，会展现场设立观众登记处不仅是为了维护展会入口处良好秩序，确保专业观众畅通、便捷进入场馆，还有利于会展主办机构日后建立营销数据库。为提高工作效率，通常需要把预先登记的观众和现场注册的观众分开，同时，会展还需要提前准备参展指南、观众登记表、展会证件、门票以及展会会刊等资料。

2. 参展商管理

参展商是会展效益的来源，会展现场要安排专门人员协助参展商报到、进馆并为参展商提供更多的增值服务。如专家现场答疑和研讨会，可以帮助企业解决生产管理中难题；产销洽谈会，为买卖双方牵线搭桥，促成交易；举办新技术推介会，供参展商学习引进；举办参展知识培训，对参展商进行展位、撤展、参展指南等方面进行指导等。

3. 证件管理

为了便于会展现场管理，同时出于统计的需要，会展主办单位要对展会实行证件管理，即拥有会展主办单位认可的证件才能进入场馆。一般来讲，一次展会需要印制6种证件，分别发放给参展商、专业观众、工作人员（包括主办机构、承办机构、协办机构的相关工作人员）、筹（撤）展人员、媒体记者及与会嘉宾（包括领导和演讲嘉宾）。另外，为了保证参展商、专业观众和嘉宾的停车位，还需要使用停车证。

4. 新闻管理

大型会展需要在现场设立新闻中心或新闻办公室，以便参展商和主办单位能及时发布各种信息。新闻中心安排专门的新闻主管，负责统一发布展会官方信息，并接受媒体的采访。同时，还需要按展会的规模配备相关的硬件设施和管理人员。

5. 交通、物流管理

对会展现场的交通和物流的管理是会展活动全面控制的至关重要的部分。包括现场交通工具（展品运输车辆、接送宾客巴士、出租车等）、停车场及线路的规划。为了保证现场交通和物流管理的高效，管理人员应提前掌握必要信息，包括相关联系人名单、场馆地图、展品抵达时间、宾客到达时间、现场交通规划图、紧急情况应对计划、现场联络点、安全及志愿者信息等。

6. 突发事件及安全管理

安全管理主要涉及盗窃、火灾和卫生等方面，主办单位要和消防、卫生及公安部门主动联系，积极争取相关部门的支持。

二、会展场馆管理

1. 会展场馆经营管理模式

在国际上，会展场馆的经营管理模式多种多样，如德国的许多会展场馆由政府投资，因此，产权归政府所有，政府作为股东，委托或授权商业机构进行管理，明确双方责任和义务。而另外一些欧洲国家，如荷兰，由于会展场馆由私人投资，因此场馆直接由私人企业进行管理。近年来，大型会展场馆出现了投资多元化的趋势，社会资本和私人资本积极参与到场馆投资中。目前，国内主要展馆所采用的经营管理模式基本可分为两大类三种形式，所谓的两大类即投资方设立管理机构直接管理和委托专业管理公司管理两大类，所谓三种形式即投资方设立的管理机构自行管理或投资方设立机构直接管理的同时聘请有经验的会展公司担任咨询顾问、专业管理公司受托管理和投资方组成中外合资或合作公司管理等。

（1）政府自行管理模式　政府全额投资的会展场馆的公共产品性质很强，需要为城市经济服务，产权归政府所有，由政府设立管理机构自行管理或政府设立管理机构自行管理但同时聘请顾问公司。我国大多数会展场馆采用这种管理模式，如中国国际展览中心隶属于中国贸促会，由中国国际展览中心集团管理；中国出口商品交易会展馆由商务部直属企业中国对外贸易中心管理。

（2）政府全权委托专业管理公司管理模式　由政府拥有会展场馆所有权，通过招标、谈判、协商等方式，将场馆的经营管理权在一定时间内移交或委托专业管理公司进行经营管理。政府与受托方就管理事项签订合同，委托管理公司进行日常业务经营和管理，吸引办展资源，使展馆经营效益最大化，受委托的管理公司在委托期限内获得固定收益或按经营实际收入的固定比例获得收益。如香港会展中心就是由香港贸易发展局全权委托新世纪集团旗下的新创建集团有限公司经营管理，每年按照收入的一定比例上缴香港贸易发展局。

（3）成立合作或合资公司进行经营管理模式　这种管理模式的会展场馆一般由政府立项，投入一部分资金，并在规划用地、资金补贴、贷款、税收等给予政策上的支持，从而吸引其他投资主体共同投资建设，建成后的展馆归出资人共同所有，并根据出资比例获得相应的资产回报，这类展馆一般采取成立合资或合作公司进行经营管理，如上海新国际博览中心由上海浦东土地控股发展公司与三家德国公司（汉诺威展览公司、杜塞尔多夫展览公司和慕尼黑展览有限公司）共同投资兴建，双方投资各占50%。管理公司由德方出任总经理，中方出任副总经理，管理期限为50年。

2. 会展场馆管理的内容

会展场馆的管理主要包括硬件管理和软件管理。硬件管理主要包括物业管理和现场管理，硬件管理是会展场馆管理中最基础的部分，受限于设施的规模、布局、设计和装备，在场馆的位置和面积既定的前提下，硬件管理的重点应放在设备和系统的运作与成效上。软件管理包括战略管理、合同管理、危机管理、客户管理以及员工管理。软件管理是会展场馆管理的核心，是会展场馆营运成功与否的关键。

（1）硬件管理的重点

① 安全管理。设施设备的安全运行及员工的安全教育和应急能力。

② 环境保障。为会展活动的参与者提供清洁、舒适、美观的环境和场地。

③ 保证物料和展品的进出。主要涉及展会期间的物流管理和沟通。

④ 建筑物及设施设备的维修保养。保证场馆的正常运行。

⑤ 特殊设备和器材的购置。考虑成本，谨慎衡量特殊设备和器材的购置。

（2）软件管理的重点

① 正确的市场定位。明确会展场馆的市场地位，制订经营管理策略和方针。

② 提高专业人才的素质。建立专业人才选拔体系，引进具有实践经验和管理能力的人才。

③ 制订规范的服务标准。制订严格的服务标准，保证会展活动的顺利进行。

④ 提高场馆使用率。规范场馆管理，发挥场馆功能；开展营销活动，打造个性化服务方案。

⑤ 竞争管理。树立竞争意识，制订合理的竞争策略，加强竞争管理。

⑥ 注重承担社会责任。为促进当地精神文明建设提供物质支持。

三、会展项目管理

现代企业经营管理的一个明显的发展趋势从原先的职能部门管理向具体业务项目管理方向的战略性转变。项目管理最根本的目的是"如何有效地利用时间、技术和人力"，即在确保时间、经费和性能指标的限制条件下，尽可能高效率地完成项目任务，达成项目目标，从运作中改善管理人员的效率，让所有项目相关者满意。会展活动的时效性，要求会展企业在有限的时间里做好相应的组织工作。在这一过程中，如果企业把会展活动当作项目来运作，就能更好地实现时间、技术及人力等方面的有限利用，从而最大限度地实现会展目标。

1. 会展项目的特征和类型

会展项目就是以各种会展活动为管理对象的新型项目形式。

（1）会展项目的特征　会展业是带动城市相关产业发展的一项综合性服务产业。一项会展活动的顺利进行一般会涉及交通、通信、服务、建筑、装饰、金融等诸多部门，其服务对象是以参展商、专业观众为主的庞大的客户群，会展企业只有引进项目管理的运作方式，才可以最大限度地为与会者提供服务，在获取经济利益的同时，获得巨大的综合社会效益。因此，会展项目具有明显的项目关联性、客户广泛性、服务目标性和效益综合性的特征。

(2) 会展项目的类型　会展项目主要有产品交易型、科技展示型、综合博览型和会议洽谈型4种类型。产品交易型会展项目主要是指将某产业与内外贸相结合而开展的产品交易会、展销会等，如车展、房展等，这类项目一般针对性强，强调交易目标的达成；科技展示型会展项目主要是指以某种高科技产业或优势产业为依托举办的专业性科技博览会或交易会等，如光电科技博览会、高新技术展示会等，这类项目技术含量高，专业性强；综合博览型会展项目，主要是指以宣传本地人文资源如文化、艺术、体育等为宗旨的大型展览活动，如昆明世界园艺博览会、2010年上海世博会等，这类会展项目周期长、观众范围广泛、成本预算高；会议洽谈型会展项目，是指以重要的城市为中心而举办的综合性的国际会议及大型论坛活动等，如APEC会议、达沃斯论坛等，这类会展项目参与人数相对较少，对服务要求高，定期举行，重复性强。

2. 会展项目管理的过程

会展项目管理就是会展项目管理者根据会展项目运营客观规律的要求，运用系统理论的观点和方法，对执行中的会展项目发展周期中的各个阶段工作进行计划、组织、控制、沟通与激励，以实现其目标的各项活动的总称。按照会展项目的类型和特点，一个完整的会展项目周期划分为4个阶段，即会展项目启动阶段、会展项目规划阶段、会展项目执行阶段、会展项目结束阶段。一个完整的会展项目管理过程就是这些阶段的总和。

(1) 会展项目启动阶段　会展项目启动阶段是会展项目管理过程的起点，这一阶段又可以进一步分为调研、构思、立项3个阶段。在会展项目调研阶段以识别市场需求为目的，以便针对需求确定会展项目。会展项目构思，即创意，以会展项目调研阶段所得出的需求结果为导向，确定会展主题，并对该主题项目的投资目标、功能、范围以及各主要相关因素进行初步界定。会展项目通过可行性论证后，需要申报到有关部门进行核准后才能启动，会展项目的正式立项意味着会展项目启动过程告一段落。启动过程的结果包括一些会展项目的初始文件、项目章程、项目经理的任命、项目关键的约束、假设条件等。

(2) 会展项目规划阶段　这一阶段是引导会展项目管理工作向目标方向发展的总体设想，包括制订会展项目计划和实施项目分解两个阶段。制订项目计划是会展项目规划的首要工作，它是项目组织根据项目目标的规定，对执行项目中的各项工作任务做出的周密安排，一个完整的会展项目计划包括目标、范围、时间和预算。项目分解就是将一个会展项目整体分解成易于管理和控制的若干个子项目或工作任务，实际上就是给出明确的会展项目范围。一般而言，一个会展项目可以分解为招展项目、组展项目和服务项目，这一阶段的任务就是分别对3个子项目进行设计。

(3) 会展项目执行阶段　项目规划阶段完成后就进入项目执行阶段，它是一个使项目在既定的项目时间和项目预算中执行的工作过程，主要包括会展项目控制和调整两个方面的内容。会展项目控制是通过信息收集、判断和监督项目执行过程的一项持续性工作，实施会展项目控制是规范项目运行，保证项目按照既定目标和预算展开的有效手段。项目调整就是通过项目控制发现项目实际执行过程与计划任务之间的偏差，并随时进行包括人员、目标和预算等方面在内的调整。会展项目工作的风险性和艰巨性，使得项目控制和调整极其重要，是实现过程目标和最终目标的前提和关键。

(4) 会展项目结束阶段　这一过程主要是对会展项目进行执行后的评估，主要包括会展结束总结、会展效益评估和会展信息反馈。会展结束总结主要是会展项目完成情况报告，项目团队人员的绩效评估，以及会展项目成功经验的总结或失败原因的分析，为以后的项目管理工作提供借鉴和参考。会展效益评估主要从直接或间接的经济效益和社会效益方面评价会展收益。最后请专业人士对参展的观众情况进行分析，并将有关数据以及效益评估结果传达给各参展商，同时收集反馈意见与建议，以便进一步提高企业会展项目管理的质量。

四、会展客户关系管理

一个成功的会展，离不开行业内众多企业的长期支持和合作，与客户建立长期良好和稳固的合作关系已越来越重要。客户关系管理（Customer Relationship Management，CRM）思想起源于美国，是企业的一项商业策略，按照客户的分割情况有效地组织企业资源，培养以客户为中心的经营方式以及实施以客户为中心的业务流程，并以此为手段来提高企业的获利能力、收入和客户满意度。会展客户管理就是在全面了解客户的基础上，通过办展机构内部的资源整合和向客户提供创新服务，与客户建立互利、互信和合作双赢的关系来促进会展长期稳定发展。

1. 会展客户关系构成

广义上讲，会展的客户是指与会展企业发生会展业务关系的组织或个人，包括与会者、参展商、客商、政府、媒体、会展场馆、服务商、代理商、员工、赞助商、观众等。狭义上的会展客户是指给会展企业直接带来经济效益的组织或个人，主要是指参展商及客商。在实际运作中，会展企业的客户关系主要是由会展支持部门、参展商和观众所构成。

（1）参展商　包括会展现有的参展商和潜在的目标参展商。参展商在会展客户群体中处于核心地位，是会展经济效益的主要来源，会展主办者的办展经济收益主要来源于参展商的参展费用。足够多的参展商的介入，是会展活动得以运转的关键。参展商是否能够连续参展是一个展览能否成功的重要标志，参展商的参展收益也是评价展会质量的重要指标，会展企业可以借助这些指标进行更大范围的招展招商宣传，以此来保证展会的连续举办。

（2）会展支持部门　会展支持部门主要包括直接或间接为会展企业、参展商、和观众提供服务的部门，如展台装修、展品运输、旅游代理、酒店、物品租赁、同声翻译、保安、保险、公关礼仪、广告、媒体等机构，这些支持部门是会展活动正常进行的保障。会展支持部门为会展活动提供相关的服务，服务质量的优劣直接影响到参展商和观众对会展的整体评价。

（3）观众　观众是会展企业另一重要的客户，有专业观众和普通观众之分。专业观众既可能是参展商的潜在客户，也可能成为未来的参展商。普通观众主要是最终消费者，或者对展会感兴趣的人，会展活动是否得到各方认可，可以通过观众的构成反映出来，缺少热心观众，展会也就失去了存在的价值。观众和参展商是会展相互影响的两方面。一方面，参展商到会参展，不论其参展的主要目的是什么，都离不开观众。另一方面，观众参观会展的目标的实现也离不开参展商，如贸易成交、了解行业最新动态、收集信息的来源等都来自参展商。

2. 会展客户关系管理要点

（1）会展客户消费价值管理　按照客户关系管理的原理，对具体的会展活动，会展企业必须要吸引会展客户参与，为客户提供期望的消费价值。首先，将消费价值导向理念纳入会展企业整体战略规划流程中；其次，了解会展不同参与者看重的参展价值，帮助参展商、观众以及会展服务商获得他们所期望的价值；再次，促进会展客户之间的沟通，客户消费价值不仅仅是通过会展企业来实现，还要通过会展活动中，各方客户之间的互动、合作中来获得，会展企业应尽力创造条件，促进会展客户之间的有效沟通，确保各方获得自己期望的价值；最后，降低会展客户的参展成本，为会展客户提供各种方便，使他们感到物有所值，进而激发下次参展积极性。

(2) 会展客户满意感管理　会展客户的满意程度将直接影响他们再次参展的意愿，会展企业应加强对会展客户服务，提高客户每次参展活动经历的满意程度。可以通过以下途径来完成：会展前进行市场调研，了解各参展客户的目的，提供个性化服务，提高参展收益；加强会展企业员工相关专业知识、技能的培训，使员工在为会展客户服务的同时，当好顾问；为会展客户提供从备展到会展活动期间，再到会展结束的全程服务，帮助客户了解各方资讯，建立客户关系，并提出专业化建议；会展活动结束后，会展企业针对会展客户进行满意度调查，建立投诉处理体系，及时处理客户投诉，留住客户；将员工工作考核同会展客户满意度挂钩，把会展客户满意度作为衡量员工工作绩效的重要指标。

(3) 会展客户信任感管理　美国学者李维凯（Roy J. Lewicki）和彼迪特（Barbara berdict）认为信任关系有不同层次，通过"意图分析过程"形成的信任关系是最高、最稳定的关系层次，双方充分理解对方愿望和意图，保持密切联系所产生的信任关系才不易破裂。会展活动中，会展企业应尽可能采取措施，增强客户信任感；会展企业通过市场沟通活动突出客户满意，强化企业形象，为客户提供满意的消费经历；投入额外资金、人力、物力满足客户的各项需求，赢得客户的信任；培训会展服务人员增强客户信任感的技巧，加强服务人员与客户之间的交往，使服务人员当好客户的销售顾问，与客户建立彼此的信任感。

(4) 会展客户忠诚感管理　会展活动周期性的特点，要求会展企业采取有效措施培育忠诚的客户。首先，要分析会展客户的参展目的和需求，寻找愿意并且能够对会展企业忠诚、企业为他们服务也能获利的正确客户，如行业知名企业，处于发展期的客户；其次，为会展客户提供满意经历，如在会展活动举行前，为客户提供相关信息，使会展客户感受到会展企业的服务诚意；会展活动期间切实解决会展客户遇到的各种问题；会展结束后对会展客户进行回访、调查，反馈意见，及时改进；最后，为会展客户提供增值服务，如从帮助参展商的角度出发，不断寻求改进展示效果的方法，帮参展商增加利润，节省开支，甚至组织参展商座谈会，集思广益地发挥成功办展的新举措等。

3. 会展客户关系管理实施

会展客户关系管理是一个通过积极使用信息和不断地从信息中学习，从而将客户信息转化为客户关系的循环过程。这一流程从建立客户知识开始，直到形成较高影响的客户互动。其间需要会展企业采用各种策略，建立并保持与客户的关系，进而形成客户忠诚。

(1) 收集客户信息，发现市场机遇　会展企业客户关系管理流程的第一步就是分析会展市场客户信息以识别市场机遇和制订投资策略，它通过客户识别、客户细分和客户预测来完成。

(2) 制订客户方案，实施定制化服务　主要是针对客户类别，设计适合客户的服务与市场营销活动。CRM要求在全面收集客户信息的基础上，针对项目客户，预先确定专门的会展活动，制订服务计划。

(3) 实现互动反馈，追踪需求变化　是会展企业借助及时的信息提供来执行和管理与客户（及潜在客户）的沟通的关键性活动阶段。要求会展企业使用各种各样的互动渠道和前端办公应用系统，通过与客户的互动，随时追踪有关参展商的需求变化以及参展后的有关评价并不断修改客户方案，实时调整进一步的营销活动。

(4) 评估活动绩效，改善客户关系　是会展企业对所实施的方案计划进行绩效分析和考核的阶段。CRM通过各种市场活动、销售与客户资料的综合分析，建立一套标准化的考核模式，考核施行成效，并通过捕捉和分析来自于互动反馈中的数据，了解客户对企业各项营销活动所产生的具体反应，为下一个CRM循环提出新的建议，以此不断改善会展企业的客户关系。

五、会展人力资源开发与管理

1. 会展人力资源构成

现代会展业是一个涉及多个关联产业、政策性强、专业化程度高的现代服务产业,涉及众多学科领域。一个大型的会展活动就是一个系统工程,涉及营销、公关、金融等多个领域,从业人员需要具备更宽、更高和更全面的知识。因此,会展人力资源的构成体系应呈现围绕中心旋转的"旋涡型",才能适应会展业综合性和广泛性较强的特点,以契合和推动会展业的发展。

旋涡型结构的核心就是会展运作人才,负责会展项目的开发、策划、营销、管理、交流与服务等,涉及会展项目策划、会展项目管理、会展工程管理、会展设计、会展特装工程管理、展品运输操作管理、会展营销与服务、展览器材的标准化管理等众多方面。这是会展人力资源结构中专业性最强、需求最为迫切的部分。旋涡型结构的中层即拉动部分是会展辅助人才,涉及广告、法律咨询、物流、宣传、展台设计与搭建、运输等方面,会展业对这部分人才的专业性和通用性要求一般。旋涡型结构的边缘部分是会展支持人才,是旋涡结构的外围,涉及翻译、接待、贸易、金融投资等方面,这类人才的通用性较大。

2. 会展人力资源开发与管理机制

会展人力资源开发机制包括人才招募机制、人才培训机制、人才激励机制、人才流动机制等主要内容。在会展企业创造出良好的企业环境条件下,人才的招募和培训能保证会展企业员工具备最基本的能力和素质,激励和流动机制能使会展企业人力资源的质量向更深层次发展,从而构建起会展企业的核心竞争力。

(1) 人才招募机制 会展企业人才招聘是为了给企业中各种岗位选拔出合适的人才而进行的一系列管理活动,是会展企业管理过程中一项重要的、具体的、经常性的工作,是会展人力资源管理活动的基础和关键环节之一,是企业各项工作开展的前提。会展企业的人才招聘,分为"招"和"聘"两个过程,"招"即征召过程,"聘"即选择过程。会展企业必须从职位的要求、员工的知识和技能、工资成本等多角度综合考虑,遵循任人唯贤原则和量才适用的招聘基本原则,按照招聘需求、制订招聘计划、征召、筛选、试用和正式录用、招聘评估等严格合理的程序,才能招聘到自己所需的员工。

(2) 人才培训机制 会展经济是一种集资金密集型、劳动力密集型、知识密集型、技术密集型于一身的综合性很强的经济形态,对从业者的素质要求较高。培训是会展人才开发的重要手段,通过培训,会展企业除了能获得知识和技能方面的提高外,还可以获得自身的发展机会和增强竞争优势,改善企业的人力资源总体状况,从而提高会展企业运转绩效。因此,会展企业需要努力挖掘内部潜力,建立一套科学的、行之有效的培训机制。培训机制的建设要遵循目标化、反馈性及全过程原则。

(3) 人才激励机制 人才激励是指通过各种有效的激励手段,激发人的需要、动机、欲望,形成某一特定目标,并在追求目标的过程中保持高昂的情绪和持续的积极状态,发挥潜力,达到预期的目标。激励的本质就是通过鼓励企业员工追求个人利益的行为,从而获得企业效益。充分调动人的积极性,最大限度地挖掘人的潜力,是会展企业人力资源开发与管理所追求的目标。

激励作为调动员工工作积极性的一种手段,能够发掘人的潜能、提高工作效率、提高人力资源的质量、弥补物资管理资源的不足。现代会展企业人力资源开发与管理除了运用传统的激励手段以外,应更重视尊重、奖惩、竞争、参与等激励机制。同时,在建立员工激励机制时,应当把员工激励机制和绩效考评制度同步联系起来,即要对员工进行有效激励,避免出现过度激励或激励不足情况。

(4) 人才流动机制　人才流动机制是指在企业的生产经营过程中，从人力资本的角度出发，对人力资源的流入、内部流动和流出进行计划、组织、协调和控制，以确保组织人力资源的可获得性，从而满足企业现在的和未来的人力资源需求和企业员工的职业生涯发展的需要。人才流动大致可以分为流入、内部流动和流出3种形式。

3. 会展人力资源管理策略

(1) 战略性管理　会展企业人力资源管理工作是关系到企业未来发展的重要环节，在企业发展初期抓好人力资源的开发与管理是为将来顺利发展打下坚实基础，为企业竞争力的提升提供了更大的空间。我国加入WTO以后，会展企业作为与世界接触最为密切的行业，需要直接参与国际间的竞争，因此，会展企业首先要在观念上对人力资源工作进行重新定位，站在战略的高度来规划和管理人力资源，明确规定近期、中期、远期人力资源的目标，并使人力资源规划与会展企业的发展规划相协调。

(2) 科技性管理　会展业是一种外向型、前瞻性的经济形态，相对于其他行业的企业，会展企业在具备技术和设备优势的条件下，更有可能将人力资源的管理工作基于高新技术之上，以提高管理的效率。如将计算机系统、数据库、网络等先进技术和工具引入人力资源的管理中，建立会展企业人力资源管理信息系统，提高管理工作中的高科技含量。

(3) 联合性管理　当今世界的趋势是在竞争中合作，会展企业人力资源管理要在内部进行统筹和规划的同时，与同业及不同行业的企业和机构展开广泛的合作和交流，以适应日益激烈的会展人才的争夺。联合性的管理形式可以是会展企业间互派员工进行管理与经验的交流，也可是在会展企业与科研机构及高等院校之间进行人力资源的调研和培训等。

(4) 学习性管理　由于知识成为新时代有实质意义的主导资源和决定企业成功与经济发展的关键变量，开发与管理作为知识载体的人力资源，培养和造就具有高智能和创新能力的新型人才，是会展企业构建学习型组织人力资源开发新模式，满足知识经济时代的要求。因此，要对人力资源进行学习性管理，通过让员工不断地学习和掌握知识、提升创新能力与水平，逐步形成学习性会展人力资源管理的新动向，完善会展人力资源的知识体系。

(5) 文化性管理　会展企业要形成核心凝聚力，不能仅依靠制度的约束，更需要形成特定的企业文化。会展企业要想与发达国家的会展业巨头一争高下，就要树立自己的企业文化，对人才实施文化性管理。企业文化的建立不能只是通过文字的形式规定下来，而是需要通过会展企业内部运作、公共关系管理和对外形象的塑造等渠道经过长期的积淀才能形成。因此，会展企业要重视企业文化对人力资源的重要性，以企业文化将企业中的每个人紧紧联系在一起，形成核心凝聚力。

六、会展物流管理

现代会展集聚了人流、物流和信息流。会展物流是指以会展活动为中心，所涉及的会展辅助设施、产品的物理运动过程，具体包括对会展辅助设施和产品的运输、保管、配送、包装、拆卸、搬运、回收及相关信息处理等。它是由会展组织者在综合会展现场多个供需对映体的信息要求后，统一指挥、统一安排、统一协调的物资流通体系。会展物流的主体是会展组织者，客体是参展商和购买者；移动的主体是会展辅助设施、产品和与之相关的信息；载体是用以实现会展物品流动的设备和设施，包括直接运载的车辆、船只、飞机、装卸搬运设备和铁路、公路、港口、机场等设施；流向主要是从参展商—会展中心—客户的流动，这种流动既包括空间位置的转移，又包括时间的延续。会展物流管理，就是对会展物流的全过程进行计划、组织、实施、协调和控制，确保会展物品以较低的成本，高效、高质地实现时空的转移。会展组织者能否与参展企业进行良好的合作，并使自己和参展企业消耗最低的运营成本，完成商品物资的时空转移以及设备的正常运行，从而发挥出最佳的运营效率，将直接影响到整个会展的成败。

1. 会展物流的支撑要素

会展物流体系是一个比较复杂的系统,根据会展主体的不同,其物流运作的对象也有所差距,从而形成众多子系统。因此,一个高效运营的会展物流体系需要一系列相关要素的支撑,包括会展政策、渠道和机制。

(1) 会展物流政策 会展活动的物流政策是以会展物资的流通过程为对象的公共政策,是国家和地方政府运用公共权力,对会展物资的流通过程,包括流通的主体(会展企业)、流通活动等,进行介入、干预的基本方针及各种手段所组成的体系。

(2) 会展物流渠道 会展物流渠道是指会展物资由生产领域向会展场馆或者消费者领域转移的载体。会展物流渠道本质上是商品经济中的货畅其流问题,是参展企业物资流通整体渠道的重要组成部分。物流渠道作为会展活动物资运动的重要载体对会展物资的运动状态产生着广泛的影响,它不仅规定着会展物资的流向,其组成状况还影响着会展物资的流通时间和流量,因而制约着会展物资能否实现货畅其流。

(3) 会展物流机制 由于各种物资在形态、性能方面各异,因此不同的物资子系统各自都有其特定的运作机制和调控机制。会展物流机制是指会展活动物流体系中各个相互联系、相互作用的要素或环节之间的内在制约关系和调节功能,包括会展物资流通的供求机制和调节机制。供求机制决定了物流流量、时间等坐标,调节机制则控制物流过程。

2. 会展物流的管理内容

(1) 质量管理 会展物流质量包括会展物流对象质量、会展物流服务质量和会展物流工程质量。会展活动的开展具有期限的短暂性和展期的固定性等特点,要求会展物品必须在严格的时间和空间要求下,通过高质量的物流作业来完成其时空的转移。会展物流质量管理必须满足参展商的要求,保证按参展商的要求将其所需的展品送达展出地点。会展物流质量管理的目的就是用最经济的办法向会展企业、客户提供满足其要求的高质量物流服务。会展物流质量管理必须强调"预防为主",明确事前管理的重要性,即在上一道物流过程就要为下一道物流过程着想,预先防止可能会出现的问题,对流通对象的包装、装卸搬运、储存、运输、配送、流通加工等若干过程进行全过程的质量管理。

(2) 时间管理 会展物流活动过程控制非常复杂,在时间上具有很强的阶段性,在空间上具有突发的集中性,在需求上具有双向性和不确定性,这就要求会展物流服务商提供更高层次的快速反应服务。如何在特定的时空里,满足参展商多种应急需求,是会展能否成功举办的关键。时间管理是实现会展物流服务质量的保障,包括接到订单快速响应能力、运输途中所消耗的时间和在会展过程中对洽谈结果所做出的快速作业等。随着信息技术的不断提高,会展物流对时间目标的追求逐步从传统的按预期进行物流安排,转为物流作业对会展活动的快速响应,实现各个环节的快速和及时。

(3) 运输管理 所有物流活动的开展都离不开物品实体的流动,运输则是实现这一空间转移的主要环节。会展物品运输管理的主要目标就是在限定的时间内,科学组合各种运输方式,将会展物品从供给地运送到指定的地点。运输过程也是物流过程作为"第三方利润源"的主要实现途径,运输成本的控制对降低整个物流系统的成本有着至关重要的作用。

(4) 仓储管理 在会展物流过程中,虽然没有生产企业产品物流的大批量、多批次的仓储作业,但是在会展期间仓储的合理安排,也对会展活动的顺利进行和快速反应产生重大的影响。因此,会展物流仓储管理的目标主要就是对会展物品在会展中心或附近的库存场所的仓储进行管理,实现会展的供求调节和配送加工等功能。

(5) 信息管理 信息化是我国会展产业与国际接轨的一个重要衡量标准。信息传递与共享是保障会展物流管理高效协调运行的重要基础。在会展物流的组织与管理过程中,会展主办方、参展商与物流服务商信息的实时沟通，为会展活动提供高效的物流服务支持，是会展物流服务商的重要目标之一。会展组织管理者应会同各参展商与物流服务商，不断对各种相关信息进行实时监控，并根据反馈信息及时调整会展物流过程中的具体行动措施。

3. 会展物流系统的构建

会展物流系统是在会展期前后，在一定的空间维度中，由物流的客体、主体、载体等物质、能量、人员和信息等各方面相互作用、相互依赖和相互制约所构成的，以实现会展物品运输、仓储、回收及相关信息畅通等功能为目标的有机整体。会展物流系统化的目的在于根据快速、可靠和低费用的原则实现以最少的费用提供最好的物流服务。

会展物流本质上是会展相关物资产品的空间流动与管理，物流运作系统与参展商及会展组织者的经济利益也是直接挂钩的，现代化的会展物流系统应结合参展商产品的特点和会展经济运作的特性，努力提高专业化因素在物流过程中的强度，从而构建起完整发达的网络化物流系统。

图 2-7 显示，会展物流网络的核心在于由会展现场（场馆）和会展仓储配送中心所组成的"物流—信息"综合体。该"物流—信息"综合体是会展活动物流起点和物流终点，即参展商和购买者进行物资传送和信息互动的交换器。会展物流分别呈现出由参展商经由会展现场向购买者单向流动的传递形态，而信息流则呈现出以会展现场为中心，向参展商及购买者双向发射状传递形态。在这个复杂的会展物流网络中，作为会展物流的中转站的专业中介物流公司一般以招标、竞标的方式产生。专业中介物流公司通过为参展商提供专业化的物流管理与转运服务给会展物流运作以技术支持，同时，当参展商从会展现场获取反馈的需求信息后，也可以委托专业中介物流公司提供批量产品的送货上门服务，通过物流中介公司这种渠道负责会展物资及客户需求产品的运送流通服务，一方面增加了安全性、减少了风险系数，另一方面由于这些公司的专业化水平较高，可以在很大程度上提高会展物流的效率。

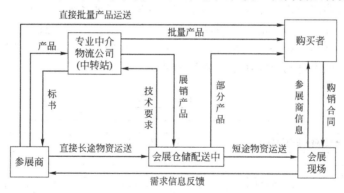

图 2-7 会展物流系统构建

七、会展信息管理

会展行业是一个信息极其密集的行业，从管理学角度来看，会展信息就是有关会展行业的各种消息、信号、情报，是经过加工后的行业相关数据，对会展行业决策或行为具有显示或潜在价值，是会展场馆、服务商、参展商、专业观众等会展行业信息的集合。会展信息包括会展行业信息、会展企业业务信息和管理信息、各类综合评估数据和会展企业内部公文数据及办公数据。

随着计算机技术和网络技术的应用领域越来越广泛，信息处理和信息管理领域在各行各业都起着越来越重要的作用。会展行业为了适应市场发展和行业发展的需要，大量地使用各种信息处理和信息管理软硬件工具，从而实现了会展信息管理科学化、节约化。会展信息管理就是为了满足会展企业管理需要而进行的信息产生、识别、筛选、收集、加工、传递、存储、检索、输出等各项工作的总称。会展信息管理的目标之一，就是用现代成熟起来的信息化技术来管理会展，以达到节约管理成本的目的。

1. 会展管理信息系统的基本功能

会展管理信息系统是一个以人为主导，利用计算机硬件、软件、网络通信设备以及其他办公设备，进行信息的收集、加工、传输、存储、更新和维护，以会展行业的企业战略竞优、提高经济效益和效率为目的，支持企业的高层决策、中层控制、基层动作的集成化的人机系统。管理信息系统由信息源、信息处理器、信息管理者和信息使用者四大部件组成，其中，信息源是数据的输入源，来源于系统内部或外部；信息处理器负责信息的接收、传输、加工、存储、输出等任务；信息管理者依据信息使用者的要求来进行系统的设计开发、运营维护；信息使用者还包括企业内部不同层次的管理者。

2. 会展管理信息系统的结构

会展管理信息系统的结构是指系统各个部分之间的相互关系总和。从不同侧面观察和理解，针对不同的应用，会展管理信息系统具备多种结构形式，主要包括物理结构、软件结构和功能结构。

（1）会展信息系统的物理结构　会展管理信息系统的物理结构是指系统核心部分的物理组成，主要包括硬件、软件、数据库、规程和人员5个部分。

（2）会展信息系统的软件结构　从软件构成的角度来看，一个完整的会展管理信息系统主要由技术管理、场馆经营管理、客户关系管理、财务支持、展览服务管理、会展运营管理、物流管理、信息处理、高层管理等子系统构成。

（3）会展信息系统的功能结构　会展信息系统的基本功能包括数据处理功能、预测功能、计划功能和控制功能。会展管理信息系统针对所服务的展馆、展会、主办商、参展商和用户，具有不同的功能结构。主要以会展场馆运营信息管理系统、主办商信息管理系统、展会现场信息管理服务系统为核心，通过功能接口系统，共建网络信息平台，实现3个核心系统的连接与整合，将各项业务有机结合成一个整体，并实现会展业务的信息管理无缝连接，促进各子系统功能的融合与全系统信息资源的共享，如图2-8所示。

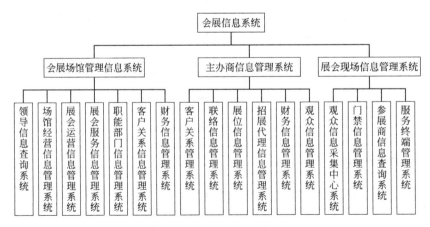

图2-8　会展信息系统的功能结构图

八、会展危机管理

会展活动是一个集人流与物流于一体的大型经济活动，任何的危机事态的发生，都会使其本身的影响扩大数倍，既造成参展商、观众的人身和财产损失，又对会展造成无形的伤害。我国会展业不成熟的发展状况决定了其在遇到危机事态时,应变能力和抵御能力不强。因此,作为会展企业,提高危机意识,把危机管理纳入到会展管理体系中,是我国会展危机管理正规化、系统化的当务之急。

1. 会展危机的概念和类型

会展危机的认识可分为狭义和广义两种。狭义的会展危机是会展过程中危险和巨大困难的时刻,是一个转折点,是一个重要的情形,情形的结局决定后果发生的好坏。广义的会展危机是指会展过程中不确定因素和危害性因素的总和。会展危机管理的目标就是消除或减弱危害,保证会展活动的顺利进行。

会展活动中的危机多种多样,从管理的角度可以分为可控制和不可控制两大类。可控制的危机是指会展企业可以预见、可以预防的危机,主要是由于运作因素和安全因素所带来的危机。运作因素主要指在会展运作中,由于项目经理经营不善,管理不当;主办机构财力不足以及参会合作者严重失误或中途退出等诸多原因,造成管理失控和混乱,导致整个会展活动陷入困境。安全因素带来的危机大多属于管理层面上的问题,如工作粗心大意、场馆和展位设施所引起的危险、盗窃、抢劫、爆炸等,其他如突发性的食物中毒,观众参观时人流拥堵造成倒塌伤害以及火灾、漏电、严重污染等。不可控制危机是指以会展企业的能力来讲,危机是无法预料或难以预防的,它包括社会因素和自然因素导致的危机。社会因素导致的危机主要包括经济秩序和社会宏观环境变化而导致的危机,如社会经济衰退、通货膨胀、游行示威、罢工罢市、政治动乱以及恐怖威胁和战争波及等。自然因素导致的危机是办展者无法抗拒的,当属不可控制范畴,诸如突然发生地震、海啸、飓风或暴雨、洪水等重大自然灾害等。

2. 会展危机的管理流程

会展危机管理就是通过事先计划、组织、指挥、协调和控制会展活动,以尽量减少会展活动中利益相关人的损失。在会展活动具体运作中,会展企业需要通过建立会展危机预案、会展危机控制、恢复提升、会展危机评估等环节加强对会展危机的管理与控制,如图2-9所示。

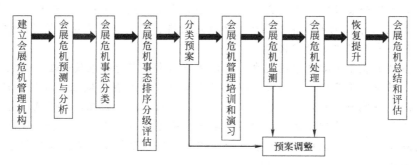

图2-9 会展危机管理流程

(1) 建立会展危机预案 会展危机预案是危机发生以后,处理的保证和行动指南。包括建立会展危机管理机构,会展危机预测与分析,会展危机事态分类,会展危机事态排序、分级和评估,分类预案,会展危机管理培训与演习6个程序。

(2) 会展危机控制 包括会展危机监测、会展危机处理和预案调整。在会展活动发生前后,对会展活动现场以及场馆以外的各种内外部环境进行监测,避免给会展活动带来不利影响;危机发生时,及时果断的启动会展危机处理程序,保证各方利益,将损失降到最低;在会展活动组织和进行中,不断调整预案,以适应会展活动的需要。

(3) 恢复提升 会展危机发生后,参展商信心、员工的利益、展会的声誉等各方都会受到明显影响，应根据不同情况采取危机恢复管理来解决。

（4）会展危机总结和评估　这一阶段的工作重点是处理会展危机的后续工作并编写总结评估报告。对危机受害各方给予补偿、补助，并提供可能的司法帮助和心理援助；全面调查落实危机起因、责任，评估影响范围，采取补救措施；搜集相关危机信息，编写危机评估报告，总结经验教训。

项目思考与讨论

一、复习与思考

1. 什么是会展管理的机构。
2. 简述会展管理的模式与管理体制。
3. 简述会展现场管理的基本内容。
4. 简述会展项目规划管理过程。
5. 简述会展人力资源的开发与管理。
6. 简述会展客户关系构成及管理。
7. 简述会展场馆管理的要点。
8. 简述会展物流管理的内容。
9. 简述会展信息管理体系构建。
10. 简述会展危机的种类、会展危机管理的要点。

二、案例讨论

美国展览馆的管理模式

在美国，展览产业对地方经济的拉动作用很明显，据有关调查部门估算，每位参观者每次参观平均要支出1200美元，可以带给当地国内生产总值2000～8000美元的增长。就展览业本身而言，多年来展览产业的增长速度比美国GDP增长快得多。

在美国，大部分展览中心都是公有的。在全美面积超过2500平方米的展览中心中，大约64％（大约243个）的展览中心属于地方政府所有。在长期的产业发展过程中，形成了3种各有特点的公有展览中心管理模式。

尽管许多公有展览中心是亏损大户，地方政府作为所有者的直接管理，仍然可以获得某些关键利益。首先，展览中心的经营可以更好地体现政府发展区域经济和特定产业的意图。其次，控制展览场地市场可以作为展览市场宏观调控的手段。因此，政府直接管理是美国一种重要的公有展览中心管理模式。通常的办法是在地方政府里成立大会和参观者事务局，负责管理公有展览中心。在此模式里，展览会组织者预定展览场地需要到该机构事先登记，而不是去展览中心。

1. 政府管理模式

在政府管理模式下，尽管某些服务也外包给专有承包商，但参观者事务局一般都有管理队伍，包括市场营销、销售和公共关系人员。在很长的时期里，政府管理的市政展览中心通过提高停车价格和提供更多的专有服务等方式，都能够增加收入和盈利。

对市政展览中心来说，盈利能力往往基于下列关键因素：经营实体的政治结构（一般认为，私人或权威机构/委员会的管理优于市政当局）；来自城市的对特定展览中心和整个观光事业的营销支持；最重要的是，展览中心经营和参观者事务局管理的质量。

作为政府管理模式的一个例子，乔治亚州设立了乔治亚世界会议中心管理局，以开发和经营乔治亚世界会议中心、乔治亚"圆顶房"、百年奥林匹克公园和相关设施，以促进和方便那些给乔治亚州和亚特兰大市创造经济利益的展览会。

乔治亚世界会议中心管理局是州长任命的15人董事会，它必须挣得自己经营支出所需的资金，但是如果有短缺也能额外得到州里的资助。管理局从展览大厅和会议室的租金及其提供的服务中，获得收入。乔治亚世界会议中心通常是可以做到盈亏平衡的。

政府管理模式虽然有利于政府获得某些重要的利益，但是也会造成展览中心经营绩效低下、市场机制扭曲等问题，不利于展览产业的长远发展。从美国的情况来看，拉斯维加斯和芝加哥等最重要的展览城市都已不实行这种模式。

2. 委员会管理模式

美国某些地区在公有展览中心的管理中实行委员会管理模式，即由地方议会或政府成立一个单独的非谋利管理委员会经营公有展览中心，对议会或政府负责。例如依照内华达州的一部法律，成立了半官方的拉斯维加斯大会和参观者事务管理委员会。

委员会管理往往是比政府管理更有效的模式。由于经营自主和收入独立，由一个管理委员会管理的展览中心，可以更少地受政府采购和城市服务需求的限制。

管理麦考米克展览馆和"海军码头"的芝加哥"都市码头—展览机构"（MPEA），就是成功应用委员会管理模式的一个例子。MPEA是伊利诺斯州议会创立的一家市政公司，其董事会是由伊利诺斯州州长和芝加哥市市长任命的。

MPEA管理麦考米克展览馆联合体，在芝加哥地区促销和运作展览会和商品交易会。按照法律规定，麦考米克展览馆需要创造足够的收入以支付其运营成本。为此，作为管理委员会的MPEA实行半企业化的运作。麦考米克展览馆提供电信、电气、有线电视、输水管道、餐饮和停车等若干种专有服务。展览会组织者必须雇用MPEA在这些服务领域指定的卖主。MPEA基本上不负众望。每年有400多万展览会参观者和公众参观者来到麦考米克，有50个主要的展览会和数百个小的展览会在麦考米克展览馆举办。按照《贸易展览周刊》的统计，这些展览会里大约有33个居全美贸易展览会前200强之列。

不过这个模式也有其弱点，那就是可能产生政治影响、官僚主义等问题。历史上著名的旅游胜地"海军码头"也归MPEA拥有和管理，而这家权威机构也因为对"海军码头"实施娱乐、商业和文化的重新利用和经营而广受指责。

此外，从企业治理的角度来看，委员会管理模式下存在着激励不足的问题。很多时候政府还是要充当救火队长，补贴公有展览中心经营的损失。芝加哥市政府就每年都把旅馆房间税收的2.5%转移给麦考米克展览馆。

3. 私人管理模式

将公有展览中心的管理业务外包给私人展览管理公司，这就是私人管理模式。当前展览产业一致认为，这是一个积极而难以逆转的趋势。私人管理公司愈来愈多地从市政府那里赢得公有展览中心的经营权和管理权。

北美地区两家主要的展览中心管理公司，Spectacor管理集团和环球光谱集团，因为不断提升该产业的服务水平和标准而广受信赖。更多的市政府都在考虑把其展览中心管理业务外包给这样的私人管理公司。

私人管理模式具有许多公认的优势。①政企分开，经营自主；②诸如奖金之类的效率激励措施，建立在盈利能力大小、毛收入和成本节省情况的基础上；③集中注意力于客户服务上，有利于克服官僚主义；④人力资源得到深度开发；⑤衡量业绩的标准客观；⑥盈利能力较强，经营有赔偿的潜力；⑦管理培训专业化，管理有职业倾向性；⑧雇用工人有灵活性，有利于裁减冗员；⑨对政府来说，财政风险相对较小，这一点至关重要，政府毕竟也不能做赔本生意。

在美国，私人管理公司一般都收取一种基本酬金，外加一种可变激励酬金，它与基准数据联系在一起，诸如毛收入、盈利能力、成本节省情况、参观水平和展览会数量等。

根据《设施管理者》杂志的报道，1986年的美国税收法案，对经营通过免税债券筹措资金的公有展览中心的展览公司，设置了收取酬金上的限制。

展览中心管理契约在各展览中心之间可以有很大的差异。为适合每个市政客户的独特需要，大部分协议都是客户化的。按照具有代表性的私人管理公司的情况看，带激励的酬金平均起来一般相当于毛收入的大约5%。

当然，对地方政府而言，将公有展览中心交给私人公司管理也有一定风险，有可能失去对其谋利动机的控制。由于不能排除异地办展的内在冲动，且所办展览会不适应当地产业发展规划，私人管理公司利润最大化的经营可能不符合城市发展的整体利益。

讨论：1. 3种管理模式各有何优点和缺点？
2. 以当地一展览中心为例，分析评价展览中心的管理模式。

三、实训题

1. 考核设计

分组考察本地一个会展活动，了解其现场管理的情况，写出分析报告。

2. 考核标准

考核项目	操作要求	配分	得分
资料收集	资料收集全面,真实	10	
方案制作	会展活动现场问题分析	10	
	观众登记与入场管理情况	10	
	参展商与媒体管理情况	10	
	交通、物流与安全情况	10	
分析汇报	表达清晰流畅	10	
	内容全面、分析完整	20	
团队精神（成员互评）	通力合作、分工合理、团结互助	10	
	发言积极,乐于与同学分享成果	10	

项目三 会展服务

项目目标

1. 了解会展服务的相关概念和会展服务的特点与原则。
2. 理解会展服务流程与会展服务规范。
3. 明确会展服务的种类、会展服务人员的培训与选择。
4. 掌握会展服务的要求和会展服务业务。

项目关键词

会议服务　展览服务　会展服务理念

项目导入

中博盛会　舞动中原

2007年4月28日由商务部等23个国家部委局和中部六省联合举办的第二届中国中部投资贸易博览会（简称中博会），在郑州国际会展中心圆满落下帷幕。中博会展览面积约6.6万平方米，参会人士包括国内31个省、市、自治区及香港、澳门特别行政区代表团，来自108个国家和地区的境外客商共10335人，国内客商参展参会共35656人。第二届中博会的成功举办，呈现出以下三大亮点。

一是参加2007年中博会的国内外政要和客商层次之高、规模之大、范围之广，在河南历史上尚属首次。二是成果显著。中博会历时3天，中部六省共签订外商直接投资项目196个，合同外资123.74亿美元；签订内资项目467个，吸引资金1997.63亿元人民币。三是细致周到的服务保证了中博会的成功举办。丰富的展览内容，高端的思想盛宴，引起了海内外新闻媒体的广泛关注，参加2007年中博会的记者有1288人，其中境外及中央媒体记者达277人。记者们要外出采访，作息时间不定，有的记者有熬夜的习惯，中博会工作人员始终"以人为本"，服务亲情化、细节化，根据记者不同的作息时间和生活习惯安排清洁房间时间。工作人员为上海记者张先生整理房间时，发现草莓果盘原封没动，经过了解得知张先生不喜欢吃草莓，于是为其特意准备了一份菠萝果盘。

对参与为海内外客商代表提供专程服务的出租车师傅进行了有针对性的强化培训，目的是为中博会做好服务。要求司机要做好每一个细节：从机场初见客人的礼仪，到宾馆如何合理停车；后备厢一定要整理干净，到车内保持恒温让客商感觉舒适，不吃大蒜、韭菜等有刺激性气味的食物；还有上车时主动搀扶老年人；主动向客商介绍郑州的风土人情；主动在长途车程中放点轻松音……服务流程还进行了"彩排"，使司机熟悉行车路线，熟悉下榻宾馆、会场就餐地点，做到万无一失；司机的服装、发型、语言都要"一丝不苟"等。

目的就是做好每一个细节，让外地客商到河南有回家的感觉。中博会会务接待部部长强调，司机可能是外地客商下飞机、火车后第一个接触到的人，司机服务的好坏，一定意义上关乎河南形象。

不懈的努力获得了肯定和赞美。"成果大，效果好；客商高兴，各方满意。"不少客商表示，郑州的接待能力令人惊叹，会务安全保障、宾馆的周到服务，特别是会展中心动感时尚、气势磅礴的设计与建设，会展员工的专业服务，给他们留下了非常深刻的印象。

【点评】：中博会通过这种细致入微的服务、规范完善的管理，给海内外客商留下了深刻印象和美好记忆。由此可见，会展服务对会展业的重要性。

［资料来源：郑州国际会展中心网站（http://www.zzicec.com）和《东方今报》］

课题一　会展服务概述

一、会展服务的概念与内容

1. 会展服务的概念

会展是特殊的服务行业，其核心就是服务。服务，是指以各种劳务形式为他人提供效用的活动。服务（service）这个词可以这样解释：s 代表 smile（微笑），e 代表 excellence（优秀），r 代表 ready（乐意），v 代表 viewing（观察），i 代表 inviting（吸引），c 代表 creating（创造），e 代表 eye（眼睛），即用微笑、完美的服务，全面的观察，眼神的交流，随时提供服务的心态，来创造良好的环境。会展服务是指在会展活动过程中，由主办方或承办方向与会者、参展商、客商和观众提供的各项服务，是在会展活动过程中展现出的一种行业规范。会展服务渗透于会展活动的各个环节，是成功举办会展活动的重要保证。

会展服务是一门技术，更是一门艺术。会展服务的宗旨是文明、礼貌、热情、周到，目标是确保会展活动的顺利进行，以追求经济效益为主要目。

文明，主要指仪表整洁、卫生，行为举止端正，有良好的职业道德和文化修养。

礼貌，是指在人与人的交往中，相互表示敬重和友好的言行规范，它是时代风尚与人们道德品质的结晶，是人们的文化层次和文明程度的见证。

热情，是指以热烈的感情款待客人和对待事情，这是会展从业人员的优良品质。

周到，是指服务周全、细致入微，为所有与会者、参展商和观众排忧解难，提供方便，关心照顾特殊的与会者、参展商和观众，满足其特殊合理需求。

2. 会展服务的内容

会展服务主要分为会议服务和展览服务，都是有目的、有组织的需要沟通协调的服务门类。

（1）会议服务　在现代社会，会议已成为一种极为重要的民主方式和集体领导制度的展示，也是商务谈判和沟通的一个重要手段。"会"是聚会的意思，"议"则是指商议讨论。会议就是人们为了解决某个共同的问题或出于不同的目的而有组织地聚集在一起进行的商议、讨论的集会。

会议服务是常见的服务形式，是会议工作中事务性、服务性的工作，会议服务是保障会议顺利召开而进行的各种具体事务服务工作的总称。

狭义的会议服务指专门为各种会议提供的保障服务。广义的会议服务指为与会议相关的各种活动提供的全方位、多方面服务，除了为会议提供服务，还要为各种活动和各种类型的诸如新闻发布会、剪彩、签字仪式、博览会、联谊会、论坛、展览会提供服务。

（2）展览服务　展览服务是指在展出过程中的各种劳务服务和展会前后所采取的各种服务措施，是为了直接展示陈列物品、有组织集中展示物品而进行的各种服务的总称。

会展服务质量的高低将直接影响到会展目标的实现，会展活动的成功与否与会展服务的全面性、及时性、细致性息息相关。

能否让与会者、参展者、客商和观众慕名而来并满意而归，是对会展服务质量的考验。会展服务是会展业和会展活动的生命所在，没有一流的会展服务，就不可能有一流的会展活动。所以，会展服务必须及时了解与会者、参展者、客商和观众的服务需求，及时有效的沟通了解服务对象对服务项目和服务质量的意见和建议，及时有效的改进和提高服务质量和水平。

二、会展服务的种类

会展活动属于一种短期的社会交往活动，一次具体的会展活动时间虽不太长，但毕竟是一种有目的、有组织的集体性物质和文化交流活动，涉及的服务面相当广，需要协调的关系也非常多。科学的划分服务种类可以确保会展活动的有序、高效，可以以最佳的时间、最低的成本和最高的效率，合理配置会展资源，实现会展活动目标。

1. 按提供服务的时间划分

（1）会展前期服务　在会展活动正式开幕前提供的服务，称为会展前期服务。会展前期服务主要是为与会者、参展商、客商和观众的参会、参展提供条件并做好准备工作。其主要工作内容包括制订会展活动服务接待方案，确定会展活动所需工作人员、服务人员和志愿者，进行有针对性的培训并提出服务项目、流程、标准、要求等；根据参会、参展人数确定酒店，预留房间等；准备会展活动所需用品，根据会展活动内容制作条幅、引导牌、席签、胸牌、胸花，准备文具、礼品等；会展活动所需文件的整理分发和装袋摆放等；确认交通工具，办理会展专用车辆通行证；根据参会名单，落实好接机接站名单及时间，制作接机接站牌，分时间段在机场及车站设立接待处；根据会展活动要求布置会场、展台，各种设施设备的调试、到位；了解掌握有关人员的情况，安排房间和餐饮等。

（2）会展期间服务　会展期间服务是会展服务的核心，贯彻会展活动的全过程。指从会展活动正式开幕至闭幕期间提供的服务，主要是与会者、参展商和客商的正常开展会展业务活动的需要，保证会展活动的顺利进行。会展期间的服务，主要工作内容包括同与会者、参展商、客商和观众进行面对面的沟通、交流与服务；根据服务流程、服务规范、服务标准和服务项目为服务对象提供满意的服务；针对服务对象的个别或特殊的合理需求，进行个性化服务。具体表现是，有关文件资料和宣传广告材料的发放；参会、参展路线、展位和有关路径的引导；有关事项和问题的讲解介绍、解释和及时解决以及相关的具体服务工作。

（3）会展后期服务　会展后期服务是会展活动的后续服务，是指会展活动结束后为了巩固会展结果，让参会、参展者满意而归的服务工作。包括会展活动最后文件的印发、信息的反馈、有关资料的收集整理和归档，协助会展活动组织者处理好善后事宜，送机送站，整理寄发好参会、参展人员通讯录，帮助检查参会、参展人员房间，准备好商务考察、观光游览等。

2. 按收费情况划分

（1）收费服务　商业性、盈利性的会展活动的服务项目收取一定的费用是合理的。但是，会展活动中的收费服务项目应当定价合理并明码标价写入会展合同或服务合同，使与会者心中有数，做到合理合法、优质优价。收费服务的关键是服务内容、服务质量与价格是否等值。

（2）免费服务　会展活动的免费服务贯穿会展活动的始终，而且是大量的、常态的。收费服务则是例外。

3. 按服务内容划分

（1）观光类服务　多结合会展服务活动的主题安排在会展活动后，在会展举办地附近展开的特色观光旅游。

(2) 考察类服务　多安排在会展活动中期或后期，结合会展服务活动的主题展开的特色文化考察、商务考察等活动。

(3) 体育娱乐类服务　在会展活动期间安排的各种文体活动和休闲娱乐等活动。

(4) 秘书礼仪服务　文案写作、会议记录、资料打印分发、礼仪引导、开幕式迎宾、庆典礼仪等方面的服务。

(5) 设备租赁服务　提供音频视频会议系统、投影仪、灯光表演系统、同声传译系统等设备的租赁服务。提供各类展览设备如电器、供电、多媒体设施、通信器材、花卉租赁等服务。

(6) 后勤服务　提供交通、食宿等方面的服务。如为与会者、参展商和客商提供票务联系、茶水供应、现场急救、食宿安排、票务预定、汽车租赁等方面的服务。

(7) 专业型服务　包括展台的设计安装和展位的搭建、撤展，会场的布置和设施设备的安装调试以及对与会者、参展商、客商等提供个性化的专业服务，如提供小语种翻译、进出口报关等服务。

(8) 信息咨询和广告宣传服务　即提供会展活动的简报、动态，发放宣传品提供各类广告的服务等。

(9) 物流服务　提供包装、运输、通关、托管、保护保存、搬运仓储等服务。

(10) 停车服务　提供地下、室外停车场并引导车位等。

三、会展服务的特征和原则

1. 会展服务的特征

会展服务具有以下基本特征。

(1) 会展服务的无形性　会展服务是无形的，可以感受却不能够直接触摸得到，不能够精确量化。会展服务的无形性影响着会展业的发展和会展活动的整体质量。会展服务质量是会展活动的生命线。会展服务行业只有树立了全心全意服务的理念，不断提高会展服务质量，凭借规范化、标准化、系统化的服务才能将无形的会展服务化为与会者、参展商和观众有形的赞美，吸引与会者、参展商、客商和观众，从而保证会展活动的成功举办。

(2) 会展服务的同一性　对会展服务来说，来的都是客。会展服务应一视同仁无差别对待。服务人员要衣着得体，大方整洁，举手投足间应展现良好的文化底蕴。与服务对象接触应该礼貌、热情、友好、真诚，严格遵守规章制度，周到及时地为与会者、参展商和观众排忧解难，及时有效地解决问题并做好回访以促改进。

(3) 会展服务的差异性　服务是由人来提供的，会展服务的质量是由会展服务人员的专业素质和工作态度直接决定的。同一种服务由不同的人完成会产生不同的效果；同一个人因为个人心情不同完成同一项服务亦会有不同的效果；不同的服务对象对同一个服务人员的评价会有不同的满意度。服务人员的差异和被服务人员的差异决定了会展服务的差异性。

(4) 会展服务的综合性　会展活动与经济学、社会学、心理学、管理学、外语等学科交叉的特点决定了会展服务不是独立而是综合的。会展集会议、展览、文娱活动、招待会、餐饮和旅游观光为一体，还与时装表演、体育竞赛、文艺表演、抽奖等活动相交融。可见，会展活动是一种综合的经济、文化、社会活动，内涵丰富，形式多样。因此，会展服务也是全方位、立体交叉、综合性的服务。

(5) 会展服务的不可分割性　会展服务的生产和消费是同步进行的，会展服务人员同与会者、参展商、客商和观众是面对面的互动接触、提供服务，其服务水平与质量是直接感受的。会展服务与会展活动同与会者、参展商、客商和观众都是密不可分的，他们之间是不可分割的关系。

（6）会展服务的人文性和专业性　会展服务的全过程始终贯穿着人文性，"以人为本"是会展服务的根本所在。它不但需要为所有的与会者、参展商、客商和观众提供高质量、高水平的服务，更重要的是还要提倡个性化服务，有针对性地满足不同与会者、参展商、客商和观众合理的个别需求的服务。

会展活动的专业性强，决定了会展服务是专业性的服务。它需要会展服务人员必须具有会展专业知识，明确会展活动的性质、范围、职责要求、工作流程、服务标准等，才能做好会展服务工作。

（7）会展服务的协调性和时尚性　会展服务是综合性的服务，涉及方方面面，环节诸多，整个服务链连接严密，环环紧扣。所以，要求各有关部门和服务人员必须互相协调，共同配合，才能圆满完成会展服务工作。

会展活动丰富多彩，形式新颖且多样、时尚，会展服务也必须紧跟会展业发展的步伐，与时俱进，以更温馨、更新颖、更时尚的服务，满足会展业发展的要求和与会者、参展商、客商和观众的需求。

2. 会展服务的原则

随着会展业的多样化发展，可供选择的服务方式多种多样，不断翻新。会展服务作为专业性强、针对性高的新兴服务行业，不仅具备普通服务业的一般原则，而且具有自己独特的基本原则。

（1）特色原则　特色原则是会展服务的首要原则。特色是一个事物或一种事物显著区别于其他事物的风格、形式，是由事物赖以产生和发展的特定的具体的环境因素所决定的，是其所属事物独有的。会展活动具有主题突出、特色鲜明的特点，作为会展服务也必须遵循主题突出、目标明确的原则。有特色、有亮点的会展活动才能够吸引与会者、参展商和观众。如何留住与会者、参展商和观众，使他们成为忠实的客户群，是会展服务的主要目标。因此，会展服务必须明确会展主题和目标，针对主题和目标有的放矢，构思新奇的、能够激发与会者、参展商、客商和观众注意的、有自身特色的服务方案并付诸服务行为，才能取得预定的效果。

（2）以人为本原则　会展服务更加注重人性化，"以人为本"贯穿于会展活动的始终。由于会展活动时间的有限性，要求会展服务必须高效、快捷，它不仅为与会者、参展商、客商和观众提供热情周到的服务，还要有针对性地提供个性化服务，满足各种不同合理需求的个性服务。因此，会展服务必须着眼于服务对象，设计和考虑各种服务项目、措施，做到省时、省力，主旨明确，及时发现问题并解决问题。

（3）周到、专业原则　热情周到是使服务对象高兴并乐意参加会展活动的重要原因，这是会展服务必不可少的。通过热情周到的服务，使与会者、参展商和观众愿意接受会展宣传的理念和服务。专业服务是会展服务的基础，也是会展服务与其他服务的基本区别。会展服务必须体现出会展服务的专业性，它在赢得同与会者、参展商、客商和观众沟通交流、合作中具有举足轻重的重要作用。

（4）双赢原则　双赢强调的是双方的利益兼顾。"双赢"策略是我国传统文化中"和合"思想与西方市场竞争理念相结合的产物，双赢是会展服务追求的重要目标。在会展活动中，会展组织者和参展商作为存在明显买卖关系的不同的经济主体存在着不同的利益诉求，但是会展活动的特殊性决定了双方需要注重彼此的合作与共赢。组展者与参展商的关系是服务和被服务的关系，参展商是组展者的顾客，是组展者的"上帝"，组展者要为参展商提供优质高效的服务。从广义上说，会展组织希望与参展商维持良好的客户关系，参展商也希望从会展组织者那里获得更多行业信息、更优质的会展服务、更好的现场管理以及更周到的展后服务，用更少的参展费用换取更大的价值。会展服务质量的高低，直接影响到组展者与参展商的未来关系，关系到下一届展览会参展商的数量。会展组织者和参展商之间良好的互动与沟通是双方共赢的基础。成功的客户关系能够带来双赢的利益回报。

（5）沟通原则　要想营造会展服务中相互信任的氛围，就必须建立长期有效、通达顺畅的沟通机制和沟通平台。会展服务的目标是让顾客慕名而来，满意而归，要做到这一点，服务信息沟通十分重要。沟通有会展前、会展过程中和会展后的沟通。会展前可运用回执、报名表、申请表等工具和手段，全面了解与会者、参展商、客商和观众对会展服务的要求；会展中向客户发放服务手册，使其了解服务项目，通过面对面的沟通与交流和设立意见簿、意见箱，公布意见电子信箱等方式了解服务对象对服务项目和服务质量的意见和建议，及时掌握服务对象的需求、意见和建议并及时满足和改进；会展后，保持联系，建立资料库并进行回访、问卷调查等多种方式进行服务信息的沟通和反馈。

（6）诚实守信原则　在会展活动中，会展服务应是一视同仁的、平等相待的。会展服务是会展活动的支撑和保障，没有会展服务就无法举办会展活动，没有高质量、高水平的会展服务，会展活动就不可能取得成功；与会者和参展商、客商以及观众乐意接受服务是基于信任和利益。如何做好会展服务工作，诚实守信是至关重要的。承诺给与会者、参展商、客商和观众提供的服务一定要按时守信，一诺千金，使服务对象感受到服务方的诚意，这是顾客有兴趣和信心与会展主办方进一步合作的原因所在。

四、会展服务的要求

1. 树立服务质量理念

会展业是服务业，会展活动是一种服务性活动。服务质量的高低、服务项目的多少，是会展业发展的要求，更是会展活动能否成功的关键。

如何提高会展服务的质量和水平？首先必须树立服务理念。会展服务理念是在会展服务过程中应该遵循的基本价值准则，包括服务意识、服务宗旨、服务方针、服务标准等。那么，如何树立服务理念呢？一是要长期树立、不断强化，使服务理念深入人心并化为自觉行动，从而达到服务效益的最大化；二是转变经营观念，改变"重招商、轻服务"的现状，正确把握会展服务工作与招商的关系，把两者放在同等重要的位置上；三是一流的服务创一流的品牌，品牌是一种无形资产，对会展业来说，品牌意味着高附加值、高利润、高市场占有率，它是会展生存和发展的关键。今天的会展市场竞争实质上是品牌的竞争。积极创新，深化服务，加强服务管理，提高服务水平，提供满意的服务，通过打造会展服务品牌，创造名牌会展活动。

其次，必须树立质量理念。服务质量是会展活动的生命源泉和发展保证。具体来说，树立服务质量理念必须做到三点。一是建立科学有效的会展服务质量评估体系。目前，会展活动的竞争已由"以量衡量"改变为"以质取胜"。会展活动是否成功，衡量的重要标准是服务质量。如何衡量和评价服务质量，就必须建立科学有效的会展服务质量评估体系。这是促进会展活动不断提高质量的关键所在。有关各方，将期望的服务与体验的服务相比较，根据服务质量评估体系，形成对服务质量的判定。二是树立会展服务规范化和专业化的质量意识。规范化和专业化服务，是会展服务的根本。提高会展服务的质量，必须狠抓根本。要达到会展服务的规范化和专业化，就必须认识其重要意义，建立完善的会展服务体系和具有特色的服务运作模式，全方位提高会展服务质量。三是加强会展服务的标准化和制度化建设。提高会展服务质量不是权宜之计，而是一项长期艰巨的任务。服务标准化、制度化建设在提高会展服务质量中具有重要的地位和作用。服务标准化、制度化建设要常抓不懈，设立专门的组织机构，建立会展服务标准体系和"全程服务、分工明确、责任到人"的周密的服务制度体系。

2. 改进服务手段

"实践永无止境，创新永无止境"。这也就是说，实践和创新都没有句号。会展服务的理念和手段要随着时间的改变而改变，随着事物的发展而发展，要体现时代性、把握规律性、富于创造性。

会展业的竞争也是会展服务的竞争。服务水平的高低，服务手段的多寡，往往决定着会展活动的成败。不断提高会展服务的水准，改进服务手段，在服务的全面性、服务的及时性、服务的超前性和服务的细致性等方面积极探索，创新会展服务手段，提供个性化服务，树立服务品牌，提高会展服务的质量和水平。

3. 注重服务细节

会展服务的竞争其实也是细节的竞争，对细节的重视与否往往决定了会展活动的成败。细节影响品质，细节体现品位，细节显示差异，细节决定成败。服务的细致性是服务质量的核心。在会展业发展的今天，细节往往反映会展专业水准。会展服务中的细节服务，更能体现出会展服务的专业水准并在某种程度上决定着会展活动的成败。因此，在会展服务中，细节服务必须引起我们的高度重视，在力所能及的范围内，一定要细致、细致、再细致，竭尽全力让服务对象处处放心，事事称心，件件暖心，为与会者、参展商、客商和观众提供满意的服务。

4. 追求服务满意度

"客户至上"的思想可谓人人皆知，许多会展活动举办者也深知该策略的重要性。会展举办者必须在会展活动过程中真正落实，采取有效措施促进服务水平的提高，使客户满意。

与会者、参展商、客商和观众是会展服务的对象，他们的地位和作用决定了会展活动能否成功举办。与会者、参展商、客商和观众对会展活动的满意度，是评估会展活动是否成功的主要标准。因此，会展服务应当围绕他们开展和进行，为与会者、参展商、客商和观众服务，维护他们的利益，最大限度地满足他们的物质需求和精神需求。会展服务必须及时迅速，及时准确地了解与会者、参展商、客商和观众的需求，尽快满足他们的需要，反应迟钝、服务滞后必然会造成不良印象，导致客源流失。因为，优质服务的核心在于在会展活动中使与会者、参展商、客商和观众获得最大限度的满足。追求服务的满意度，使与会者、参展商和观众满意是会展服务的出发点和落脚点。

5. 加大现场服务的力度

现场服务是衡量会展服务人员素质、会展企业管理水平和会展服务质量的重要标志。现场服务是窗口，最直接、最具体展现会展服务质量和水平。现场服务为与会者、参展商、客商和观众留下的印象深刻，也是他们得到尊重的第一感受和情感需求，更是会展服务人员与服务对象展开面对面的直接沟通和交流的最佳途径。开展多种现场服务项目，把握现场服务的契机，通过面对面的细致周到的服务，使与会者、参展商和观众满意是现场服务管理的重要内容。因此，加大现场服务力度，搞好现场服务，是保证会展活动成功举办的重要方面。

6. 提高保密意识

会展保密原则是一项特殊原则，必须采取积极的措施做好保密工作。这是会展服务的一项重要内容。凡涉及有关商业秘密的展品、项目、展出和洽谈时应注意保密，防止泄密事件的发生。对需要保密的文件，要指定专人对保密文件的打印、校对和复制，严格签收、登记、清退文件。对需要保密的时间，除了与会者和必要的工作人员，不对外公开会议的具体时间，保密会议工作人员要严格审查入会资格。确保与会者、参展商放心，没有后顾之忧地参会、参展，是会展服务应当做好的工作。

7. 实施跟进服务

做好会展服务的信息反馈工作，实施后续跟进服务至关重要。会展活动后的服务是会展延续性的促进手段,是提高会展活动知名度,吸引与会者、参展商、客商和观众的重要举措。因此,本次会展活动举办之后,并不意味会展服务的结束。在一定意义上说,它是会展服务的延续和开始,是为参加以后的会展活动奠定基础。运用各种工具和手段,全面及时了解与会者、参展商、客商和观众对会展服务的需求和满意度;让服务对象全面了解会展活动承诺提供了哪些服务项目,是否做到;服务对象对服务项目的设置和服务质量的意见和建议,是否推出新的服务项目的需求等,以便根据与会者、参展商、客商和观众的意见和建议,及时调整服务项目,改进服务,接受监督。具体工作如上门访问、定期召开重点客户意见会、邮寄信誉质量卡等,及时搜集客户信息,掌握市场需求动态,主动帮助客户解决疑难问题,纠正各种错误,发现新的市场机会,保持会展活动后的联系与交流等,培育一批忠实的与会者、参展商、客商和观众。

8. 创新服务

服务的创新性强调主动服务。要求会展服务想与会者、参展商、客商和观众所想,急与会者、参展商、客商和观众所急,服务在前,满意在后。尽可能把各项服务做在服务对象提出之前。通过创新服务,全面提升与会者、参展商、客商和观众对会展活动的认知度、满意度,通过满足服务对象的需求不断为他们提供推陈出新的服务。用创新促进会展业人气、集聚商气。通过全方位的会展改革和制度创新来解决会展业发展中的矛盾,通过完善制度来获得发展的资源、发展的空间、发展的动力和发展的效益。用创新促进会展服务质量和水平的提高,推动会展企业健康、快速发展。

课题二　会展服务人员培训与选择

一、会展服务人员的培训

随着会展业的发展,我国会展市场目前已经步入了对内"群雄割据"、对外"与狼共舞"的竞争格局。有资料显示,会展业的竞争,主要是会展服务的竞争。与会者、参展商、客商和观众对会展活动的评价,更多的是对会展服务的认可。会展服务质量的高低主要体现在会展活动的服务项目、服务内容、服务规范和服务标准等方面,它通过会展服务人员的素质和服务水平表现出来。因此,在会展业迅速崛起的过程中,会展活动能否成功举办,会展服务人员的综合素质是成功举办会展活动的主要因素。没有一流的会展服务队伍和人才,就没有会展活动的成功。

我国会展业起步较晚,但发展迅速。由于多种因素的影响,我国会展业从业人员大多是由其他行业转业而来,会展专业人员特别是会展服务专业人员更是满足不了会展业发展和会展活动的需要。从专业教育来看,高等院校开设会展专业时间较短,培养出的会展专业人才,远远满足不了会展业的需求。同时高等院校会展专业教师不少是"半路出家",专业水平有限,而且会展市场还不成熟,会展业有待规范、完善,有关会展活动的法规、政策、制度、方法等方面还处于研究、探讨之中。从实践上看,师傅带徒弟、边干边学,招聘临时会展服务人员仍是进行会展服务的主要方式。总体而言,会展服务队伍的人数、水平都难以满足会展业和会展活动需要。所以,有计划、分层次地培训我国会展服务专业人员是我国会展业急需解决的重大问题。

在目前情况下,会展服务人员的教育和培训必须坚持专业教育和技能培训"两条腿走路"的方针,高等院校主要承担会展服务专业人才的培养,结合国内外会展教育实践,积极探索符合我国实际的会展教育和培训的内容、方式和方法,这是全面提高我国会展培训水平的重点。会展组织、协会、会展企业等主要承担会展服务业务技能的培训,这是应对会展服务人员短缺的重要措施。

1. 业务培训

会展活动与经济学、社会学、心理学、管理学、外语等学科的交叉的特点决定了会展服务培训体系和培训内容不是独立的，需要涵盖诸多门类。凡是会展活动需要的，都应当是培训的内容。会展服务从业人员参加高校、行业协会或是会展专家开展的时间集中的专业培训，该类培训多围绕服务理念、服务方法、服务内容和会展服务技能等方面展开。培训是严格的，要有完善的课程安排和严谨的考试制度，考试合格获得有关证书，作为上岗资格的重要标志。

（1）订单式培训　针对具体的某一会展活动展开。该类培训不仅可以使会展服务人员的专业知识和技能得到显著提升，也可以使服务人员更好地、更有针对性地完成工作任务。对刚刚涉足会展服务行业的人员，要让其了解会展目标规划和执行策略、会展主题概念诠释和宣传、商务礼仪、着装标准、款待客户的各项注意事项和信息、会展活动中行为注意事项与客户交涉的指导方针、与媒体打交道的方针、危机处理方针、常见问题的回答方式和基本技术；如何热情并恰当把握适度原则，如何倾听、表达，了解做好一名良好倾听者的技巧和不冷漠粗暴地拒绝参观者的不合理要求；不以貌取人，用势利眼看待参观者等基本知识和技能。

（2）认证培训　会展业是一个有着广阔发展前景的行业，需要强有力的指导和专业人才的培养。认证培训是会展从业人员在积累了丰富的理论知识和实践经验后为取得从业资格进行的高水平的职业培训。目前，国内和国际职业资格认证培训并行不悖，国内有会展龙头企业已经开始将综合素质高、业务能力强的人才送出国门，参加国际会展业资格培训，与国际接轨提升企业员工水平。目前，我国需要加快建立一套系统完整的专业人才培养的计划，分别通过课堂学习、工作实践、参与协会活动和考试等方式给予被培训人员各种机会，取得从业资格。

2. 专业拓展培训

会展业的发展和会展活动的成功举办，需要会展服务专业性人才，作为会展服务的专业性人才，不仅需要具备本专业的知识和技能，还需要具备有关会展业所涉及的全方位的专业知识。作为会展服务专业人才，应当不断地参加有关培训，不断扩展自己的知识面，以更好地完成会展服务的工作为会展活动的成功举办做出自己的努力和贡献。

3. 职业道德培训

德才兼备是衡量人才的标准，要先做人，后做事，会展服务人员必须恪守职业道德，这是保证会展活动成功举办的基本要素。职业道德的培训和培养，是通过学习、教育和实践，把会展职业道德准则转化为会展服务人员的自觉行为的方法和手段。

目前我国会展文化相对落后，会展从业者的社会文化、道德水准参差不齐。会展业不断健康发展，必须重视会展业从业者道德情操的培养和塑造。道德意识的培养和确立是促使我国会展业良性发展的"内核"。会展行业内，客观存在着严重的"信息不对称"问题。特别是存在于会展的主办者与参展者、观众之间。这种"信息的不对称"就必然导致参展者、观众产生受骗上当的感觉，导致市场失灵现象的发生。因此，会展服务人员如果没有道德意识，必然会影响参展者、观众对会展活动的信任，导致会展活动的失败，最终妨碍我国会展业的健康成长。反之，如果我们的从业人员坚守诚实守信的道德准则，就能取信于广大参展商及观众，培植一大批会展活动的忠实顾客。这种多边、多赢的互动关系，才是我国会展业健康持续发展的生命力所在。

4. 法律意识培训

会展经济是法制经济。会展业在我国健康有序的发展，离不开法律的保驾护航。会展业要重视法律秩序建设，强化从业人员的法律意识，针对从业人员缺乏知识产权意识、缺乏公平竞争等观念进行教育培训。培训可融合经济法及会展业的规章制度，从政府管理部门、主办方、参展方、观众、劳动者等角度，组织法律法规的培训。规范会展业发展有关的法律、法规、规章、制度，使受训人员在获得相关的法律知识的同时，提高法律意识，树立"依法治展"的观念。

综上所述，加强会展理论研究，探讨会展经济规律，通过新的理念和思维全面提高会展服务从业人员的素质，已经成为促进我国会展业健康可持续发展、全面提高我国会展业国际竞争力的当务之急。

二、会展服务人员的选择

我国会展服务从业人员的专业技能和管理水平与发达国家相比有较大差距，总体素质水平有待提高。我国会展理论研究缺乏的状况也使得会展从业人员应用高新技术的能力相对滞后。我国会展业竞争力提升的关键点在于会展人才的培养和选择。

会展服务人员的选择是保证会展活动成功举办的重要环节，因为一次成功的会展活动，需要筹备人员细致认真的筹划、展台人员的齐心协力、辅助人员的默默付出，服务人员细致周到的服务，它是全局的通力合作、默契配合。每一个会展服务人员担当着会展活动的"形象大使"，每一个环节的纰漏，都可能影响到会展活动的大局。

在会展服务人员的选择上，应该组织精兵强将组成一个高效率的团队。会展服务人员应有专业技能并开朗热情、善于沟通，有外语交流能力；拥有团队精神，吃苦耐劳；服从工作安排，有责任心，对工作积极主动、认真负责；反应敏捷、具有亲和力和良好的服务意识等。

选择经过培训并达标的会展服务人员。会展服务人员的言谈举止、接人待物、服务技能和水平反映出会展活动的方方面面，他们的表现是会展活动成功与否的重要因素。因此，会展企业必须高度重视、严格选择会展服务人员，保证团队的协调性和高效率。

会展服务人员人数可从会展活动的规模大小考虑，服务人员的数量以能够基本应对与会者、参展商、客商和观众的需求为标准。服务人员偏少，易出现应接不暇、顾此失彼、手忙脚乱的问题；而服务人员过多，造成资源浪费。必要时，可从年龄、阅历、性格等多方面综合考虑选配适量新人，合理组合搭配，以老带新，一是满足会展服务的需要，二是在实践中培养会展服务的后备人员。

会展服务人员的选择一般分为会展前期服务人员、会展期间服务人员和会展后期服务人员。

会展前期服务人员一般包括设计、策划、施工、广告、公关、财务、后勤等筹备工作人员。筹备人员一般不与客户直接打交道。筹备人数的确定，要能够保质保量地完成前期服务等工作。筹备人员一般从广告部门、公关部门、宣传部门中选派。其基本要求是，具备一定的专业知识与技能，了解并理解会展活动的主题、计划、宗旨、目标等；了解和基本掌握与会者、参展商、客商和专业观众的基本信息；对外联系广泛，具有一定的公关能力和办事能力，协调能力较强；具备踏实肯干的性格，写作水平较高，工作责任心较强等。

会展期间服务人员，应当从会展服务专业人员和接受了会展服务专业培训以及本次会展活动培训的人员中选择。这些服务人员面对面的同与会者、参展商、客商和观众进行沟通、交流和服务。其基本要求是，热情大方、细致周到；态度和蔼，具有亲和力；具备较丰富的会展服务经验和较高的现场服务技能；具有较强的服务意识，了解自己的服务职责和要求；反应敏捷，表达能力强，具有处理和解决突发事件的能力和水平。选择会展期间服务人员是一项认真、严肃的工作，他们是会展活动的"形象代言"，要从个性、能动性、自觉性、经验、知识、技术等方面综合考虑，以保证会展服务质量和效果。

会展后期服务人员的主要服务内容是有关文件资料的印发、收集整理和归档；有关会展活动信息的反馈、有关人士的回访；回程票务、交通送站和观光、考察的组织与安排等。选择会展后期服务人员的基本要求是，耐心细致、主动热情、具有吃苦耐劳的精神；沟通能力较强、文字水平较高、具有一定的分析问题和解决问题的能力；具有广泛的外界联系和一定的办事能力等。

2010年上海世博会志愿服务者

1. 世博会志愿者共分为几类？

世博会志愿者分为两大类：一类是为世博会园区提供志愿服务工作的世博会园区志愿者；另一类是在整个城市开展各类志愿服务工作的世博会城市文明志愿者，其中包括为城市文明活动提供志愿服务工作的世博会城市志愿服务站志愿者。

2. 世博会志愿者招募工作的组织实施？

中国2010年上海世博会志愿者工作组是世博会志愿者工作的领导和组织者，由世博会志愿者工作组认定的各区县、高校及其他世博会志愿者工作站负责世博会志愿者工作的具体组织和实施。

3. 成为世博会志愿者需要哪些基本条件？

① 自愿参加上海世博会志愿服务。

② 年龄要求：世博会园区志愿者为1992年4月30日前出生，世博会城市志愿服务站志愿者为1994年4月30日前出生。

③ 遵守中华人民共和国的法律法规。

④ 能够参加世博会运营前期的培训及相关活动。

⑤ 具备志愿服务岗位必需的知识和技能。

⑥ 身体健康，能满足相应志愿者岗位工作要求。

4. 世博会志愿者的来源？

组织方面向全国各省市自治区居民、港澳地区同胞、台湾地区同胞、海外华侨华人及外国人士招募世博会志愿者。

5. 什么是世博会园区志愿者？

世博会园区志愿者是指主要为世博园区内给参观者及世博会组织方自愿无偿提供服务的世博会志愿者。

6. 世博会园区志愿者的服务对象和服务领域？

世博会园区志愿者主要服务于参观者及世博会组织方。服务领域主要包括信息咨询、参观者秩序引导协助、接待协助、语言翻译、残障人士援助、媒体服务、活动及论坛组织协助、志愿者管理协助等。

7. 什么是世博会城市文明志愿者？

世博会城市文明志愿者是指在世博园区外自愿无偿地开展秩序维护、文明倡导、环境美化、扶危助困等志愿服务活动的世博会志愿者。

8. 什么是世博会城市志愿服务站志愿者？

世博会城市志愿服务站志愿者是指在世博园区外的重要交通枢纽、商业网点、旅游景点、餐饮住宿、文化活动场所等人流集中区域设立的世博会城市志愿服务站，自愿无偿地开展文明宣传、信息咨询、语言翻译、应急救援等志愿服务活动的世博会志愿者。

课题三 会展服务流程与规范

一、会展服务流程

1. 会展服务流程的概念与内容

服务流程是指向服务对象提供服务的过程或完成服务过程所需要素的组合方式。一般包括服务时间、服务行为、服务方式、服务程序等。会展服务流程是针对会展活动进行会展前期、会展期间和会展后期的服务系统,它是按照时间顺序的服务运作过程。

会展前期服务主要涉及策划立项、组织管理、市场营销等,关键是主题策划、项目审批、组建机构、确定会展实施方案、人员培训、招展招商、会展推介等;会展期间服务主要内容是会展活动举办、会展市场营销、现场服务等,关键是开闭幕仪式、观众登记、现场服务和组织撤展等;会展后期服务主要是评估总结,后续服务,关键是数据统计、效益评估、内部总结和跟进服务。

2. 会议服务流程

会议的流程分为会前、会中和会后3个阶段,与此相适应会议服务流程分为会前服务、会中服务和会后服务。会前服务是前期准备,主要包括策划服务、食宿交通服务、会场安排、准备会议文件资料、设计撰写会议邀请函和通知等;会中服务是会议过程中的服务,主要包括会议文件资料的整理与分发,会议有关用品的准备与分发,会议现场所需要的各种服务,会议设施设备的安装调试,安排观光、考察、参观访问和文体休闲娱乐等活动等;会后服务是会议结束后的服务,主要包括票务服务、托运服务和返程服务等。

3. 展览服务流程

展览的流程分为展前、展中和展后3个阶段,展览服务流程亦分为展前服务、展中服务和展后服务。展前服务是展览筹备阶段的服务,主要包括宣传公关、展品运输、展台设计和搭建、展品布置和摆放以及后勤行政等,其关键是展前现场准备工作;展中服务是展览期间的服务,展览期间是指展览从开幕至闭幕期间,这是展览最重要的阶段,也是展览服务的重中之重,主要包括形象宣传、接待客户、洽谈业务、展台的安全、清洁和保护等;展后服务,是展览闭幕至参展人员离开展场之前的服务,主要包括完成撤展及运输、托运、统计、总结评估等展出后续服务。

二、会展服务规范

1. 会展服务规范概述

会展服务规范包括两个方面的内容,一是政府宏观的制度性规范;二是会展企业的内部规范。会展服务的规范化,对提高会展服务质量、规范会展服务和约束会展服务人员、保证会展活动成功举办,具有不可低估的重要意义和作用。

会展服务的规范化涵盖服务理念化、服务标准化和服务系统化3个方面。服务理念化,是从会展的实际活动中,总结提炼出来的服务思想,用以指导会展服务人员的服务态度和行为。它是符合会展活动实际和与会者、参展商、客商、观众需求的服务理念,实现服务理念有助于形成会展服务的特色,提高服务质量,增强竞争力。服务标准化,就是在服务理念化的指导下,建立会展服务的质量标准,引导、统一、规范和约束会展服务人员的服务思想和行为,有利于会展服务质量的提高和管理。服务系统化,是在服务标准化的基础上整合会展服务的各个环节,促进会展服务流程更加合理化和人性化,更好的控制会展服务。

国外会展业发达的国家具有成熟的会展服务运作模式,实现了服务运作市场化、商业化、专业化和服务流程的标准化，值得我们学习、借鉴。我国会展服务必须充分认识会展服务流程的标准化和会展服务的规范化的重要意义和作用，建设具有自己特色的服务运作模式，把优质服务规范放在第一重要的位置。

2. 会展服务业务

会展服务业务主要包括会展组织服务、会展场地服务、展览展示服务和会展配套服务等四大方面。

(1) 会展组织服务　会展组织服务主要是指对与会者、参展商和观众的服务。与会者、参展商和观众是会展活动的主要参与者，是会展服务的主体。

① 与会者服务。对与会者的服务主要包括参会准备、会中服务和后续服务3个方面。一是参会准备。发出会议通知，注明有关事项，说明会议宗旨、规模、范围、时间地点等并核定参会人员，接机接站，安排食宿等。二是会中服务。包括会议过程中的各项服务，如日程安排，发言、座谈、讨论，文件资料分发，食宿交通、文体娱乐活动和考察参观等有关会议事宜。三是后续服务。会议结束后的观光游览、送机送站等服务。

② 参展商服务。对参展商的服务主要包括参展准备、技术服务、市场营销和参展计划4个方面。一是参展准备。参展准备方面的服务主要集中在参展商的展台，为参展商提供展台选位、设计和搭建以及有关设备、用具的租赁和其他相关的服务。二是技术服务。主要是确保参展商的展示场地适合展出需求，为参展商提供技术支持性服务，满足展品展出的技术要求。三是市场营销。主要是为参展商提供所需的客户信息，配合参展商进行广告宣传，为参展商在市场营销方面提供条件和帮助。四是参展计划。主要是通过有关信息的提供，说服并帮助参展商参展。

③ 观众服务。观众分为专业观众（客商）和一般观众。对专业观众（客商）的服务主要体现在交易服务方面，重点是为客商与参展商的业务洽谈提供良好的平台和优越的交易环境。具体服务主要有设立洽谈区域、组织洽谈、实行网上商务和"一站式""一条龙"服务方式等。对一般观众的服务主要体现在引导观众如何参观，提供方便并满足观众的吃、住、行的基本要求。具体服务主要是进行指南服务，编制会展活动说明书，设置展馆示意图和布置路标，开设网上查询系统，告知到达会展场馆的交通路线，引导车辆进出和停放，在场馆内设立休息设施等。

(2) 会展场地服务　会展场地服务主要涉及场馆现场服务模式、场馆现场人工服务等方面。

① 场馆现场服务模式。设立"会展服务咨询中心"，为会展企业、参展商、客商和观众提供沟通交流的平台，特别是信息咨询服务的电子化，提供方便、完善的自助式服务，提高了服务效率，达到信息资源共享和多方互动的效果。

② 场馆现场人工服务。主要包括与会者、参展商及观众的现场服务。对与会者的服务主要有会场安排与布置，会议文件资料的整理与分发，会议设施设备的安装与调试，食宿交通安排和秘书事务服务以及会议接送服务等；对参展商的服务主要包括展台设计搭建与维护，公关礼仪，展馆清洁和现场安全与保卫服务等；对观众的服务主要包括现场登记，参观引导，有关事宜咨询和突发事件的处理等。

(3) 展览展示服务　展览展示服务是在展会过程中为参展商提供的服务，主要包括展示策划服务、展台搭建服务和展会现场服务等。

① 展示策划服务。主要包括展会主题设计和展示工程设计。展会主题设计是展示策划服务的根本，主题决定着展示工程设计、展示展品的类别等；展示工程设计是围绕主题展开的，主要是指从建筑设计的角度对场地的组织形式、人流的分析控制、展台的区域划分、展具的选用以及照明和色彩的运用等方面进行科学合理的设计。

② 展台搭建服务。包括展示器具的选择和展台搭建中的装卸服务。展示器具一般包括展架、展具和用具，展具要与展架配套，风格一致。展台搭建有两种选择，一是直接装卸，由会展企业的搬运部门负责；二是参展商自行装卸。在展台搭建过程中，需要注意的问题是展台搭建的安全问题和垃圾的清洁处理问题。

③ 展台现场服务。是指展会从布展开始到撤展期间的服务。包括布展服务、展览期间的现场服务和撤展服务3个环节。

（4）会展配套服务 会展配套服务主要包括餐饮、住宿、交通、物流、代理、保安等服务以及商务中心、通信、技术保障、翻译、旅游观光等特色服务。

项目思考与讨论

一、复习与思考

1. 简述会展服务的概念和分类。
2. 简述会展服务的宗旨和特征。
3. 会展服务的要求有哪些？
4. 论述会展服务在会展中的作用。
5. 简述会展服务的基本原则。
6. 如何选择会展服务人员？
7. 如何树立会展服务理念？
8. 简述会展服务流程。
9. 会展服务规范化的要点是什么？如何实行会展服务规范化？
10. 会展服务业务有哪些？

二、案例讨论

长春糖酒会：走样了？还是转型了？

2004年9月22日，秋季全国糖酒商品交易会（以下简称糖酒会）在长春国际会展中心开幕。素有"天下第一会"之称的糖酒会至2004年已举办了71届，该届糖酒会主题是："辉煌的盛会，振兴的长春"，但记者在这一盛会现场采访参展商和到会观众时却发现，他们都怨声载道，普遍的感觉是："这次糖酒会没什么新鲜的东西，人少服务差，来了后悔。"

虽然长春近年来相继承办了汽车展、农贸会，但承办糖酒会，2004年还是第一次，从会展的宣传到组织和后勤服务等离参展商所想象的还很远。

但记者却发现，此次糖酒会更明显的一个"亮点"，却是一些不搭边的中小企业在展会上抢了风头。

作为第五届吉菜美食节的重要组成部分，吉菜美食广场也如期开幕，"有酒就有菜，借助糖酒会将吉菜推向全国，无疑对吉菜来说是一个重要的机会。"吉菜美食广场的有关负责人告诉记者。温州皮鞋、广州箱包、长春本地的饰品、望远镜等与糖酒会"不搭边"的企业也借力淘金。来自广州某箱包礼品公司的经理李先生表示，"我们企业已经参加了十几届糖酒会了，企业一年1/3以上的收益就是在糖酒会里出来的。"据介绍，上档次的箱包很受酒企业欢迎，他们主要是借糖酒会多联系一些酒类生产厂家，然后把产品当作酒的配送礼品出售，通常能在糖酒会上拿下3000万元以上的订单。李先生把这种独特的销售方式当作"独门秘笈"。糖酒会走样了，还是转型了？

讨论：1. 会展服务对会展活动的成功举行有何意义？

2. 结合历届糖酒会分析"长春糖酒会"转型为何失败？

三、实训题

1. 考核设计

考察一个会展活动的会展服务概况，并进行评价分析。

2. 考核标准

考核项目	操作要求	配分	得分
资料收集	资料收集全面，真实	10	
方案制作	会展活动现场问题分析	10	
	观众登记与入场管理情况	10	
	参展商与媒体管理情况	10	
	交通、物流与安全情况	10	
分析汇报	表达清晰流畅	10	
	内容全面、分析完整	20	
团队精神（成员互评）	通力合作、分工合理、团结互助	10	
	发言积极，乐于与同学分享成果	10	

项目四 会展礼仪

项目目标

1. 了解会展礼仪的特点和作用。
2. 理解会展活动的礼仪。
3. 明确会展工作人员的形象礼仪。
4. 掌握会议活动和展览会活动中的礼仪。

项目关键词

会展礼仪的特点　会展礼仪的作用　会展工作人员的形象礼仪　会议礼仪　展会礼仪

项目导入

国际汽车展上的礼仪

在各种各样的会展活动中,当你看到漂亮的展台,还有精致、新颖和各具特色的展品,会感到兴趣盎然、心情舒畅。国际汽车展之所以久盛不衰,吸引大量的观众,不仅是因世界名车云集,在展台设计、技术专业人员的精心挑选,以及礼仪策划、人员培训和服装选择等方面下了工夫。走进国际汽车展,感到这是一个视觉的盛宴。世界名车集中展示,不仅代表了汽车工业的发展水平,而且靓车让人驻足欣赏、流连忘返;美女如云,车模演示以及礼仪小姐的彬彬有礼、简洁的解说、细致周到的服务、现场表演和现场互动活动吸引了大批参观者的目光,让人赞叹不已,更彰显出汽车的品牌。这些会展礼仪小姐与汽车的品牌、车型、风格、特点巧妙融合,相得益彰,体现出车展在会展礼仪策划上的精细和独具匠心,国际汽车展举办得很成功。

【点评】:会展礼仪可以使会展活动更加丰富多彩,对会展活动的成功举办具有不可替代的作用;好的会展礼仪策划可以在会展活动中使会展企业、参展公司"活"起来,通过会展这个平台,树立良好的企业形象,走向更广阔的世界。

课题一　会展礼仪概述

一、会展礼仪的概念与特点

1. 会展礼仪的概念

现代礼仪起源于礼。礼的本意为敬神,引申为敬意。现代社会,礼主要是指表示尊重、友善的行为规范和精神意识,是行为交流的内在要求和伦理原则,是礼貌和礼节的综合表现。仪,本意为木桩,引申为外表、容貌,包含仪表、仪容、仪式等意思。礼仪是"礼"和"仪"的统称,是表示尊重、友好的行为规范和交往程序以及具体形式和要求。礼仪的核心本质是尊重他人。

会展礼仪最早产生于20世纪40年代法国巴黎的一次展览会,70年代形成规模并逐步向专业化、正规化方向发展。至80年代末90年代初在我国逐步发展起来。伴随着会展业在我国的发展,我国会展企业对会展礼仪也越来越重视了。

根据会展业的特点,结合礼仪和服务礼仪的概念以及会展活动的实践,可以得出会展礼仪的定义,即在参加和组织会展活动时,用于维护企业与个人形象,对交往对象表示尊重与友好的行为规范和行为准则,它包括会展组织经营者、参展商与观众之间交往的礼貌礼节,以及在一定场合中的仪式程序。其主要内容包括在会展活动中表现出来的律己、敬人的礼貌言行,礼节形式和要求,礼仪程序仪式等,并涉及衣着打扮、沟通交流、言谈举止和交往情商等内容。会展礼仪也是会展工作人员内在修养和素质的外在表现,它是会展品牌、信誉、服务质量和水平的最直接体现,是最大限度吸引与会者、参展商、客商和观众的最便捷方式,是会展活动成功举办的保证。

2. 会展礼仪的特点

(1) 国际性 随着我国对外交流的不断深入,会展业的迅速发展以及我国综合国力的增强,大型的国际会展活动在我国举办呈现不断增加趋势。会展业作为一种对外交流的窗口行业,举办国际性会展活动,其基本礼仪规范必须符合国际性礼仪惯例。尽管不同国家、不同民族的礼仪有很大差异,但在讲究文明礼貌、相互尊重的原则上形成的礼仪形式已为世界各国所接受并遵守。在国际交流中,掌握并恰当运用国际性礼仪,表现出良好的商务交往素养,是对每个会展工作人员的基本要求。

(2) 人文性 会展礼仪的人文性特征会始终贯穿于会展活动的整个过程。以人为本,是会展礼仪的出发点和落脚点。在会展活动中,会展礼仪以尊重人、方便人、帮助人为宗旨,在整个会展活动过程中,所有的会展礼仪都必须处处体现出人文性特点。

(3) 传统性 礼仪是人们在相互交往中继承和积淀下来的,会展礼仪是礼仪的一部分,也是以传统文化为核心,不断沿袭发展下来的。我国的会展礼仪是根植于中华传统文化的沃土,在长期的社会生活实践中,不断发展和完善起来的。

需要注意的是,礼仪作为约定俗成的行为规范,在很大程度上受到历史文化传统、语言、生活区域和人们心理素质的影响。具有不同宗教信仰的民族,其礼仪的差异性就表现得更为明显。在会展活动中,不仅要遵循我国的礼仪习俗,也应该尊重其他国家和民族的传统文化和礼仪。

(4) 综合性 会展业是一种综合性的经济文化产业。它涉及不同的经济领域,也涉及世界各个地理区域。几乎各个经济领域都有自己专业的展览活动,同时世界各地都有不同的会展活动。因此,会展礼仪人员不仅要懂得政治、文化、服务心理、营销手段、现代礼仪等服务理论,还必须掌握接待礼仪、会话艺术、餐饮文化、现代设施及设备的使用等服务技能。

(5) 专业性 会展是一门专业性和实践性很强的学科,它要求会展礼仪人员必须掌握足够的专业知识,明确会展的业务性质、范围、职责要求、工作流程、服务标准,了解会展的筹备、策划、日程安排以及会展布置、现场服务和会后的后续工作等知识,按照会展礼仪的专业形式和要求,体现出会展礼仪的专业性特点。

(6) 规范性 会展礼仪具有一定的规范,必须按照会展礼仪规范做好会展礼仪工作。会展礼仪规范不仅约束着会展工作人员的言谈话语、行为举止,而且是会展工作人员应当严格遵守的行为规范。

(7) 可操作性和灵活性 简便易行、容易操作是会展礼仪的一大特点。在具体的会展礼仪应用过程中,会展礼仪原则、操作规范、方式方法,实用可行,便于操作,才能广泛的运用于会展礼仪活动中,得到认可;会展礼仪的规范和原则是具体的,但方式方法是多样的。在不同的场合,根据交往对象的不同特点,灵活面对和处理各种情况。

二、会展礼仪的作用

无论是会议的召开还是展览的举办,会展礼仪都将融入到整个活动过程,盛况空前的开幕式,气势宏大的闭幕式都离不开会展礼仪的参与。会展礼仪具有浓郁的特色性和鲜明性,是一项投入大、规模大、影响大的礼仪活动。无论如何,会展礼仪总是围绕着它的基本目的发挥作用,其主要功能表现在以下几个方面。

1. 沟通交流功能

礼仪是一种信息,通过这种信息可以传达尊敬、友善、真诚等感情,使他人感到温暖。会展活动中,恰当得体的礼仪可以获得对方的信任和好感,消除人和人之间的心理隔阂,从而有助于会展活动的进行。会展业是一个国际性的行业,会展礼仪要遵从国际礼仪的一般准则,待人接物要彬彬有礼、不卑不亢、落落大方。它对增进各国人民之间的了解与友谊,促进国际间经济、科技和文化的交流,建立和发展国家间的友好关系都有十分重要的意义。

会展礼仪要求会展从业人员在会展活动中,言行大方、得体,树立良好的企业及个人形象;按照约定俗成的礼节程序同与会者、参展商、客商和观众相互往来,洽谈合作,取得良好的经济和社会效益。

2. 协调功能

礼仪作为一种规范,对人际关系起着维护和调节的作用,使人们相互理解、相互尊重并友好相处,使社会生活秩序井然。在会展活动中见面称呼、迎来送往、待人接物、信函往来符合规范的礼仪活动会促进人际关系的建立与融洽。而人际关系中的不和谐往往也要借助于某些礼仪形式和礼仪活动进行修补和改善。例如会展活动中的宴请、联谊、联欢活动的开展就会促进健康人际关系的建立和发展。

会展礼仪能够帮助人们规范彼此的交际活动,更好地缓和乃至避免不必要的矛盾和冲突,从而促进人们之间建立互相尊重的良好的合作关系,从而保证参加会展活动的人们各有所得,乘兴而来,高兴而归。

3. 约束的功能

礼仪最基本的功能就是规范各种行为,特别是对不符合道德的行为有很强的约束作用。在会展活动中,有关行为需要通过会展礼仪对它们在道德上进行约束和引导。例如,在会展场馆内男士当众抽烟或是女士当众化妆都会遭到非议和劝阻;在严肃的会议上手机铃声突然响起,亦会引起与会者的反感。会展活动中的任何人都自觉或不自觉地要受到会展礼仪习俗的约束。自觉接受这些礼仪约束的人,被人们视为"成熟的人"、知书达理的人、素质高的人和符合现代社会要求的人;反之,我行我素、不能遵守会展礼仪要求的人就会受到道德和舆论的谴责。

4. 塑造形象的功能

会展活动需要从事、参与会展的人员和企业具有完善的自我形象,而会展礼仪具有塑造自我形象的功能。学会并运用礼仪,在会展活动中恰如其分的礼仪可以使自己的行为符合大众的审美原则,同时也无疑会有助于会展参与人员更好地展现个人形象。在会展活动中,工作人员不仅代表着个人形象,还代表着自己为之服务的组织形象,会展礼仪是会展企业价值观念、道德观念、员工整体素质的整体体现,也是会展企业文明程度的重要标志。因此,会展礼仪可以强化会展企业的道德要求,树立会展企业和个人的良好形象。

三、会展礼仪操作的基本原则和要求

1. 会展礼仪操作的基本原则

会展礼仪操作具有一定的原则,理解和把握其基本原则是做好会展礼仪工作的前提条件。会展礼仪操作的基本原则如下。

（1）形式规范　形式规范是会展礼仪中待人接物的基本标准。会展礼仪的核心本质是尊重他人，形式规范就是按照标准的规范和行为恰到好处地表现出对他人或交往对象的尊重。

（2）区分对象　区分对象是指在接待他人时，应当平等对待，一视同仁；具体到每位客人，根据不同对象的特点区别对待，讲究操作方法和技巧。特别是对待来自不同国家、不同民族和不同宗教信仰的人士，更应注意会展礼仪的操作和表现。

（3）礼貌服务　礼貌服务是会展礼仪的基本理念和展示，通过会展礼仪对来宾表示礼貌服务。真诚、文明和热情是最基本的操作原则。

2. 会展礼仪的基本要求

会展业是沟通交流的窗口行业，会展活动能否成功举办，会展礼仪具有不可忽视的作用。会展礼仪则是通过会展工作人员的言行举止表现出来。因此，会展礼仪的基本要求如下。

（1）服务态度和职业修养　服务态度是指对服务工作的看法以及在为服务对象进行服务时的具体表现。职业修养是指在思想上、业务上所达到的一定的水准和养成的待人接物的基本态度。会展工作人员必须具备应有的职业素质和修养，树立服务和服务质量理念，端正服务态度，细致周到、热情礼貌、真诚待人，不断提高服务质量和水平。

（2）确定角色和摆正位置　会展工作人员必须准确定位，确定自己的角色并摆正位置，即服务于他人。通过特色服务和与不同对象的服务过程中，及时调整并适应不同服务对象的需求，使之满意或满足。

（3）善于沟通与交流　会展工作人员应当了解和理解服务对象建立沟通渠道，提高沟通技巧，加强与服务对象的沟通和交流，不仅满足其正常需求，还要满足其合理的特殊需要，提供个性化服务。

（4）注重自我形象　据调查显示，参观者85%的第一印象都来自于会展工作人员。当他们决定进行购买活动时，工作人员的因素占到80%左右。所以，作为会展工作人员，必须注重自我形象。衣着打扮、言谈举止、专业水平、和蔼态度以及亲和力等，都是会展工作人员必须注重的。

（5）学习并提高技巧　会展工作人员在具体的会展活动过程中，要注意语言的表达，该说的必须要说，不应该说的坚决不说，切忌多言多语或低头不语；注意表情的运用与调控，准确和恰当地表现热情友好之意；注意举止得体，克制并严禁不卫生、不文明、不礼貌、不负责的举止发生，学会并主动做到接受、重视和赞美服务对象。

课题二　会展工作人员的形象礼仪

一、会展工作人员的仪容礼仪

仪容主要是指人的容貌，是仪表的重要组成部分，包括面容、发式及身体未被服饰遮掩的肌肤部分。仪容礼仪是指人的容貌上的美化和修饰，包括美容、美发等。在会展活动中，会展工作人员的仪容是指按照社会审美观念修饰后符合会展礼仪规范的容貌。仪容美是自然美、内在美和修饰美的和谐统一。一个人先天性的容貌是无法改变的，但可以通过一定的修饰技巧，使一个长相平凡的人变得楚楚动人，比原来更加漂亮、更加美丽，这不仅是自己对仪表美的要求，也是满足交往对象审美享受的需要。会展工作人员形象礼仪的具体要求是，讲究个人卫生，自然、清新，和谐、统一，端庄、大方。

二、会展工作人员的仪表礼仪

仪表,是指人的外表,包括着装、举止、姿态、风度等,是一个人的精神面貌和内在素质的外在表现。会展礼仪的着装要求主要着装的协调,服装色彩的搭配。仪表能反映一个人的精神状态和礼仪素养,甚至影响个人的形象和事业的发展。会展人员注重自己的仪表形象,是因为仪表实际上是反映组织、个人形象的重要软件。心理学家认为,一个人对另一个人初次见面的"第一印象",这种瞬间的看法,会直接影响到今后交往的密切程度,心理学称作"首因效应"。所以,会展人员为了维护组织的形象及个人的形象而注重个人的仪表是理所应当的事情。仪表礼仪要求工作人员以严谨而规范的仪表,去体现自己积极进取、奋发向上的精神面貌。仪表美是内在美的自然展现,讲求仪表美是会展业的职业要求,更是会展活动必须做到的。

三、会展工作人员的仪态礼仪

仪态是指人的行为举止,包括站姿、坐姿、走姿、表情、手势等。在会展礼仪中,目光、身体的姿态、手势动作和面部表情都是体态语言,是仪态礼仪的表现形式。

1. 目光

眼睛是心灵的窗户,眼神是窗内最独特的风景。它准确、自然地表达出人的心理活动。在会展活动中,沟通和交流是会展礼仪的重要内容。用目光注视对方,进行眼神交流,是体态语言沟通中最有力的一种方式。眼神交流应先于语言的交流,目光接触是对对方的尊重。在会展礼仪中,目光一般与谈话对象的接触时间以两人相处的三分之一时间为宜,每次目光接触的时间以 3 秒左右为佳。在会展期间,同与会者、参展商、客商和观众的谈话目光和眼神应当是严肃、认真、友好而充满诚意。

2. 站姿

站姿是指人们站立时的姿势与体态,它是仪态美的基础。良好的站姿能衬托出美好的气质和风度。会展工作人员的站姿,应当是挺拔而庄重的。正确的站姿应该端正、挺拔,具有稳定感。它的标准主要是正、挺、高、直。

站姿的基本要求是头端、肩平、胸挺、腹收、身正、腿直、手垂、自然、亲切、稳重,也就是人们常说的"站如松"。正确站姿的要领是脚跟靠拢,脚尖分开,开度为 45°～60°,身体重心落在两脚间的中心位置上;两腿直立,双膝并拢;收腹提臀;立腰挺胸,挺直脊背;双肩平齐,放松下沉;双臂自然下垂,虎口向前,手指自然弯曲,中指贴裤缝;头正,颈直,下颌微收,双目平视前方。

站姿有侧方站姿、前腹式站姿,如图 2-10、图 2-11 所示。

3. 坐姿

坐姿是指人在就座以后身体保持的一种姿势。正确的坐姿要求是坐姿要庄重、大方、娴雅,给人一种舒适感和静态美。

有人曾说过:"人与人之间,像这样相对而坐的时候,一定要具备一种强烈的吸引对方的魅力,如果你做不到这一点,将来就没有什么前途可言了。"事实上,没有良好的坐姿不仅不美,还会影响身体发育与体形的健美,反过来良好的坐姿会展示出高雅庄重、尊敬他人的良好风范。

女士坐姿要求头部挺直,双目平视,下颌内收;抬头挺胸收腹,上身微前倾,两肩放松勿靠椅背;坐椅子面积的三分之二以内,双腿并拢,双手自然弯曲搭放在膝盖或大腿上(若穿裙装可避免走光);长时间就座时可变换腿部姿势,双脚可正放或侧放、并拢或交叉,如图 2-12 所示。

图 2-10 侧方站姿

图 2-11 前腹式站姿

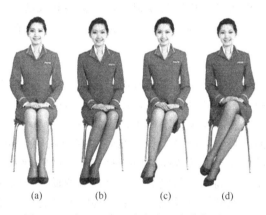
(a)   (b)   (c)   (d)

图 2-12 女士坐姿（选自大运会礼仪手册）

男士坐姿为垂腿开膝式，这也是一种较为正规的坐姿。其要领是头部挺直，双目平视，下颌内收；抬头挺胸收腹，上身微前倾，两肩放松勿靠椅背；坐椅子面积的三分之二以内，双手搭放在膝盖，双腿可稍分开，不能超过肩宽，如图 2-13 所示。

4. 行姿

行姿也称走姿，是指人行走的姿态。在行走时应既优雅稳健，又保持正确的节奏，这样才可体现动态之美。有人说："你若想了解一个城市人们的素质和生活节奏，只要在街上观察人们走路的姿态就可以了。"

正确的行姿应该是速度适中，不要过快或过慢；头正颈直，两眼平视前方，上身挺直，挺胸收腹。两臂收紧，自然前后摆动；先迈脚尖，然后脚跟落地；女性脚步应轻盈均匀，有弹性、有活力，男性脚步应稳健、大方、有力；身体重心在脚掌前部，女性两脚跟走在一条直线上，男性两脚跟的落点在两条平行线上。

图 2-13 男士坐姿

5. 表情

在会展活动中，会展工作人员要热情友好、待人以诚，必须正确地把握和运用好自己的表情。只有这样，会展礼仪的友善与敬意才会真正为交往对象所理解。这是会展工作人员的一种职业要求，也是会展人员待人接物所必备的一种修养。

表情是通过脸部五官运动展现出来的，是个人内心世界的真实展现。表情是一种无声的语言，是人们思想、感情、态度以及其他心理活动的真实流露。一般而言，面部表情可以显示出一个人对外界事物的态度。在会展活动的沟通与交流中，很多信息是从对方的表情中获得的。所以，在会展活动中，会展工作人员必须控制好自己的表情，努力使自己的表情展现出自信、热情、友好的个人风采。表情中最有魅力的是笑容，真诚的笑容是最有感染力的，也是最能打动人心的。

微笑作为一种表情，它不仅仅是形象的外部表现，而且也往往反映着人的内在精神状态。一个奋发进取、乐观向上的人，一个对本职工作充满热情的人，总是微笑着走向生活，走向社会。会展工作人员的微笑不仅代表着他个人的精神面貌，还代表着其企业的经营理念。美国希尔顿旅馆的董事长康纳·希尔顿就常常问下属："你今天对顾客微笑了没有？"他还要求职员们记住："无论旅馆本身遭遇的困难如何，希尔顿旅馆服务员脸上的微笑，永远是属于旅客的阳光。"果然，服务员脸上永恒的微笑，帮希尔顿旅馆度过了20世纪30年代美国空前的经济萧条时期，在全美国旅馆倒闭了80%的情况下，跨入了黄金时代，发展成了显赫全球的旅馆业。对会展工作人员来说，笑容是宝贵的财富，笑容可以创造利润。懂得微笑、善于微笑的会展工作人员，更容易获得信任、机会和成功。笑容是会展工作人员必不可少的，学习和掌握并能够运用"魅力微笑"的会展人员，才能在会展活动中做好沟通交流工作。

6. 手势

手势，也称为手姿，是指人们在特定场合中运用手臂时所表现出的具体动作和体态。手势的使用要同时配以眼神、微笑和其他姿态，使手势更为协调大方。会展礼仪中，应避免使用那些易遭受误解或不卫生、不稳重、不尊重他人的手势。

会展工作人员常用的手势包括引导手势、"请"的手势、介绍的手势、鼓掌的手势、举手致意的手势、接送物品的手势以及展示物品的手势。以展示物品的手势为例，被人围观时，展示人员可以将物品举至高于双眼之处，也可以双臂横伸将物品向前伸出，活动范围上不过眼部，下不过胸部；当四周皆有观众时，展示还需要变化不同角度；服务人员在展示物品时，应干净利落，速度适宜，并进行必要的重复。

课题三　会议礼仪

一、会议礼仪策划

1. 会议前的准备工作与礼仪

（1）明确会议内容及相关问题　在会议前的准备工作中，作为会议礼仪的策划人员，首先要明确几个问题，会议开始的时间（When）、会议举行的地点（Where）、出席会议的人员（Who）、会议的议题（What）、其他内容（Others）如接送服务、会议设备及资料以及公司发放的纪念品等。

（2）组成会议筹备组　组成一个专业的会议筹备小组来负责会议各项具体事宜的落实。会议筹备组的负责人，最好是会议主持人。会议筹备组可下设两个小组，分别负责文字宣传准备工作以及除文字宣传以外的其他工作，包括会前的准备、会议开始的接待、会议中间的服务，直至会后的延伸服务等。会议筹备组的主要负责人和两个小组的负责人要及时沟通信息，在总的日程安排下，做详细的准备工作，安排好日程进度计划，以确保会议准备工作做得充分、周到。

（3）会务准备　会务准备工作由会务小组负责，会务准备工作的内容很多，主要包括拟发会议通知，安排会场，根据会议的需要决定会议是否需要组织参观、宴请等活动并作相应的准备，会议预算。

2. 会场的选择和布置

会场的大小，要根据会议内容和参加者多少确定。会场的布置也要和会议内容相称。在一些大型会议的广场或门口还应张贴"欢迎"之类的告示。如果会场不易寻找，应在附近设路标以做指引。会标应在主席台上方，字要端庄大方。座位的安排应根据会议的类型，选择圆形会场排列或正方形、长方形、对称形、U字形等。摆设方面，应根据会议类型来安排，烘托会议气氛。如庆祝会应布置得喜气洋洋；座谈会、协商会应体现平等、和谐的氛围。布置应注意颜色的心理效果和花草、盆景的安排。另外，音响、灯光要和开会气氛相协调，开会前检查音响、灯光和摄录像等多媒体设备，以防出现问题。

3. 食宿服务礼仪

准确、及时、合理地安排参会人员的食宿是会议组织者的一个重要工作。通常情况下，大型会议的签到与住宿安排是连在一起的。会议工作人员应引导及协助酒店工作人员，安排好住宿宾馆准确的房间数量及房间号，房间分配表、标明入住者姓名及房号的小信封（内装客房钥匙，通常酒店可以提供），入住酒店相对明显的路径指示，会议（展览）须知，会议（展览）详细日程，考察线路及参与方式，酒店功能开闭说明及付费标准，返程预订及确认，会务交通使用方式及付费标准等。如果有可能应尽量使用计算机签到。一般情况下，签到服务人员应该不少于6人，工作时间应该根据会议参与人员抵达时间合理分配。

总的来说，在安排住宿的时候，要遵循相对集中的原则，这样有助于会议期间的会务联系和信息沟通，也有助于参会者之间的交流和沟通。会议主要陪同人员的房间应安排在会议主要人员的隔壁或对面，以方便对他们的照顾；尽量安排与会人员中的老、弱、病、残人士住在低层或离服务台较近的房间；会议服务人员的休息间应安排在靠近电梯且较为醒目的地方，方便与会人员的联络和找寻；对一些客人的特殊要求也要尽量予以解决，以使他们能够全身心投入到会议中来。

会议一般会由会议举办方统一安排餐饮，餐饮安排一般有自助餐和围桌餐两种，会议期间首先要重视的问题就是餐厅以及餐具的卫生条件，不能让与会者的健康出现任何的问题。自助餐中，应将所有的食物都清楚地贴上标签，以防与会人员误食食物；如有可能，应专门对少数民族和不同宗教信仰或是素食主义者提供用餐窗口。

二、会议现场礼仪

1. 注册登记服务礼仪

报到与签到都是指与会者到达会议时所办理的手续。会期较短，只需办理签到手续。对会期较长、会议活动较为复杂的，不仅需要签到，而且还要办理报到登记手续。通常在会场入口处或接待处设有会议签到处或报到处。注册登记处的服务人员应在与会者入会场前在签到或接待桌旁站好，两手交叉自然放在腹前，面带笑容。当客户走进会场时，应主动上前热情地问候与会者，详细地指导、帮助他们及时完成会议开始前的登记注册，包括签到和领取证件、会议文件和纪念品等工作。如果是小型会议，签到相对简单，仅仅是名录登记、发放会议证件、入场券以及展会的纪念品等。但如果是大型会议或者大型会展，那么签到就是一项复杂的工作。细心、周密地为与会人员服务是对会场接待人员的最低要求。

2. 接待服务礼仪

接待贵宾时，首先要了解清楚客人的身份（包括职务、年龄、抵达时间、所在国的宗教信仰等），然后派出和贵宾身份相当的人员前往指定地点迎接。接站人员要提前抵达迎接现场，无论何种原因的迟到都被认为是极不礼貌的。贵宾出现时确保会议接待人员能认出他们。如果会议主办方能在会前款待主要贵宾，就可以安排与他们在某个特定地点会面，或是（更好的方式）直接去接他们。如果最终不得不在活动开始时焦急等待贵宾的到来，要尽量在接待处安排一位接待人员。

3. 引导服务礼仪

引导服务是指在会议期间接待工作人员为与会者指引会场、座位以及会议者要打听的地方的路线、方向、具体位置、交通条件等服务。引导虽看似小事，但能给与会者提供许多方便。引导服务贯穿于整个会展期间，一些大型的会展或重要会议，均应设有专职引导服务人员，即礼仪人员。国际性礼仪人才还要会熟练使用外语。

会议应设有专门人员迎接嘉宾，引导代表等到指定席位。引导指示人员在指路时应右手抬起，四指并拢，拇指与其余四指自然分开，手心向着客人，示意所指方向时说："请这边走"或"请那边走"。引领与会人员时，应在左前方大概1米远的位置，随与会者的步伐轻松前进，并时刻注意保持步速，可以适时地回头或用眼角余光观察被带领者的跟随情况。在转弯或有台阶的地方要回头及时提醒客人注意。

服务人员应熟悉场内区域座号，主动为与会者引座，做到准确无误。主动搀扶、照顾年老体弱者入座、站立、投票、上洗手间等。会议休息或休会时，服务人员按规范要求站到自己的岗位上，照顾与会者出入或退场。

三、会后服务礼仪

会议结束后，让与会代表或客户顺利安全的返回其所在城市是会议主办方责无旁贷的义务。一般而言，在会议召开期间甚至与会代表到达会议地点的当日，主办方的服务人员就应了解每一位代表的返程方式和时间，并着手开始定购返程票。会议结束后，主办方会安排全体会议代表与主办方人员共同合影留念。会议结束后，清理会场并检查是否有与会者遗忘的物品，以便及时归还。除此之外，主办单位还应在一定的时间内，对会议进行一次认真的评估，做好善后工作。

这些后续服务包括在近期内向会议代表致电、邮寄感谢信，表示对其光临的感谢，并积极争取那些在会议中以表达了合作意愿的潜在客户。此外，注意收集、整理和保存会议资料，这样不仅可以帮助主办单位全面评估会议效果，还可为主办单位今后举行同类型的会议提供借鉴。

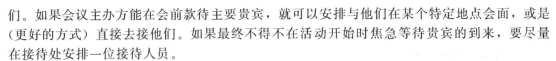

课题四　展　会　礼　仪

一、展会礼仪策划

展会礼仪策划是展会的灵魂，是指通过专业策划部门或公司的精心策划，为参加展会的公司提供参展服务设计方案。展会礼仪策划一般包括硬件和软件两方面，前者主要指会场、展位、展台布置以及与之配合的各种声、光、电效果；后者指宣传促销活动以及会展服务人员的礼仪培训和包装等。

展会礼仪策划包括制订企业参展目标和会务预算、企业参展人员包装和礼仪培训、展前宣传礼仪、展台设计与布置等内容。作为展会的组织者，应该着重做好以下几方面的工作。

1. 确定参展单位

一旦决定举办展会，对展会进行招商和招展通常是主办单位首要考虑的问题。按照会展礼仪的要求，主办单位事先应以适当的方式，向拟参展的单位发出正式的邀请或召集。邀请或召集参展单位的方式有举办新闻发布会、刊登广告、寄发邀请函等。不论采用哪种方式，均需要写出举办展览会的宗旨、展出的主要项目、主办单位名称、举办展览会的时间和地点、参展单位的范围和条件、报名参展的具体时间和地点、主办单位拟提供的服务项目和设施、参展单位应负担的费用以及咨询联系方式等内容告知参展单位。

参展单位的名单一旦确定，应以专函形式及时通知参展单位，以便其早作准备。

2. 宣传展会内容

为了引起社会各界对展会的重视，并尽量扩大其影响，主办单位有必要对其进行大力宣传。宣传的重点应当是展会的内容，即展会的展示陈列之物。只有这样，才能真正地吸引各界人士的注意和兴趣。宣传展会内容的形式多样，不拘一格，常用的有举办新闻发布会、邀请新闻界人士或社会名流到现场参观、张贴有关展会内容的宣传画或广告语、在展会现场发放纪念品以及宣传页、在举办地悬挂彩旗、彩带或横幅等。

3. 展位分配和展台设计

（1）合理分配展位　对展会的组织者来讲，展会现场的规划与布置，也是其重要职责之一。布置展会现场的基本要求是展示陈列的各种展品要围绕既定的主题，进行互为衬托的合理组合与搭配。要在整体上显得井然有序、浑然一体。对展位进行合理分配的方式一般有4种，即对展位进行招投标、对展位进行竞排、对展位进行抽签、按照"先来后到"的顺序对展位进行分配。

（2）展台设计礼仪　展台的布置是为了更加突出展品，吸引目标观众，并将展品的优势和特点更好地传达给目标观众，因此展台的设计和布置要给人一种受欢迎的感觉，而不能是一种被拒绝或隔绝的感觉。展台的整体布局应该简洁明了，一目了然；可运用灯光来增强展台的光影效果，从而突出主体；用足够大且标准的招贴来做宣传，给参观者带来强大的视觉冲击；注重产品的摆放，突出产品特性。

4. 做好安全保卫措施

无论展会举办地的社会治安环境如何，组织者对有关安全保卫事项均应认真对待。有关安全保卫措施的事项，可在展会入口处或展会的入场券上正式标明，必要时最好由各参加方正式签订合约或协议，并经过公证，这样，即使出现事故，也好按照事前协议分担责任。

5. 辅助的服务项目

主办单位作为展会的组织者，有义务为参展单位提供一切必要的辅助性服务项目，一般包括展品的运输和安装，车票、船票、飞机票的订购，电话、传真、电脑、复印机等现代化通信设备，洽谈会或休息所使用的场所，餐饮的提供，供参展单位选用的礼仪、讲解、推销人员，展览时使用的零配件的提供等。

二、展会中的礼仪

1. 展台工作人员礼仪

展会的工作人员应当具备良好的素质，明确举办展会的目的，了解展会产品的相关知识，还要掌握接待礼仪，从而更好地服务公众。下面就工作人员形象、礼貌接待、讲解礼仪3个主要方面作简要介绍。

（1）工作人员的形象　在一般情况下，要求在展位上工作的人员应当统一着装。最佳的选择是身穿本单位的制服，或者是穿深色的西装、套裙。在大型的展会上，参展单位若安排专人迎送宾客时，则最好请其身穿色彩鲜艳的单色旗袍，胸披写有参展单位或其主打展品名称的大红色绶带。为了说明各自的身份，全体工作人员皆应在左胸佩戴标明本人单位、职务、姓名的胸卡，礼仪小姐可以例外。按照惯例，工作人员不应佩戴首饰，男士应当剃须，女士最好化淡妆。展会主持人应穿西服套装、系领带。

（2）礼貌接待　不管是宣传型展会还是销售型展会，参展单位的工作人员都必须真正地意识到观众是自己的上帝,做好礼貌接待是自己的天职。

展会正式开始,全体参展单位的工作人员在自己岗位前站立迎宾。站立时切忌双脚不停移动,更不可随心所欲地趴在展台上或跷着二郎腿。不允许迟到、早退、无故脱岗、东游西逛,更不允许在观众到来之时坐、卧不起,怠慢对方。

当观众走近自己的展位时,工作人员要面带微笑,主动向对方问候:"你好!欢迎光临!"随后,还应面向对方,稍许欠身,伸出右手,掌心向上,指尖直指展台,并告知对方:"请您参观。"如图2-14所示。

图 2-14　展台工作人员

当观众在本单位的展位上进行参观时,工作人员可随行于其后,以备对方向自己进行咨询;也可以请其自便,不加干扰。假如观众较多,尤其是在接待组团而来的观众时,工作人员亦可在左前方引导对方进行参观。对观众所提出的问题,工作人员要认真作出回答。不允许置之不理,或以不礼貌的言行对待对方。

当观众离去时,工作人员应当真诚地向对方欠身施礼,并道以"谢谢光临"或是"再见!"。

(3) 讲解礼仪　展会过程中工作人员向观众介绍或说明展品时应遵循一定的规范。首先应热情礼貌地称呼观众,讲解流畅,不用生僻字,不故弄玄虚。语调流畅清晰,声音洪亮悦耳,语速适中。不管是宣传性展会还是销售性展会,要善于因人而异,使讲解具有针对性。在宣传型展会上,解说的重点应当放在推广参展单位的形象上,讲解人员要大力宣传本单位的理念和成就,要善于使解说围绕着参展单位与观众的双向沟通而进行,以便使观众对参展单位给予认可。而在销售型展会上,解说的重点则必须放在主要展品的介绍与推销之上。着重强调自己所介绍、推销的展品的主要特征与主要优点,要突出自己展品的特色,在实事求是的前提下,注意对其扬长避短,强调"人无我有"之处,使客户乐于接受。争抢、尾随观众兜售展品,弄虚作假,或是强行向观众推介展品,都是不可取的。

2. 展会模特礼仪

举办一个商业展会,每一个参展商都想要突出表现自己公司的产品以及企业形象,进而吸引专业买家和观众的注意,达到参展的目的。那么,参展商和主办展会单位的公司宣传、产品宣传、活动演出、宴会、促销活动以及展会开幕、闭幕、展会迎宾、嘉宾接待工作都离不开礼仪小姐和模特的参与。

展会上启用模特参加展览演示,不仅可以为展台增加亮丽的色彩,还能使展示产品的设计达到最佳宣传效果。在产品营销和企业宣传上,参展商们往往也通过展会礼仪策划、促销活动会请来模特给予促销,使得在展会上参观的人员不仅可以欣赏到设计美妙的展台艺术,而且还可以欣赏到青春亮丽的模特的歌舞表演以及其他各种助展表演活动。

事实上,依靠专业的礼仪模特小姐来推广企业形象,宣传企业品牌,仅仅凭借外表靓丽是远远不够的,还要具备良好的公关素质,如应变能力,动听的声音,流利的解说能力,服装模特的表现能力,丰富的礼仪常识等。有的企业认为本公司中的专业技术人员,完全可以应付,大可不需要专业礼仪人员,且还可以节省开支。的确,技术人员可以应付技术问题,可是技术人员很难在短时间内吸引客户视线,除非技术人员有着模特般的气质与形象。但是,与之相反,有的公司不惜重金请来大量漂亮的模特助展,但她们没有展会礼仪的常识,不知道如何为企业代言,结果展会也只能是"金玉其外,败絮其中",达不到预期目标。

由此可见,展会模特虽然是展会上一道亮丽的风景线,她们可以帮助参展商在最短的时间内吸引来访者的视线,但是展会模特也要具备一定的展会礼仪知识,这样才能"秀外慧中",帮助参展商更好地推广企业形象。

三、展会后的礼仪工作

1. 展会后跟踪阶段

展会结束不久,参展商和参观商对展会的印象仍在记忆中,如果此时抓住机会,深入与客户发展关系就容易多了。记忆是印象的延续,印象是在展会上留下的,记忆是在跟踪服务工作中加强的。跟踪服务做得越早,效果就越明显,如果在展会闭幕后不迅速联系,目标客户就会失去在展会上产生的热情,这也就意味着将失去这些客户。在美国就有机构专门研究参展商和参观商记忆率的变化,发现参展商和参观商在展会闭幕后5周对展会情况的记忆从100%迅速下降到约60%,之后记忆有所反弹,研究人员则认为反弹的原因可能是主办单位的跟踪服务开始起作用。因此,我们的应当注意加强跟踪服务工作,与目标客户保持联系,建立固定或忠诚的客户群。

2. 总结阶段

展会总结不是独立的业务工作,而应该是管理工作的一部分。一般展会总结分为3个部分,即从筹备到开展中的各项活动的总结、效益和成本核算以及项目和市场调查。

3. 评估阶段

目前在国外,特别是德国、意大利、法国等一些展览业发达的国家,该行业早已实行专业化和产业化经营,业内的分工十分细化,十分专业,而且还派生出许多专业的会展服务公司,如会展广告公司、布展公司、策划公司、顾问公司、评估公司等,专门为会展主办单位提供策划、预测、统计和评估等专业的会展服务。事实上目前在国内,我们所看到许多会展的主办单位,在展后都几乎没有做任何评估工作,致使办展水平一直原地踏步或日渐衰落。评估工作应该是在会展开展前1个月进行,主办单位要成立专门的评估小组,并指定专人负责操作,收集展会各种资料,然后做出预测和统计,收集和统计的项目要有一致性,并坚持使用一种标准方式,而且不要经常变换方式和标准,这样将有助于提高评估工作的准确度、实用性和连续性。

展会是一项投入比较大的经营活动,主办者投入了相当多的人力、物力和财力进行筹备工作,每次展会都会有很多宝贵的经验和教训,系统的评估,如对成本效益的评估、宣传质量效果的评估、招展代理完成目标任务的评估、主办单位是否具有预计的号召力的评估等,将有利于我们发现问题、改进工作和提高效率。

项目思考与讨论

一、复习与思考

1. 会展礼仪的特点是什么?

2. 正确坐姿应该注意的问题有哪些?
3. 简述手势操作的基本要领以及使用手势的注意事项。
4. 人际交往中,眼神和微笑的应用应遵循哪些原则?
5. 简述会议现场礼仪的内容以及需要注意的问题。
6. 展会中,展台工作人员礼仪有哪些?
7. 论述会展礼仪操作的基本原则和基本要求。
8. 概述会展工作人员的形象礼仪。

二、案例讨论

某企业协会将要举办"公司融资操作座谈会",此次会议将邀请国内一批顶尖的经济学家、管理学家到场。座谈会由秘书林小姐负责发请柬。接到请柬的专家们按时来到开会地点。一看会场布置不像是开座谈会,经询问有关负责人才知道,今天上午的座谈会改换地点了。到会的专家们感到莫名其妙,个个都很生气,改地点了为什么不重新通知,一气之下专家们都走了。事后,该企业协会的领导才解释说,因秘书林小姐工作粗心,在发请柬前没有及时与会场负责人联系,一厢情愿地认为不会有问题,便把会议地点、时间写在请柬上,等开会的前一天下午去联系,才得知会场早已租给别的单位用了,只好临时改换会议地点。但由于邀请单位和人员较多,来不及一一通知,结果造成了上述失误。尽管领导登门道歉但造成的不良影响也难以消除。

讨论: 1. 这个案例中林秘书出现哪些工作失误?
2. 在会议准备时应注意什么问题呢?

三、实训题

1. 考核设计

以小组为单位进行会议服务礼仪实训,实训准备如下。
① 物品准备:茶杯、茶儿、暖瓶、托盘、评估表等。
② 场地准备:会议室或配有镜子的实操室。
③ 人员准备:人员分成两组,一组扮演客人、一组担任服务员。

2. 考核标准

考核项目	操作要求	配分	得分
仪容仪表	仪容仪表自检及互检	10	
迎宾服务	合理站位,微笑迎宾,敬语服务,规范指引	10	
会中茶水服务	站位合理,手法熟练,操作卫生,倒水量适宜,端放茶杯动作轻巧,以不干扰客人会议为佳	20	
休息室服务	茶水、香巾服务,端放茶杯动作轻巧,蹲姿应优雅大方	20	
会场衣帽间服务	服务员应礼貌问候,按递物礼仪递送存衣牌,并提醒客人妥善保管贵重物品。拿取客人外衣时,不倒拿,不拖擦	20	
会后送别服务	会议结束,应列队迎宾,并与客人致谢道别,送至门口	10	
团队精神	通力合作、分工合理、团结互助	10	

模块三

会展运营篇

项目一　会展策划

项目目标

1. 了解会展策划的基本原则、内容和类别。
2. 理解会展策划的方法和程序。
3. 明确会展项目总体规划的制订。
4. 掌握会展策划的具体实务。

项目关键词

会展策划　会展主题策划　会展活动策划

项目导入

第 23 届全国图书交易博览会：书香椰韵，魅力海南

第 23 届全国图书交易博览会（以下简称"书博会"）于 2013 年 4 月 22 日在海南省海口主会场和三亚、儋州、万宁三个分会场圆满落幕。本届书博会被来自全国各地的代表们称为"参加的最具特色、相当成功"的一次书博会。

在儋州、万宁、三亚三个分会场，参观人数超过 10 万人次，销售额总计超过 100 万码洋。此外，本届书博会举办了形式多样的各类活动 136 项，莫言、王蒙、于丹、阎崇年、韩少功、梁晓声、汪国真、九把刀、倪萍等 100 多位名人、作家、学者参加了读者大会、新书发布会等有关活动。

本届书博会上，各出版机构准备各类新书共计 10 万种左右，比年初的北京图书订货会多出 3.5 万种左右。莫言获奖后首部新作《盛典——诺奖之行》由长江文艺出版社在书博会上首发，三联书店出版的傅高义作品《邓小平时代》，花城出版社的王蒙作品《这边风景》、梁晓声的知青封笔作《返城年代》等竞相亮相，吸引了广大读者眼球。

此外，经国家新闻出版广电总局批准，台湾版书籍首次走进了全国书博会，并在展销摊位按汇率现场折价，成为书博会上的一大亮点。有 20 家台湾出版社联手出动，带来了 1500 个品种的台湾书籍，其中《亚细亚之黎明》《沉思录》《走入大丝路中东段》等图书受到读者热情追捧。

本届书博会首次尝试民营书业统一组团统一参展，大会设立独立的民营书业展示订货区，展位数达到 692 个。

本届书博会突出独特海南文化，《社会主义文化体制改革与海南历史文化》《海南碑碣匾铭额图志》"海之南丛书""三沙文丛""天涯文化系列丛书"，分别展示了海南省以及三沙市的风情风貌。此外，《蓝色的风——海南建省二十五周年文学作品选》，收入海南省作家25年来创作的优秀作品，全面反映了海南的文学成就。特色鲜明的海南图书在宣传海南成就、彰显海南魅力的同时，亦充分展示了海南出版业的繁荣。本届书博会吸引了中央电视台、《光明日报》《海南日报》《国际旅游商报》等100多家媒体。通过全方位、多层次、立体报道，将书博会盛况展示给全国人民，同时宣传了海南国际旅游岛经济社会和文化发展的良好成果。

书博会前期活动主要有主题语、会徽、宣传画系列征集评选活动、网站及微博开通仪式、"绿色海岛·文化海南"全民阅读活动、"书博大篷车环岛行"大型活动、新闻媒体看书博活动、"书香小蜜蜂"高校志愿者选拔活动、海南广播电视台开通《读到之处》电视栏目。

书博会期间，将安排中国出版创新与发展高层论坛、会旗交接仪式暨"书香椰韵·魅力海南"文艺晚会、读者大会、精品图书展、中华印刷之光展、"情系三沙，慰问赠书大行动"、图书捐赠活动、海南精品读物丛书首发仪式、开展"逛书博，游海南"活动、"童趣书博"儿童系列活动、"惠民券献礼琼岛居民"活动。

【点评】：会展策划突出地方特色，尝试创新是会展活动成功的关键。

课题一　会展策划概述

一、会展策划的基本原则

会展策划是对会展的整体战略与策略的运筹规划，是提出会展战略和计划、实施并检验会展决策的全过程的预先考虑与设想。会展策划，是会展决策的形成过程，是将会展目标具体化的过程，实质是赢得竞争主动地位的一种谋划。

会展策划的原则是指能够反映会展策划过程的客观规律和要求，在会展策划活动中需要遵循的指导原则和行动准则。既是会展策划客观规律的理性反应，也是事物发展过程的本质联系和发展规律的高度概括。

在会展策划活动中，无论是策划目标的确立和策划问题的评估，还是策划方案的设计制作和实施，都必须依据会展策划原则的指导。

1. 目的性原则

会展活动，宏观上的目标是为促进地区经济增长；传递有关信息、知识、观念；为打造城市品牌，促进经济一体化发展。微观上的目标是塑造展会品牌、塑造企业形象、凸显公司知名度等。因此，在会展策划过程中，应该遵循目的性原则，针对特定的问题进行市场调查，在会展的决策、计划以及运作模式、媒体策略等方面都必须有目的地进行。

2. 创新性原则

创新性原则贯穿于企业策划的始终，是会展策划所追求的目标。会展活动的国际化和市场化，要求会展的新颖性是必不可少的，会展的"新"首先体现为策划的"新"。会展策划的创新性主要体现在会展理念的创新、目标选择与决策的创新、组织与管理的创新、会展设计的创新等。会展策划必须以不断创新动态变化的形式，保证最终目标的实现。

3. 前瞻性原则

会展活动中，前瞻性是指会展主题要引领行业发展趋势，捕捉行业的潜在需求。前瞻性从时间序列角度，大体上可以分为两个层次，一是显性趋势，即一个行业的趋势已经众所周知，会展主题必须进行相应的调整，来适应已经变化了的环境，实现新的协调，在时间上有一定滞后性;二是隐性趋势,即根据对某一可能发生变化的预测分析,充分发挥策划者的主观能动性,创新主题,引导环境向有利于会展的方向发展,在时间上有一定超前性。我们在进行会展策划工作中必须要坚持前瞻性的原则。

4. 规范性原则

会展策划的规范性,要求会展策划活动必须遵守国家法律的原则,在不违反法律法规的前提下进行;必须遵守伦理道德,在不违背人们价值观、宗教信仰、禁忌、风俗习惯下进行会展策划;必须遵循行业规范,做到管理规范、程序合理、操作有方、竞争有序,把握会展经济的内在规律。

5. 艺术性原则

艺术性的原则就是运用艺术手段融合信息传播工具,促使会展作为信息媒介具有传播力度和深度,让整个会展都像一个精心构思的艺术剧本,但是又恰到好处地进行了临场发挥,实现商业信息高效集中和高效传播,促进更多成功的交易。艺术性是策划人的知识、灵感、经验、分析能力、洞察能力、判断能力和应变能力的综合体现,策划的艺术性表现为主题的艺术化形象定位、会展空间设计的艺术性和活动的艺术性。目的是在会展策划中闪现创意的新奇亮点和应时而变的灵活性,吸引与会者、参展商、客商和观众。

6. 效益性原则

会展策划的效益性是由会展的盈利性决定的,取得良好的经济和社会效益是举办会展活动的主要目的。会展活动的效果不是仅凭会展策划者的主观臆想来预测,而是通过实际的、科学的会展效果预测和监控方法来把握,因此,会展的效益是衡量会展策划是否成功的标准。

二、会展策划的内容

会展策划是一项综合性的系统工程,涉及的内容是多方面的。会展策划具有以下程序性内容:根据市场调查与预测,确定会展主题、展示对象和观众;突出会展表现形式,制订会展总体规划;实施营销计划与方案,完成会展组织、会展管理、会展费用预算、会展效益评估和效果测定等一系列的决策。

1. 会展调查与分析

会展市场调查是选定会展项目的重要依据,也是会展策划的基础。会展调查的内容包括会展环境分析、会展企业调查、竞争分析、同类展会研究以及参展商、相关单位等情况调查,并在充分了解市场的基础上进行策划分析。

2. 会展总体规划

总体规划是指在市场调研的基础上,确定策划主题,确立策划目标,对策划方案未来的实施在方法上、资源利用上进行轮廓设想,制订出策划项目的研究计划书,其重点是运用创新技法从不同的角度和多种途径思考酝酿,大胆设想出各种可能的策划方案。

3. 会展运作与实施

会展运作与实施是会展策划的重心所在,会展策划人员需要根据会展总体规划进行具体的广告宣传、组织招展招商、会展设计以及会展相关活动策划等具体安排会展工作方案。

4. 会展评估

会展评估是对展会进行分析与评价,即对展会的目的、执行过程、质量、服务、直接和间接的经济效益与社会效益、作用和影响所进行的系统的、客观的分析和评价,判断会展项目是否成功,并分析原因,为各方相关利益人提供借鉴和参考。

三、会展策划的类别

由于会展活动涉及的内容众多,相应的会展策划种类也较多,在具体实践中,主要有以下一些策划类别。

1. 会展主题策划

会展主题是贯穿于整个会展活动的宗旨，是鼓励相关企业和人士参加的主要原因。会展主题策划是会展活动的开始，主题选择的是否合适，将直接影响会展活动的质量，并对会展活动的举办和日后的发展产生巨大影响。会展主题策划要求在充分市场调查的基础上，选择有创新性的、合适的会展主题。

2. 会展项目策划

会展项目策划是在广泛收集信息的基础上，就会展活动的举办提出方案，是整个会展活动运行的总方针。通过市场调查、立项策划和项目可行性分析等环节，确定会展名称、举办地点、办展机构、办展时间、展品范围、展览频率、会展规模、展览定位、展览价格、会展预算、招展与招商、进度计划、现场管理和相关活动等具体内容。

3. 会展品牌策划

品牌是会展活动的灵魂，会展活动的成功举办有赖于品牌形象的建立，会展只有拥有良好的知名度和美誉度，才能吸引更多参展商和观众。会展品牌策划主要包括会展品牌定位、会展品牌形象设计、会展品牌转播和塑造等内容。

4. 会展运作策划

会展运作策划主要从营造会展活动声势与赢得企业和观众的支持入手，是一个推销各种会展策划的过程，会展运作策划包括会展实施策划与展后工作策划。

5. 会展活动策划

会展活动是为营造现场气氛或丰富会展功能而在会展期间举办的各种活动，这些活动使会展的贸易、展示、信息与发布等功能更为完善，成为整个会展的必要组成部分。会展活动策划从参展商和观众的需求入手，对各种会展相关活动进行计划。

6. 会展服务策划

会展服务策划是会展企业为了提高会展服务质量，适应日趋激烈的竞争而进行的一系列会展服务的规划。会展服务作为会展经营的一个重要方面，既包括租赁、广告、保安、展品运输和搭建等专业服务，也包括餐饮、旅游、住宿、交通等相关行业配套服务。因此，会展服务策划需根据实际情况不同，按照会展客户的需求进行不同服务的策划。

7. 招展策划

招展是会展企业招徕相关行业企业参加展会的活动，招展策划是会展策划的基础工作之一，也是会展得以实施的最重要的环节。招展策划的目标是充分宣传会展，仔细选择参展商，以控制会展的质量。

8. 招商策划

招商是会展企业通过各种途径邀请客商和观众参加展会，也包括招揽赞助商为展会提供各种赞助，以增加会展的经济效益。招商策划包括客商和观众招揽计划、赞助商赞助计划、招商宣传等内容。

9. 会议策划

会议是会展业中重要的组成部分。会议策划主要是针对协会组织及非营利性机构举办的会议。会议策划要明确的内容有会议主题、会议目标、会议参与者、会议形式、会议日程、会议时间、会议地点以及会议的组织与实施。

10. 参展策划

参展策划的实施主体是参展企业，是属于参展商企业营销计划的一部分。参展企业为了保证参展的有效性，需要在参展决策、参展目标、参展项目、参展计划等方面进行筹划，以确定是否参加展会。并在决定参加展会后，进行费用、展位、展品选择与运输、布展和撤展、广告宣传、参展人员、参展资料等方面的策划,以保证企业顺利参展。

四、会展策划的基本程序与方法

1. 会展策划的基本程序

会展策划程序囊括了会展活动发生之前的谋划、构思、设计等创造性活动的全部过程,成为项目实际运作的指导,是会展项目管理决策理智化、效能化、科学化的前提依据和程序保证。

(1) 主题定位　会展主题的定位,需要对行业进行分析,掌握相关会展的举办情况以及参展商的潜在需求,界定主题选择的范围,分析可支配资源的现状、相关经验和远景战略目标需要等准备工作。

(2) 目标确立　策划目标的确立就是针对策划主题面临的机会和威胁进行分析,在与此相关的影响因素和约束条件下,明晰目标。与此同时,确立策划目标,还必须明确把策划问题解决到何种程度,最终达到何种目的。

(3) 方案设计　确立策划目标之后,运用创新技法谋划达到目标的有效途径,设计并制作策划方案。策划方案能否有效,需经过多种方案相比较作初步鉴别。这就必须制订多种可供决策者优选决断的策划方案。

(4) 方案论证　对策划方案设计是否切实可行、经济高效进行论证和评价。包括两个方面,一是论证和评价策划方案的总体创新性;二是论证和评价策划方案的细节实施性。在充分论证的基础上,制订改进方案,整理研究成果,撰写出策划研究报告。

2. 会展策划的方法

(1) 创意策划法　是指人们在特定环境或气氛下,以个人或群体知识、经验、判断为基点,通过亲身感受和直观体验而闪现出的智慧之光,让人有一种假设性的觉察和敏感,这就是通常所说的灵感。这是一种创造性的思路,它可以较全面地揭示事物或问题的本质。灵感实际上是因思想集中、情绪高涨而突然产生出来的一种创造力,即创意,通过这种一闪而现的灵感形成策划思想的方法,就是创意策划法。该方法比较适用于主题创新。

(2) 头脑风暴法　又称智力激励法。由美国创造工程学家A·F·奥斯本在1939年提出,1953年正式发表的一种激发创造性思维的方法。它是一种让所有参加人员围绕某一特定主题,在自由愉快,畅所欲言的气氛中,自由交换想法或点子,并以此激发创意及灵感,以产生更多创意的方法。它可以创造知识互补、思维共振、相互激发、开拓思路的条件,可收到思考流畅、思考领域扩大的效果。

(3) 德尔菲法　德尔菲(Delphi)为古希腊太阳神阿波罗神殿所在地,阿波罗以尊重他人智慧及预言灵验而著称。在20世纪50年代末,由美国兰德公司奥拉夫·赫尔曼及诺曼·达尔基共同研究的以德尔菲为代号的调查及策划方法。具体操作方法就是先由调查组织者制订调查表,按规定程序进行咨询调查,经过几轮反复,然后再征求专家意见,反复分析判断,最终在专家们的意见逐渐趋于一致的基础上得出最终结论。

课题二　会展策划实务

一、会展项目总体规划的制订

会展项目是一个十分庞杂的系统,据有关专家统计,一个会展项目由3600多项各种事项构成,因此,制订一个系统的会展项目总体规划,将有助于会展项目的实施与管理。会展项目总体规划的过程包括5个阶段,如图3-1所示。另外在进行会展项目策划之前,需要成立会展项目策划小组。

1. 设想与构思

会展项目的产生来源于策划人员长期的积累和实践创造的灵感,通常会展策划人员要在充分市场调研的基础上,结合自身经验,利用科学的策划方法,形成创意概念。在这个阶段,通过对宏观市场的研究,确立会展目标市场;通过对消费市场的分析,确定会展的定位;通过考察相关行业和参展结构等信息,确定参展对象;通过分析会展技术方面的信息,确定会展场馆的选择和技术要求。只有针对市场需求策划出优秀的选题,通过精心组织,将策划创意转化为真正为参展商和专业观众服务的交流、交易平台,展会才能取得预期的成功。

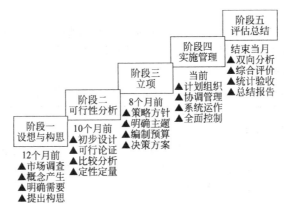

图 3-1　会展项目总体规划过程

2. 可行性分析

可行性分析是会展项目总体规划的关键步骤。具体包括市场分析、明确项目定位、最优方案选定、财务预算、风险预测等。在实际操作中,市场调研、可行性分析和立项基本上是交叉进行的,会展企业主要分析某一会展市场的结构和前景,选定最优的项目运作方案,并将结果应用到会展项目立项策划书中。可行性分析有助于主办单位系统地把握一个会展项目,而且对该项目的长期发展大有裨益。

3. 立项

立项是行业分析和项目构思的结果,即会展主办者就举办会展的性质、主题、时间、地点、预算、展品范围、人员、进度控制、合作伙伴及目标客户等一系列问题确定立项方案,制订立项策划书。立项策划书必须经过主办者组织专家进行评估认可后,方可具体实施。一般立项策划书的构成有"5W、2H、1E" 8个基本要素,见表3-1。

表 3-1　会展策划书要素

Why(为什么)	需求诉讼 展会立项的缘由、意义及前景
What(做什么)	展会的主题、内容 明确创造期望 项目的特点
Who(谁)	展会的主办单位、承办单位 行业重要参展商的支持 参展商的范围 媒体支持单位
When(何时)	展会举办的时间,包括布展、展览及撤展的时间

续表

Where(何地)	地点独特性 方便性 旅游的价值 地方的支持性
How(如何)	展会的宣传计划与营销策略 展会的日程安排 展会期间举办的各种活动
How much(多少)	展位数量与布局 展位价格 预计参展商数量
Effect(效果)	展会结果 预测产生效益

4. 实施管理

实施管理阶段是策划执行人员正式开始运营立项的会展项目。具体包括报批立项、设立组织机构、招展书与赞助商手册等各种书面材料制作、场馆租赁与规划、招展宣传、招商宣传、公关活动、展台搭建、组织策划会展相关活动以及展览会现场管理与协调等工作。全面保证会展活动顺利运行。

5. 评估总结

每次会展活动结束后，都应该及时进行评估总结。每个部门都要针对本部门的工作表现进行分析，既要看到此次会展的成功之处，更要认清不足所在。同时，及时调整策略，为下一届招展工作打好基础。评估总结是会展项目总体规划的最后阶段，通过定量和定性的方式，对会展总体环境和参展整体工作的评估和总结，目的是总结经验、发现问题、改进工作、提高效率。另外，总结会上，财务部应提交一份会展收支情况报告，要对会展收支作详细说明，客观地说明会展的成败情况。

二、会展主题策划

会展主题也称为会展主题思想，它是贯穿于整个会展过程所反映的经济、政治、文化等社会生活内容的中心思想，是一个成功会展的灵魂和精髓，常在会展中通过具体的艺术形式表现出来。会展主题是对会展的指导思想、宗旨、目的要求等最凝练的概括与表述，是统领会展各个环节的"纲"，并贯穿会展活动始终。它是会展最精髓的部分，在一定程度上影响会展内容的安排、活动形式的选择和其他诸要素的设计。

1. 选择会展行业

会展主题策划要根据会展企业本身的优劣势，并结合举办地及周边区域的经济结构、产业结构、地理位置、交通状况和会展设施条件等来考虑会展主题。选择会展行业是会展主题策划的第一步，一般来讲，首先应从本区域的优势产业和主导产业中寻找主题。其次从国家和本地区重点发展的产业中寻找主题。最后从政府扶持的产业中寻找主题。

通过对细分行业市场进行评估，发现一个或多个适合办展的行业，然后根据自己的实力选择进入某个或某几个行业举办展会。一般来讲，细分行业市场分析包括3个方面。第一，是对会展举办地该产业的发展现状和发展趋势进行分析，目的是判断新开发的展览会是否有发展潜力，或者是否可以为现有展会调整发展策略提供依据。其中，对产业结构进行深入分析，有助于会展策划人员把握展会的总体框架，如参展商的类型划分、展出布局、专业观众的来源等。第二，是同类展会的竞争力分析，包括竞争对手潜在参展商、目标专业观众的情况和会展规模等，以期明确展览会的定位。第三，会展企业必须清楚认识自己的优劣势，是否在适合办展的行业中具有优势，同时，还要明确自己的办展目标。

2. 选择会展题材

确定了会展行业后，就应进一步选择会展题材，确定展品展出的范围。一般来讲，选择会展题材有4种常用方法，即新立题材、分离题材、拓展题材、合并题材。

新立题材就是通过对收集到的各种信息进行整理和分析，选定一个从来没有涉足的行业作为举办会展的题材，有利于开拓新市场，有效避开激烈的市场竞争。选定一个全新的主题或进入一个新产业来策划展会具有很大挑战性和风险性，如果对选择的题材所在的行业不了解，就很难把握行业的发展重点和难点，就会对该行业的协会、生产厂家和买家数量和分布缺乏了解，从而降低会展的号召力，会使会展活动受到严重的影响。因此，需要在一个行业或几个行业内进行深入调查以确定是否有适合的新题材，并在掌握各种市场信息后，对新项目进行可行性分析，为是否举办该题材会展提供科学依据。

分离题材就是将已有的会展题材再做进一步细分，从原有的大题材中分列出更小的题材，并将这些小题材办成独立会展的一种题材选择方法。合理的细分题材不仅能为原有会展提供更大的发展空间，而且新分离出的题材有一定客户基础，具有更强的专业性，也容易举办成功。为了避免细分题材对原有会展的冲击，造成原有会展实力减弱，一般应满足一定条件才能实施分离：细分题材适合单独举办展会；原有会展规模扩大，细分题材占有较大比例，并迅速发展；细分题材难以在原有会展中获得更大发展空间；细分题材分离出来以后，原有会展能获得更大发展；细分题材具有一定独立性，参展商和客户也能从原有会展中分离。

拓展题材是将现有展会中尚未包含但又与现有主题密切相关的题材，或是将现有会展大题材中暂时未包含的某一细分题材列入现有会展题材的一种方法。适当的拓展题材不仅能有效扩大招展范围，短期内增加参展商和观众数量，还能使现有会展的内容更加丰富和完善，增强专业性。拓展题材处理不当也会带来风险，如使现有会展专业性降低，导致参展商和专业观众不满；新题材影响现有会展的展区划分、现场布置和管理等。因此，选择拓展题材时，要保证新题材与现有展会的题材有一定关联性，现有会展在规模、场馆以及管理等方面能充分的适应新题材的加入。

合并题材是将两个或多个主题相同或有一定联系的展览题材合并为一个更大的展会，或者将两个或多个展会中彼此相同或有一定关联的主题提炼出来，放到另一个会展中展出。合并题材是一些小规模会展常用的办展策略，有利于会展企业集中优势资源打造品牌展，扩大会展规模，提高会展档次。不同机构的联合还能消除市场竞争，独占该题材市场，从而得到行业内知名企业支持，提高参展商积极性。由于合并题材往往涉及多个会展或办展机构，处理不当会导致办展机构之间利益分配不均，从而影响合作，带来更大的风险。在会展实践中，为有效降低合并题材带来的风险，要处理好几个问题：合并题材应具有很强的关联性；科学预测合并题材对原有会展的影响，提前采取对策，把不利影响降到最低；合并前商定不同机构之间业务合作和利益分配办法，保证新题材的顺利实施；选择合适时机，积极宣传，扩大新题材在行业内的知名度。

3. 确定会展主题

会展主题通常表现为主办方对会展内容的理解，是会展对外宣传的标志，具有很强的号召力。总体而言，主题是使会展有关信息在参观者脑海里留下深刻印象。作为整个市场计划的一部分，主题还能起到提升品牌的作用。会展主题的确立可以有一个或多个，通常通过主题语、吉祥物、宣传口号、会徽等形式表现。一般来讲，主题语应概括凝练、易于传播、特色鲜明、积极健康、与时俱进；吉祥物要生动，与主题表现一致，能引起人们共鸣；宣传口号要朗朗上口，易于传播；会徽要通过视觉符号集中反映理念。如2010世界博览会主题为

"城市,让生活更美好",并有 5 个副主题,"城市多元文化的融合""城市经济的繁荣""城市科技的创新""城市社区的重塑""城市与乡村的互动"。同时,通过图案形似汉字"世"作为会徽,诠释世博会是全世界的、多元文化融合的盛会的理念;以"海宝"为吉祥物,以"人"为基础,将城市和地球联系于一身,很好地反映了城市、人、地球这一主题的融合。

三、展示设计和场馆布置

展示设计和场馆布置是密切相关的工作,是筹办展会的主要业务之一。展示设计与场馆布置需要根据参展商行业属性、参观者群体、展览场地背景以及空间设定。设计及布置的质量对展台的外观效果有着关键性的作用,在很大程度上影响展会工作的效果。参观者对展会的第一印象来自于展示设计和场馆布置,这种印象会影响展会参与者对展会的态度和行为。因此,做好展示设计和场馆布置工作,能激发观众兴趣并吸引观众近距离感受展会。在确定会展项目后,根据展会内容、资金实力进行展示设计和场馆布置。为确保设计、施工质量,达到最佳展示效果,要根据设计单位的营业证书、资质级别、设计力量、设计水平、设计实例、施工能力、设备、资金状况等来选择展示设计单位。

1. 展示设计

展示设计不是展会的目的,而是达到展会目的的手段,展示设计是用艺术的手法,具体表现展会的意图,可通过众多要素来表现,包括格调、情趣、场地、道具、装饰、装潢、展品布置、形式、形状、格式、说明、图表、照片、模型、照明、色彩等。设计师的任务就是按照会展企业的意图,将这些因素用专业方式组合协调并达到最佳效果。因此,展示公司在进行展示设计时,要坚持目的、艺术、功能和灵活的原则,以便达到会展企业所要求的设计标准,包括完整性、创造性、时代性、行业性、文化性和环境性等。

(1) 展示总体设计 展示总体设计是整个展示设计的大纲,是各项具体设计的依据。展示总设计是在熟读设计脚本、了解展会目的、展会内容与主题、展会规模与档次、展会环境、展示场地的外围与内部环境状况、投资金额、时间要求等基础上,对整个展示艺术所作的战略性设计。设计师是否能全面了解和掌握展会的相关内容,决定了总体设计是否具有新颖性、独特性。为达到展会的最终目的,展示总体设计时,应遵循以展览内容为主、以展览空间为主、以人为主的设计原则。

展览总体设计内容

1. 环境、场地空间的规划

包括展示场地的平面、立面和空间以及它的过渡和组织。同时,考虑客流量、消防通道等因素,规划公共场地的面积。一般以平面图的形式表现出来。

2. 展示基调

包括色彩基调、文风基调和动势基调。即在色彩的选择、文字的表达和组合、书写的规范与字体设计、展示韵律与节奏及各种声、光、电的运用等方面确定展会的基本要求。

3. 实施进度安排

包括制订展品征集、布展陈列、物料供应、交通食宿、公关等方面的进度计划表。

4. 制作、施工材料计划

包括制作和施工材料的规格、数量等,以及装饰材料的品种、规格、数量及供应准备计划表。

5. 经费预算

包括展品征集、布展设计、制作施工、展具加工、场地租金、动力消耗、安全保卫、宣传资料、食宿管理、运输、公关等费用。

6. 局部设计

应紧紧围绕总体设计的内容和要求，分别完成局部的设计方案。具体主要包括布展陈列中的会标屏风、展架、展台、道具、栏杆、展品组合等；版面设计中的板式、图片、灯箱、声像、字体、色彩等；公关服务中的广告、请柬、参观券、会刊、纪念章、样本等。这些都应在总体设计思想的指导下，分别进行设计选稿和制作安装。

(2) 展示空间设计　展示空间设计是展示设计的重要内容，空间设计是一种构成艺术。展示空间的性质和人的因素决定了在空间设计上要采用动态的、序列化的、有节奏的展示形式。同时，空间设计还要满足人在物质和精神上的双重需求，如舒适和谐的展示环境、声色俱全的展示效果、信息丰富的展示内容、安全快捷的空间规划、考虑周到的服务设施等。

展示空间主要分为大众空间、信息空间和辅助功能空间。大众空间是供大众使用和活动的区域，除了有足够空间供人们交流而不影响他人，还应有提供资讯、餐饮的空间。信息空间是事实上的展示空间，是陈列展品、模型、图片、音像、展示柜、展架、展板、展台等物品的地方，应处理好展品与人、人与人、人与空间的关系。辅助功能空间是参观者不能到达的空间，包括储藏空间、工作人员空间和为重要客户提供服务的临时空间。

空间设计与场地分配是具体设计实践遇到的首要问题，同一展会中不同展品和不同参展单位在整个空间中所占的空间位置、大小，应按照展品的内容进行场地划分，在空间配置上同一场馆也要根据特性和标准展的空间安排划分。

为了方便观众参观，应合理地安排观众的参观路线，尽可能使观众不走或少走重复的路线，尤其不要在重点区域重复。同时，考虑人流方向、人流速度、滞留空间、休息空间等环节，可采取顺时针方向、放射式或岛屿式等形式避免人流交叉，保证畅通。

(3) 展示照明设计　在展示设计中，光不仅是为满足人们视觉功能的需要，而且是一个重要的美学因素。光可以形成空间、改变空间或者破坏空间，它直接影响到人对物体大小、形状、质地和色彩的感知。因此，照明是展示设计的重要组成部分之一，在设计之初就应该加以考虑。对现代展会而言，不应仅仅依靠预留的天窗和自然光源取得照明，人工照明占据了重要的地位，通过光的运用，同展位形态虚实交互，形成特殊的视觉效果，从而达到划分区域、突出展品、营造氛围、变换色彩和丰富造型的作用。

根据展示的目的，展示照明的对象分为展品、展示场景、展示环境，展品在展示环境中处于核心位置，属于照明的重点。对空间展示环境而言，场景和环境是照明的重点。通常可通过基础照明、局部照明、装饰照明等方式突出照明对象。

(4) 展示道具设计　展示道具在现代展会中扮演着重要的角色，是现代材料、工艺、技术的集中体现，科学地利用展示道具进行展位搭建可快速地完成任务。由于展会的短期性、临时性，而道具的制作在经济上的投入又比较可观，所以按照标准化、通用化、互换性强、可重复使用的原则进行道具的设计开发是现代展会的发展方向。

2. 场馆布置

会展场馆的总体布置要注重经济实用性，从外部到内部装修应以简洁、实用为主旨，重视功能要求。

(1) 展架布置　展架是展会主要道具，有定制展架和组合展架。定制展架是专门设计制作的展架，没有统一标准，需要针对具体要求设计、制作、包装、运输、装卸、搭建、维护、拆除和储存，展示效果好，一次性使用导致成本较高。组合展架是按一定标准大批量制作的展架，用于搭建标准展台，设计简单，容易搭建和拆除，包装方便，易于运输，可反复使用，相对成本低，但缺乏个性。设计师可以将两者结合起来，优势互补。

（2）地面覆盖物　地面覆盖物可以增强展示效果。一般使用化纤地毯铺满整个展台。公共用地可用橡胶和塑料地面覆盖物。

（3）展具和展台用品　展具是展示所用道具，是展台的组成部分，与展台和展示相关；展台用品是展台工作所需，与展出者和参观者相关。配备展具和用品要实用，其规格、式样、档次要符合展出目标和展示整体效果。

（4）图文布置　展会上使用的图文是指文字说明、表格、图解、绘画、展片、标识等，图文的作用是吸引目标观众，将参展商和展品的有关情况传达给目标观众，并给观众留下印象。包括突出展台和易于识别的展台图文、划分不同产品区域的和参展者特别制作的区域图文、反映特殊展品照片和图片的展品图文、介绍参展商和展品情况的图文。

（5）特色装饰　场馆内外还可通过特殊装饰的布置来显示与众不同，如模型、微缩立体景观、彩旗与织物、水池喷泉、巨幅照片、动画造型以及花卉植物装饰等。

四、会展相关活动策划

会展相关活动的策划作为增强会展竞争力的手段之一，已成为一个成功会展不可缺少的组成部分。会展相关活动是为创造会展现场气氛或丰富会展功能而在会展期间举办的各种活动，这些活动和会展融为一体，成为整个会展的重要组成部分。会展相关活动可以和会展在同一个地方举办，也可以在不同的地方举办，但一般来说，如果会展现场场地允许，大多数会展相关活动是和会展在同一个地方举办的，更有利于该相关活动与会展之间的互动，有利于彼此资源共享。在会展期间举办的相关活动一般有开幕式、论坛、娱乐活动、评奖活动以及其他相关活动。

1. 开幕式策划

开幕式标志着会展活动的正式开始，是会展的重要仪式，目的是制造气氛、扩大影响。开幕工作经常与新闻工作结合起来，产生更大的宣传和公关效益。为保证开幕式的顺利进行需要在以下方面进行精心策划与管理。

（1）主题　首先为开幕式确定一个鲜明的主题，反映展会的定位和特色，为会展后续活动程序的进行、新闻通稿和领导发言的撰写以及相关的表演活动提供基调和依据。

（2）时间和地点　通常情况下，开幕式被安排在会展第一天举行，具体时间一般为上午9点左右，如有特殊需要也可根据具体情况进行调整，比如邀请的贵宾为级别较高的政府官员或者商界名流，需要根据宾客的时间确定合适的时间。如开幕式不能安排在会展活动第一天举行，应将前面几日的展出称作"预展"或"贸易日"等。开幕式地点一般选择在会展场馆前的广场举行，也可根据规模大小以及邀请嘉宾数量搭建临时舞台或在室内进行。规模较大的开幕式一般会有两个以上地点备选，以应付大气变化及突发事件。总之，开幕式时间和地点的选择应充分考虑当地交通、气候以及工作习惯等因素，一旦确定下来，应尽量按原定时间和地点举行，如有变动需在第一时间通知所有相关人员。

（3）邀请嘉宾　嘉宾一般为行业主管部门领导、行业协会主管人员、外国驻华机构代表、专家及其他相关人士。主办方首先要根据办展需要和开幕式程序拟定邀请嘉宾范围和名单，编印请柬，安排寄发，并提前对被邀请人进行沟通确认。为保证被邀请人的出席，如邀请境外人士或高级政府官员等贵宾需提前半年发出邀请，提供相关说明，以便贵宾合理安排时间出席。

（4）会场布置　开幕式会场布置包括主席台布置、场内设施设备安装调试、人员安排以及会场环境装饰等内容。根据主题、人数、场地规模等要素确定，以便为展会开始和观众参观做好充分的准备。开幕式现场要布置得庄严隆重，气氛要营造得符合展会定位需要。

(5) 开幕式程序　开幕式一般持续时间较短,大约 30 分钟至 1 小时,因此,开幕式程序安排应紧凑。包括嘉宾在休息室集中、嘉宾至主席台就位、主持人主持开幕并介绍嘉宾、致欢迎辞、介绍展会情况、各方代表讲话、表演、剪彩、嘉宾与领导参观视察展会等环节。

(6) 开幕式酒会　开幕式当天中午或晚上举行酒会,答谢到会嘉宾和重要参展商及有关人士。有些展会为节约成本和时间,直接以开幕式酒会代替开幕式。

酒会主要考虑的问题

1. 举办的地点选择

中午举行的开幕式酒会一般安排在会展场馆附近的酒店,方便与会人员参加。晚上举行的开幕式酒会应安排在正式、隆重的地点,如"2005 年北京财富论坛"开幕式酒会策划时,安排在天坛祈年殿,后由于天气原因,改在人民大会堂举办,无论是策划时的地点还是实际举行地点,都体现了论坛隆重、热烈的气氛。

2. 举办时间

为加强各方人士的沟通和了解,酒会通常安排在晚上,便于参加者合理安排时间。酒会一般持续 2 小时左右,以 20～22 点为宜。

3. 举办方式

开幕酒会可采取自助餐或围餐的形式。如果参与人数众多,应考虑成本,可采用自助餐形式,自助餐多以冷食为主,不提供正餐,不上高档的菜肴、酒水,故可大大节约主办者的开支,并避免浪费。既可免除座次排列之劳,又便于用餐者自由地进行交际。如果酒会比较正式,应该采取围桌形式,谨慎选择菜式,合理安排嘉宾座位,并安排重要嘉宾简短讲话。

4. 拟定并邀请出席人员

拟定出席酒会人员名单既要全面兼顾,避免遗漏,也要控制规模。一般而言,出席酒会的人员主要包括参加开幕式的领导和嘉宾、行业主管领导、主办单位领导和代表、行业协会和商会领导、参展商代表、专业观众代表、管理部门代表以及新闻媒体等。名单确定后,应一一向出席人员发出正式邀请函,并确认是否参加,方便做好提前准备。

2. 论坛或会议

会展活动中,为了加强专业交流和沟通,通常都会举行一些与行业或专业发展有关的论坛,如产业高峰论坛、专业研讨会、技术交流会等。各种论坛活动在丰富会展内容、指导行业发展及协助招展、招商等方面为会展活动做出了不可替代的贡献。论坛策划首先要成立组委会或指定专门工作小组负责论坛筹备工作,需要从以下方面入手。

(1) 进行市场调查　主要通过直接邮寄、E-mail、分析研究等方式,调查产业发展热点问题、近期举办同类展会的论坛议题、收费状况、潜在目标听众的评价和建议等,为确定论坛议题及相关问题提供必要信息。

(2) 明确论坛主题　通过市场调查获得的信息,并征询相关产业科研机构和院校专家意见和建议,确定论坛的主题。主题应与会展活动主题相关,面对参展商和专业观众,抓住行业发展的热点和难点,以便给与会者提供学习和交流的机会。

(3) 确定论坛策划方案　主要内容包括论坛名称、时间、地点、规模、论坛议程和举办形式、目标听众、演讲嘉宾、相关资料准备、会议宣传、人员接待、现场活动安排、论坛总结、论坛预算与赞助等。

（4）邀请演讲嘉宾　　选择和邀请合适的演讲嘉宾是论坛成功的关键，演讲嘉宾一般为行业内影响力较大的企业界、学术界及政府相关部门人士。可视嘉宾具体情况提前2～6个月发出邀请，并确认，协助其做好签证、机票、住宿等准备工作。重要嘉宾还应制订"一对一"的接待方案，按嘉宾要求提供相关服务。

（5）开展宣传招徕　　论坛的宣传和招徕工作一般和招展、招商工作同时进行，主要针对参展商和观众，采取电话、传真、直接邮寄、网上预订等方式，将论坛介绍，会议预订表、议程安排等有关信息直接送达。为了控制论坛规模和安排论坛服务，还需对方回执确认。

（6）执行会议计划　　按照论坛策划方案实施操作，做好现场管理与协调，确保论坛既定目标的实现。主要解决场地布置和设备安装、会议现场注册、现场调度、现场服务、问卷调查等方面问题，保证论坛顺利进行。

（7）会后评估　　论坛结束后，要进行现场和会后跟踪调查，搜集听众反映的意见和建议，感谢嘉宾和与会者，并寄送相关资料和礼物。同时，要对论坛的目标、主题和议题、听众评价、现场执行、收支状况等项目进行评估。

3. 娱乐活动策划

娱乐化是会展的发展趋势之一，娱乐的要素很广，包括音乐、饮食、比赛、表演等。因此，为了活跃会展气氛，可吸引观众来参与会场中的比赛、表演等活动，增强观众的参与性与趣味性。办展机构在会展期间组织的娱乐活动可以分为两种，一种是与展览题材无关的活动，如明星及公众人物与大众见面活动和群众性参与活动等；另一种是与展览题材有关的活动，如某项展品的制作演示和操作演示等。在会展期间，不同的娱乐活动在时间和地点的安排上有一定的差别。会展娱乐活动要注意以下环节。

（1）选择合适娱乐活动　　在策划活动时，要注意活动的举行不能对参展商的展出效果产生不利的影响，也不能妨碍观众的参观。一般来讲，综合性展会可选择群众参与性强的娱乐活动，如明星见面会、表演等；专业性展会可选择与专业有关的娱乐活动，如新产品操作演示等。

（2）选择合适场地　　娱乐活动一般安排在展出现场，以扩大影响。如果是与展会题材无关的活动，应选择展会以外的公共场所，既吸引观众又不会对展会造成影响。如果与展览题材有关的活动，可直接安排在参展商的展台上或附近举行，方便专业人员参与。

（3）注意现场协调　　由于娱乐活动的主办者不同，展会现场通常会有各种不同种类、不同规模的娱乐表演活动，会展企业应提前与各娱乐活动主办者进行沟通，统筹安排，并做好现场调度与服务，确保各项活动顺利进行。同时，会展企业还应对参展商之间活动冲突和纠纷进行现场协调和沟通，尽快解决纠纷。

（4）加强安全防卫　　由于观众较为密集，在策划时要注意提前拟订表演现场的安全防范措施和现场秩序维持办法，要提前做好危机处理方案，以应付万一出现的事故，一些参与者较多的娱乐活动尤其要注意这一点。

4. 评奖活动策划

为了提高参展商和观众的积极性并丰富展览内容，需要组织一些相关的评奖活动。一般来讲有与展会现场表现有关的，如最佳展台设计奖；产品类评奖，如消费者最喜欢产品奖；独立活动，如颁奖晚会等。评奖活动策划需要从以下方面入手。

（1）成立评审委员会或专家评审团，负责评比工作　　为保证评奖活动的可信度，首先要成立公证、客观的评审机构——评审委员会。组成人员一般为业内专家或知名人士，也可特邀部分观众。在邀请专家组成专家评审团时，评审团的成员要有一定的代表性，并要向所有参展商和观众公开，这样评出的结果才更有说服力。

（2）制订和发布评奖方案　评奖方案包括活动目的、评审委员会、评奖范围、设立奖项、评审规则、评奖程序等。一般来说，会展评奖活动只评好不评坏，以提高参展企业和观众参与比赛的积极性。因为，如果在比赛中能获奖，对参展企业来说就是一个很好的宣传机会，不能获奖，参展企业也不会有损失。对评审规则以及评奖程序，要做到权威、公正、公开和合理，不能有所偏颇。比赛规则以及评奖办法制订出来以后，可以事先征求参展商的意见，以求更加合理和完善。

（3）吸引相关人员参加　采取积极宣传的方式，吸引更多的相关人员参加，以扩大评奖活动的影响力，提升展会价值。如印发关于评奖活动的宣传单，或将评奖方案穿插在招展函中，告知参展商和观众具体评奖规则和办法，扩大参展人群；提供合适的奖品和奖项吸引参展商和观众参加；以评审委员会的专业身份，获得参展商的信任等。

（4）评委会评选并颁奖　按预先制订的评奖办法组织评委会实施评选，并提前告知参展商和观众评比结果的揭晓时间。评奖的揭晓时间一般安排在会展结束的前一天，让评奖充满悬念，并让所有的参与者有所期待，使他们对会展准备与展出活动更加投入，提高会展的整体展出效果。

评奖结果揭晓时，可组织公开的颁奖仪式，使评奖活动更加正式和有影响力。为所有的获奖者颁发一些对获奖有纪念意义的物品，如奖杯、奖状、获奖证书等，还可以为获奖者颁发一定的奖金。除此之外，还可以其他方式给获奖者以奖励，如以下一届会展一定面积的展位作为奖励，以鼓励企业继续参加展会。对比赛奖励资金的来源，可以从会展利润中提取，也可以寻求企业赞助。

5．其他活动

（1）产品发布会　产品发布会的真正主办者一般是企业或者行业协会，在策划举办产品发布会时，办展机构首先要与一些研发能力较强的企业或者行业协会多方沟通，了解该行业新产品发展的动态和它们对发布会的设想与要求，然后才开始策划发布会方案。在发布会的策划和筹备过程中，办展机构主要起一种穿针引线、提供展示平台和现场管理与服务的作用。发布会的主要实施方案则由发布新产品的企业或行业协会来策划和实施。所以，在策划发布会方案时，办展机构与该企业或行业协会之间的沟通和协调就显得尤其重要。

有时企业和协会也会将产品发布会的整体策划交给办展机构来负责，办展机构要像策划专业研讨会一样，完成市场信息收集、会议主题的确定、会议议程的制定、会议现场的设计和布置、会议气氛的烘托、听众的邀请和新闻采访与报道安排等完整程序，来对发布会进行整体策划。具体的策划程序和注意事项可以参照本章前面的有关内容。另外，由于很多产品发布会所发布的产品都是一些刚刚推向市场的新产品，为了扩大该产品的知名度和影响，很多产品发布会都会事先邀请一些新闻媒体对会议进行现场采访报道。因此，办展机构在协助企业召开产品发布会时，还要注意为有关新闻媒体提供必要的安排和一定的服务，这样更有利于会议的成功举办。

（2）记者招待会　记者招待会是会展企业或参展商与新闻界人士建立并发展关系的机会，是将会展企业及会展情况广泛深入地介绍给新闻界的重要方式。记者招待会策划成功的关键是内容，会展企业或参展商必须有充分的能吸引媒体兴趣的内容，才考虑策划记者招待会。

记者招待会根据会展规模和预算可以选择在展台上、新闻中心或展出地饭店举行，一般介绍会展特色、内容、参展商情况、参展成交量等。记者招待会应由举办单位高层领导主持或发言，并留有一定时间方便记者提问，时间以不超过1小时为宜，以免现场出现冷场或失控现象。

项目思考与讨论

一、复习与思考

1. 概述会展策划的概念和原则。
2. 概述会展策划的内容和类别。
3. 概述会展策划的程序和方法。
4. 如何进行会展项目总策划？
5. 概述展示总体设计的内容。
6. 概述展示空间设计的要求。
7. 概述展示照明设计的要求。
8. 概述展示道具设计的要求。
9. 场馆布置的要注意哪些内容？
10. 概述开幕式策划的要点。
11. 概述会展娱乐活动策划的重点。

二、案例分析

博鳌："无中生有"的亚洲论坛

博鳌这个昔日海南省琼海市的无名小渔村，已成为全亚洲乃至全世界的聚焦点——每年博鳌亚洲论坛期间，这里聚集了亚洲各国的政要和世界 500 强商界领袖，在这里，你可以倾听亚洲最强音。权威专家认为，博鳌亚洲论坛的成功举办，创造了中国会展业第一"经典案例"，可以载入历史史册。

1988 年，中国改革开放的第 10 个年头。这一年，中国最大的经济特区诞生了——海南从国防前哨、一个对外比较封闭的海岛成为了全国对外开放的前沿。在"请到天涯海角来，这里四季花常开"的歌声里，在"十万人才过海峡"的"淘金潮"中，国内外财团及企业携 400 多亿元资金开始登陆，海南房地产投资开始急剧膨胀。

蒋晓松，著名电影导演蒋君超与著名电影演员白杨之子，就是其中的"淘金者"之一。作为 30 个开发博鳌的签约商之一，他和他的晓奥公司有一个梦想——把博鳌建成国际一流的旅游度假区。然而，当时只有一条土路、到处荒凉的博鳌并不具备这样的开发潜质。作为地处热带的一个滨海小镇，博鳌并无独特资源可言。论景观，不能与三亚媲美；论实力，更无法与省会城市海口相提并论。当时海南开发度假村的项目遍地开花，仅博鳌就有近 20 个类似的项目。

风云突变，蒋晓松的发财梦还没有来得及实现，便遭遇海南房地产泡沫来袭，之后是亚洲金融危机，日本合作伙伴也终止合作，博鳌项目停了近 2 年。

创意，让小渔村成为世界话语平台

危机之中，蒋晓松在寻找摆脱困境的道路，在分析博鳌的优势和劣势。

博鳌当时房地产的发展模式粗放而单一，要依靠景观和土地本身来推动，缺乏长久动力。要盘活博鳌，必定要借助外力，创造新的价值和新的投资理念。而此时，虽然面临金融危机的打击，但亚洲经济崛起依然是大趋势；伴随着在全球经济地位的提升，亚洲国家急需在国际舞台上发出自己的独立的非官方声音，需要提升自己的话语权，需要一个合适的说话场合。

放眼世界，"达沃斯模式"进入了蒋晓松视野。达沃斯是瑞士一个群山环绕的僻静小城，是当地一个著名的滑雪胜地。1970 年，在瑞士人施瓦布的倡议下，欧洲一些著名企业的总

裁在此举行了一次非正式的研讨会，1987年论坛更名为"世界经济论坛"，成为世界各国商界精英与政府高官纵论世界经济的"根据地"。凭借此，达沃斯成为瑞士最著名的小城。

博鳌为什么不可以变成第二个"达沃斯"？1997年，晓奥公司建成了亚洲首个全岛型林克式高尔夫球场，蒋晓松以个人名义请来其私人朋友、日本前首相细川护熙夫妇、澳大利亚前总理霍克和菲律宾前总统拉莫斯，作为首批贵宾为球场开杆。蒋晓松与他们一夜长谈，产生了创立一个论坛的想法。

之后，蒋晓松把霍克先生、拉莫斯等人的信带给海南省领导人，他们在信中陈述了要设立亚洲论坛的想法，以及要把论坛放在博鳌的愿望。这一构想得到海南省委省政府的重视和支持，省外事侨务办公室受省委、省政府委托，开始着手协助论坛申办和创立工作。

1999年10月，霍克等人为此专程赶赴北京。时任国家副主席的胡锦涛会见了他们。胡锦涛在会见时指出，中国一贯重视和支持多层次、多渠道、多形式的地区合作与对话，这种合作与对话有利于本地区国家间增进了解、扩大信任和加强合作。他表示，欢迎两位先生就拟议中的亚洲论坛专程来华进行考察与磋商，中方将对这个设想予以认真研究和积极考虑，并尽力提供支持和合作。蒋晓松的创意开始一步步变为现实。

不光会想，还要能干，5个月建成论坛

1999年，晓奥公司、上海中远发展股份公司、海南黄金岸集团共同组建"海南博鳌投资控股公司"，以创建博鳌亚洲论坛、开发建设基础设施为目标，开始博鳌新一轮开发。这一切要取决于博鳌的基础设施建设能否达到亚洲论坛的标准。博鳌人和建设者用"博鳌速度"将不可能变为了可能。

2000年11月，只用了短短5个月的时间，在博鳌水城，一座五星级酒店及会议配套设施拔地而起，一座白色膜结构的论坛露天会址矗立在那里，而平时这些工程需耗时2～3年。博鳌顺利通过了"考试"。

2001年2月27日，博鳌亚洲论坛在博鳌成立。时任国家主席的江泽民亲自参会并发表演说。并作诗一首："万泉气象新，水阔晚风纯。四海群贤聚，博鳌更喜人。"

讨论：1. 博鳌亚洲论坛成功的原因是什么？
2. 在会展策划中，应从何入手？

三、实训题

1. 考核设计

分组制作一个会展活动有关项目的策划书。

2. 考核标准

考核项目	操作要求	配分	得分
活动主题	主题鲜明	10	
策划方案	会展活动现场问题分析	10	
	观众登记与入场管理情况	10	
	参展商与媒体管理情况	10	
	交通、物流与安全情况	10	
分析汇报	表达清晰流畅	10	
	内容全面、分析完整	20	
团队精神（成员互评）	通力合作、分工合理、团结互助	10	
	发言积极，乐于与同学分享成果	10	

项目二 会展营销

项目目标

1. 了解会展营销的产生与发展、会展营销的特点、会展营销体系的构成。
2. 理解会展营销管理策略。
3. 明确我国会展营销的现状和存在的问题及发展趋势。
4. 掌握会展营销常用的手段。

项目关键词

会展营销的特点　会展营销体系的构成　会展营销管理策略　会展营销手段

项目导入

德国的会展营销

国际展览业协会（UFI）下设的市场营销委员会自从 2001 年开始组织年度 UFI 市场营销奖 "UFI Marketing Award" 评选,旨在进一步提高和促进国际展览业的营销水平,鼓励展览营销创新。从 2006 年开始,该项评选向非 UFI 会员开放。最佳展商/观众忠诚度项目 "Best Visitor/Exhibitor Loyalty Programme" 是该评选的首届主题,从项目的完整性、创新性和执行效率角度考虑,2001 年度 UFI 市场营销奖颁发给了德国纽伦堡国际玩具博览会。

在"享受,在玩具展会城市"（Enjoy Toy Fair City）的主题下,纽伦堡市为所有玩具博览会的观众提供了从购物到餐饮,从夜生活到文化活动,一系列丰富多彩的展会旅游项目。

2007 年,玩具博览会主办者为该项活动专门制作了手册,手册竟然有 56 页之多,所提供的活动和项目的丰富程度可见一斑。为了给玩具博览会的观众在展会期间提供周到的城市服务并且营造祥和的气氛,纽伦堡市各界鼎力支持各项活动的筹备,尤其是来自纽伦堡工商业联合会、纽伦堡市政府、纽伦堡市酒店业联合会、餐饮业协会联合开展的城市营销活动充分实现了"享受,在玩具展会城市"（Enjoy Toy Fair City）主题初衷。

（1）门票在手,增值服务多多　持有效的展会门票可以乘坐纽伦堡市区范围内的任意公共交通工具。

持有效展会门票,在展会期间,可以在购物、文化和旅游等各项活动中享受特殊的优惠。

展会期间,在纽伦堡老城区开辟临时的纽伦堡市特产专柜,持有效门票的观众在此处可以 20% 的折扣享受纽伦堡当地特产,比如纽伦堡小香肠、啤酒、各类蛋糕和葡萄酒。

（2）全民参与　纽伦堡市各界都在展会的主题下联合起来共同筹备各项活动,不仅是展览公司,甚至酒店经理、出租车司机、媒体记者以至于全市人民积极地参与到玩具博览会的筹备和服务中来。

（3）积极开展全球推广　使用 17 种语言向全世界的玩具行业人士邮寄展会材料,在 14 个国家举行 16 场新闻发布会。

（4）营造气氛,提升形象　从各项专门为展会开发的促销活动到各类优惠措施,以至到展会举办期间每天晚上的城市焰火无不给人以"享受在玩具展会城市"的切身感受，这些举措无疑在增加展会相关收入的同时进一步增强了纽伦堡国际玩具博览会参与者的忠诚度，在此基础上，提升了纽伦堡国际玩具博览会及举办地——纽伦堡市的形象和知名度。城堡上都飘扬着玩具博览会的旗帜，可谓旅游与展会互动的最佳体现。

【点评】：这些举措调动城市各界广泛参与各项会展活动，共同营造气氛，以展会带动旅游，以旅游促进展会发展，使城市营销与展会营销达到了完美融合。

课题一　会展营销概述

一、市场营销与会展业

1. 市场营销的产生和发展

20世纪60年代以后，以菲利普·科特勒为代表的市场学家在深入研究市场营销实践及理论的基础上，完成了一系列优秀的市场营销学著作，全面地提出了现代市场营销理论，强调了市场营销的管理导向，把市场营销学发展成为指导企业经营决策的学科，形成了现代市场营销学的概念。此后，众多学者从不同的角度对市场营销进行了深刻的研究，先后提出了社会营销观念、大市场营销观念、全球营销观念等，并将营销学的基本理论应用于各行各业。

进入新世纪以来，全球化市场使企业营销面临一些重要的变化，企业界和理论界更加重视市场营销方面的研究，营销理论得到快速发展，新的营销理论不断涌现，并广泛应用于实践。这些新的营销理论主要包括绿色营销、知识营销、整合营销、政治营销、服务营销、关系营销、顾客营销、方案营销、地区营销、竞争营销、网络营销、品牌营销等。

近年来，营销学者从顾客的角度又提出了新的营销观念与理论，即4C'S组合理论，包括顾客的需求和期望（Customer）、顾客的费用（Cost）、顾客购买的方便性（Convenience）以及顾客与企业的沟通（Communication）。如今美国营销学教授舒尔茨提出了4R'S营销组合，即与顾客建立关联、提高市场反应速度（Response）、运用关系营销（Relationship）、回报是营销的源泉（Reward）。4R'S营销组合的最大特点是以竞争为导向，在新的层次上概括了营销的新框架，它根据市场不断成熟和竞争日趋激烈的态势，着眼于企业与客户的互动与双赢。

2. 市场营销在会展业中的应用

20世纪70年代以后，市场营销与经济学、社会学、心理学、行为学等学科密切结合，成为一门热门的边缘应用学科。在这一时期，会展业也不断向着专业化的方向发展，成为第三产业不可或缺的重要组成部分，会展业也开始导入"以消费者需求为中心"的市场营销观念。

20世纪80年代以后，随着科技的进步，市场竞争更加激烈，尤其是到了90年代，经济全球化的进程加速，欧洲会展业快速发展，会展企业的实力不断增强，与此同时，其他起步较晚的地区（尤其是美洲和亚洲）的会展业也得到迅速发展，使企业面临一个更大范围、更有潜力的市场，但同时必须面对更多的竞争者，企业市场营销的复杂程度大大加深。面对新的市场挑战，企业必须调整其经营战略。

20世纪90年代以来，尤其是进入21世纪以来，会展业的发展带动了会展营销的变化和发展。在会展业中，逐渐确立、增强了新的营销观念，开始重视营销工作，主要表现在加大推销力度，尤其是加大了广告宣传的力度；开始注重研究会展参加人员的特征以及对会展需求的影响。但是，有些会展企业的经营管理人员仍然保留着传统的生产观念、产品观念和推销观念，这主要是因为会展业的起步晚，以外延发展为主，缺乏优秀的市场研究和经营管理人才。

在这一时期，许多国家的政府部门更加关注会展业对经济的推动作用，注重创办各种会展项目，会展市场的竞争态势凸显，推动新的营销观念在这一领域的导入。许多承办会展的部门和企业开始注重会展产品的宣传、策划和服务，一些市场学的研究者和会展业的经营管理者开始对会展营销的研究，并且逐渐把研究成果应用于会展实践中。

近年来，我国会展营销的理论研究逐渐加强，有关会展业营销的书籍开始出版，介绍这一领域的研究成果和实战经验，为会展业营销的专业教育、培训、理论研究和实践应用的发展打下了一定的基础。

二、会展营销的特点

会展营销是运用营销学的基本理论来解决会展业发展中的具体问题。会展营销与一般的营销活动存在明显区别，涉及的利益主体、内容、手段等皆具有其特殊性，主要体现在以下4个方面。

1. 营销主体的综合性

会展营销的主体十分复杂，大到一个国家、地区、城市，小到每个会展企业甚至是一次具体的会议或展览会。每个主体的出发点不同，营销目的也不相同，营销内容的侧重点存在明显差异。具体到在一次展览会中，各个主体都要为了各自的目的开展营销活动。因为一次展览会可能要牵涉众多的组织和企业，大型的国际性展览会可能由当地政府主办，由一家或者几家会展企业承办，其中个别较复杂的活动则由具体的项目组去承担。换句话说，一个展会由几方共同操作，且各自承担的工作在深度与广度上有所不同，但进程必须保持一致，合作也必须紧密有效。

2. 营销内容的整体性

参展商和专业观众所关心的展会内容具有整体性，会展营销的内容也应具有整体性，既包括举办会议或展览会的外部环境，如城市安全状况、旅游综合接待能力等，又包括会议或展览会的创新之处，能够给参展商和观展商带来的独特利益，以及配套服务项目与水平等。这一切都会影响参展商的购买行为——是否考虑参展，判断是否属于高质量的展会等。因此，在实际运作中，必须从整体的角度出发，从展览会的举办时间、地点到主题、内容等都是经过精心的策划和营销。

3. 营销手段的多样性

会展营销的主体复杂和内容整体性决定了展览会必须综合利用各种手段来开展宣传，以达到预期的营销目的。从传统的广播、电视、报纸，到各类行业杂志、专业会展杂志，到面向大众的路牌广告、公交或的士广告以及互联网，会展营销主体正以全方位、多角度的方式，将大量的信息以最快、最直接的方式传递给大众。同时，营销手段要讲究综合利用的阶段性，在展会举办的不同阶段用适当的方式宣传特定的内容，而不是间断或大批量地重复一成不变的广告，只有这样才能给营销目标留下最深刻的印象和触动，从而激发潜在参展商及观众的参展愿望。

4. 营销对象的参与性

会展活动的主办者在策划专业展会时，并非该行业专业人士，对行业的认知程度并不深刻，需要在策划过程中广泛听取参展商和观展商的意见，并根据自身能力及参展商和观展商的要求尽可能地调整营销内容，以更好地满足展会消费者的需求。另外，在会展活动中，参展商和观展商的参与性都很强，组织者必须与其实现互动，才能提高其满意程度。

三、会展营销体系的构成

会展市场主体的多样性和会展活动的复杂性决定了会展营销活动的复杂性。一次大型的展会是一项复杂的系统工程,其直接表现就是存在多个利益相关者,主要包括举办地、主办者、会展企业、场馆、参展商、工程搭建商等。

1. 会展城市营销

举办会展活动需要有良好的外部环境做支撑,同时,会展产业的发展需要各种要素的自由流动,这客观要求外界充分了解会议或展览的主办城市,并渴望与主办城市的各类企业进行业务交流。因而,会展城市营销可以为城市会展经济的发展提供良好的环境。会展城市营销的对象主要是会议或会展主办者,主要宣传城市优越的办展环境,以吸引更多、更高档次的会议和展会举行。

2. 会展主办者营销

会展主办者营销的主要内容是宣传自己的策划和组织能力,以获得多方的支持和肯定。展会的主办者主要和政府、参展商、观展商和媒体接触,所以会展主办者市场营销的对象主要是这4个群体。通过对政府营销获得政策、资金等方面的支持;通过对参展商的营销获得高层次的企业参展;通过对观展商的营销获得足够多的专业观众;通过对媒体的营销来影响公众的思想和观点。

3. 会展企业营销

在瞬息万变的市场中,为了通过有效的营销活动争取承办展会策划业务,从而树立企业形象是会展企业能够在竞争中立于不败之地的有效手段。

一个市场认知度较高的企业容易得到参展商、主办者和专业观众的认可,而市场认知度要靠企业的知名度和美誉度来体现,所以会展企业要进行市场推广,首先要打造提升自身的形象。打造企业形象是一个长期的过程,是一个系统工程,需要在制订长远战略的基础上进行。

品牌是市场竞争的产物,是现代企业的一项重要无形资产。会展企业通过依托品牌展会来提升自己的形象,这是塑造品牌的较好的途径。因为良好的品牌最终必须通过适销对路的产品和优质的服务来体现。会展企业能够拥有品牌产品,参与品牌展会的策划是会展企业营销活动的重要策略。

4. 展览场馆营销

会展场馆面对的服务对象十分复杂,除了展览会的主办单位和展览公司,还有参展商、专业观众、媒体记者甚至一般市民,因此,展览场馆营销的内容应涉及完善的功能、先进的管理和优质的服务。展览场馆开展营销活动的主要目的有两个,一是树立鲜明的品牌形象,以吸引更多、更高层次的展览会;二是在设施布置、市场开发、现场管理等方面都更加人性化、专业化,切实提高面对各种对象的服务水平。

5. 参展商营销

参展商参展应诠释为企业的一种营销活动,其营销对象是观众。企业在展会中不仅可以展示新技术、新产品,更可以借此树立品牌形象,提高企业和产品的知名度。同时,除了展览本身以外,在展会期间举行的各种会议、论坛、表演以及招待会等活动更成为展会吸引企业的附加因素,展会以其独具的专业性和针对性成为国内外企业面对客户、展示自我的重要手段。

课题二 会展营销管理策略

一、市场定位策略

市场定位是指会展企业根据客户偏好、资源优势和竞争态势,在市场细分的基础上确定目标市场,并为占据目标市场所采取的相应策略。

1. 会展市场细分

科学的市场细分是会展企业制订市场定位策略的重要前提,为保证市场细分的结果能正确反映市场结构的现状,会展市场细分应遵循以下 3 个原则。

(1) 可衡量性　包括两层含义,一是会展的所有潜在市场能依据某种标准进行细分;二是各细分市场的购买需求能够被测量。即要求会展企业在依据某种变量进行市场细分后,能明确各细分市场的需求类型,并定量预测主要细分市场的潜在需求量。

(2) 可进入性　可进入性即对目标市场的可占领性。具体而言,是指在完成市场细分后,会展企业能够根据自身实力、市场前景等因素,合理选择目标市场,并凭借本企业在资金、技术或人才等方面的独特优势去占领这些细分市场。

(3) 可盈利性　可盈利性要求通过市场细分选定的目标市场必须能够满足会展企业获取利润和扩大规模的要求。在激烈的会展业竞争中,为了保证自身的市场地位,会展企业必须不断发展壮大。因此,所选定的目标市场不仅要保证会展企业在短期内盈利,更重要的是应有比较大的发展潜力,这样才能实现会展企业的可持续发展。

会展市场细分的最终目的是帮助会展企业有效地选择并进入目标市场。只有在明确目标市场后,会展企业才能依据自身的发展目标、资源优势及竞争态势等,设计适销对路的会展项目,并采用恰当的营销组合,从而有效扩大市场份额。

2. 目标市场策略类型

目标市场的选择,即在市场细分的基础上,通过分析各细分市场的特点和企业的经营状况,确定目标市场并采取适当的策略予以占领。与一般企业的目标市场选择策略一样,会展企业在选择目标市场时也通常采用以下 3 种策略。

(1) 无差异策略　无差异策略又称整体目标市场策略,即会展企业尤其是具体的展览会或会议不考虑购买者需求的差异性,而是目标市场作为一个整体,只推出单一的会展项目,并运用统一的市场营销组合,以满足整个市场的需求。这种目标市场策略的突出优点是经营成本和销售费用较低,且有利于形成规模和培育会展品牌,缺点是对大多数展览会不太适用,并容易导致激烈的市场竞争。因此,这种策略适宜于那些供不应求或竞争程度较低的会展市场,如具有垄断性的知名展览会、刚开发的博览会等。在实际操作中,只有较少的会展企业运用无差异策略来选择目标市场,而且随着会展业竞争的加剧,采取无差异策略的情况会越来越少。

(2) 集中策略　所谓集中策略,是指会展企业在市场细分的基础上,仅选择其中的一个或少数几个细分市场作为目标市场,然后集中企业的所有力量实行高度的专业化经营,以确保在少数细分市场上占有较大的市场份额。这种目标市场选择策略比较适合中小规模的会展企业,以及特色鲜明、能吸引特定购买者的会议或展览。其突出特点是使会展企业充分发挥自身的资源优势,从而在特定市场上具有相当的竞争力,同时还具有资金周转灵活、经营特色明显、更好地满足参展商的需求等众多优点。采用此策略的缺点主要体现为过分依赖某一市场,经营风险较大;若所选定的目标市场盈利能力强,则极容易招致竞争者介入等。

(3) 差异策略　与无差异策略截然相反,差异策略即指会展企业根据资源条件和外部环境,选择两个或两个以上的细分市场作为目标市场,然后针对各个细分市场的需求特点,推出不同的会展产品和采取不同的营销组合。差异目标市场策略的主要优点是,有利于扩大会展企业的总收入和树立良好的企业形象;有效地分散风险,即使会展企业推出的某个展览会遭受严重的市场竞争和市场考验时,对企业整体经营的稳定性也难以形成致命打击。其局限性在于成本费用较大,而且由于经营力量分散,无法形成规模效应,影响经营效率的提高和整体优势的发挥。

3. 目标市场策略选择

每种目标市场策略都有利有弊，对企业状况和市场态势的要求也大不一样，所以会展企业在选择目标市场时必须综合考虑自身的特点以及市场的状况。具体来说，应重点分析以下5个方面的因素。

（1）会展企业实力　企业的综合实力包括资金、人才、技术和信息等所有资源，它是会展企业选择目标市场策略首先必须考虑的因素。如果会展企业规模较大，专业技术水平高，且办展经验丰富，有能力占领较大的市场份额，则可采取差异策略或无差异策略；反之，则应采取集中策略。

（2）会展产品特点　对会展企业而言，这里的产品特点主要指展览会或会议的相似程度和可替代性。若会展产品容易被其他产品替代，或与竞争者提供的产品性质相似，一般应采用无差异策略；相反，若产品特点鲜明且不容易模仿，如各种专业性明显的展览会，则可采用差异策略或集中策略，以增强展览会的吸引力和竞争力。

（3）市场需求特征　若某种会展产品的需求异质程度低，即市场对展会项目的需求和偏好相似，购买方式也大同小异，会展企业可采用无差异策略，以争取更多的顾客，但随着会展业竞争水平的提高这种策略将使用得越来越少；反之，若市场对某个会议或展览会的需求差别很明显，会展企业则一般采用差异策略或集中策略。

（4）产品生命周期　在不同的生命周期，会展产品表现出不同的特点，对企业的经营策略也提出了不同的要求。对处在投入期或成长期的新型展览会，会展企业适宜采用无差异策略选择和进入目标市场，以尽快占领市场和广泛探测市场需求；当产品进入成熟期后，适宜采取差异策略，以开拓新市场，并延长会展产品的成熟期；到产品衰退期时，会展企业一般应采用集中策略，以集中力量经营最有利的细分市场，并延缓产品的衰退。

（5）市场竞争状况　会展企业在选择目标市场时，必须认真分析竞争对手的情况。从企业的竞争地位看，若本企业推出的展览会影响力大、垄断性强或竞争者少，则可以采取无差异目标市场策略，反之则应采用集中策略或差异策略；从竞争对手的策略看，会展企业一般采用与竞争对手相反或比其更高级的策略，例如，当主要竞争者采取集中策略时，本企业可以进行更深层次的市场细分，然后开发更高水平或更具专业性的展览会。

二、市场发展策略

会展企业要在激烈的市场竞争中站稳脚跟，就必须努力扩大本企业产品在市场上所占的份额，即提高产品的市场占有率。为实现和保持较高的市场占有率，会展企业应采取合适的市场发展策略，其总体原则是扬长避短、发挥优势。一般来说，会展企业可通过两种途径来占领新的市场，一是扩张，二是多角化经营。具体表现为9种方法，见表3-2。

市场渗透策略指会展企业立足于原有市场和产品，通过改进产品和服务，逐步提高原有展览会的市场占有率。

市场开发策略的核心是为原有展览会寻找新用途、新客户，即以原有产品或稍加改进后的产品争取新的参展商。

表3-2　市场发展策略

	原有产品	相关产品	新型产品
原有市场	市场渗透策略	市场开发策略	产品创新策略
相关市场	市场开发策略	多角化经营策略	产品发明策略
新型市场	市场转移策略	市场创造策略	全方位创造策略

市场转移策略是指企业将原有展览会销售给竞争对手尚未进入的新兴市场。

产品发明策略指会展企业精心策划其他企业从未推出过的新型展览会，并力图进入相对这些企业来说已经成熟的市场。

多角化经营策略即指会展企业凭借现有资源优势，同时向多个行业的其他业务发展。这种策略有助于会展企业分散经营风险，增强应变能力，但容易产生泡沫经济现象。

三、市场竞争策略

会展企业之间的竞争，主要目的是为了争夺最有利的目标市场，并获取更大的市场份额。由于各会展企业的总体实力和竞争优势不同，在竞争策略选择上也大不一样。会展企业在市场竞争中主要运用6种策略，即品牌制胜、创新制胜、服务制胜、技术制胜、价格制胜以及规模制胜。

若以市场地位为依据，会展企业的竞争策略又可分为市场主导者、市场挑战者、市场追随者和市场利基者策略。以上各种竞争策略所强调的重点有着明显的区别。市场主导型策略的重点是开拓会展市场总需求、保持企业的现有市场份额和提高市场占有率；市场挑战型策略的基本原则是攻击领导型会展企业或其他竞争对手，以夺取更大的市场份额；市场追随者的常用方法是效仿主导型会展企业，为市场提供类似的展览或会议项目；市场利基者通常着重开发被大型会展企业忽视的小部分市场，以求得"夹缝"中的生存，其主要经营策略与经营方式是实行专业化营销。

四、营销组合策略

市场营销组合（Marketing Mix）是1964年美国哈佛大学鲍顿教授首先提出来的，现已成为市场学的一个重要概念。对会展企业而言，营销组合即指企业为了满足目标市场的需要，对会展产品、参展报价等各种可控变量的组合使用。有效的营销组合是会展企业市场营销活动能否成功的关键。

会展市场营销组合中包含的可控因素很多，但大致可以概括为4个基本变量，即会展产品、展会报价、分销渠道和促销手段。其中，每一种变量又包含许多内容，从而形成若干亚组合。会展营销活动的实质是综合发挥会展企业的相对优势，做到产品、价格、促销等多方面的"适合"和各种可控因素的动态组合。

需要特别指出的是，1984年后，国际著名的营销大师菲利普·科特勒先生提出了大市场营销的思想，即6P'S理论。他认为企业不应该简单地顺从和适应外部环境，而是要尽力去影响自己所处的营销环境，鉴于此，他在4P'S的基础上又提出了两个P——权力和公共关系。根据6P'S理论，合理利用政治力量和公共关系，有助于会展企业打破国内外的各种壁垒，开辟新的市场，当申办国际性的展览会或由官方举办的国际性会议时尤其适用。随着会展市场竞争的加剧，越来越多的会展企业开始考虑企业与客户的互动与双赢，尝试采取4R'S新营销组合策略与顾客建立关联，从而提高市场反应速度，并运用关系营销，加强与参展商、专业观众等客户之间的交流，以获得更多的回报。

课题三　会展营销手段

一、直接邮寄

由于目标明确且成本相对较低（特别是电子邮件），作为一种营销手段，直接邮寄的目的就是在恰当的时间,把恰当的资料和信息邮寄给恰当的人,并使其做出预期的反应。

1. 邮寄名单

在利用直接邮寄方式开展营销时,遴选和确定邮寄名单是一项十分重要的工作。首先,要从各个相关渠道获取邮寄名单,这些渠道可以是企业自身的数据库,也可以是专门的商业公司。在初步名单的基础上,展览会营销部门还要根据市场反馈信息对名单进行删改,并增加潜在客户;其次,应该将邮寄对象明确分类,如分成老客户、潜在参展商、专业观众、政府官员、演讲嘉宾、新闻媒体等,以确保不出现遗漏。

2. 邮寄资料的内容

确定了邮寄名单后,要设计和制作各种资料。邮寄资料的内容必须具有针对性,即突出展览会能给材料接收者带来什么利益,这样才能在对方心目中形成独特的销售建议。

① 寄给参展商的资料,除了介绍参展程序外,应着重强调展览会的专业观众组织计划和配套服务。对重要客户,还要附上展览会组委会主要负责人的亲笔签名。

② 面向专业观众的资料,应强调参展商的数量、档次以及主办方能提供的洽谈环境,同时寄送观展指南、邀请函和入场券。

③ 向媒体编辑或记者邮寄有新闻价值的材料,这里的新闻价值主要指展览会的技术创新之处或者在参展商人数及档次等方面的突破。

3. 邮寄时间

为了给参展商和专业观众留下足够的考虑空间,展览会主办者需要提前把资料邮寄给他们,但这并不是说寄出的时间越早越好。若时间太早,对方负责人往往容易遗忘,太晚又可能使参展商感到仓促,一般应赶在参展商年末制订下一年的参展计划之前。也可以通过广告、推介会等其他营销方式来补充解决。

如果是邮寄请柬给政府官员或演讲嘉宾,一般要提前2～3个月。展览会结束后,主办方还应将感谢信、展览会评估结果及客户需要的其他材料一并寄给参展商,同时传达下一届展览会的有关信息。

4. 邮寄方式

按照类型分,邮件可分为函件和包裹。其中,函件包括信函、明信片、印刷品、航空邮件、保价信函和小包等,包裹分为普通包裹、脆弱包裹和保价包裹。按照性质分,邮件可分为普通邮件和特快专递邮件(EMS)。

选择合理的邮寄方式不仅可以减少工作量和节约费用,而且能使一部分参展商和观众感到自身的重要性。一般情况下,展览会主办者都采取"邮资已付"的方式,由于这种方式属于批量邮寄,因而不仅方便(不需粘贴邮票)而且邮资相对较低。此外,根据实际需要,有时也采用特快专递、挂号信、平信等邮寄方式。

二、电话销售

电话销售是一件非常烦琐而细致的工作,对销售人员的谈话技巧要求很高。在实际操作过程中,销售人员要着重把握3点。第一,每次打电话之前,至少要明确对方是什么层次、什么类型的参展商,是新客户还是老客户,对方接电话的是谁,这次通话是为了传达什么信息,自己要获取什么反馈信息。第二,做好详细的访谈记录,并认真分析顾客的购买特点、参展建议等资料,从中发现突破口。第三,进行必要的回访,尽快促成交易。

根据促销对象的不同,可以将电话促销分为两大类,即新顾客开发性促销和老顾客追踪性促销。一般来说,会展主办者的电话促销更多的是为了开发新客户,此时销售人员可以大致遵循以下操作程序。

在初次接触客户时，应落落大方、态度谦虚、问话切题，努力塑造良好的第一印象；认真倾听并正确分析客户所说的话，记录他们的需要。

当客户不能迅速做出决定时，应多询问、多聆听、多思考，并以自信、关切和果断的口气，给予他们一些合理的建议，以帮助客户做出购买决策。

当客户就参展问题发表意见时，首先应认同其观点，并体谅他们的心情，以防止其产生拒绝参展的念头；其次，从客户的角度出发做出合理的解释，让他们意识到参加本次会展的好处，从而排除其心中的疑虑。

在客户有意参展时，应通过说明会展优势、承诺给予一定优惠等手段，适时加强客户的购买意愿，并提供相关服务，以争取早日签署协议。

在客户购买展位后，给予客户满意的承诺，但不可超出自身的能力，以免失去客户的信任；同时，对客户表示欢迎和感谢。

当客户最终拒绝参展时，销售人员应同样谦让有礼，给客户留下良好的印象，以期为将来的招展工作打下基础。

三、广告

广告被誉为第八艺术，既然是一门艺术，就应该不断积累经验和推陈出新。在进行会展推广时，要根据营销目标选择广告媒介，可供组织者选择的广告媒体有报纸、杂志、电视、广播、路牌、霓虹灯、招贴、交通运输工具、标语、气球等十余种。在设计会展广告时还应遵循明确性、经济性、新颖性和亲和性等原则。

广告具体实施时可采取一些有效策略。前期推出展览会的形象广告，传达会展的名称（主题）、主办单位、举办时间及地点等信息；在会展期间，把握时机进行公关活动，广泛接触有参展、观展意图的企业和观众；组织者都应该善于制造新闻事件，以吸引各类新闻媒体的注意，从而提高展览会的知名度；展览会结束后，主办方应在科学评估的基础上，及时向外界公布这次展览会的成果，若有可能，还可以附上一些主要参展商或专业观众对展览会组织与服务的评价。

四、网络推广

互联网是一种功能强大的营销工具，它兼具宣传推广、营销渠道、电子交易、适时服务以及市场信息收集与分析等多种功能。作为一种跨时空的营销媒介，网络以其便捷、廉价、互动的特点，得到了各行各业包括展览界的广泛认同。此外，它所具有的一对一的营销能力，也符合了直接营销和个性化消费的未来趋势。网络营销的具体内容如下。

通过广播电视、报刊等传统媒体以及互联网，宣传本展览会的网址，让更多的参展商和专业观众了解展览会的情况。

向参展商提供网上申请（参展）服务，开辟"网上注册即获得免费门票"、参展商在线调查等业务，预先调查观众的参展兴趣。

利用电子邮件或电子公告栏，提供线上咨询服务或与参展商进行双向沟通，以及时改进产品或服务。

在展览会网站上公布下一届展览会的举办时间和地点，以便参展商和专业观众提前制订参展或观展计划。

在公司网站或展览会的专门网站上，提供相关资料或发布展览会的最新情况，供参展商和新闻媒体下载。

开发有关展览会的电子杂志、电子资料库等信息化产品,并通过网络提供物美价廉的全球服务。

五、新闻发布会

通过新闻媒体开展营销既能节省费用,又容易取得较好的宣传效果,因为新闻报道一般是免费的,并且在公众心目中的可信度高。会展组织者常用的媒体策略有举办新闻发布会、提供新闻稿件、邀请记者采访等,其中,新闻发布会由于相对正式且影响力较大而被经常使用。对展览会主办者而言,在举办新闻发布会时应注意以下5点。

第一,着重强调本次展览会的主要创新之处或新的办展理念。

第二,宣传本届展览会对当地甚至整个国家某一产业的推动作用,以帮助新闻媒体履行为当地社会经济及人民生活服务的宗旨。

第三,突出本次展览会将为参展商提供什么特色服务,以增强展览会对参展商的吸引力。

第四,选择熟悉本次展览会运作并举止大方、善于言谈的发言人,以保证展览会的有关信息能被准确、清晰地传达给新闻界。

第五,提供具有专业水平的新闻稿,供记者或编辑直接摘用。

六、展览会

主办者为了推广自己的展览会,组团参加其他相关展览会特别是一些知名展也是一种有效的营销手段,这种情况尤其适合在国内已有一定影响力的展览会。其根本原因有两个,一是我国拥有广阔的市场,对国外的参展商和展览公司都具有绝对的吸引力,因而他们不会忽视国内有实力的展览会;二是国内展览企业占有展览业发展的后发优势,他们能借鉴展览业发达国家的成功经验,只要经营有方,也可以培育明天的世界知名展览会。通过参加展览会来推广展览会往往能收到明显的宣传效果,这已经成为国内众多展览企业的共识。

会展营销的创新

营销创新就是根据营销环境的改变,或者根据预见的将会发生的变化,结合企业自身的资源条件和经营特色,寻求营销要素某一面或某一系列的变革或突破,且这些变革和突破是竞争者从未使用过的或在特定市场中是崭新的,能否最终实现营销目标是衡量会展营销创新成功与否的标准。会展营销创新主要表现在四大方面——理念创新、主体创新、手段创新和内容创新。这四个方面是相辅相成的,其中,理念创新是基础,手段创新是关键。

1. 营销理念创新

没有创新理念的指导,营销活动就可能仍然追求传统的、不适应新的环境的模式。会展企业只有把营销理念创新提上日程,才能使企业在变化中成长。

(1) 从服务参展商到服务观众 长期以来,会展公司都只把服务好参展商看作头等大事,而对那些专业观众不太重视。可能导致的后果是专业观众因对服务质量不满意不来参展,以至于出现整个场馆只有参展商的现象。改变这一现象的根本解决办法是转变观念,从服务参展商到服务观众。主办方应尽可能为参展商和专业观众创造一个良好的交流平台,并同时为参展商和买家提供优质服务。

(2) 从国内营销到全球营销　目前,国内的许多会展存在有海外参展商不少、甚至不乏国际巨头参展,但绝大部分的观众仍来自本地和国内。国内会展公司在营销过程中,往往把招徕国内观者作为目标且已经形成了固定的思维模式,从而忽略了国际专业买家的巨大空间。国内会展企业必须树立全球营销的理念,把自己成熟的展会品牌拿到世界上专业观众更多的地方举办,以开拓新的市场。

(3) 从大众营销到品牌营销　在展会运作中,国内大多数会展公司追求的是单纯的人气,而忽视了品牌所蕴涵的巨大宣传效应。这种理念在营销活动中的表现就是广告宣传没有明确的营销对象,不管专业买家有多少、质量如何,来的人越多越好,会展现场越热闹越好,从而造成展会的虚假繁荣。因此,在营销过程中,会展公司必须注重展览会品牌所代表的主题和特色,以品牌为指向,招徕特定的参展商和专业买家。

2. 营销主体创新

随着我国会展市场的逐步放开,国内会展企业将面临巨大的威胁。从营销主体的角度来看,创新主要体现在以下3个方面。

① 随着世界会展业竞争的日益加剧,各个国家和地区特别是会展业落后的国家和地区将出现更多专门的会展营销组织或推广机构,这些机构可采取紧密型的董事会形式或松散型的联合形式。

② 大力宣传自身的办展环境,从而吸引更多的国际会议或展览会,城市甚至全国性的会展整体营销活动将大量涌现。

③ 在营销观念上,人们对会展营销主体的认识将更加深入,即除了传统意义的会展活动外,还包括会展城市、会展企业整体和专业媒体等。

3. 营销手段创新

在各种营销要素中,营销手段是最富活力的,它不仅具有很强的灵活性,而且对具体营销活动的成败起着决定性的作用。只有不断创新,采取新颖的营销方法,才能吸引那些早已对常见的营销手段司空见惯的受众。会展营销主体可以从以下两个方面入手。

① 积极运用各种新技术和新的理论研究成果,如网络营销、目的地营销、整合营销、一对一营销等。其中,网络营销将在信息时代的会展营销活动中占有主导地位,互联网将被各种会展营销主体广泛应用。

② 创造性地运用常见的营销手段。如会展公司可以和旅行社、体育场等合作,以商务旅游、其他相关活动作为卖点,在邀请函中附加特别内容,以提高展会的附加值,从而提高观众前来观展的兴趣。

4. 营销内容创新

与灵活多样的营销手段相比,营销内容显得更为实在。实施营销内容创新,应考虑以下3个方面。

(1) 强调服务　对会展活动而言,会展产品本身就是服务,完善并富有人性化的配套服务是展览会的主要竞争力要素之一,它直接影响着参展商和专业观众对展览会的印象,并决定了一个展览会是否能发展成为世界知名的品牌展。

(2) 主题创新　针对具体的会展活动而言,从总体上看,我国会展业刚步入发展阶段,还存在着许多有待改进的地方。只有策划和宣传鲜明的主题并提供个性化的服务,才能吸引观众的眼球,进而达到预期的营销目的。

(3) 产品创新　产品是市场营销的核心要素。会展企业的产品是会议或展览会,而要想新办一个会议或展览会,就必须紧跟市场需求,精心策划并适时推出新的产品和服务,这是营销成功的基本前提。事实证明,创新并关注市场需要的展览会永远都是受欢迎的。世博会成功举办了100多年就是一个很好的例子。

项目思考与讨论

一、复习与思考

1. 会展营销有什么特点?
2. 会展营销体系如何构成?
3. 会展营销管理策略包括哪些内容?
4. 会展营销常用手段有哪些?
5. 会展营销的创新包括哪些方面?

二、案例讨论

小松山"把买家留住"的营销管理

小松山是日本一家生产推土机和巨型挖掘机的集团公司。小松山参展目标并没有非常特别之处,但是,小松山突出的地方却是用高明的措施,真正留住了买家。

一、汇聚人气

小松山展区的焦点是前区和中区,这是一个有着80个座位的剧场式的主活动场所,舞台的窗台点缀得像色彩斑斓的飘扬的风筝,是参观者到达小松山展区的第一站。每隔半个小时,沃比—格林公司派出的4名演员就会来一段12分钟的演出,节目直接表现展销主题,即生产率、可靠率和价值率。节目间隙,小松山播出婴儿潮时期出生的人喜欢听的摇滚音乐,目的是吸引这群人。不出所料,当熟悉的摇滚音乐响起的时候,他们纷纷从其他展台来到小松山的活动场所,并坐下来欣赏美妙的音乐。既然坐下来了,加上受到演出后抽奖送望远镜以及每人发一顶帽子的鼓励,他们也就索性看完一场演出。5天的展览,80个座位从未虚席,现场的气氛还感染着100多个围观者。初步估算,至少有8500人获得了12分钟演出传达的信息,超过了预先设定的7500人的目标。

二、推动观众

每场演出结束时,迷人的女主持就会把小松山的帽子发给要离去的观众。这些美女并不是演员代理公司派出来的,而是小松山公司亲自挑选的。她们聪明、礼貌、可爱,都是最有效率的观众组织者。这种印象不仅因为她们通过了精心的挑选,还因为她们有偿参加了博览会开幕前一天的培训课程,并同小松山另外85名展区服务人员进行了配合演练,对展览的整体情况了如指掌。

大约80%的观众为演出所吸引,进入小松山的展区,只有1/5的人去了其他展区。进入小松山展区的参观者很快就发现,这些女主持对他们很有帮助,因为主持人熟知产品经理、工程师以及具体产品的销售代表,她们可以帮助潜在买家与小松山的任何管理者见面。

三、多层展示

中心活动区域的演出结束1分钟之后,还有两个更短的演示活动。这两个演示主要是对具体产品的描述,中心区的左侧是推土机和滑动装货机产品系列;右边是挖土机、轮转装货机和垃圾车。产品演示原先设计都为8分钟,但在第一天的演示中发现,右侧的演示不能让观众坚持8分钟。于是,策划者们把其中的原因记下,以避免下一届展览犯同样的错误,同时把这一侧的演示时间减少了 3.5 分钟。女主持也运用她们学到的小松山产品知识，引导参观者积极参与进来，这样就延长了来此区域的参观者停留的时间。

展区内还有一个尖端的信息系统，利用该系统，参观者和员工可以追踪公司总部的雇员，以及参加展销的多数本地分销商。宾馆、手机号码、展台工作时间以及会议日程等全部都储存在该系统中，而且兼作产品示范台的 15 台电脑也都与该系统相连，随时可以查阅。

四、持续推动

如果参观者在产品演示结束之后不愿意参与销售代表组织的活动，也不想在电脑上查阅挖土机的技术指标，那么他们一定会注意到，在展区后部的轮转装货机模拟装置司机室和操纵杆是真实装货机上的复制品。这种装置就像一个复杂的虚拟现实的视频游戏，人们可以通过它来测试自己的操作技能，就像一个真正的重型机械的操作手。如果玩家能取得当天的最高分，那将是极大的挑战和自我满足。参赛者们排起了队，司机室里通常有 10 个或 12 个人轮流操作，2 分钟换一人。外面排队的人可以同时观看现场即兴的喜剧表演和参赛者们的操作水平，真是一种享受。参观者平均等待的时间为 20 分钟，但是，他们花在这里的每一分钟都意味着对手失去了观众本该花在他们展台上的时间。

五、网站点击

价值 180 万美元、型号为 PCI800 的巨型液压挖土机，只适用于采石和开矿，但却是会展上最大的挖土设备。这台挖土机是从日本拆装后运到会展举办地，然后再拼装起来的。对参观的承包商来说，这台机器就像硕大的巨兽，本身就具有吸引力。但是，小松山把它带来并不仅仅为了展示其笨重的外表，还有其他用途。参观者们被邀请站在 1414 立方英尺❶ 的挖土机的铲斗里，拍摄一张数码照片，照片会立刻被贴到小松山网站上，并被这个网站保留大约 6 个月。但小松山是如何让这些人回来访问它的网站呢？

个人照片是对参观展览的回忆，这种回忆证明是对上述问题的绝妙回答。在展中和展后的 6 周时间里，网站就被点击了 37.5 万次。由于点击者要查看他们的照片，所以他们也能查看小松山在博览会展出的所有 21 种机械产品的技术指标。

六、收集客户资料

被认为是潜在客户的参观者才是客户资料的收集对象。小松山在会展上收集了 2700 份客户资料，麦克林先生认为他们完全达到了目标。90% 的客户资料都包括了合格的问题答案，48% 来自从未购买过小松山产品的人。这说明，在现有客户的基础上，这次展览成功地扩展了潜在客户群。

自参展以来，小松山每周都通过保存在"快速反应系统"内的客户资料来追踪分销商的销售进展。到 6 月中旬为止，由于参展的缘故，他们已经作成了好几笔买卖，包括博览会第二天就做成的交易。

讨论：小松山的营销策略有哪些？

三、实训题

1. 考核设计

以某城市会展项目为例，分组编写一份会展营销的方案，用 PPT 形式展示。

---

❶ 1 立方英尺＝0.0283 立方米。

2. 考核标准

考核项目	操作要求	配分	得分
项目选择	项目选择是否真实	10	
方案制作	内容是否完整科学	20	
	营销方案是否可行	10	
	营销方案是否有创意	10	
分析汇报	表达清晰流畅	10	
	内容全面、分析完整	10	
	PPT制作水平	10	
团队精神（成员互评）	通力合作、分工合理、团结互助	10	
	回答问题是否正确，仪态是否大方得体	10	

模块四

会展知识拓展篇

项目一　主要国际会展组织

项目目标

1. 了解主要国际会展组织的概况。
2. 理解主要国际会展组织的目标、宗旨和使命。
3. 明确申请加入各有关主要国际会展组织的程序或步骤。
4. 掌握有关国际会展组织的评定标准和认证条件。

项目关键词

国际大会和会议协会　国际协会联盟　国际专业会议组织者协会　会议产业委员会　会议专业工作者国际联盟　国际展览局　国际展览业协会　国际展览管理协会

项目导入

上海申办世界博览会历程

1999年12月8日，中国政府代表团在国际展览局代表大会上宣布，上海申办2010年世界博览会。

2000年3月17日，中国政府成立了2010年上海世界博览会申办委员会。

2001年5月2日，中国向国际展览局秘书长递交了2010年上海世界博览会申请函，成为第一个向国际展览局正式提出申办2010年世界博览会的国家。

2001年6月6日，中国代表团在国际展览局第129次成员国代表会议上发言，陈述了上海申办2010年世界博览会的申请。

2001年7月，确定了2010年上海世界博览会主题为"城市，让生活更美好"，即"Better City, Better Life"。

2002年1月30日，中国向国际展览局递交申办2010年世界博览会报告。

2002年3月10日，国际展览局考察团就中国申办2010年上海世界博览会的工作进行为期6天的实地考察。

2002年3月12日，国际展览局考察团抵达上海，对上海世界博览会规划选址地点等情况进行实地考察。

2002年7月2日，中国代表团在国际展览局第131次代表大会上，为申办2010年世界博览会进行30分钟的陈述。

2002年12月3日,国际展览局举行第132次成员国代表大会,对2010年世界博览会举办地进行投票表决。上海击败俄罗斯的莫斯科、墨西哥的墨西哥城、韩国的丽水和波兰的弗罗茨瓦夫4个强劲对手,获得了2010年世界博览会的举办权。

2005年12月1日,国际展览局第138次代表大会审议并通过了上海世界博览会注册报告。上海世界博览会完成法定注册程序,进入实质性筹办阶段。中国代表团召开新闻发布会,宣布中国政府将全面启动2010年上海世界博览会招标、招展、和招商工作。

【点评】:2010年5月1日~10月31日,在中国上海市举行的第53届世界博览会,也是由中国举办的首届世界博览会。世博会以"城市,让生活更美好"(Better City, Better Life)为主题,总投资达450亿人民币,创造了世界博览会史上最大规模纪录。同时7308万的参观人数也创下了历届世界博览会之最。

课题一 主要国际会议组织

一、国际会议协会

国际会议协会(The International Congress & Convention Association,ICCA)是世界上最具权威性和国际影响性的会议业协会组织,成立于1963年,总部设在荷兰首都阿姆斯特丹。它是全球唯一将其成员领域涵盖了国际会务活动的操作执行、运输及住宿等各相关方面的会议专业组织。目前,在全球80个国家(地区)拥有743个机构和企业会员,我国已有30家单位成为ICCA成员。协会的目标是通过合法的手段,促进各种类型的国际会议及展览的发展,评估实际操作方法,以促进旅游业最大限度地融入日益增长的国际会议市场,同时,为相关会议的经营管理提供信息交流平台。作为世界主要的会议专业组织,国际会议协会包含了所有当前以及未来的会议领域专业部门。

1. 职责和使命

① 提高协会成员举办会议的技巧及对会议行业的理解。
② 为成员间的信息交流提供便利。
③ 最大限度地为协会成员提供发展商业机会。
④ 根据客户的期望值逐步提高专业水准。

2. 国际会议协会的成员

国际会议协会根据成员所属会议产业部门和业务不同的范围分为8类,即会议旅游及目的地管理公司(旅行社)、航空公司、专业会议展览组织者、会议观光局、会议设施的技术支持、饭店、会展中心和名誉会员等。各种会议公司或机构必须缴纳会费和年费才能成为国际会议协会成员。

(1)申请加入国际会议协会的程序和步骤。

① 递交书面申请。希望加入者要向国际会议协会董事会递交一份书面申请,内容为过去5年在会议展览方面的各种活动情况的综合性回顾;新成立的组织机构要递交将来已经确定的各种国际会议展览的一览表。

② 递交相关材料和证明。根据董事会的需要,递交其他与申请者相关的各种文件材料和证明。

③ 提议批准加入。收到书面申请后,由国际会议协会的首席执行官向董事会提议是否批准其加入。

④ 董事会决定是否同意。在提议21天内如无反对意见,则申请获得通过。如果有异议,在下一次董事会大会上以投票方式进行表决,多数同意则获得通过。

(2) 国际会议协会成员需履行的职责。

① 尽力促销国际会议协会的所有正式活动。

② 与国际会议协会总部进行各种交流，优先提供各种信息，包括数据库内的一些机密信息。

③ 帮助国际会议协会总部了解各种国际会议及展览的情况，在指定时间内回答国际会议协会总部基于此目的提出的各种问题和调查。

④ 协助国际会议协会举办各种国际会议和展览。

⑤ 按时缴纳各种费用。

⑥ 接受并支持国际会议协会董事会任命的特别处理道德和不公平事务委员会的任何决定。

3. 国际会议协会的管理

国际会议协会采用的是一种区域性的组织结构，不仅致力于促进同一会议产业专业部门成员之间的协作，而且还要突破成员所属会议产业部门类型的限制，促进在同一地理区域的不同会议产业部门成员之间的合作。基于这种目的，国际会议协会成立了区域分会、国家和地方委员会。国际会议协会将全世界划分为9个区域，并设立了9个区域分会，即非洲分会、法语分会、北美分会、亚太分会、拉美分会、斯堪的那维亚分会、中欧分会、地中海分会、英国/爱尔兰分会。并在许多国家和地区设立了委员会，2010年9月21日成立了ICCA中国委员会。

4. 国际会议协会的服务

国际会议协会提供的产品和服务如下。

① 协会数据库说明。

② 协会数据库报告书。

③ 协会数据库提供的按客户要求特制的表格名录。

④ 公司数据库说明。

⑤ 公司数据库提供的按客户要求特制的表格名录。

⑥ 国际会议协会数据专题讨论会。

⑦ 国际会议市场统计资料。

国际会议协会提供的产品和服务，对帮助其成员了解国际会议市场，获取行业信息，加强行业交流，提高专业素质，开展会议行业教育和调研活动，制订会展发展计划和策略，具有重要的参考价值。

二、国际协会联盟

国际协会联盟（The Union of International Associations，UIA）于1910年在比利时的布鲁塞尔召开的国际组织第一届世界大会上，正式宣告成立。以后，又根据1919年10月25日比利时法律，正式以一个具有科学宗旨的国际协会登记注册。1951年，国际协会联盟章程作了修改，成为一个拥有个人正式会员的机构。国际协会联盟是一个独立的、非政府的、无政治色彩的、可帮助4万个国际组织和客户信息交换的非营利性组织，以书面、光盘和互联网的形式为有关国际组织和广大客户提供了大量的科研、决策和工作的数据资料。

1. 国际协会联盟的成员

国际协会联盟每2年召开1次大会，选举国际协会联盟执行委员会。该执行委员会由15～21个成员组成，每个成员任期最长4年。作为国际协会联盟的正式会员，总数不得超过250个，并要由正式会员构成的全体大会根据候选人的兴趣和他们在国际组织中的活动选举产生。国际协会联盟分为正式个人会员、非正式会员和通讯会员。

（1）正式会员　正式会员包括外交家、国际公务员、协会管理人员、国际关系教授和基金会负责人。正式会员不需要交纳年费，但作为国际协会联盟评议员，他们被要求在各自的领域内为维护国际协会联盟的利益，进一步扩大它的影响做出努力。成为正式会员的条件是，必须在相当长的一段时间内，在一个国际机构中发挥过积极的作用。

（2）非正式会员　对国际协会联盟的宗旨和活动感兴趣并愿意通过交纳年费将自己同国际协会联盟的工作联系在一起的法人团体和个人，都可成为国际协会联盟的非正式成员。包括各种组织、基金会、政府机构和商业企业在内的非正式会员有权优先使用国际协会联盟的服务。非正式会员资格需经国际协会联盟执行委员会批准。

（3）通讯会员　对有意同国际协会联盟保持紧密联系并获得其出版物，但又不拟履行会员承诺的国际组织，可以成为国际协会联盟的通讯会员。通讯会员可以优先获得国际协会联盟提供的信息，包括免费预订《跨国协会》期刊。义务是缴纳年费，将国际协会联盟纳入自己的周期性通讯的名单中，并将自己组织的章程和成员名单传送给国际协会联盟。通讯会员的申请需经国际协会联盟执行委员会批准。

2. 国际协会联盟的宗旨和活动

国际协会联盟的宗旨和活动如下。

① 在人类尊严、各国人民团结和沟通自由的基础上，为建立全球秩序做出贡献。

② 在人类活动的每一个领域里，特别是非营利和志愿者协会里，促进非政府网络的发展和效率的提高。

③ 收集、研究和传递有关信息，这些信息涉及政府和非政府国际机构及其相互之间关系、召开的会议、处理的问题和采取的战略。

④ 尝试用更有意义、更注重行动的信息传递方法，使提倡的联合活动和跨国合作发扬光大。

⑤ 促进国际协会对法规政策、协会管理和其他问题开展研究。

3. 国际协会联盟的产品

国际协会联盟年预算约为80万美元，通过成员的预订刊物费、联盟的研究和咨询合同收入、出版物的销售及服务达到95%财务自立，其余部分来源于比利时、法国和瑞典政府及一些官方和私人机构的捐款和赞助补充。

国际协会联盟的工作语言为英语和法语，自1910年成立以来，出版了300多种出版物，大多数使用英语。期刊《跨国协会》刊登英语和法语的文章，是会员的预订刊物。

国际协会联盟对于国际会议的评定如下。

① 至少5个国家参加且轮流进行的会议。

② 与会人数在300人以上。

③ 外国与会人士占全体与会人数的40%以上。

④ 会期3天以上。

三、国际专业会议组织者协会

国际专业会议组织者协会（The International Association of Professional Congress Organizers，IAPCO）成立于1968年，其前身是英国专业会议组织者协会（The Association of British Professional Congress Organizers，ABPCO）。这是一个由专业的国际国内会议、特殊活动组织者及管理者组成的非营利性组织，服务于全球的专业会议组织者，其总部设在英国伦敦。国际专业会议组织者协会的标志意味着质量，对专业会议筹划和管理者而言，它是一个全球性品牌。

1. 国际专业会议组织者协会的成员

凡从事国际会议的筹备和经营工作的个人和企业都可申请加入国际专业会议组织者协会。所有的国际专业会议组织者协会成员，都需要有丰富的办会经验和经历，都是熟练的国际和国内会议活动策划和协调的咨询者和管理者。国际专业会议组织者协会的成员质量，得到国际会议行业服务商的普遍认可。国际专业会议组织者协会对专业会议组织者设立了随着服务和经济影响而不断变化的标准。协会成员分为5类，即普通会员、邀请会员、荣誉会员、项目经理会员、分支机构会员。

（1）普通会员　主要是专业会议组织，在公司、协会、院校、机构和会议中心等单位会议部门工作的个人，以及从事国际会议筹备和经营所需服务组织工作的自由职业者。普通会员需付会费，在全体会议上拥有表决权。申请成为普通会员的条件是必须在国际会议组织中有连续2年以上的工作经历或者连续用50％的时间在国际会议组织中工作至少达到4年。

（2）邀请会员　主要是在国际会议领域中有一定地位的个人。包括政府间组织会议部门的负责人、一些国家合法成立的专业会议组织者协会的会长等。

（3）荣誉会员　是基于某人对国际专业会议组织者协会的工作或声誉，或对国际会议组织工作做出杰出贡献而授予的荣誉称号。

（4）项目经理会员　是对已经是国际专业会议组织者协会成员的专业会议组织中的项目经理而设立的会员类型。申请成为项目经理会员的条件是必须在国际会议组织中有2年以上的工作经历，或者连续用50％的时间在国际会议组织中工作至少达到4年。

（5）分支机构会员　针对有一个或更多分支机构，或至少75％控股权的持股机构，并希望让其所有机构都能使用协会品牌的协会会员。分支机构申请成为分支机构会员，必须由普通会员提出，分支机构必须符合要有同样的经营标准、工作人员的内部培训和集中控制的管理3个要求。

2. 国际专业会议组织者协会的使命

① 进一步提高会议组织者的专业认知度。

② 保持和进一步提高大型会议、其他国内外会议和节事活动的高水准和专业化的组织管理。

③ 开展和促进国际会议理论和实践的学习。

④ 对国际会议专业组织者面临的一切问题开展研究工作，寻求最佳解决方法。

⑤ 同其他所有与国际会议有关的组织建立和保持确有成效的联系。

⑥ 通过协会的会议管理职业学院开展培训教育。

⑦ 为专业会议组织者提供论坛。

⑧ 鼓励会议举办单位寻求声誉良好的专业会议组织者的帮助。

⑨ 为其成员提供交流意见和经验的机会。

3. 国际专业会议组织者协会的服务

国际专业会议组织者协会为其会员提供的资源如下。

① 全世界高度称职的专业会议组织者网络。

② 对专业会议组织者面临任务的国际展望。

③ 在会议目的地、专业能力、技能知识和行为准则等方面的经验分享。

④ 处理关于特定地理区域、国际组织结构、国际财政和管理问题、法律税收、语言和文化等方面问题的广泛经验。

⑤ 业务发展机会。

⑥ 通过协会新闻通讯《专业会议组织者》在成员中散发其在商业和其他出版物上发表

的文章。

⑦ 在协会年会和全体大会上，与同行正式或非正式地接触和交流。

⑧ 会展业其他细分市场不能享用的成员调研成果和报告文件。

⑨ 获得协会的道德委员会提供的保护和公平裁决的帮助。

⑩ 在协会研讨会上，享受减价会务费待遇。

4. 国际专业会议组织者协会的教育培训

协会设有会议管理职业学院（ICMT），致力于通过教育及与专业人员的沟通，不断提高其成员和会议行业人员的服务水平。协会每年为专业会议组织者举办讲座，举办各种中高级管理讲座，在会议专业教育方面硕果累累。

四、会议产业委员会

会议产业委员会（Convention Industry Council，CIC）的前身是会议联络委员会。1949年，美国住宿业与汽车旅馆协会、美国社团组织经理人协会、国际服务业市场营销协会、国际会议和旅游局协会等四家社团领导人在一起讨论会议业的发展形势，并制定了一套贸易标准，建立了会议联络委员会，于2000年更名为会议产业委员会。其基本目标，一是达成这些组织间对各自责任的相互理解和认可；二是通过研究项目和教育项目，为处理会议程序创造一个坚实和稳定的基础；三是在会员组织间举行大家共同感兴趣的教育项目和活动；四是让众人知晓，会议对整个社区和国家经济的必要性。

会议产业委员会创建了注册会议业人士认证项目，即CMP（Certified Meeting Professional Program），并从1993年起在国际推广，平均每年约有1000个项目得到CMP认证。

五、会议专业工作者国际联盟

会议专业工作者国际联盟（MPI）成立于1972年，总部设在美国德克萨斯州达拉斯。

为了获取更多的专业和技术资源，赢得专业发展和网络工作的机会及抓住战略同盟、折扣服务和分部成员之间互相沟通的优越性，越来越多的企业、机构和组织加入了该组织。目前，会议专业工作者国际联盟在全世界60多个国家有近2万个成员，其成员分为3类，一是会议策划者；二是提供会议业所需产品和服务的供应商；三是大专院校会展专业或接待业的全日制在校学生。其中，会议策划者成员占46%，其余两类成员占54%。他们通过参加或赞助会议专业工作者国际联盟会议，在《会议专业工作者》（The Meeting Professional）杂志或在会议专业工作者国际联盟网页上刊登广告及购买会议专业工作者国际联盟成员标签来获取商机及发展机会。《财富》杂志评选的100家公司中有71家公司参加了会议专业工作者国际联盟。

会议专业工作者国际联盟是全球会议和活动取得成功的主要依靠力量，其使命是致力于成为会展行业策划和开发会议领域内的未来领导性的全球组织。

会议专业工作者国际联盟主办了会议专业工作者绝大多数的集会，其中包括世界教育大会（the World Education Congress，WEC）、北美专业教育大会（Professional Education Conference-North America，PECNA）、欧洲专业教育会议（the Europe Professional Education Conference Europe，PEC）等。开发了全球会议管理证书强化培训项目（Certification in Meeting Management，CMM），通过让其参与者学习特别设计的各种课程并进行练习，提高会议专业工作者的战略思考、领导和管理决策的能力，为其成员和其他有志于进入会议业的人士提供了继续学习和提高的机会。目前，在世界范围内已有250多名会议专业工作者获得了全球会议管理证书。

建立于 1984 年的会议专业工作者国际联盟基金会每年进行研究和项目开发，来保证会议专业工作者和会议业的发展以及世界对它们的认知，同时也保证了会议策划、功能和管理的不断改进。基金会还进行妇女领导和多元文化创新精神的研究和开发。

今天，对任何会议专业工作者来说，不管他们是会议策划者还是服务供应商，有业务网络、专门知识和资源保证取得可观的投资回报才是成功的关键。而会议专业工作者国际联盟的《会议专业工作者国际联盟年度成员名录》（Annual Membership Directory），提供 250 种不同在线课程的会议专业工作者国际联盟网上远程教育（MPI Web Distance—Learning）。会议管理证书强化培训和会议专业工作者认证，针对分部负责人和成员的在线新闻通讯季刊《分部领导人》（The Chapter Leader），针对会议专业工作者国际联盟欧洲成员的在线新闻通讯季刊《相遇欧洲》（Meeting Europe）和针对会议专业工作者国际联盟加拿大成员的新闻通讯季刊《公报》（Communique），为会议专业工作者国际联盟提供了他们成功所需的业务网络、知识和资源。

课题二　主要国际展览组织

一、国际展览局

1928 年 11 月，31 个国家的政府代表在巴黎开会，签订了《国际展览公约》。该公约规定了世界博览会的分类、举办周期、主办者和展出者的权利和义务等。1931 年，正式成立了《国际展览公约》的执行机构——国际展览局（Bureau of International Expositions，BIE），总部设在法国巴黎。国际展览局是专门监督和保障《国际展览公约》的实施、协调和管理各国申办世界博览会并保证世界博览会水平的政府间国际组织，成员为各缔约国政府。加入国际展览局是一个国家的外交行为，联合国成员国、不拥有联合国成员身份的国际法院章程成员国、联合国各专业机构或国际原子能机构的成员国均可申请加入。各成员国派出 1～3 名代表组成国际展览局的最高权力机构——国际展览局全体大会，在该机构决定世界博览会举办时，各成员国均有一票。

国际展览局的宗旨是通过协调和举办世界博览会，促进世界各国经济、文化和科学技术的交流与发展。

国际展览局目前共有 100 多个成员国，我国于 1993 年 5 月成为其第 46 个成员国。

国际展览局下设 4 个专业委员会，一是执行委员会，负责评估新项目，并关注展览会的重大事项；二是行政与预算委员会，负责落实具体事务；三是司法委员会，负责展览会的有关规则文件与技术条款的具体化工作；四是信息委员会，负责落实相关具体事务。国际展览局主席由全体大会选举产生，任期 2 年。任何国家都可以参加世界博览会，但是只有国际展览局的成员国，才能申请举办世界博览会。

二、国际展览业协会

国际展览业协会（The International Association of the Exhibition Industry，UFI）的前身是国际博览会联盟（The Union of International Fairs），是博览会、展览会行业唯一的世界性组织，是世界博览和展览业内最具代表性的协会。1925 年 4 月 15 日在意大利米兰由 20 多个欧洲综合性国际博览会的组织者创建，总部设在法国巴黎。它是世界上主要博览会组织者、展览场馆业主、各主要国际性和国家展览业协会的联盟，是一个非政治性、非营利性的组织，其宗旨是代表展览会、博览会组织者的利益，维护展览会、博览会的质量标准，规范展览组织者的行为；通过成员国进一步促进国际贸易，并通过研究国际展览局遇到的问题，发展其成员国主办的博览会和展览会。

2003年10月，第70届国际博览会联盟会员大会决定国际博览会联盟更名为国际展览业协会，使命是促进与代表国际展览业的整体利益。

1. 国际展览业协会的主要目标和职能

① 为展览业的专业人士提供有效的网络平台，让他们相互交流看法和经验。

② 提供独特的营销和交流工具，在全球范围内促进展览业的发展。

③ 向会员提供有关展览业领域的研究成果，提供教育培训和高层次研讨会的机会。

④ 协助处理影响会员共同利益的有关问题。

国际展览业协会没有个人成员，只有团体会员，包括公司协会和联合会等。团体会员分为正式成员和非正式成员两类。正式成员有权在它和它举办的经国际展览业协会认证的会展的所有印刷品和其他宣传材料上使用国际展览业协会的标志，以反映企业和会展的质量。未经协会认证的展会不得使用其标志。

协会成员就是展览业中质量和专业化的标志。要求成为国际展览业协会的成员，其申请必须经过协会的审核，然后递交给协会指导委员会做进一步的评估，最后交协会全体大会表决，获得简单多数者即成为协会会员。目前，国际展览业协会在世界70多个国家的170多个城市拥有300多个成员（包括正式会员和非正式会员），我国已有50多个相关企业和组织（包括港澳台地区）加入了国际展览业协会，是国际展览业协会会员数量最多的国家。

国际展览业协会有一套成熟的展览评估体系，对由其成员组织的展览会和交易会的参展商、专业观众、规模和水平等进行严格的评估，挑选一定数量的展览会和交易会给予认证。对国际性展会进行权威认证是国际展览业协会的核心任务，国际展览业协会的认证，是高质量国际展览会的证明。

2. 国际展览业协会认证的基本条件

① 会展必须至少已经定期举办过3次。

② 会展必须是一个有20%以上外国参展商参加的国际会展。

③ 或是有4%以上外国观众参观的国际会展。

④ 或是外国参展商纯租用面积达到会展纯租用总面积20%以上的国际会展。

目前，我国经国际展览业协会认证的国际性展览会达到60多个，认证数量仅次于德国和俄罗斯，居世界第三位。

三、国际展览管理协会

国际展览管理协会（The International Association for Exhibition Management，IAEM）成立于1928年，总部设在美国德克萨斯州达拉斯。它是当今国际展览业最重要的行业组织之一，管理和服务于全球展览市场，其使命是通过国际性网络为成员提供独有和必要的服务、资源和培训，促进展览业的发展。协会以促进国际展览业的发展与交流为己任，每年定期举办国际展览界的交流合作会议，举办短期提高课程班和专题会议，出版相关刊物和买家指南，提高展览组织者的管理水平。协会现已成为面向所有展览从业者的非营利性的国际协会组织，其宗旨是通过培训、信息传播、调研、出版刊物、举办会议等方式促进展览业的发展。

1. 协会的基本目标

① 促进全球交易会和博览会行业的发展。

② 定期为行业人员提供教育机会，提高其从业技能。
③ 发布展览业相关信息和统计数据。
④ 为展览人员提供见面机会，交流信息和想法。

2. 国际展览管理协会的成员

① 展览经理，即从事展览会管理、计划和布置的相关人员。
② 准会员，指对展览会有兴趣但不符合展览经理条件的人员。
③ 商业机构成员，指计划、布置和管理展览会的组织。
④ 学生成员，指在大学或学院全职学习相关内容的人员。
⑤ 教育机构成员，在大学或学院从事教学或负责某一项目的人员。
⑥ 已退休成员，指成为国际展览管理协会成员1年或10年以上，已退休并不再受雇从事展览业工作。
⑦ 分部成员，即居住在协会分部所在地的人员。

国际展览管理协会提供展览管理的注册培训认证项目，即 CEM（Certified in Exhibition Management）。它是国际展览管理协会推出的会展经理培训课程。培训的对象是具有一定从业经验的（一般为3年以上）会展人员，在参加一定数量的必修课和选修课的学习并通过相应的考试后即可获得 CEM 证书。注册会展经理培训体系的必修课程包括项目管理、选址、平面布置与设计、组织观展、服务承包商、活动经营、招展等；选修课程包括展示会开发、计划书制订、会议策划、住宿与交通、标书的制订与招标等；高级课程为经营自己的业务（包括策划与预算）、经营展会的法律问题、安全与风险问题的防止、登记注册、了解成人教育。高级课程专为取得 CEM 认证，并可能使用 CEM 培训认证项目再去开展培训认证的个人所开设。CEM 在美国展览业有较大影响。

目前，国际展览管理协会的成员来自近50个国家，总数超过3500个。中国国际会展中心于1995年加入了国际展览管理协会，现在有中国内地10余家专业展览机构成为国际展览管理协会成员。

国际展览管理协会现已更名为国际展览与项目协会（International Association of Exhibitions and Events，IAEE），新的协会重点关注3个方面的事务，一是重估并升级现有教育培训计划和网络业务；二是担负起国际展览业主要贸易组织的职责；三是加强协会作为展览业重要行业组织的战略规划职能。

其他主要国际会展组织

一、奖励旅游管理协会

奖励旅游管理协会（The Society of Incentive and Travel Executives，SITE）成立于1973年，是全世界唯一的非营利性的、致力于用旅游作为激励和改进工作表现的专业人士的世界性组织。其主要职责是为那些设计、开发、宣传、销售、管理和经营奖励旅游的机构提供教育研讨会和信息服务。协会认识到全球文化差异和使用旅游激励战略的重要性，为它的成员提供网络和教育的机会。成为奖励旅游管理协会的成员是一种宝贵的无形资产。目前，奖励旅游管理协会有2000多个会员，遍布世界80多个国家并在不同区域设立了近30个分会。协会会员主要来自航空公司、游船公司、公司企业、目的地管理公司、地面交通公司、饭店、官方旅游机构和旅游公司等。

奖励旅游管理协会的会员享有的权利如下。

① 获得与分布在全世界 80 多个国家的 2000 多个奖励旅游管理协会成员的联系方法，这些成员代表着奖励旅游业的每一个领域。

② 获得区域内"奖励旅游大学"的折扣学费，"奖励旅游大学"课程涉及如何实施奖励旅游的广泛内容。

③ 获得出席奖励旅游管理协会每年国际会议的优惠会费，这些国际会议的重点集中在影响未来奖励旅游的发展趋势上；在参加奖励旅游管理协会年会时享受优惠注册费。

④ 能收到大量的奖励旅游管理协会出版物，这些出版物包括《资源年鉴》(The Annual Resource Manual)、《奖励旅游介绍》(Incentive Travel Fact Book)、涉及影响全世界奖励旅游和团队活动问题的双月版成员通讯——《奖励旅游》(In—SITE) 等。

⑤ 可以参加奖励旅游管理协会在全世界的分会活动和教育培训项目。

⑥ 可以在个人名片和公司信笺上使用奖励旅游管理协会的标志。

⑦ 在参加奖励旅游交易会时，会收到在奖励旅游主要展示会设摊所需要的奖励旅游管理协会成员展示材料。

⑧ 会被列入在线成员指南 (Expertise Online)，并收到免费网址连接。

⑨ 符合条件者可获取奖励旅游管理者认证 (Certified Incentive Travel Executives, CITE) 的称号。

⑩ 有资格参加有声望的奖励旅游管理协会水晶奖大赛 (SITE Crystal Award Competition)。

⑪ 可以以奖励旅游管理协会成员特殊优惠价订购奖励旅游管理协会出版物、通讯录和标签，免费获得奖励旅游管理协会提供的研究报告。

⑫ 被列入奖励旅游管理协会的名录。

奖励旅游管理协会还设立了专门基金支持世界各地有关奖励旅游的课题研究，这对世界奖励旅游的发展起了很大的推动作用。

二、世界场馆管理委员会

世界场馆管理委员会 (The World Council for Venue Management，WCVM) 汇集了全世界代表公共集会场馆行业专业人士和设施的一系列主要协会。它目前的 6 个成员协会一起为 5000 多个经营管理场馆设施并在这个行业中联合在一起的人士提供专业资源、论坛和其他有益的帮助。这些人士又代表了世界上 1200 多个会展中心、艺术演出中心、体育场馆、竞技场、剧院、公共娱乐和会议场所。

世界场馆管理委员会成立于 1997 年。为促进公共集会场馆行业内的专业知识的提高和互相理解，它积极地致力于通过加强成员协会和这些协会成员中的信息和技术交流来提高沟通和促进专业发展。

建立世界场馆管理委员会的动力来自于想争取国际听众和观众并在世界范围内分享信息数据的世界场馆管理委员会中的创始协会。这并不意味着将会影响这些协会对它们自己会员所提供的服务的质量。这一动力又在 1996 年由欧洲场馆协会 (the European Arenas Association)、亚太场馆管理协会 (the Veto1e Management Association, Asia and Pacific Limited) 和国际会议场馆经理协会 (the International Association of Assembly Managers) 于西班牙巴塞罗那主办的会议上得到了进一步的加强。这次会议还肯定了满足公共集会场馆管理行业中大量现存协会对全球信息和沟通资源需求的世界性组织的价值。

世界场馆管理委员会现有 6 个协会成员是会议场馆国际协会 (Association Internationale des Palais de Congress，AIPC)、亚太会展委员会 (Asia Pacific Exhibition and Convention Council，APECC)、国际会议经理协会 (International Association of Assembly Managers，IAAM）、欧洲活动中心协会（European Association of Event Centers，EAEC）、亚太场馆管理协会（the Venue Management Association，Asia and Pacific，Limited，VMA）和体育场馆经理协会（Stadium Managers Association，SMA）。

1. 世界场馆管理委员会的目标

① 有助于世界更好地了解公共集会场馆行业。

② 鼓励成员协会中的互相帮助、交流和合作。

③ 促进有关公共集会场馆管理专业信息、技术和研究成果的分享。

④ 推动成员协会和这些成员协会之间的沟通，以提高和改进全世界公共集会场馆管理行业的知识水平和了解程度以及公共传播。

⑤ 提供给成员协会和这些成员协会与世界场馆管理委员会所代表场馆和个人直接有效的途径和沟通通道。

⑥ 召开由世界场馆管理委员会主办的周期性会议，以便分享与公共集会场馆管理经营专业有关的信息和教育以及专业开发活动。

2. 世界场馆管理委员会的战略

① 在世界场馆管理委员会的所有出版物和文具信笺及可能之处展示世界场馆管理委员会的标志。

② 在世界场馆管理委员会成员协会与它们各自的成员之间提供成员互惠。

③ 为共同的资源中心提供信息和数据。

④ 参与成员合作活动。

⑤ 同意和赞助世界场馆管理委员会的指导性报告书。

3. 世界场馆管理委员会的措施

① 收集和传播关于经营管理公共集会场馆有效方法的新信息。

② 为与公共集会场馆管理实践有关的信息、报告、论文和研究交流提供论坛。

③ 通过成员互惠在出席会议、订购出版物、参加培训教育项目、获取数据及其他资料等方面，为所有世界场馆管理委员会的协会个人成员提供利用各成员协会资源的便捷通道。

④ 鼓励成员协会和它们各自成员间的互相帮助。

⑤ 探索对所有世界场馆管理委员会成员协会互利的项目和活动的交流。

⑥ 推动国际互联网的沟通与交流。

项目思考与讨论

一、复习与思考

1. 主要国际会议组织有哪些？它们的基本情况如何？
2. 主要国际展览组织有哪些？请简述它们的基本情况。
3. 简述国际会议协会的性质、职责和使命。
4. 简述申请加入国际会议协会的程序和步骤。
5. 简述根据国际会议协会的评定，国际会议必须符合哪些标准？
6. 简述国际协会联盟的性质、宗旨和活动以及对于国际会议的评定。
7. 国际专业会议组织者协会为其会员提供哪些资源？
8. 会议产业委员会的基本目标是什么。
9. 会议专业工作者国际联盟的使命和 CMM 的意义是什么。

10. 国际展览局的性质、宗旨是什么？国际展览局下设哪些专业委员会？

11. 国际上对展览会认证的最权威组织是哪个？其目标是什么？获得这个组织认证的展会应具备哪些条件？加入这个组织需要哪些条件？

12. IAEM 的基本目标是什么？CEM 是什么项目，该项目的内容是什么？

13. 奖励旅游管理协会的会员享有哪些权利。

14. 会展场馆应该加入哪个国际会展组织？

二、案例讨论

加入国际会展组织真的有用吗？

近日，成都市博览局和国际展览与项目协会（以下简称"IAEE"）签订合作协议，成都市博览局将从 2014 年起成为 IAEE 会员。成都是我国首个以会展管理机构名义加入 IAEE 的城市。事实上，很多国内企业、组织都在加入国际会展会奖组织，加入这些组织真的能带来可观的效益吗？

正方

开拓国际市场的途径之一（北京联合大学旅游经济系会展专业副教授　王春才）

加入国际组织是一些企业迈向国际化的一个途径，通过加入国际组织来获得一种"身份标识"，增进与国际企业、组织的交流，了解国际客户的诉求，拓展国际业务，并在企业申办国际项目时提供帮助；另一方面，国际组织还会进行数据统计信息收集，撰写行业报告，并与成员共享信息。这对企业的成长是有利的。

利于争取国际项目共享数据（中国会展经济研究会常务副会长　陈泽炎）

国际组织一般都有庞大的数据库，其中汇集了各个国家行业市场的相关信息。参加国际组织能够共享国际协会的数据库，提高企业的行业影响力，结交一些国际资源。争取国际组织的流动性会议，落地本国，共享数据。

反方

加入民间组织效益不明显（中国会议酒店联盟常务副会长　武少源）

国际组织分为两种，一是官方组织，二是民间组织。目前很多政府机构、企业加入国际组织都属于后者。对企业而言，加入这种组织共享数据库利于市场的开拓，但对政府机构而言，很难看出明显的效益，并且加入费和每年会费都不菲。另一方面，新政后政府要简政放权，旅游局、会展局应起宏观引导的作用。

加入后平台利用很关键（北京第二外国语大学会展经济与管理专业副教授　高凌江）

加入国际组织能够给企业带来诸多资源，在这样的平台上能够与国际企业进行对话，了解国际市场的规则，获取相关的信息等，这些对于企业的市场发展都很有帮助。而加入国际组织的关键在于企业在后期如何利用，如果企业在加入之后不充分利用也是徒劳无功的。

（来源：2014 年 02 月 13 日北京商报　记者　韩金萍）

讨论：加入国际会展组织的优缺点。

三、实训题

1. 考核设计

分组收集资料对当地举办的知名展会进行分析，总结出该展览会的成功之处及需要改进的地方。

2. 考核标准

考核项目	操作要求	配分	得分
资料收集	资料收集全面,真实	10	
方案制作	该展览的准备工作	10	
	该展览会的成功之处	10	
	该展览会存在的问题	10	
	这些问题应该如何解决	10	
分析汇报	表达清晰流畅	10	
	内容全面、分析完整	20	
团队精神（成员互评）	通力合作、分工合理、团结互助	10	
	发言积极,乐于与同学分享成果	10	

项目二　中外知名会展

项目目标

1. 了解世界知名会展和我国知名会展的概况。
2. 理解中外知名会展的不同风格和性质。
3. 明确世界知名会展的发展特色和经验。
4. 掌握世界博览会的申办、注册和分类以及中外知名会展的特点。

项目关键词

世界博览会　奥林匹克运动会　世界五大车展　汉诺威国际信息及通信技术博览会　中国进出口商品交易会　大连国际服装博览会　中国国际高新技术成果交易会　博鳌亚洲论坛

项目导入

古代奥运会并不都是欢乐

古代奥运会对普通奥运观众并不意味着欢乐。一个典型的奥运观众，如果是从雅典出发，他必须跋山涉水穿过大半个伯罗奔尼撒半岛，沿着一条崎岖不平的朝圣者古道，头顶地中海夏季的炎炎烈日，步行或借助骡马的脚力，用2周的时间才能走完雅典到奥林匹亚的300多千米路程。如果来自海外，走海路则需要更长时间。当筋疲力尽的观众终于抵达奥林匹亚，真正的考验才刚刚开始。奥林匹亚的基础设施极为简陋，仅有一家稍微像样的旅店，并且只向外交使团和官员开放，级别不够的贵族只能自己搭帐篷解决住宿问题。至于另外8万名普通观众——其中将近一半是兜售饮食、纪念品的小商贩，不得不到宙斯神庙附近的旷野里自便。于是，奥运期间这里变成了一片卫生状况恶劣的露营地。奥林匹亚的运动场不设观众席，也没有树阴遮蔽，因为宗教原因，奥运会上不允许观众戴帽子，人们只能从早到晚站在尘土飞扬的运动场中间，暴晒于烈日下。由于夏季河水断流，井水供不应求，观众脱水、中暑的情况时有发生。那时，希腊没有完善的排污系统，干涸的河床成了几万人的临时厕所，垃圾就地堆放，再加上遍地的苍蝇，卫生状况可想而知。就是在这样的条件下，古代奥运会连续举办了1000多年。据说，奥运会的脏乱程度令人闻之色变，以至于有这样一种说法——对不服管教的奴隶，主人会以威胁的口气对他说：再不听话，就罚你去奥林匹亚看奥运会！

1894年6月23日，被人尊称为"奥林匹克之父"的法国教育家皮埃尔·德·顾拜旦（Pierre de Coubertin）与12个国家的79名代表决定成立国际奥委会、开创奥林匹克运动时，这一壮举曾一度成为人们讽刺的对象。而在百年之后的今天，奥运会已成为普天同庆的节日，奥林匹克运动也吸引了204个国家和地区的积极参与。

【点评】：了解一下古代奥运会的历史，分析其和现代奥运会的区别之处，讨论一下现代奥运会为什么会吸引各国参加，为什么会吸引全世界的关注。

课题一 世界知名会展

一、世界博览会

1. 世界博览会简介

世界博览会简称世博会,是一个由主办国政府组织或政府委托有关部门举办、有多个国家和国际组织参加的有较大影响和历史悠久的国际性博览活动。世博会既是对人类社会发展进程中当时文明的真实记录,更是对未来美好前景的展望和憧憬,是以展现人类在社会、经济、文化和科技领域取得的成就,提出人类社会的发展前景和寻求解决面临的重大问题为主要内容的国际大型综合性博览活动,被誉为"经济、文化和科技界的奥林匹克盛会"。

从 1851 年具有现代意义的英国伦敦"万国工业博览会"到现在,世博会走过了 160 多年的历程。从最初以美术品和传统工艺品的展示为主,逐渐演变成为荟萃科学技术与产业技术的展览会,成为培育产业人才和一般市民启蒙教育不可多得的场所。世界博览会的会场不仅是展示技术和商品,而且伴以异彩纷呈的表演,富有魅力的壮观景色,设置成日常生活中无法体验的、充满节日气氛的空间,成为一般市民娱乐和消费的理想场所。

现代世博会更注重国家之间、各国人民之间的交流与合作,其宗旨是教育大众、促进各国人民之间的相互了解和沟通,是具有普遍教育意义和促进和平的世界性盛会。世博会是展示世界文明发展最新成果的盛会并日益成为全世界经济、文化和科技领域的盛会,成为各国人民总结历史经验、交流聪明才智、体现合作精神、展望未来发展的重要舞台。

负责协调管理世博会的国际组织是国际展览局。国际展览局是根据 1928 年《国际展览公约》的规定,为监督和保证《国际展览公约》的实施,作为《国际展览公约》的执行机构于 1939 年成立。《国际展览公约》明确了举办世界博览会的目的、规定了世博会的分类、举办周期以及参展者和组织者的权利和义务。国际展览局是专门从事监督和保障《国际展览公约》实施,协调和管理各国申办世博会并保证世博会水平的政府间国际组织。

国际展览局主管的世博会是指举办期限在 3 周以上、由一个国家主办、通过外交渠道向其他国家邀请参展的非商业性质的展览会(艺术品展览除外)。

2. 世界博览会的分类

根据 1988 年 5 月修订后的《国际展览公约》的规定,世博会分为注册类(以前称综合性)世界博览会和认可类(以前称专业性)世界博览会两类。注册类博览会主题领域广泛,规模庞大,一般 5 年举办 1 届,展期一般为 6 个月。在过去所举办的 50 多届世博会中,以注册类世博会为多。注册类世博会展出的内容包罗万象,由参展国政府出资,在举办国无偿提供的场地上建立自己独立的展览馆,展出内容为反映本国科技、文化、经济和社会等综合成就。2010 年上海世博会就是属于注册类世博会。认可类世博会设有特定的主题,规模小于注册类世博会,展期一般为 3 个月,只能在两届注册类世博会之间举办 1 次。参展国在主办国提供的场馆内,自行装修、自行布展,不需要建设自己的专用展馆。认可类博览会展出的内容要单调些,它是以某类专业性产品为主要展示内容,如生态、陆路运输、狩猎、娱乐、原子能、山川、城区规划、畜牧业、气象学、海运、垂钓、养鱼、化工、森林、栖息地、医药、海洋、数据处理、粮食等。按国际展览组织的规定,认可类博览会分为 A1、A2、B1、B2 四个级别。A1 级是认可类博览会的最高级别。1999 年中国昆明世界园艺博览会就属于认可类 A1 级世博会。

3. 世界博览会的申办和注册

世界博览会的申办和注册有 4 个程序或步骤。

(1) 申办 申办国家以申办报告形式递交国际展览局执行委员会。申办报告内容主要包括开幕和闭幕的日期、主题和主办主体的法律状态。

(2) 考察 国际展览局组织考察团对申办国进行现场的项目评估。考察团在国际展览局副主席的带领下，就技术方面或金融方面询问细节问题，主要方式是查阅文献依据。评估报告送交执行委员会，最终送交全体成员国代表大会审议。

(3) 投票 申办世博会项目通过了程序、机构审定后，由国际展览局代表大会投票决定申办国的举办权。如果是多个国家参与申办的竞争，则由成员国全体代表大会采取无记名投票的方式产生举办国。

(4) 注册 举办国在正式的审议和承诺遵守《国际展览公约》并签订相关协议后，向国际展览局注册拟举办的世博会。

这些手续程序的完成需要3年的时间，最终形式以授予国际展览局旗帜为完成标志。与此同时，举办国政府可以开始通过外交渠道向世界各国发出参加世博会的邀请。

4. 我国与世博会

在世博会160年的发展历史过程中，我国从一个普通的看客，逐渐变为重要的参展国，进而发展成为具有魅力、得到称赞的举办国。1851年，英国举办第一届现代意义上的世界博览会——"万国工业博览会"。当时在上海英商"宝顺洋行"担任买办的广东香山人徐瑞珩，将自己经营的"荣记湖丝"（丝绸）运往英国参展，独得金、银大奖，被称为"世博会中国第一人"；1867年，我国文人王韬到达法国，参观了1867年巴黎世博会；1876年美国费城世博会，我国首次选派华人工商界代表李圭参展，被公认为我国参加世博会之始；1904年美国圣路易斯世博会，我国首次以官方形式率商人正式参加，被视为历史上中国政府首次正式参加世博会；1929年在浙江杭州举办了中国人自己的博览会——西湖博览会。

1982年，新中国首次参加世博会，并与国际展览局（BIE）建立联系。1993年5月3日，中国成为其国际展览局第46个成员国。同年12月5日，在巴黎召开的国际展览局第114次成员国代表大会上，中国被增选为国际展览局信息委员会成员。1999年12月8日，在法国召开的国际展览局第126次会议上，我国首次当选为执行委员会成员。

1982~1998年，受我国政府委托，中国国际贸易促进委员会以国家名义累计12次组织中国馆参加了世界博览会。在1988年澳大利亚布里斯班、1992年西班牙塞维利亚和1993年韩国大田世博会上，中国馆两次被评为"五星级展馆"，一次被评为"最佳外国馆"。

1999年，中国作为东道主举办了昆明世界园艺博览会取得了圆满成功。2001年5月，中国正式向国际展览局递交了申请函，申办2010年上海世博会。2003年12月，上海申报2010年世博会成功。

上海世界博览会是中国举办的第一个注册类的世界博览会，于2010年5月1日至10月31日举行，展期为6个月共183天；上海世博会的场地选在上海中心城区的黄浦江畔；主题为"城市，让生活更美好"，包括文化、经济、科技、社区和城乡关系5个副题，期待通过5个方面来解析和探讨"和谐城市"的概念；展示内容包括城市发展、城市生活、城市交通、城市产业、城市环境、城市文化和未来城市7大类。有200多个国家和地区的7000万人次前来参展和参观。2010年上海世界博览会是一次探讨人类城市生活的盛会，是一曲以"创新"与"和谐"为主旋律的交响乐，成为人类文明的一次精彩对话。上海世博会为全世界人民交出有关城市发展主题的一份优秀答卷，为人类文明的发展与进步做出巨大的贡献。

二、奥林匹克运动会

1. 古代奥运会

在人类历史发展的长河中，除了宗教这一古老的文化现象外，奥林匹克运动可以称得上历史最为悠久的社会文化现象。奥林匹克运动的起源从有文字记载的历史，可以追溯到公元前776年。但在此以前，古奥运会可能已经存在很长时间了。奥林匹克运动是时代的产物，工业革命大大扩展了世界各民族之间在经济、政治和文化等方面的联系，各国交往日益密切，迫切需要以各种沟通手段来加强国际间的相互了解。奥林匹克运动正是为适应这种社会需要而出现的，是人类社会发展到一定阶段的必然产物。奥林匹克运动会是目前世界上规模最大、水平最高、影响最广的国际性综合运动会。

"奥林匹克"一词源于古希腊的地名"奥林匹亚"。奥林匹亚位于雅典城西南360千米的阿菲斯河山谷，那里风景如画，气候宜人。古希腊人在那里建起了许多神殿，把这块土地叫做阿尔菲斯神城，也称"圣地"奥林匹亚，依当时的信念，它象征着和平和友谊。古代希腊和地中海区域其他国家的人们在祭典和收获季节，常常举行盛大集会，并进行各种游乐和竞技活动，以"圣地"奥林匹亚的集会最为盛大。

公元前884年，古希腊爆发战争，各地战火连绵，瘟疫成灾，农业歉收，希腊平民非常渴望和平，怀念当年的那种庆典活动。于是，奥林匹亚所在的伊利斯城邦国王联络其他几个城邦的国王，达成了一项定期在奥林匹亚举行运动会的《神圣休战条约》，并规定在运动会年实行"神圣休战日"。"神圣休战日"期限是3个月，在这期间，任何人不得发动战争。即使正在交战的双方，也得放下武器，准备去奥林匹亚参加运动会。到公元前776年，第一次用文字记录下运动会获奖者全名。这就是后人所说的第一届古希腊运动会。之后，这种赛会每4年举行1次。因为比赛地点在奥林匹亚，也称它是古代奥林匹克运动会。

罗马帝国统治希腊后，起初虽仍举行运动会，但奥林匹亚已不是唯一竞赛地了。公元2世纪后，基督教统治了包括希腊在内的整个欧洲，倡导禁欲主义，主张灵肉分开，反对体育运动，奥运会也随之更趋衰落，直至名存实亡。公元393年罗马皇帝狄奥多西一世宣布基督教为国教，认为古奥运会有违基督教教旨，是异教徒活动，公元394年宣布废止古奥运会。公元395年，拜占庭人与歌德人在阿尔菲斯河发生激战，使奥林匹亚各项设施毁失殆尽。公元426年，狄奥多西二世烧毁了奥林匹亚建筑物的残余部分。后来接连发生的2次强烈地震，使奥林匹亚遭到了彻底毁灭。从此顺延了1000余年的古奥运会不复存在，繁荣的奥林匹亚变成了一片废墟。

奥运会自公元前776年于希腊的奥林匹亚举行以来，已经有1200年的历史。古代奥运会一共举行了293届。

2. 现代奥运会

奥林匹克运动会（Olympic Games），简称"奥运会"，是一个由国际奥林匹克委员会主办的世界性综合运动会，包括夏季奥林匹克运动会和冬季奥林匹克运动会（另有与此相关的残疾人奥林匹克运动会、世界特殊奥林匹克运动会和青少年奥林匹克运动会，与奥林匹克运动会一样，以上3个运动会也分别设夏季、冬季运动会，其中，残疾人奥林匹克运动会在每届奥林匹克运动会举办之后在同一城市举办）。

1883年，被人尊称为"奥林匹克之父"的法国教育家皮埃尔·德·顾拜旦，提出举办类似于古奥运会赛会，并把它扩大到世界范围。1889年7月，在法国巴黎召开的国际田径代表大会上，首次公开了他恢复奥运会的设想。1892年，他遍访欧洲，宣传奥林匹克思想，呼吁复兴奥林匹克运动并在巴黎运动联合会成立10周年会议上，倡议恢复"奥林匹克运动会"。1894年1月，他建议同年在巴黎召开国际体育运动代表大会。这一年的6月16～23日，15个国家的代表在国际体育大会上决议每4年举行1次奥林匹克运动会。

现代奥林匹克运动会始自1896年，当时希腊的雅典举办了第一届现代奥运会，有来自14个国家的200多名运动员参加。此后在世界各地轮流举行，参赛运动员、参赛国家和比赛项目与日俱增，在北京2008年第29届夏季奥运会上，有来自204个国家的16000多名运动员和教练员参赛。

奥运会从 1924 年开始分为夏季奥运会和冬季奥运会，均为 4 年举办一届。冬季体育项目最早是在 1908 年加入到奥运会中，当时是花样滑冰运动。冰球项目自 1920 年加入。在 1924 年，第一届冬奥会在法国的夏蒙尼单独举行。自 1994 年起，冬奥会定于不和夏季奥运会同年举行，因此，冬季奥运会和夏季奥运会相差 2 年交替进行。

从 1896 年的第一届现代奥运会到 2012 年的伦敦奥运会的 100 多年间，夏季奥运会共举行了 30 届，其中第六届（1916 年）、第十二届（1940 年）以及第十三届（1944 年）奥运会均因战争原因而停办；从 1924 年第一届法国夏蒙尼冬季奥运会到 2014 年俄罗斯索契奥运会共举办了 21 届。

现代奥运会诞生 100 多年来，为加强世界各国人民和运动员之间的友谊，促进世界和平及世界体育事业的发展，创造了不可磨灭的功绩。奥运会的宗旨是以竞技运动为基础，促进人类身心的健全发展；通过运动竞赛方式教育青年，建立彼此友谊和了解，借以创造更幸福与和平的世界；在世界各地推广奥林匹克原则，以增进国际间的友谊；集合全世界的运动员，参加 4 年一度的奥林匹克运动会。奥林匹克运动会是人类社会的罕见杰作，它把体育运动的多种功能发挥得淋漓尽致，其影响力远远超出了体育的范畴，对当代世界的各个方面都产生了不可忽视的影响，奥林匹克运动会已经成为了和平与友谊的象征。

如今，奥运会成为了全世界人民的共同节日和盛会，成为缔结世界和平的纽带。它所产生的经济、文化、社会、政治效应波及几乎所有的国家和地区，并以其特有的文化魅力愉悦人们的身心，更以其强烈的人文精神激励人们更快、更高、更强。

3. 国际奥林匹克委员会

国际奥林匹克委员会（International Olympic Committee，IOC），简称"国际奥委会"，是领导奥林匹克运动和决定有关奥林匹克运动问题的国际性、非政府的、非营利性的国际组织，是奥林匹克运动的指导者、捍卫者和仲裁人。国际奥委会具有法人地位，按照《奥林匹克宪章》领导奥林匹克运动，享有管理奥林匹克运动会的全部权利。

1894 年 6 月 23 日，在巴黎召开国际体育运动代表大会上，通过了成立国际奥林匹克委员会的决议，正式成立了国际奥林匹克委员会，顾拜旦成为首任秘书长。为了纪念这一具有历史意义的日子，国际奥委会于 1948 年起将每年的 6 月 23 日定为国际奥林匹克日。不少国家把这一天作为体育节日，中国也在 1986 年开始把这一天确定为奥林匹克日。

国际奥委会对奥运会的组织、市场、转播以及所有衍生产品保有全部权利，确保奥运会的独立性和广泛性。奥林匹克运动从奥运会的赛事转播权的赢利中获得主要经济赞助，此外，奥林匹克运动还从奥林匹克伙伴和世界范围的赞助商中获得经济支持。

国际奥委会由下列机构组成。

（1）全会 国际奥委会全体委员会议称为全会，是国际奥委会的最高权力机构，负责对奥林匹克宪章的制定、修改和解释；选举奥运会举办城市；选举国际奥委会委员。全会的决定是最终的决定。全会每年至少举行 1 次。特别全会由主席提议或应至少三分之一委员的书面要求召开。

（2）执行委员会 执行委员会管理国际奥委会事务。国际奥委会执委会由主席 1 人、副主席 4 人和另外 10 名委员组成。执委会负责处理国际奥委会的日常事务，包括准备全会的议事日程；向全会提交修改章程的建议及其他各类报告；批准国际奥委会的内部行政机构，根据主席的通知，委派和免除总干事、秘书长等职；负责保存国际奥委会的会议记录；颁布各种必要的规定和条例；执行全会赋予的一切职责，执行委员会会议根据主席提议或执行委员会多数委员的要求由主席召开。

（3）主席 主席主持国际奥委会的全部活动并且始终代表国际奥委会；主席在必要时建

立常设或临时的专门委员会和工作组，确定其工作范围并指定其成员。

国际奥委会下设的委员会主要有道德委员会、协调委员会、药物委员会、奥林匹克教育和文化委员会、运动员委员会、环境委员会、人道主义事务委员会、奥林匹克运动女子委员会、大众体育委员会和奥林匹克收藏家委员会。

国际奥委会的行政管理机构有主席执行办公室、总干事办公室、国际合作和发展部、财务和行政部、奥运会部、运动部、国家奥委会关系部、技术部、通信部、信息管理部、全球广播和媒体权利部、法律部、医务和科学部、奥林匹克团结基金部、奥林匹克博物馆部、奥运会知识服务部、美丽店管理公司、奥林匹克广播服务部、终身名誉主席秘书处和奥林匹克集邮部。

4. 我国申办 2008 北京奥运会的历程和 29 届夏季奥运会的举办

在现代奥运会历史上，我国参加奥运会的第一人刘长春参加了 1932 年美国洛杉矶举办的第十届奥运会的 100 米赛跑。旧中国参加了第 10 届、第 11 届、第 14 届共三届奥运会。

1952 年第 15 届芬兰赫尔辛基奥运会时，由于国际奥委会中某些人在我国席位问题上有意制造事端，致使我国直到当年 7 月份才接到国际奥委会的邀请。等到我国派出的由足球、篮球与游泳选手组成的 40 人代表团到达比赛举办地赫尔辛基时，比赛已近尾声，最终仅吴传玉一人参加了仰泳比赛。

1979 年 10 月，国际奥委会执委会日本名古屋会议通过决议，从 1979 年 11 月 26 日起正式恢复对中国奥委会的承认，确认中国奥林匹克运动委员会为中国全国性委员会。

此后中国先后参加了第 23 届至第 29 届夏季奥运会和八届冬季奥运会。

1999 年 1 月 6 日，中国奥委会审议并批准了北京市人民政府关于举办 2008 年奥运会的申请。

1999 年 4 月 7 日，中国向国际奥委会正式递交了北京市申办 2008 年夏季奥运会的申请报告。

1999 年 9 月 6 日，组成北京 2008 年奥运会申办委员会，北京申办 2008 年奥运会工作正式启动。

2000 年 2 月 1 日，北京 2008 年奥申委举行第二次全体委员会，通过表决确定了 2008 年奥申委会徽和申奥口号，奥申口号为"新北京、新奥运"，英文为 New Beijing, Great Olympics。奥运会申办网站正式开通。

2000 年 6 月 19 日，中国向国际奥委会递交了 50 份《申请报告》。按照国际奥委会的要求，《申请报告》书面回答了 6 个方面 22 个问题。

2000 年 8 月 28 日，中国北京成为 2008 年第 29 届奥运会的 5 个候选城市之一。一同进入候选城市的还有土耳其伊斯坦布尔、日本大阪、法国巴黎、加拿大多伦多。

2000 年 10 月 27 日，在国际单项体育组织第 34 届年会上，五个申办 2008 年奥运会的城市先后按国际奥委会要求，做了 20 分钟的陈述。

2000 年 12 月 13 日，中国向国际奥委会执委会作了北京 2008 年奥运会申办工作陈述报告，表示北京有信心、有条件、有能力出色地办好 2008 年奥运会。

2001 年 2 月 19 日，国际奥委会评估团第一批成员抵达北京。

2001 年 2 月 20 日，国际奥委会评估团抵达北京。

2001 年 7 月 13 日，中国在国际奥委会第 112 次全会上第四个出场进行申奥陈述，并获得第 29 届 2008 年奥运会主办权。

2008 年 8 月 8 日，百年期盼、7 年筹办的第 29 届夏季奥运会在中国北京举行。80 多个国家的元首和政府首脑出席了开幕式，来自全世界 204 个国家和地区的代表团的 16000 名运动员和教练员以及参加了此次盛会。这是奥运会有史以来，规模最大、参赛代表团最多的一届奥运会。

北京奥运会实现了举办一届有特色、高水平的奥运会的目标，突出了中国风格、人文风采、时代风貌和大众参与的特色，体现了绿色奥运、科技奥运和人文奥运的三大理念，坚持了开放办奥运、创新办奥运、节俭办奥运、廉洁办奥运和全民办奥运的方针，同一个世界，同一个梦想，取得了前所未有的巨大成功。

三、世界五大车展

国际车展是国际厂商的一次集体实力秀，也是刺激眼球经济的最好形式。按目前国际惯例，被公认的国际车展共有"五大"，其中欧洲有3个（法兰克福车展、巴黎车展和日内瓦车展），北美洲和亚洲各1个（北美车展和东京车展）

1. 北美车展

一年一度的北美国际汽车展（简称北美车展）的前身是原美国底特律国际汽车展览会，至今已经有近百年的历史，是美国创办历史最长的车展之一。由底特律汽车经销商协会主办。

北美车展创办于1907年，原来叫做"底特律车展"，1989年更名为"北美国际汽车展"，每年1月份举行。美国底特律，从造车起步，靠汽车工业蜚名天下，现在也依然是美国这个"车轮上的国度"的发动机。北美车展，是世界最早的汽车展览之一，也是当今世界最负盛名的车展。

1900年11月，纽约美国汽车俱乐部召开了第一届世界汽车博览会，1907年转迁到底特律汽车城，当时会场设在贝乐斯啤酒花园，小小的展示区中参加的厂商只有17家，车辆不过33辆。而汽车工业快速发展，逐步成为西方各国的支柱产业时，越来越多的厂家来到汽车保有量最多的美国，展示自己一流的产品。

1957年，欧洲车厂终于远渡重洋而来，当时首次出现了沃尔沃、奔驰、保时捷的身影，获得了美国民众的高度重视，底特律车展的旗帜正式树起。1965年车展展地搬迁至现在的Coho商务中心会场，主展厅面积60万平方英尺，周边面积达10万平方英尺，十分壮观。1989年，底特律车展更名为"北美国际汽车展"，成为具有国际性意义的王牌车展。

今天的"北美国际汽车展"，有来自164个国家的1174家厂商参加，展车700多辆，而且每年总能出现四五十辆新型汽车。2000年的参观人数达到80万之众。众多人被吸引到车展的原因，除了对汽车的兴趣外，还因为车展办得像个大的假日集会，吃喝玩乐，热闹非凡。近年来，概念车在北美车展上所占的比例越来越高。北美车展为底特律带来年平均在4亿美元以上的经济效益。

2. 东京车展

日本东京车展是五大车展中历史最短的，被誉为"亚洲汽车风向标"，创办于1954年，每年10月底举行。单数年为轿车展、双数年为商用车展。东京车展是亚洲最大的国际车展，对世界汽车市场有较深的影响，对亚洲汽车市场更具有重要的意义。

东京车展在日本东京近邻的千叶县暮张展览新馆举行，这个展览中心是目前世界最新、条件最好的展示中心之一。展出的展品主要有整车和汽车零部件，其各类电子三维展示装备让车展的参观者有"头晕目眩"的奇妙感。

日本汽车工业起步虽比欧美国家晚了许多，但20世纪60～70年代，日本汽车业的高速发展，使东京车展的地位逐步提升。1999年东京车展，有15个国家、287家汽车制造厂参加，并创下了参观人数达140万的世界纪录，足见它的火热程度。

东京车展具有鲜明的特点，日本本土车厂出产的五花八门、千姿百态的小型汽车历来是车展的主角；各种各样的汽车电子设备和技术也是展会的一大亮点；环保和节能始终是东京车展的亮点。与其他西方大型车展相比，日本车展更具有亚洲东方风韵。日本厂商的多款造型小巧精美、内饰高档的车总能成为车展的主角。

3. 法兰克福车展

德国是世界最早举办国际车展的国家。1897年，在柏林举办了第一届汽车展览。到1951年第35届时，车展移到法兰克福，并确定一年为轿车展，一年为商用车展。展览时间一般在9月中旬，每2年举办1次，为期2周左右。

法兰克福车展一直有世界汽车工业"奥运会"之称，是世界最大的车展。展览场地净面积达22.5万平方米，展出的汽车主要有轿车、跑车、商用车、特种车、改装车、电动车和汽车零部件等。参展的商家主要来自欧洲、美国和日本，尤其以欧洲汽车商居多。

法兰克福车展的服务细致而周到，符合德国人一贯严谨的办事作风。参展商中还有大量相关行业厂商和维修、出版等机构，各种研讨会和信息发布会，使车展包罗万象，应有尽有。人们不仅可以看到百年"老爷车"和光彩夺目的新车，还可以观看新车表演和国际赛事实况转播，并可获得汽车发展史、技术性能、安全行车、环保节能等多方面知识。

德国是现代汽车的发祥地，是奔驰公司、大众公司、奥迪公司的老家，法兰克福车展正是他们一展身手的好机会。

4. 巴黎车展

作为浪漫之都的巴黎，它的车展总给人以新车云集、争奇斗艳的感觉。1898年6月，首届巴黎车展举办。该展起源于1898年的国际汽车沙龙会，直至1976年为每年一届，此后为每2年一届。在每年的9月底至10月初与德国法兰克福车展交替举行。展览地点位于巴黎市区，共有8个展馆，展出的汽车主要有轿车、跑车、商用车、特种车、改装车、古董车、电动车和汽车零部件等。巴黎国际车展是世界第二大汽车展，也是世界最悠久的汽车展，至今已有110年的历史；巴黎车展还是目前世界五大车展中唯一进行全球推广活动的车展，是国际车展中商业味最浓的一个车展。

法国的汽车设计一向以新颖独特著称于世，富于浪漫和充满想像力的法国人，总是在追求最别具一格的车型、风一般的速度和最舒适的车内享受，这些法国人的嗜好，都在巴黎车展中显露无遗，使得巴黎车展始终围绕着"新"字做文章。巴黎车展的高新技术让人享受的不仅是色彩、线条、造型的美，更是对汽车舒适性、智能性的全新诠释。世界各大巨头总喜欢把最先进的技术产品放在巴黎露面。与此同时，巴黎车展也是概念车云集的海洋，各款新奇古怪的概念车常常使观众眼前一亮。

第一届巴黎车展共有14万人参加。2002年法国巴黎国际车展持续16天，迎来世界5000多名记者和125万观众。

5. 日内瓦车展

瑞士日内瓦车展始于1924年，是欧洲唯一每年度举办的大型车展。每年3月举行，是各大汽车商首次推出新产品的最主要的展出平台，素有"国际汽车潮流风向标"之称。日内瓦车展最突出的特点是追求新潮，以展示豪华车及高性能改装车为主，展品比较个性化。

在五大车展中，瑞士是唯一没有汽车工业的国家，但却承办着世界上最知名的车展之一，它每年总能吸引着30个国家900多辆汽车参展。每年一度的日内瓦车展，以其迷人的景致，处处公平的氛围和细致入微的参展规则，受到世界汽车巨头们的好评，更为众多观光者青睐。车展主办方最引以为豪的是日内瓦公平的展览氛围："底特律车展中通用、福特趾高气扬；法兰克福车展简直就是德国车商的表演舞台；巴黎车展的主要大厅则被法国的车商所占据。但日内瓦车展一视同仁，地方保护主义的色彩最淡。"

伴随着瑞士让人倾倒的美景，日内瓦的车展是许多车迷看车和旅游一举两得的好去处。车展期间，日内瓦大小饭店均告客满，每晚灯火辉煌，各类招待会和酒会竞相亮相，花样繁多的食品犹如食品博览会，都给日内瓦带来了巨额的旅游收入。日内瓦车展虽然没有底特律车展、法兰克福车展的规模大，在世界五大车展中属于"小家碧玉"型，但却是世界上举足轻重的车展之一。

四、德国汉诺威国际信息及通信技术博览会

汉诺威国际信息及通信技术博览会（简称 CeBIT），是世界最大规模和最具影响力的信息和电信产业博览会，也是世界最大的商贸交易会和第一大规模的单年展。CeBIT 每年 3 月在德国汉诺威市举办，展期为 7 天，主要集中展示通信与网络、信息技术设备及系统、软件、在线服务、办公室技术、银行技术、IT 技术等方面的最新技术和产品。

1. 汉诺威工业博览会

汉诺威工业博览会是一个将工业领域的技术和产品集中在一起进行展出的国际性工业贸易盛会。1947 年，第一届汉诺威工业博览会在德国汉诺威市成功举办。60 多年来，它由一个区域性的展会发展成为全球知名的工业旗舰展。现在的汉诺威工业博览会已经发展成为世界工业界交流的平台。参加汉诺威工业博览会，已经是许多知名企业年度计划中不可或缺的一部分，汉诺威工业博览会成为工业企业通往成功的桥梁。

汉诺威工业博览会是全球革新工业技术产品和自动化技术最主要的展示平台。展会集中展示了工业领域的重要技术。作为世界行业趋势的晴雨表及未来革新技术的展示平台，它已成为高层决策者在商业和行业领域所不可缺少的重要参考。同时，汉诺威工业博览会是探讨对商业和工业行业有影响的政策问题的主要论坛，每届展会都吸引了来自世界各地的 3000 多名新闻记者前来报道。

2. 汉诺威国际信息及通信技术博览会

汉诺威国际信息及通信技术博览会源于汉诺威工业博览会。在 20 世纪 50 年代末，来自"办公设备"领域的展商数量在汉诺威工业博览会上已排名第三，反映出电子设备的蓬勃发展，并为大量创新技术的精彩亮点奠定基础。1970 年，主办者德国汉诺威展览公司专门为这一展览类别创造了"CeBIT"的新名称。CeBIT，即德语"办公及信息中心"的首字母缩写。1984 年 11 月，汉诺威展览公司宣布从 1986 年起，CeBIT 将作为独立的展会于每年 3 月举办，比每年 4 月举办的汉诺威工业博览会提前 1 个月。1986 年 3 月 12 日，脱离了汉诺威工业博览会的独立展会——第一届 CeBIT，迎来 2142 家展商在 20 多万平方米的展出面积上展示其最新产品、系统和服务。此外，首次纳入 CeBIT 的"通信"展区也迎来了 190 家展商。共 33 万多名观众参观了首届 CeBIT，取得了巨大成功。凭借汉诺威展览公司不断提升的展览理念，CeBIT 很快就在整个展览业市场确立了强其不可动摇的领先地位，迅速发展为规模最大的 IT 行业国际顶级盛会。

作为世界最大的 IT 国际顶级盛会，CeBIT 全面展示了数字 IT、家庭及办公通信解决方案领域的创新成果，主要目标群体是来自工业、批发与零售、贸易、银行、服务业、政府机构、科研单位的用户和所有技术爱好者。成为数据处理商、软件供应商和个人电脑制造商的最佳的展示平台，CeBIT 已由最初的"办公及信息技术中心"发展成了"世界办公、信息及通信技术中心"，为发布最新行业发展趋势及网络化成果和展示创新产品及技术提供了绝佳的国际平台。引领着时尚潮流，成千上万的观众蜂拥至汉诺威，前来寻找以上领域及计算机网络化、多媒体和互联网等领域的最新发展成果。此外，汉诺威展览公司还推出 CeBIT 分展会"CeBIT HOME-家庭及消费电子的世界"，目标锁定于销售商、SOHO 一族及个人电脑、多媒体和互联网使用者。自 1996 年 8 月起，该分展将每隔一年举办 1 次。多年以来，CeBIT 作为 IT、电信、软件及服务领域展示平台的国际领先地位无可比拟。突显其作为世界最大行业盛会的绚丽风采。就海外展商数量而言，CeBIT 也是遥遥领先。

五、达沃斯论坛

达沃斯论坛即世界经济论坛（World Economic Forum）是以研究和探讨世界经济领域存在的问题、促进国际经济合作与交流为宗旨的非官方国际性机构。总部设在瑞士日内瓦。其前身是1971年由现任论坛主席、日内瓦大学教授克劳斯·施瓦布创建的"欧洲管理论坛"。1987年，"欧洲管理论坛"更名为"世界经济论坛"。论坛会员是遵守论坛"致力于改善全球状况"宗旨，并影响全球未来经济发展的1000多家顶级公司。

通常在每年年初，世界经济论坛都要在达沃斯召开年会，因此世界经济论坛也被称为"达沃斯论坛"。达沃斯位于瑞士兰德瓦瑟河畔，海拔1560米。这里群山环抱，风光旖旎，一条宽阔的中心大街横穿市区，两旁山坡上错落有致地排列着色彩和谐的楼房。达沃斯虽小，却遐迩闻名。每年在达沃斯召开的世界经济论坛年会，一般是在1月下旬，会议持续约1周时间，每次都要确定一个主题，在此基础上安排200多场分论坛讨论。

随着国际形势的发展和变化，世界经济论坛所探讨的议题逐渐突破了纯经济领域，许多双边和地区性问题以及世界上发生的重大政治、军事、安全和社会事件等也成为论坛讨论的内容。

论坛组成的核心是其会员和合作伙伴。目前，论坛拥有1000多个会员，全部是世界知名企业和公司。论坛有选择地与会员建立合作伙伴关系。此外，论坛还有各种性质的会员制组织，涉及政治、经济、文化、宗教、传媒和学术等领域。世界经济论坛每年还与若干国家的政府或企业联合主办各种国际经济讨论会。

中国同世界经济论坛保持着密切联系。从1979年起，中国多次应邀派团参加世界经济论坛年会。2005年，世界经济论坛主席施瓦布提出了"中国夏季达沃斯"的设想。2006年6月，世界经济论坛北京代表处正式成立。这是世界经济论坛在瑞士境外设立的首家代表机构。鉴于"达沃斯"这个名称所包含的意义已经约定俗成，被世界各国和地区的政府，经济界广泛熟知和认可，所以在中国举办的"世界经济论坛全球行业峰会暨全球成长型企业年会"，简称为夏季达沃斯论坛或夏季达沃斯年会。2007年9月6日，首届夏季达沃斯论坛年会在中国大连举行。在第一届夏季达沃斯论坛上，国际社会决定以后将长期在中国举行。夏季达沃斯论坛的目的是为"全球成长型公司"创造一个可以共同规划未来工商业发展远景，并同世界1000强公司、各国和地区政府之间展开对话的互动合作平台。

课题二　我国知名会展

中华人民共和国成立后到改革开放前的近30年时间，除中国出口商品交易会外，我国几乎没有其他比较大的贸易展览会，更多的是政治宣传展。改革开放后，我国的会展业得到了长足的发展，一些会展通过经营，已发展成为全国知名展乃至在世界有一定影响的会展。

一、中国进出口商品交易会

中国进出口商品交易会，简称广交会，创办于1957年，是我国历史最长、层次最高、规模最大、商品种类最全、与会客商最多的综合性国际贸易盛会，号称"中国第一展"。

1. 广交会概况

20世纪50年代中期，以美国为首的一些西方国家，对新中国采取"封锁、禁运"的敌视政策。当时与中国建交的国家只有20多个，外贸的四分之一是与苏联和东欧社会主义国家及朝鲜、越南、蒙古等国家进行的记账式贸易，出口创汇途径单一。为适应国家建设，打破帝国主义对中国的经济封锁，发展中国世界各国的贸易关系和友好往来，1956年冬，以"中国国际贸易促进委员会"的名义，在广州中苏友好大厦举办了为期2个月的"中国出口商品展览会"。这次展览会，为举办中国出口商品交易会积累了宝贵经验。1957年春，经国务院批准，由中国各外贸总公司联合在广州举办了首届中国出口商品交易会。首届交易会有参展交易团13个，来自19个国家和地区的客商1223个，参展商品12000多种，洽谈成交1754万美元。在当时，广交会的成功举办在政治、经济、外交等各方面均具有十分重要的意义。

广交会每年在广州举办两届，即春交会和秋交会；每届两期，每期6天。每年春交会第一期举办时间是4月15～20日，第二期是4月25～30日；秋交会第一期举办时间是10月15～20日，第二期是10月25～30日。第一期展出商品为原材料、机械与工具、电子电器、纺织服装、食品土畜与医药保健五大类，设18个展区；第二期展出商品为家居用品、礼品与装饰品、办公与户外用品三大类，设15个展区。实现了综合性展会和专业性展会相结合。

2. 广交会的发展

50多年来，广交会以服务中国外贸出口为己任，参展和成交的规模不断扩大，洽谈业务范围日趋广泛，国际知名度不断提升。现在，广交会已从出口贸易为主发展为进出口结合，并开始扩展网上交流、网上咨询和网上贸易，为中外客商创造更多的商机。广交会已成为中国以洽谈出口业务为主的多功能、综合性的对外经济贸易活动重要场合，被誉为"国际贸易的盛会、友好合作的纽带"，成为中国发展对外贸易的重要渠道和展示中国社会主义建设成就的重要窗口。纵观广交会历程，其发展呈现以下特点。

（1）展馆的规模越来越大　第一届广交会展出面积约1.8万平方米，现已达到总展览面积近60万平方米，8000多个标准摊位。

（2）展出的商品种类越来越多　从创办初期的1.2万种，发展到现在的15万多种，从以农副土特产品、手工业品为主，到现在的机电、纺织、轻工、食品土畜、五矿化工、医药保健六大行业品类齐全，高技术、高附加值的名优新特产品占相当的比例。

（3）参会的国家（地区）和外商人数不断增加　第一届参会的国家和地区是19个，现在达到200多个；外商数量从1223个增加到现在的18万个，海外客商已占客商总数的30%。

（4）国内参展企业、洽谈成交额越来越多　从当初数家专业总公司组成十多个交易团，发展到现在全国各省、自治区、直辖市、计划单列市和中央直属企业等组成的50个交易团、4000多家企业。洽谈成交额从当初的1754万美元，发展到现在的300亿美元。

目前，广交会已经成为亚洲规模最大，中国会展业第一品牌，位居世界单年期会展第二位。广交会50多年的历史，是我国对外贸易发展的一个缩影，它记录了我国外贸事业发展的轨迹。伴随着中国改革开放的深化和经济的繁荣，广交会也将有更广阔的发展前景，必将为我国对外贸易的发展做出更大贡献。

二、大连国际服装博览会

大连国际服装博览会的前身是大连服装节，创办于1988年，是我国举办时间最早、规模最大、档次最高、影响最广的国际服装文化经济盛会。为促进大连服装业的繁荣，推动其他行业的发展，使大连逐渐成为在全国具有较大影响力的以服装为主的商业中心，1988年8月20～28日，举办了首届大连服装节。自1991年第三届开始，冠以"国际"两字，正式定名为大连国际服装博览会。大连国际服装博览会至今已成功地举办了二十届。2002年，成为中国第一个通过UFI认证的服装展会。

大连国际服装博览会每年9月中旬举行，每届7～10天。它是兼具文化色彩和经济内涵的综合性大型节事活动，主要内容包括大型广场文艺晚会、国际服装博览会、服装出口洽谈会、青年服装设计大赛、巡游表演、世界名师时装展演、论坛、游园会等十余项活动。

大连国际服装博览会以弘扬服装文化、丰富人民生活、促进国际交流、推动经济发展为宗旨。服装博览会从小到大，滚动发展，从而成为具有鲜明国际色彩和深受广大人民群众喜爱的盛大节日。大连国际服装博览会的举办，不仅取得了可观的经济效益和社会效益，而且促进了大连的全面发展同时提高了大连人民的精神文明素质。大连国际服装博览会是集经贸、文化、旅游活动为一体的节日，具有既是经济活动又是文化活动的特点。它的主要活动项目具有较强的吸引力。

1. 极具吸引力的开幕式和广场艺术晚会

每届服装博览会都有规模宏大的极具吸引力的开幕式和广场艺术晚会。规模宏大的文艺演出，数千名群众演员参加演出，气势恢宏；每场都有国内外知名演员进行表演，艺术精湛，明星表演与群众演出相映生辉，深受中外来宾和人民群众的欢迎。

2. 具有明显经济效益的国际服装博览会和中国服装出口洽谈会

大连国际服装博览会是国内三大博览会之一。每届都吸引着众多的海内外客商前来进行服装交易。不仅有众多花色、品种、品牌、款式的新潮服装，还有模特表演，同时还发布世界时装信息。由于博览会在海外的知名度越来越高，710个标准展位远远满足不了日益增多的海内外参展商的需求。因此，不得不分两期进行服装博览。与服装博览会一期同时开幕的大连中国服装出口洽谈会，每年也吸引着众多的服装进、出口部门前来进行贸易洽谈，成交额很可观。

3. 富有特色的服装设计大赛

"大连杯"中国青年服装设计大赛是国内为数不多的服装设计赛事。每届都吸引着全国各省、直辖市、自治区的青年服装设计师参赛，参赛作品在选题、设计、制作、流行色运用上都有独到之处，水平较高，和欧洲设计师水平相差无几。富有实用价值，稍加改动即可投入生产，可以取得较好的销售效益。它已成为培养中国服装设计师的摇篮。

4. 世界名师时装精品展示会

世界名师时装精品展示会，也是服装节的主要活动之一。世界一流的时装设计师、一流的时装、一流的时装模特引起了轰动，中外来宾交口称赞。

5. 市民喜爱的巡游表演和游园会

服装博览会已成为深受大连人民喜爱的节日，群众参与的积极性和参与的程度都很高。每年服装博览会开始的当天，由群众组成的彩车队、秧歌队、锣鼓队、乐队等民俗表演队伍，还有动物车队，开上大街进行巡游表演。市内万人空巷，长街观众如潮，热闹非凡，外宾与表演队伍狂欢，市长与市民同乐，巡游表演成为服装博览会的一大景观。此外，还在市中心的劳动公园举办为期1个月的游园会。不仅有文艺演出、露天电影、少儿趣味运动会等游艺节目，还有市民服装设计大赛、市民模特大赛。市民穿上自己设计、制作的服装在T型台上表演，在某种意义上讲，其效果并不比名模表演得逊色，每届游园会都有数10万群众参加。

大连国际服装博览会每年都吸引着海内外近百万人参加它的各项活动，成为大连闻名遐迩的盛大节日。大连国际服装博览会的举办，为大连的改革开放、经济发展和城市建设带来了较好的经济效益和社会效益。

三、中国国际高新技术成果交易会

1. 简介

中国国际高新技术成果交易会创办于1999年10月，是经国务院批准，由商务部、科技部、信息产业部、国家发展和改革委员会、教育部、中国科学院和深圳市人民政府共同主办，农业部、中国工程院协办的国家级、国际性的高新技术成果交易会。每年秋季在深圳举办。高交会是目前我国规模最大、最具影响力的科技类展会，有"中国科技第一展"之称。

高交会由"高新技术成果交易、高新技术专业产品展、中国高新技术论坛、不落幕的交易"等主要部分组成，其总体目标是以高交会为平台，为高新技术产业发展提供支持与服务；探索"高交会—技术产权交易—创业板市场"一条龙科技创业新模式；形成以技术产权交易与创业投资为核心的新型资本市场；构筑符合国情并具中国特色的科技成果交易体系；促进高新技术与产品的进出口。高交会汇聚了代表我国最高科研水准的科研成果，以及在IT、电子、光电子领域内的世界知名企业的最新产品，是我国最大的高新技术与产品进出口交易会，为我国产品走向国际市场和外国高新技术产品进入我国提供了便捷的通道。

1999年10月，首届高交会举办。高交会以成果交易为主要特色，成为我国最大的国际高新技术成果交易市场。

高交会集中展示了我国和世界最前沿的高新技术成果和国际一流的高科技跨国公司的先进技术和产品。国家三部一委一院等主办单位选送代表我国最高水平的高新技术项目参加展示与交易；大批国家重点攻关计划、国家工程研究中心、国家高技术产业化示范工程以及国家863计划等重大科技项目参加展示与交易；多位诺贝尔奖获得者在中国高新技术论坛发表演讲，揭示世界科技发展的最前沿动态。

2. 高交会主要内容

（1）高新技术成果交易——最富实效的交易平台　高新技术成果交易是高交会的核心内容。为国内外高新技术企业、项目拥有者、投资者、中介机构、中外企业等提供集中洽谈交易服务。高交会高新技术成果交易主要是以团组为单位举办展览和交易洽谈活动。每届高交会都吸引了国内所有省、自治区、直辖市，30余所著名高校，以及数十个参展国家的最新高新技术项目、企业及机构的参加，成为我国最大的高新技术成果交易市场。高交会交易形式多样，交易活跃。自首届高交会在高新技术交易中成功引进了风险投资后，又陆续推出了"高新技术成果拍卖会""项目配对洽谈""创业型企业投资洽谈"等活动，成立了"技术产权交易所"，各种交易形式全面促进成果交易，使高交会成为高新技术领域最活跃的交易平台。设有展示与交易区、举办大型交易洽谈活动和创业型企业投资洽谈活动。

（2）高新技术专业产品展——汇聚世界最新技术与产品　高交会高新技术专业产品展，展示了世界各国高新技术与产品，是中国最大的高新技术与产品的进口交易会。为海内外商家提供了一个展示实力、技术贸易、合作洽谈的平台。

① 信息技术与产品展。信息技术与产品展是中国信息行业目前最具影响力的展览之一，重点介绍通讯、网络和计算机最新的解决方案、产品、技术和服务，广泛邀请大量行业内具影响力的决策者、采购者、专家等参观，并为业界参展商提供全面、优良的展前宣传服务及现场展示环境，力求使展商取得最佳的参展效果。信息技术与产品展吸引了国内外一大批著名企业参加，是我国信息技术及产品进出口的重要渠道。

② 生物技术及产品展。作为现代社会科学领域的前沿技术，生物技术是当今世界各国关注的重点，也是全球发展最快的高技术领域之一。生物技术及产品展，重点展出当今生物技术及产品，生物技术设备，生物工程信息与技术服务以及生物工程相关材料、技术管理等，为展商提供技术与产品展示与交易的专业场所。同时配合展览举办相应专题技术讲座，深入介绍行业内的最新技术及发展趋势，成为业内人士信息交流的重要

平台。

③ 新材料、新能源、环保技术及产品展。重点介绍电子信息材料、新型能源及环境材料、高性能结构材料、特殊功能材料、新型建筑材料、纳米材料、材料设备与加工技术等前沿技术，组织新型材料项目的交易融资活动，为展商提供更多的展示、宣传和交易、洽谈机会，同时，通过专题技术讲座等形式增进业内的交流与互补，探讨新材料、新能源、环保技术的未来发展。

④ 农业高新技术及产品展。农业高新技术及产品展以全面而高水平的展览为涉农企业和机构提供一个展示技术与产品的舞台，建设一个促进农业技术及信息交流的平台，并创造有利条件，撮合技术与资金的融合，为农业高新技术转化成生产力提供机会。重点展出当今生物农业、信息农业、农业机械、设施农业、农业生产资料、种植与养殖、农产品加工等方面的技术与产品。这是我国农业科教战线和农业企业从市场上寻求资金和技术、促进农业高新技术成果转化的重要舞台，也是推动农业高新技术产品出口、扩大技术引进和技术出口的主要渠道。

（3）进口高新技术与产品交易——促进交流与合作　高交会是我国最大的进口高新技术与产品交易会，以组织开展高新技术与产品的进口，促进区域经济的交流与合作为主要目标之一。大会组织设立进口技术与产品展示与交易洽谈专区，对国外企业、研究机构的高新技术与产品进行集中展示与交易，方便所有到会的客商集中有效地进行高新技术与产品的进口交易洽谈。

（4）论坛——纵论世界高新技术发展的前景　论坛以高层次、高规格和权威性吸引了国内外政府要员、诺贝尔奖获得者、科学家、经济学家、国际著名企业的总裁纷纷登台演讲，被誉为中国的"财富论坛"大师们齐聚一堂，纵论全球高新技术与经济发展的最前沿动态。

论坛由主题演讲、专题报告会、专业讲座三大部分组成。

① 主题演讲。论坛主题演讲以高规格、高层次和权威性而享誉海内外。国内外政府高层官员、诺贝尔奖获得者、著名科学家、经济学家、跨国公司总裁等各领域内的权威人士，就高新技术发展的若干热点问题进行深入探讨，揭示世界高科技发展的最前沿动态。

② 专题报告会。专题报告会就某一特定技术领域内的热点议题展开深入探讨。演讲者为国内外特定技术领域的知名专家。

③ 专业讲座。就某一企业或某一领域内的现状进行剖析，对未来的发展做出评估与预测。演讲者为国内外大企业高层管理、技术人员、特定领域内的成功人士等。

（5）特别行动

① 高交会独特的——"super-SUPER"系列活动。"super-SUPER"（S-Service；U-Unique；P-Presidents；E-Executives；R-Relationship）系列活动是为中外政府要员、跨国公司CEO、海内外著名学校的校长、著名科学家等高层人士提供的个性化特别服务。通过提供企业家、著名学者、政府官员间一对一、一对多、多对多等形式的交流服务，加强国内省、市、院、所、企业与海外政府以及企业界、学术界的交流与合作，帮助外商了解国内高新技术发展状况和市场，促进省市招商引资和科技成果转化，进一步强化高交会的窗口与平台作用。

高交会"super-SUPER系列活动"，以鲜明的个性化服务特色，成为国内外政府官员、科学家、CEO之间相互交流与合作的平台。

② 高交会独创的——中国企业海外上市咨询洽谈活动。中国企业海外上市咨询洽谈活动，是为国内众多的高科技企业和创业投资公司走向海外资本市场而举办的特别活动。活动吸引了一大批中介机构与数百家我国企业踊跃参加，而我国企业不出国门，迅即掌

握海外上市全面资讯，获得与海外交易所面对面直接洽谈的良机；越来越多的海外交易所在高交会上展现其吸引我国企业到海外上市的魅力。高交会我国企业海外上市活动成为海内外交易所角逐我国市场的舞台，成为我国企业利用国际资本市场进入全球经济圈的快车道。

③ 高交会独到的——留学生系列活动。高交会留学生系列活动，为海外留学生全面提供展示与交流服务。独具特色的"留学人员创业大会"，包括"留学人员创业论坛""民间资本的掌门人与科技创业者的对话""留学人员与企业配对洽谈活动"等内容，全面展示留学生创业的成就，为留学生提供与资本直接面对面的机会，帮助留学生寻找合作机会。高交会成为海外留学生回国创业的桥梁。

(6) 常设技术交易　高交会在全国率先提出"落幕与不落幕交易相结合"的概念。"不落幕的交易"是指高交会常设技术交易市场，它常年举办项目配对、项目推介、撮合洽谈、网上交易、网上展览、技术交流等各种形式交易活动，提供高新技术项目推介、撮合、融资、包装等服务。不落幕的交易活动，拓展了高交会的时间与空间，极大地丰富了高交会的内涵，是高交会极其鲜明的特色之一。活动以举办地为中心，辐射周边地区，带动全国高新技术成果交易和产业化。在我国各地引起强烈反响，并成为高交会常设交易活动的经典之作。

经过10年的发展，高交会以其"国家级、国际性、高水平、大规模、讲实效、专业化、不落幕"的特点，成为我国高新技术领域对外开放的重要窗口，为中外企业和科研教育机构参与国际经济技术交流与合作，不断开拓国际市场创造了良好的契机，提供了新的、广阔的舞台。在推动高新技术成果商品化、产业化、国际化以及促进国家、地区间的经济技术交流与合作中发挥着越来越重要的作用。

四、博鳌亚洲论坛

博鳌亚洲论坛成立于2001年2月，是一个非政府、非营利、定期和定址的开放性国际组织，也是第一个在我国永久定址的国际组织，总部设在我国海南省博鳌。博鳌亚洲论坛是一个专门讨论亚洲事务，增进亚洲各国之间、亚洲各国与世界其他地区之间交流与合作的论坛组织。论坛每年召开1次年会，时间为每年4月的第3个周末定期举行，会期3天。到2008年，论坛已经举行了7次年会。论坛还举办一系列有影响的涉及经济、贸易、旅游、教育、文化等会议活动。论坛的组织机构包括会员大会、理事会、咨询委员会和秘书处。会员大会是论坛的最高权力机构，秘书处负责筹备会员大会。

博鳌亚洲论坛宗旨是立足亚洲，深化亚洲各国之间的交流、协调与合作；面向世界，增强亚洲与世界其他地区的对话与经济联系；为政府、企业及专家学者等提供一个共商经济与社会等诸多方面问题的高层对话平台；通过论坛与政界、商界及学术界建立的工作网络为会员与会员之间、会员与非会员之间日益扩大的经济合作提供服务。

博鳌亚洲论坛以平等、互惠、合作和共赢为主旨，致力于通过区域经济的进一步整合，推进亚洲国家实现发展目标。作为对本地区政府间合作组织的有益补充，博鳌亚洲论坛为建设一个更加繁荣、稳定、和谐自处且与世界其他地区和平共处的新亚洲做出了突出的贡献。目前已成为亚洲以及其他大洲有关国家政府、工商界和学术界领袖就亚洲以及全球重要事务进行对话的高层次平台、具有世界影响的论坛，正在向着世界暨论坛的方向发展。

项目思考与讨论

一、复习与思考

1. 简述国际展览局的性质与职责。
2. 简述世博会的申办与注册步骤及分类。
3. 简述奥运会的宗旨和国际奥委会。
4. 简述2008北京奥运会的目标、特色、理念和方针。
5. 简述世界五大车展及其各自特点。
6. 简述汉诺威国际信息及通信技术博览会的历史与发展。
7. 简述广交会及其特点。
8. 简述大连国际服装博览会主要活动项目。
9. 简述高交会的主要特点和主要内容。
10. 简述博鳌亚洲论坛的性质和宗旨。

二、案例讨论

香港冬日美食嘉年华

香港冬日美食嘉年华作为一年一届的美食界盛事，同时还是最大的室内美食展，至今已经连续举办了8年，每期举办3～5天不等。举办以来，主办方希望借机打造香港一年一度圣诞节公众假期的"合家欢"节目，吸引了大批参观者前往品尝美食、购置年货。主办方不断搜罗各国美酒佳肴，务求令入场人士尝尽天下美馔。加上展期邻近农历新年，亦成为了市民办年货的不二之选。据报道，2007年，大会吸引了72万人，观众人数较2006年增长了10万。2008年人数保持稳定，无明显增长。主办方再接再厉，预计2009年吸引80万人入场。果然在2010年突破80万的观众入场。

展会每年推陈出新，创意层出不穷。2007年第五届冬日美食嘉年华，由一众天水围家庭合力炮制圣诞大餐揭开序幕，以凸显"温情"主题。市民于展场大饱口福，皆因处处都是免费试食试饮，分量虽少种类繁多，而且当中不乏新产品。大会增设斗饮斗食大赛，22日当天就有5名市民即兴上台"鲸吞"重量级汉堡包；2008年第六届冬日美食嘉年华瞄准了25日和26日是香港的圣诞节公众假期这一"贺岁档"，于25～28日举行，汇聚各式各样的特色食物。参展摊位超过300个，展品包括国际特色美食、香港地道食品、有机产品等。2009年第七届冬日美食嘉年华据主办单位预计，一连4天的展览能够吸引80万人次进场。美食嘉年华在26日录得单日24.4万人次入场，较去年同期增20%。有参展商表示，生意火爆，前3天的生意额已超过去年4天生意总额的8%。冬日美食嘉年华推出了全港最大的"南洋鸡尾包"，希望将温暖送给参观者，共为香港2009年加油打气。不少参展商都提供试吃，现场气氛热闹。2010年第八届冬日美食嘉年华集合逾1000个参展摊位，增添多个主题展区，如红酒及美酒佳肴区、中国台湾特色食街、日本食品展区、海味及贺年食品区，令入场人士更方便找到所需食品之余，更能集中挑选心仪货品。场内更设有"美食一万放送站"活动。由多间知名食肆参与，于每日不同时段免费派发。4天展期一共免费派发1万份精致食品，让观众尝尽各界特色小吃。

讨论：该展会有什么值得借鉴的地方？内地有哪些饮食方面的展会？

三、实训题

1. 考核设计

通过资料的搜集重点描述一下近期发生的知名国际或国内的一个展会，写出分析报告。

2. 考核标准

考核项目	操 作 要 求	配分	得分
资料收集	资料收集全面，真实	10	
资料整理	展会时间	10	
	展会参展商情况	10	
	展会举办情况	10	
	展会辅助设施安排情况	10	
分析汇报	表达清晰流畅	10	
	内容全面、分析完整	20	
团队精神（成员互评）	通力合作、分工合理、团结互助	10	
	发言积极，乐于与同学分享成果	10	

部分专业会展网站

展览在线：http://www.fjwh.net/zlzx/zlgk/
中国会展在线：http://www.cce.net.cn/
中国会议网：http://www.chinameeting.com/
中外会展：http://www.zwhz.com/
中国展览展示网：http://www.zlzsnet.com/
中国展览馆协会：http://www.caec.org.cn/
中国展览交易网：http://marketccnf.xiaomi001.com/
中展网：http://www.ccnf.com/
中国会展网：http://www.expo-china.com/
中国会展信息网：http://www.cn-expo.com/
中国会展经济研究会：http://www.cces2006.org/hyqk/
展览联盟：http://www.s999.net/
中国展会网：http://www.china-show.net/
中国行业会展网：http://www.31expo.com/
上海新国际博览中心：http://www.sniec.net/
中国国际高新技术成果交易会：http://www.chtf.com/
博鳌亚洲论坛：http://www.boaoforum.org/
上海世博会：http://www.expo2010.cn/
中国-东盟博览会：http://www.caexpo.org/
中国义乌国际小商品博览会：http://www.yiwufair.com/
中国进出口商品交易会（广交会）：http://www.cantonfair.org.cn/cn/index.asp
优博集团：http://www.ubexpo.com/index.jsp

主 要 参 考 文 献

[1] 金辉. 会展概论. 上海：上海人民出版社，2004.
[2] 杨春兰. 会展概论. 上海：上海财经大学出版社，2006.
[3] 张红. 会展概论. 北京：高等教育出版社，2006.
[4] 贺学良. 会展营销. 北京：高等教育出版社，2004.
[5] 马勇. 会展概论. 重庆：重庆大学出版社，2007.
[6] 赵春霞. 会展概论. 北京：对外经济贸易大学出版社，2007.
[7] 王春雷，陈震. 展览会策划与营销. 北京：中国旅游出版社，2006.
[8] 任鄂湘. 论会展营销创新策略. 改革与战略. 2007（4）.
[9] 龚平. 会展概论. 上海：复旦大学出版社，2005.
[10] 马勇. 会展项目策划与组织. 重庆：重庆大学出版社，2007.
[11] 胡斌. 会展经营策划员. 北京：中国劳动社会保障出版社，2006.
[12] 孙明贵. 会展经济学. 北京：机械工业出版社，2006.
[13] 陈来生. 会展经济. 上海：复旦大学出版社，2005.
[14] 程爱学，徐文锋. 会展全程策划宝典. 北京：北京大学出版社，2008.
[15] 许传宏. 会展策划. 上海：复旦大学出版社，2007.
[16] 镇剑虹，吴信菊. 会展策划与实务. 上海：上海交通大学出版社，2005.
[17] 胡平，会展运营管理. 北京：旅游教育出版社，2007.
[18] 马勇，肖轶楠. 会展概论. 北京：中国商务出版社，2004.
[19] 唐少清. 会展运营管理. 北京：机械工业出版社，2007.
[20] 刘大可，王起静. 会展活动概论. 北京：清华大学出版社，2004.
[21] 王保伦. 会展经营与管理. 北京：北京大学出版社，2006.
[22] 罗松涛. 会展管理实务. 北京：对外经贸大学出版社，2007.
[23] 贺刚，金蓓. 会展管理信息系统. 北京：中国商务出版社，2004.
[24] 韩小芸，梁培当，杨莹. 会展客户关系管理. 北京：中国商务出版社，2004.
[25] 郑建瑜. 会展场馆管理. 北京：旅游教育出版社，2007.
[26] 王云玺. 会展管理. 上海：上海交通大学出版社，2005.
[27] 过聚荣. 会展导论. 上海：上海交通大学出版社，2006.
[28] 贺学良. 会展营销. 北京：高等教育出版社，2004.
[29] 向国敏. 会展实务. 上海：上海财经大学出版社，2005.
[30] 牟红. 会展服务管理. 北京：机械工业出版社，2007.
[31] 周彬. 会展概论. 上海：立信会计出版社，2004.
[32] 喻培元. 会展礼仪. 北京：旅游教育出版社，2007.
[33] 刘长风. 实用服务礼仪培训教程. 北京：化学工业出版社，2007.
[34] 李莉. 会展服务礼仪规范. 湖南：科学技术出版社，2005.
[35] 马勇，冯玮. 会展管理. 北京：机械工业出版社，2006.
[36] 刘大可. 会展经济学. 北京：中国商务出版社，2004.
[37] 王春雷. 会展市场营销. 上海：上海人民出版社，2004.
[38] 胡平. 会展营销. 上海：复旦大学出版社，2005.
[39] 陈来生. 会展业. 上海：复旦大学出版社，2005.
[40] 吴国新. 发达国家会展业对我国会展业发展的借鉴. 国际商务研究，2006（05）.
[41] 丁萍萍. 浙江四大会展城市个性辨析. 集团经济研究，2006（9）.
[42] 刘德艳. 会展胜地形象策划. 上海：立信会计出版社，2004.
[43] 周彬. 会展策划与实务. 上海：立信会计出版社，2006.